KB242811

브로큰 섹슈얼리티

하나님과 모든 사람을 사랑하기 위한
선교와 그리스도인의 책무

Broken Sexuality

Mission and Christian Accountability
to Love God and All People

브로큰 섹슈얼리티

지은이 | 김진봉·마이클 G. 디스테파노·J. 넬슨 제닝스·이재훈 외 29인
옮긴이 | 정승현
초판 발행 | 2026. 3. 25.
등록번호 | 제1988-000080호
등록된 곳 | 서울특별시 용산구 서빙고로65길 38 두란노빌딩
발행처 | 사단법인 두란노서원
영업부 | 02)2078-3333   FAX | 080-749-3705
출판부 | 02)2078-3331

책값은 뒤표지에 있습니다.
ISBN 978-89-531-5272-4 03230

독자의 의견을 기다립니다.
tpress@duranno.com   www.duranno.com

· 이 책의 한글 성경본문은 개역개정 성경으로 번역하였으며
  그 외에 다양한 버전을 사용하였습니다.

하나님과 모든 사람을 사랑하기 위한
선교와 그리스도인의 책무

브로큰 섹슈얼리티

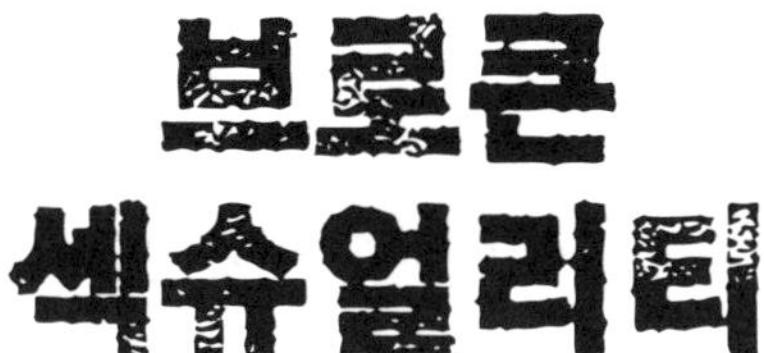

김진봉
마이클 G. 디스테파노
J. 넬슨 제닝스
이재훈 외 29인

두란노

차례

제1부

성경과 신학적 논의

---

01 부끄러움의 몸에서 발견되는 생명 ·········· 26

다니엘 R. 패터슨(Daniel R. Patterson)

02 죄책감의 몸에서 발견되는 생명 ·········· 46

다니엘 R. 패터슨(Daniel R. Patterson)

03 배제의 몸에서 발견되는 생명 ·········· 64

다니엘 R. 패터슨(Daniel R. Patterson)

04 성경과 동성 관계:월터 모벌리와 크리스토퍼 라이트의 대화 ·········· 85

월터 모벌리(Walter Moberly), 크리스토퍼 라이트(Christopher Wright)

05 스스로 신이 되려는 사람들 ·········· 125

이재훈

06 패널 2:성경 해석학 ·········· 133

진행자 | 스티븐 장 패널 | 정승현, 이한영, 이성민, 다니엘 R. 패터슨, 에드 쇼

물론 성(性)은 처음부터 하나님의 아이디어였습니다.

사실 성은 하나님께서 우리 인간에 대해 직접 말씀하신 내용 가운데 세 번째에 해당합니다. 아니, "우리가 사람을 만들자 …"라고 말씀하신 창조주 하나님이 우리를 창조하셨다는 근본적인 사실을 포함한다면 네 번째라고 할 수 있겠습니다. 이 단순한 말씀은 우리를 하나님의 놀라운 동물 창조 세계 한가운데 두며, 우리는 따로 하루를 배정받지도 못한 채, 여섯째 날의 끝자락에서 다른 모든 육상 동물들—가축과 들짐승, 기는 것들—이 창조된 이후에 등장합니다(창 1:24-25).

그러나 그 다음, 다른 모든 면에서는 수많은 동물 중 하나, 수백만 종 중 하나에 불과한 우리를 하나님께서 구별하시는 첫 번째 선언은 바로 "우리의 형상을 따라, 우리의 모양대로 우리가 사람을 만들자"(창 1:26, 본역)라는 친숙한 말씀입니다. 이것은 우리가 '덧붙여' 가지는 어떤 속성이나, 잃어버릴 수도 있는 무엇이 아닙니다. 하나님의 형상대로 지음 받았다는 것 자체가 우리의 본질이며, 인간이라는 존재의 의미를 구성하는 핵심입니다. 이는 전 인류, 모든 인간 개개인이 공유하는 것입니다. 그리고 첫 번째 선언을 거의 확실히 설명하는 두 번째 내용은, 우리가 하나님의 형상으로 지음 받은 목적이 하나님의 창조 세계 안에서 다스림을 행사하도록 하기 위함이라는 점입니다(26절).

이 표현은 일종의 왕권을 암시하지만 폭정이 아니라, 하나님 자신—모든 창조의 참된 왕—을 반영하는 사랑하고 돌보며 공급하고 보호하는 왕권을 뜻합니다(시편 145편에서 이러한 모든 면모가 풍성히 묘사되어 있습니다). 그리고 세 번째로 곧이어 등장하는 것이 바로 하나님이 창조하신 우리의 성(性)입니다.

> 그래서 하나님이 자기 자신의 형상으로 인류를 창조하셨다.
> 하나님의 형상으로 그를 창조하셨다.
> 남자와 여자로 그들을 창조하셨다. (27절, 본역)

구약학자들 사이에 논쟁이 있기는 하지만, 제 생각에는 둘째 줄과 셋째 줄 사이의 긴밀한 평행법은 남성과 여성의 상호 보완성이 하나님께도 적용되는 어떤 점을 반영한다는 관점을 의도적으로 전달하는 것 같습니다. 왜냐하면 인간의 성적 상호 보완성은 우리가 하나님의 형상대로 창조되었다는 말씀과 매우 밀접하게 연결되어 있기 때문입니다. 이는 물론 하나님 자신이 영원한 존재 안에서 성적이거나 성별로 구별된 존재라는 뜻은 아닙니다.

오히려 인간이 경험하는 일체성("그"—인류는 하나의 단일한 인류이며, 인간 됨은 단수적 실재입니다)과 신체적·관계적 차별성("그들"—우리는 남자와 여자로, 모두가 동일하지 않습니다)의 결합은 우리의 창조된 인간성 안에 반영되어 있으며, 이는 창조되지 않은 신성 안에서 하나님께도 유사하게 적용되는 진리임을 시사합니다. 하나님 역시 한 분이시지만, 인격적이고 관계적인 구별 안에서 존재하시며, 우리는 이를 오늘날 성삼위일체라 부릅니다.

우리의 성적 본성과 하나님의 형상을 드러내는 우리의 지위와 소명 사이의 이러한 밀접한 연관성은 우리가 성에 대해 생각하는 방식과 성적인 존재로서 행동하는 방식에 매우 중요한 영향을 미칩니다. 예를 들이, 성경에서 암시하듯이 성 자체에는 신성한 무언가가 있다는 것을 의미합니다. 이는 성적으로 상상된 신들에게 은혜를 구하려는 이교도적인 다산 숭배 의식의 의미와는 다릅니다. 오히려 사랑과 기쁨 속에서 이루어지는 인간의 성적 결합 능력은 단순히 "생육하고 번성"하라는 수단 그 이상입니다. 물론 우리는 실제로 그렇게 번성하며, 하나님의 다른 많은 피조물들도 마찬가지입니다(물론 모든 피조물이 그런 것은 아닙니다. 생물학자들이 강조하듯이 동물계 전반에 걸쳐 번식은 두 가지 이상의 성별 또는 성별이 없는 등 매우 다양한 방식으로 이루어집니다). 그러나 창세기 1장에서 "남자"와 "여자"라는 구체적인 표현은 인간에게만 사용되었고, 다른 곳에서도 주로 인간을 지칭하는 데 사용됩니다. 우리의 성은 단순히 번식을 위한 기능을 넘어서는 더 넓은 의미를 지닙니다.

상호 보완적인 성 정체성의 신성함은 창세기 2장 24절에서 남자와 여자의 결합을 "한 몸"이라 묘사하는 말씀에서 더욱 분명해집니다. 예수님께서는 마태복음 19장 4-5절에서 이 말씀을 하나님께서 직접 하신 말씀으로 인용하셨습니다. 또한 바울은 결혼 안에서의 성적 연합의 완성 속에서, 창조 질서 안에 드러난 하나님의 자기 백성과의 연합이라는 신비를 봅니다(엡 5:31-32). 하나님의 백성과 하나님 사이의 은혜로 생성되고 구속에 의존하는 사랑의 관계가 구약과 신약 모두에서, 그리고 성경 전체의 절정에서 신랑과 신부의 연합으로 묘사된다는 사실은 우리의 성 정체성이 단지 스스로 만들어 낸 선택이거나, 사회가 부여한 '출생 시 지정된 성별'이거나, 혹은 배고픔처럼 가볍게 충족되는 욕구, 혹은 쾌락적 만족을 위한 놀이터 그 이상이라는 것을 가장 강력하게 보여 주는 증거일 것입니다.

성은 거룩합니다. 우리는 거룩하신 하나님의 형상대로 남자와 여자로 창조되었기 때문입니다. 이는 또한 성경적으로 정의되고 보호받는 우리의 성을 사회적, 문화적, 그리고 개인적으로 공격하거나, 무자비한 인간들(대개는 남성들)이 다양한 방식으로 성을 착취하는 행위는 사실상 하나님 자신에 대한 공격임을 의미합니다. 왜냐하면 그러한 행위들은 하나님의 형상의 한 측면, 즉 우리의 근본적인 인간적 지위, 특권, 그리고 책무를 공격하기 때문입니다.

이 모든 것은 성 정체성과 행위의 문제가 왜 우리 사이에서 그토록 분열을 일으키는지, 그리고 왜 그것이 모든 문화의 세계관과 전통, 사회적 전제에 깊숙이 뿌리내리고 있는지를 이해하게 합니다. 우리가 하나님의 선하심을 의심하고, 하나님의 경고를 믿지 않으며, 하나님의 명령에 불순종하기로 선택했을 때, 인간의 타락이 처음으로 미친 영향은 서로 간의 성적 관계에 수치를, 하나님과의 관계에 두려움을 가져온 것이었습니다. 수천 년이 지난 지금도 이 사실은 변하지 않았습니다. 비록 1960년대 이후 서구의 성 혁명이 모든 방향에서 수치와 두려움을 제거하려 애썼지만 말입니다.

그리고 오늘날 기독교 교회 안에서도 동성 관계, 혼전 성관계 및 동거의 정상화, 급진적 젠더 이데올로기, 트랜스젠더 권리 등과 같은 문제를 둘러싸고 우리가 서로에게 반응하는 방식이 양극화되면서 의심과 분노, 정죄와 비방이 점점 커지고 있습니다.

그렇기에 2025년 한국 글로벌 선교지도자 포럼(KGMLF)의 주최자들이 이 논쟁적인 주제를 모임의 주제로 선택하고, 이를 단지 신학적 혹은 윤리적 질문이 아니라 중요한 선교적 문제로 본 것은 참으로 용기 있는 일입니다. 기독교 선교가 기록된 하나님의 말씀과 성육신하신 말씀 안에 계시된 진리를 증언하는 일이라면 성과 젠더에 대한 우리의 신학과 관련하여 그 '진리'가 무엇인지 분별하고, 그에 따르는 모든 윤리적이고 목회적 함의를 함께 씨름하는 일은 더욱 중요합니다.

이번 학술 대회와 심포지엄의 기고자들은 그리스도와 그분의 말씀을 존중하려는 공통된 헌신을 공유하지만, 우리의 인간성 자체가 위태롭게 느껴질 수도 있는 이 지극히 민감한 분야에서는 서로 다른 입장과 신념을 가질 여지가 있음을 발견합니다. 무엇보다도 우리 모두에게 요구되는 것은 복음서 기록과 그 성경적 뿌리에 따라 그리스도께서 믿고 가르치신 것을 믿고 가르칠 뿐 아니라, 우리 모두가 다른 모든 영역에서와 마찬가지로 성에 있어서도 결함 있는 죄인임을 아는 자로서, 그리스도께서 사랑하신 것처럼 사랑하는 것입니다. 그리고 '죄인의 친구'라는 모욕을 최고의 칭찬으로 여기셨던 그분을 본받아, 다른 이들에게 그리스도의 은혜와 진리를 기꺼이 나누는 것입니다.

크리스토퍼 J. H. 라이트
랭햄 파트너십 인터내셔널 글로벌 대사

서문 1

제8회 KGMLF는 2025년 10월 14일부터 17일까지 여주 마임비전빌리지(Maiim Vision Village)에서 개최되었다. 한국을 비롯해 아프리카, 아시아, 호주, 유럽, 북미에서 약 60명의 선교 리더들이 참여했다. 매일 아침 다니엘 R. 패터슨(Daniel R. Patterson) 박사의 성경 강해로 하루를 열었고, 이어 10개의 부주제를 중심으로 발표와 논찬, 소그룹 토의가 활발하게 진행되었다. 저녁 시간에는 주제와 관련된 여러 간증자들의 진술하고 깊은 나눔이 이어져 참석자들에게 큰 울림을 주었다. 특히 이번 KGMLF에서는 세 차례의 패널 토의가 진행되었고, 그 내용을 책에 실을 수 있게 된 것을 기쁘게 생각한다. 보안상의 이유로 이름을 밝힐 수 없었던 기고자들의 용기 있는 참여에도 깊은 감사를 전한다.

이번 여덟 번째 KGMLF 책이 출간되기까지, 오랜 시간 전문성과 경험을 쌓아 온 30명이 넘는 저자들이 먼 한국행 길을 마다하지 않고 헌신해 주었다. 그들의 수고와 헌신에 다시 한 번 깊은 감사를 드린다.

KGMLF를 처음 제안하고 지금까지 섬겨 온 필자는, 한국 교회와 글로벌 기독교계 모두가 다루기 어려워하는 '동성애'라는 주제를 이번 포럼에서 깊이 있게 논의할 수 있었던 것은 인간의 지혜를 넘어 역사하신 하나님의 섭리와 도우심이라고 믿는다. 2011년 첫 KGMLF를 시작할 때부터 큰 영향을 주었던 조나단 봉크(Jonathan Bonk) 박사가 이번에는 함께

하지 못했지만, 2027년 포럼에서는 중요한 역할을 감당하게 되리라 기대한다.

KGMLF는 매번 21세기 선교의 민감한 주제를 다루어 왔고, 그 과정에서 적지 않은 도전도 있었다. 2015년 "대형 교회의 선교 책무"라는 주제를 정할 때 한국 선교학계의 반대에 직면했다. 일부 대형교회에 대한 부정적 인식 때문에 다루기 어렵다는 이유였다. 2019년 "선교사의 정신 건강과 책무" 역시 한국 지도자들을 당황하게 했다. 일부 목회자들은 "하나님의 종에게 어떻게 정신적 문제가 있을 수 있느냐"고 반문하기도 했다. 그러나 이러한 반응 자체가 한국 교회가 선교사들을 '슈퍼맨'으로만 기대하고 있음을 보여주는 사례였다. 2025년 주제 역시 GMLF 이사회 내부에서도 의견이 갈릴 만큼 쉽지 않은 결정이었다.

필자는 2013년 미국 Grace Theological Seminary에서 박사과정 중 로저 퓨(Roger Peugh) 박사의 강의를 들으며 큰 충격을 받았다. 그는 "50년 전에는 신학교에서 '동성애'라는 단어조차 들을 수 없었지만, 앞으로 20-30년 후에는 미국의 기독교인들이 초대 교회와 같은 고난의 시대를 살게 될 것"이라고 우려했다. 실제로 오늘날 미국 교회 강단에서 "동성애는 죄입니다"라고 선포할 수 있는 목회자가 얼마나 되는지 묻게 된다. 이러한 시대적 변화 속에서 필자는 2022년 댈러스에서 열린 Mental Health and Missions Conference에서 크리스토퍼 로식(Christopher H. Rosik) 박사의 강의를 들으며 이번 KGMLF 주제에 대한 확신을 갖게 되었다. 그는 지난 10년간 미국 사회의 변화를 분석하며, 교회가 LGBT+ 이슈에 대해 준비가 되어 있지 않다고 진단했다. 그렇다면 한국 교회는 어떠한가? 많은 목회자와 성도들이 동성애자들에 대한 이해 없이 반대와 정죄만 하고 있지는 않은가? 만약 20대 LGBT+ 청년이 '교회에 다니고 싶다'고 찾아온다면, 과연 그 청년에게 적절한 상담을 해 줄 준비된 목회자가 얼마나 있을까?

감사하게도 필자가 이 내용을 한국 이사진인 이재훈 목사와 이정숙 교수에게 나누었을 때, 두 분은 오히려 더 적극적으로 '동성애 관련 포럼을 하자'고 제안했다. 이재훈 목사는 2012년부터 KGMLF와 깊이 협력하며 포럼이 성공적으로 진행될 수 있도록 지속적으로 후원해 왔다. 그는 한국 국회 앞에서 차별금지법 반대 1인 시위를 하며 한국 사회에 큰 반향을 일으켰고, 2024 서울-인천 제4차 로잔 대회 공동 의장으로 섬기며 서울 선언(*Seoul Statement*)에서 성경적 성윤리에 대한 입장을 제시하는 데 기여했다.

2023년부터 GMLF 이사장으로 섬기고 있는 넬슨 제닝스(J. Nelson Jennings) 박사에게도 깊은 감사를 드린다. 그는 이번 책 출판을 위해 아무런 보수 없이 헌신적으로 수고해 주었다. 필자는 그와 함께 자주 카페 또는 그의 집에서 만나 논의하고 기도하던 시간을 잊을 수 없다. 이번 책은 그 기도와 소망의 열매다. 주님께 감사와 찬양을 올려 드린다.

2019년부터 KGMLF 편집을 맡아 온 마이클(Michel G. Distefano) 박사에게도 깊은 감사를 드린다. 그의 전문성과 성실함은 모든 저자들의 감탄을 불러일으켰다. WCP의 멜리사 힉스(Melissa Hicks)와 출판팀, 한국 두란노서원의 여러 관계자들의 수고에도 감사드린다.

KGMLF는 최소 2년 전부터 준비하지만, 실제 행사를 위해서 온누리교회 김홍주 목사의 리더십 아래 약 40명의 스태프가 헌신적으로 섬겼다. 그들의 기쁨과 충성스러운 봉사 덕분에 이번 KGMLF도 성공적으로 마무리될 수 있었다. 처음 KGMLF에 참석한 글로벌 리더들이 '예상치 못한 놀라운 행사였다'(It's an unexpected and marvelous event)라고 평가한 것은 온누리교회가 받아야 할 칭찬이다. 또한 필자가 섬기는 코네티컷 뉴헤이븐한인교회(김도훈 목사)의 후원과 여러 교회 및 개인 후원자들의 도움에도 깊이 감사드린다.

마지막으로, 2008년 필자가 깊은 영적 터널을 지나던 시기에 끝까지 곁을 지켜 준 아내 정순영 선교사에게 특별한 감사를 전한다. 바로 그해 KGMLF의 아이디어가 태동되었다. 영어 표현이 서툰 아빠를 이해하고 도와주는 두 아들 요한과 요셉에게도 고맙다. 86세의 연세에도 모든 강의를 성실히 기록하며 든든한 후원자가 되어 주신 장모님, 김숙희 권사에게도 존경과 감사를 표한다.

마지막으로 전 세계에 흩어져 있는 예수님의 제자들과 교회들에게, 크리스토퍼 라이트 박사가 이 책 추천사에서 강조한 내용으로 끝내려 한다. 오직 하나님만이 영광받으시길 원하면서 'Only Jesus'!

"무엇보다도 우리 모두에게 요구되는 것은 복음서 기록과 그 성경적 뿌리에 따라 그리스도께서 믿고 가르치신 것을 믿고 가르칠 뿐 아니라, 우리 모두가 다른 모든 영역에서와 마찬가지로 성에 있어서도 결함 있는 죄인임을 아는 자로서, 그리스도께서 사랑하신 것처럼 사랑하는 것입니다. 그리고 '죄인의 친구'라는 모욕을 최고의 칭찬으로 여기셨던 그분을 본받아, 다른 이들에게 그리스도의 은혜와 진리를 기꺼이 나누는 것입니다."

김진봉
GMLF 대표, KGMLF 코디네이터

서문 2

　기독교 선교와 인간의 섹슈얼리티는 각각 독립적인 주제로서 이미 광범위하게 연구되어 왔습니다. 두 주제 모두 다면적이며, 본능적인 반응을 불러일으키고, 전문적인 연구를 요구합니다. 따라서 이 두 주제를 함께 다루는 것은 더욱 세심함과 존중을 필요로 합니다. 놀랍게도, 기독교 선교와 인간의 성을 동시에 탐구한 사례는 드뭅니다. 이 책은 그러한 전례 없는 길을 택합니다.

　이 책은 한국 글로벌 선교지도자 포럼(KGMLF) 시리즈 안에서도 독특한 위치를 차지합니다. 이전의 일곱 권과 마찬가지로, 이 책 역시 초청으로만 구성된 포럼에서 준비된 발표문과 논찬을 토대로 만들어졌습니다. 이전 포럼들과 책들도 어려운 주제들을 다루었습니다. 그러나 여덟 번째인 이 책은 특히 강도 높고 미묘한 도전들을 다룹니다. 더욱이 이전 포럼들과 달리, 이 책의 기고자들은 전체 주제를 다루는 출발점에서 근본적인 차원에 이르기까지 눈에 띄게 다양한 입장을 보입니다.

　이 책의 독특함을 강조한다고 해서 다른 KGMLF 시리즈와 유사점이 전혀 없다는 뜻은 아닙니다. 실제로 여러 공통점이 있습니다. 기독교 선교와의 연관성은 여전히 중심 주제이며, '책무'(accountability)라는 주제 또한 마찬가지입니다. 성경은 의심할 여지 없는 기준으로서 여전히 기초를 이루고 있습니다. 기고자들 간의 우호적이고 존중하는 문화적 교류도 여전히 분명합니다. 또한 사례 연구는 이번에도 다시 한번 특징적인 요소로 작용하여, 획일적인 선언으로 흐르기 쉬운 유혹을 경계하며 오히려 이 주제와 관련된 지속적인 문제들과 질문들을 더욱 명확하게 드러냅니다.

동시에 2025년 KGMLF와 그 결과물인 이 책이 특히 두드러지는 점은 무엇보다 인간의 섹슈얼리티, 특히 그 '깨어짐'(brokenness)이라는 전체 주제에 있습니다. '인간의 섹슈얼리티'라는 단순한 표현만으로도 누구에게나 깊은 울림을 줍니다. 그것이 부인할 수 없이 매우 개인적이고, 감정적이며, 근본적인 현실이기 때문입니다. 하나님은 사람을 성적인 존재로 창조하셨습니다. 그러나 인류의 반역은 온갖 성적 왜곡과 고통, 혼란, 학대를 가져왔습니다. 더 나아가 최근 몇 세대 동안 '섹슈얼리티'(sexuality)와 '젠더'(gender)와 관련된 새로운 표현과 이론들이 많은 사회의 공론장에 폭발적으로 등장했습니다. 한때 금기시되던 관행과 관계들이 이제는 사회적이고 법적으로 널리 받아들여지고 있습니다. '정체성'(identity)에 대한 새롭고 유동적인 감각과 명칭들은 거의 하룻밤 사이에 변형되고 증식합니다.

이 책《브로큰 섹슈얼리티》(Broken Sexuality)의 두 번째 독특한 특징은 앞서 언급했듯이, 기고자들의 배경과 연구 접근 방식의 출발점을 형성한 다양한 사회적 맥락에서 비롯됩니다. 섹슈얼리티에 대한 혁명적 변화가 모든 사회에 동일하게 자리 잡은 것은 아닙니다. 분명 모든 사회는 세계 여러 곳에서 일어난 급격한 변화를 어느 정도는 인식하고 있습니다. 그러나 성적으로 '전통적'인 사회들에게는, 접근 가능한 디지털 소통 수단과 원치 않는 변화를 수용하도록 요구하는 경제적이고 정치적인 국제 압력으로 인해 자신들 사회 존재의 핵심이 위협받는 듯한 상황이 매우 불안하게 느껴집니다.

서구의 '자유주의적' 사회들은 이제 법적이고 문화적으로 개인이 스스로 결정한 성적 표현과 성별 정체성을 폭넓게 수용할 수 있습니다. 그러나 대부분의 다른 사회들은 소위 '선진적', '발전된' 혹은 '진보적' 사회들의 새로운 기준과 가치를 결코 받아들이고 싶어 하지 않습니다.

미국과 유럽 같은 자유주의 사회의 성 규범과 한국이나 아프리카 같은 전통 사회의 성 규범 사이의 대비는 매우 근본적이며 극명합니다. 따라서 그리스도인들이 자신이 자라난 사회의 본능, 가치, 정체성에 의해 형성된다는 점에서, 포럼 발표자들(즉 이 책의 저자들)은 때로는 매우 대조적인 방식으로 각자의 견해를 제시했습니다.

일반적으로, 서구권 기고자들은 교회와 선교 단체, 그리고 개별 그리스도인들이 더 정확한 이해와 공감, 특히 동성애자들에 대한 과거의 부당한 대우를 인정함으로써 모든 사람을 더 잘 사랑하는 방법을 탐구하는 경향이 있습니다. 반면 전통적 맥락의 기고자들은 동성애는 물론 다른 LGBTQ+ 삶의 방식이 죄가 아니거나 받아들일 수 있는 것이라고 여기는 것을 도저히 이해할 수 없다는 점을 강조합니다.

이 여덟 번째 KGMLF의 또 다른 독특함은 과거 포럼에서 사용되던 '한국'과 '글로벌'이라는 범주의 미묘한 변화에서 비롯됩니다. 2011년 KGMLF가 시작된 기본 동기 중 하나는 한국과 다른 '글로벌' 참가자들을 함께 모으는 것이었는데, 후자는 사실상 주로 서구 참가자들을 의미했습니다. 이후 포럼들에서는 비한국 참가자들의 다양성이 점진적으로 확대되었지만, 한국-서구의 구도는 여전히 중심이었습니다. 그러나 인간의 섹슈얼리티라는 이번 주제에서는 주요 사회적 간극이 전통과 진보 사이에 있었으며, 한국 사회는 경제적, 기술적으로 고도로 발전했음에도 불구하고 서구 사회와 대비되는 전통 사회 쪽에 더 가깝게 위치했습니다. 즉 '서구'와 '글로벌'(그 안에 한국이 포함되며)이라는 구분이 《브로큰 섹슈얼리티》 전반에서 독자들이 감지하게 될 상호 작용을 더 잘 설명해 줍니다.

이러한 대비 속에서도, 책의 여러 장을 통해 드러나는 아름다운 특징 중 하나는 문화적 차이를 넘어 형성된 이해와 존중의 증대입니다. 이 책의 부제—"하나님과 모든 사람을 사랑하기 위한 선교와 그리스도인의 책무"—는 일치와 상호 관용에 기여한 몇 가지 요소를 가리킵니다.

선교 (Mission) | 포럼 발표자(저자)들은 학자, 실무자, 교회 구성원으로서 다양한 방식으로 선교에 참여하고 있었습니다.

기독교인 (Christian) | 발표자들은 그리스도 안에서 서로에게 헌신되어 있었습니다.

책무 (Accountability) | 발표자들은 응답자들의 의견을 기꺼이 경청했고, 모든 포럼 참가자들은 서로의 도전을 받아들이며 성장하고자 했습니다.

하나님을 사랑하라 (Love God) | 이 포럼은 남성과 여성이라는 성별, 남녀 간 결혼 안에서 표현되는 성적 친밀함, 그리고 순결한 독신이라는 성경적 기준을 분명히 따랐습니다. 이러한 기준과 예수님의 자비로운 본을 포함한 다른 성경적 가르침을 따름으로 하나님을 사랑하는 것이 토대였습니다.

모든 사람을 사랑하라 (Love All People) | 성별이나 성적 지향 문제에서 어떤 위치에 있든지 모든 인간은 존중받고 사랑받아야 합니다. 그 사랑이 각 사회에서 어떻게 표현되어야 하는지는 지속적인 논의의 주제였습니다.

세 차례에 걸친 생명력 넘치는 복음 중심의 성경 연구는 이 포럼에,

그리고 이 책에 예수님을 신뢰하도록 이끄는 건설적인 지침을 제공했습니다. 예수님은 자신을 바라보는 모든 사람을 물려받은 사망의 몸에서 구원하십니다. 인간의 성은 창조의 장엄한 한 측면이지만, 창세기 3장 이후 모든 인간은 깨어진 섹슈얼리티를 특징으로 지니고 있습니다. 그리스도 안에서 이루어지는 하나님의 은혜로운 구속은 현재의 성장과 미래의 영광에 대한 확실한 소망을 줍니다. 하나님의 선교의 일부는 인간 섹슈얼리티의 아름다움을 회복하는 일입니다. 그것이 하나님을 영화롭게 하는 순결한 독신으로 표현되든, 남녀 간 결혼으로 표현되든 마찬가지입니다.

제8회 KGMLF 포럼은 제7회와 마찬가지로 한국의 마임비전빌리지에서 4일간 진행되었습니다. 이번 모임은 격려와 열정, 그리고 도전으로 가득했습니다. 따라서 이 책은 통찰을 주지만 가볍거나 부담 없이 읽을 책은 아닙니다. 거룩하시고 공의로우시며 자비롭고 사랑이 많으신 하나님 앞에서 "브로큰 섹슈얼리티"를 두고 씨름하는 일은 "하나님과 모든 사람을 사랑하기 위한 선교와 그리스도인의 책무"로 이어집니다. 예수 그리스도의 생명을 주는 복음이 이 책을 통해 독자들이 얻는 모든 것 가운데 스며들어, 다시 다른 이들에게 전해지기를 바랍니다.

J. 넬슨 제닝스
GMLF 이사장, *Global Missiology* 편집장

성경과 신학적 논의

01
부끄러움의 몸에서 발견되는 생명

창 2:25-3:11

다니엘 R. 패터슨(Daniel R. Patterson)

서론: 복음의 자리를 찾다

이 논의는 섹슈얼리티에 대한 대화 속에서 기독교 메시지가 점점 주변으로 밀려나는 현실에 대한 깊은 비탄에서 비롯된 것이다. 기독교 메시지가 해야 할 일과 하지 말아야 할 일, 곧 누구와 어떤 행위를 해도 되는가에 대한 규범 목록으로 축소될 때, 우리는 하나님이 가지신 더 크고 깊은 구원의 뜻을 놓치게 된다. 그분은 사람들을 영원한 멸망에서 건지길 원하실 뿐 아니라, 이 생에서 우리가 겪는 "사망의 몸"으로부터도 구원하기를 원하신다.

그러나 기독교의 메시지를 우선시한다는 것이, 경건한 성(性)의 모습이 무엇인지 담대하게 말할 권리를 포기한다는 뜻은 아니다. 사회와 일부 교회가 무엇이라고 말하든, 성경은 우리가 몸을 어떻게 사용하기를 하나님이 의도하셨는지 분명하게 가르친다. 이 글에서도 결혼과 성에 대한 교회의 전통적 가르침을 충분히 확인하고 지지할 기회가 있을 것이다. 하지만 나는, 고통과 혼란, 그리고 스스로 선택한 죄 속에서 빠져나올 길을 찾지 못해 허우적거리는 사람들에게 단지 행동·욕망·정체성을 바꾸라고 요구하는 성적 윤리가, 기독교가 전하는 희망의 메시지를 대신하도록 해서는 안 된다고 믿는다.

혼란을 겪는 섹슈얼리티를 떠올릴 때면, 우리는 대개 동성에게 끌리는 사람들, 혹은 성별 정체성으로 인해 고통받는 이들을 먼저 생각하곤 한다. 하지만 욕망과 몸의 혼란은 결코 그들만의 이야기가 아니다. 다른 여자에게 욕정을 품는 한 기혼 남성을 생각해 보라. 남편에게 만족하지 못하고, 책 속이나 스크린 속에서 위안을 찾는 어떤 아내도 있다. 성적 학대로 인해 삶에 깊은 상처를 입은 사람들, 혼외의 다양한 형태의 성적 접촉을 경험한 십 대 청소년들, 자기 몸에 대해 불편함과 어색함을 느끼는 여성, 직장 동료와 불륜에 빠졌던 사람, 포르노에 중독된 사람…. 그 외에도 수많은 사례가 있다.

그렇다면 이 사망의 몸들로 가득한 세상 한가운데서 우리 자신과 다른 이들을 향해 우리가 들려줄 수 있는 희망의 메시지는 무엇인가? 내가 사망의 몸에 대해 계속 말해 온 이유는 이것이 바로 사도 바울이 자신의 삶을 묘사한 방식이기 때문이다. 로마서 7장 24절에서 그는 이렇게 탄식한다.

> 오호라 나는 곤고한 사람이로다 이 *사망의* 몸에서 누가 나를 건져 내랴 롬 7:24 [1]

---

1 성경 인용문에 사용된 이탤릭체는 필자가 강조하기 위해 추가한 것이다.

여기, 예수 그리스도께 부름 받아 사도가 된 한 사람이 있다. 그는 자신의 삶을, 구원이 절실히 필요한 사망의 몸이라 고백했다. 여기서 우리가 주목해야 할 놀라운 점은, 바울이 그다음 절에서, 자신의 이 육체적 갈등에 대한 해답을 선포하고 있다는 것이다. 그 해답은 도덕적으로 선한 삶이나 아담과 하와를 성공적으로 모방하는 데 있지 않다. 바울이 전한 선포는 독특했지만, 놀라운 것은 아니다.

우리 주 예수 그리스도로 말미암아 하나님께 감사하리로다 롬 7:25상

바울은 하나님이 자신을 이 육체의 고통으로부터 구원하신 방법은 바로 예수 그리스도라고 단호하게 말한다. 그렇다면 사망의 몸을 가진 사람들에게 근본적인 변화를 일으키는 기독교만의 독특한 메시지는 과연 무엇인가? *그것은 사람으로 오신 예수 그리스도다.* 바로 이것이, 특히 오늘날 섹슈얼리티의 영역에서 우리가 다시 회복해야 할 기독교 복음의 메시다.

이 점을 염두에 두고, 우리는 성경에서 처음으로 나타나는 혼란을 겪는 섹슈얼리티의 순간에 주목하고자 한다. 창세기의 타락 이야기 속에는 특정한 성적인 죄를 묘사하지는 않지만, 대신 *부끄러움*이라는 극적인 감정이 등장하며, 이것이 최초의 남자와 여자, 그리고 모든 인류가 자신의 몸을 인식하고 경험하는 방식에 영향을 미친다.

올바른 섹슈얼리티란 무엇인가에 대해 고민할 때, 우리는 보통 태초에 하나님이 남자와 여자를 창조하신 방식 속에서 인류를 향한 하나님의 설계에 주목한다. 하나님은 남자와 여자를 창조하셨고, 그 둘을 통해 결혼과 성에 대한 하나님의 뜻을 이해할 수 있는 틀을 우리에게 보여 주셨다. 우리는 이 사실을 분명히 인정해야 하고, 이러한 진리가 하나님

이 남자와 여자를 서로 관계 맺도록 창조하신 방식으로부터 우리의 시선을 분산시키지 않도록 해야 한다. 한편, 부끄러움은 역설적으로 이 중요한 통찰을 가능하게 하지만, 동시에 우리가 근본적으로 해결해야 할 문제이기도 하다.

부끄러움은 없다

성경에서 부끄러움이 최초로 언급되는 것은 창세기 2장 25절로, 이는 두 번째 창조 서사 말미의 놀라운 순간에 나타난다. 이 창조 사건은 하나님이 하늘과 땅을 창조하시는 4절에서 시작된다. 지면을 적시는 샘들이 땅에서 솟아나며, 이 땅에서 식물과 나무가 자라나고(2:6, 8-9절 참고), 하나님이 흙으로 각종 들짐승과 공중의 각종 새를 지으시고(19절), 땅의 흙으로 사람을 지으시고 생기를 그 코에 불어넣으시니 사람이 생령이 되었다(7절). 하나님은 사람에게 동산 중앙에 있는 나무의 열매는 먹지 말라는 명령(17절)과 땅을 돌보고 동물들의 이름을 짓는 과업(15, 20절)을 부여하신다. 하나님은 마침내 사람의 외로움을 덜어 줄 적합한 돕는 배필을 창조하시고(18절), 남자의 갈빗대로 여자를 지으신다(22절). 여자는 남자에게 큰 기쁨을 주는 존재이며, 그 기쁨은 23절에서 노래로 표현된다.

> 이는 내 뼈 중의 뼈요 살 중의 살이라 이것을 남자에게서 취하였은즉 여자라 부르리라 창 2:23

이는 여자를 향한 남자의 분명하고 강력한 찬사의 표현이며 25절은 하나님의 창조에 대한 그분 자신의 인정으로 읽을 수 있다.

아담과 그의 아내 두 사람이 벌거벗었으나 부끄러워하지 아니하니라 창
2:25

남자와 여자가 벌거벗었으나 부끄러움을 느끼지 않았다는 사실은 하
나님의 창조가 얼마나 지극히 아름답고 완전한지를 드러낸다. 그 안에
는 순결과 무구함, 신뢰와 헌신, 확신과 배려, 사랑과 부드러움이 충만했
다. 부끄러움으로부터 자유로운 몸으로 살아간다는 것이 어떤 느낌일지
는 그저 상상할 뿐이다. 그 얼마나 놀라운 일이겠는가.

그러나 우리가 느끼는 경이로움은 너무나 자주 이 지점에서 멈추곤
한다. 이는 하나님의 놀라운 설계가 아담과 하와의 물질적 차원, 즉 그
들의 부끄러움 없는 몸에만 한정되지 않기 때문에 안타까운 일이다. 하
나님은 남자와 여자를 서로에게, 그리고 스스로에게 관계 맺도록 하는
마음(minds)을 지닌 존재로 창조하셨다. 부끄러움을 느끼지 않는 상태는
마음 없이는 불가능한 일이었다. 그렇다면 그들이 부끄러움을 느끼지
않도록 만든, 하나님이 설계하신 인간의 능력은 구체적으로 무엇인가?

남자와 동반자가 되도록 여자를 창조하신 것은 관계에 상당한 복합성
을 더한다. 이 새로운 관계는 단순히 육체로 구성된 것이 아니라, 육체와
정신이 함께 얽힌 관계였다. 동산 안에는 육체와 정신이 깊이 얽혀 있는
복합적인 관계 속에서 존재하는 두 사람이 있다. 그들은 단지 육체로서
동산을 거닐며 서로 부딪치거나 손을 잡는 수준의 존재가 아니다. 그들
은 자기 자신과 상대방을 보고 이해할 수 있는 눈과 마음을 지닌 존재다.

먼저, 그들은 서로를 바라본다. 남자는 여자를 바라보며, 그녀의 벌거
벗은 몸을 보았을 때 기쁨을 느낀다. 여자 또한 남자를 바라보며, 그의
벌거벗은 몸을 보았을 때 기쁨을 느낀다. 그들은 그들 자신의 눈으로 서
로를 바라보며, 마음으로 기뻐한다.

둘째로, 그리고 본 논의에서 특히 중요한 점은, 그들은 자신이 타인의 시선 아래에 있다는 사실을 마음으로 인식하고 있다는 점이다. 그들은 타인의 시선을 통해 자신을 인식한다. 아담은 하와가 자신의 벌거벗은 몸을 바라보는 것을 보며, 그녀의 시선 속에 있는 자신의 모습에 대해 마음속으로 평안을 느낀다. 하와 또한 아담이 자신의 벌거벗은 몸을 바라보고 있음을 알고 있으며, 그 시선 안에 놓인 자기 자신에 대해 마음으로 편안함을 느낀다. 성경 말씀대로, 그들은 서로의 시선을 통해 자기 몸을 바라보았을 때 '부끄러워하지 않았다.'

여기에서 우리는 하나님이 남자와 여자를 창조하신 목적이 단지 육체와 그 기능적 적절성에 국한되지 않는다는 사실을 알게 된다. 그들의 마음은 하나님의 피조물로 존재하는 데 필수 불가결한 요소다. 그들에게 부끄러움이 없었다는 사실은 그들이 하나님이 의도하신 대로 서로의 시선을 통해 자신을 *바라볼 수 있었고 실제로 그렇게 했음*을 드러낸다. 곧 그들은 자신을 아름답고 경이로운 존재로 인식했다.

처음에는, 인간이 자신의 몸에 대해 이성적으로 이해하고자 하는 능력이 아무런 문제를 일으키지 않았다. 형상과 기능에 대한 하나님의 설계는 그 자체로도 경이롭지만, 남자와 여자가 서로 관계를 맺고 자기 자신을 이해하도록 창조하신 방식에 담긴 섬세하고도 복잡한 아름다움을 인식하게 될 때, 그 경이로움은 한층 더 깊어진다.

이것은 단순한 대중 심리학이 아니라, 하나님이 사람을 그분의 세상 속에서 함께 살아가도록 창조하신 방식에 대한 성경의 통찰이다. 인간 존재의 이 복합적인 아름다움은 왜 섹슈얼리티에 관한 담론에서 *정체성*이 그토록 많이 논의되는지를 이해하게 해 준다. 이러한 논의 속에서 우리는 특정한 방식으로 인식되기를 요구받는다. 사람은 거울 속에 비친 자신을 단지 어떤 몸과 욕망을 가진 존재로 인식하는 것만으로는 만족하지 않는다. 오히려 자신이 원하는 방식으로 타인의 눈에 비치기를 원한다. 이렇게 타인의 시신을 통해 자기 이해를 하고자 하는 욕망은 죄악적이거나 부자연스러운 것이 아니라, 하나님이 우리 모두를 창조하신 방식이다. 우리는 부분적으로 타인의 시선에 비친 자신을 보면서 자기 이해와 정체성을 형성해 나간다.

섹슈얼리티에 관해 기독교 안에서 주로 다뤄지는 육체와 성적 기능에 대한 대화는 인간 존재에 담긴 복잡하고 섬세한 아름다움을 충분히 반영하지 못한다. 우리가 어떤 주제를 다루고, 어떤 방식으로 사람을 대하느냐 역시 이러한 복합성을 반영해야 한다. 이 세상에서 남성 혹은 여성으로 존재한다는 것은 육체를 가진 존재라는 뜻일 뿐만 아니라, 동시에 사고하고 느끼는 마음을 지녔다는 의미이기도 하다. 이 마음은 성적 정체성을 형성하는 데 있어 핵심적인 역할을 한다. 그렇기 때문에 사회, 지역 공동체, 친구들, 가족, 그리고 교회의 역할은 매우 중요하다. 왜냐하면 우리는 바로 그들의 시선을 통해 자기 이해를 이루어 나가기 때문이다.

남자와 여자가 부끄러움 없이 존재하는 이 아름다운 인간의 현실은 단순히 그들이 육체 속에서 경험한 삶을 묘사하는 것이 아니다. 그것은 하나님이 모든 사람을 타인의 시선을 통해 자신을 이해하도록 창조하셨다는 것을 보여 주는 묘사다.

새로운 눈과 새로운 삶

창세기 2장에 등장하는 하나님의 창조는 그 복잡하고 섬세한 아름다움으로 가득 차 있지만, 3장의 시작과 함께 나타나는 위협적인 분위기와는 극적인 대비를 이룬다. 마치 자연 다큐멘터리에서 카메라가 풀밭에서 평화롭게 풀을 뜯는 사슴 무리를 비추다가 갑자기 포식자인 사자를 비출 때처럼, 그 전환은 보는 이에게 강한 충격을 준다.

부끄러워하지 아니하니라 그런데 뱀은 … 가장 간교하니라 창 2:25하-3:1상

우리는 부끄러움을 느끼지 않는 상태로 존재하던 남자와 여자의 순수하지만 복합적인 아름다움의 비전이라는 모습에서, 그들을 타락시키려는 존재가 동산 안에 함께 있었다는 놀라운 진실로 나아가게 된다.

이 짧은 단어들에 특별히 주의를 기울여 보면, 그 위협은 일반적인 것이 아님을 알 수 있다. 본문에서 뱀의 존재는 그들의 완전한 낙원 속 삶이나 하나님이 주신 거룩한 욕망, 또는 신체의 온전한 기능 자체를 위협하는 것은 아니다. 뱀의 위협은 그들의 부끄러움 없는 존재 방식을 향해 있다. 물론 우리는 그들의 불순종이 몸과 욕망, 에덴에서의 하나님과의 관계에도 분명히 영향을 줄 것을 알지만, 이 본문에서 특히 위협받고 있는 것은 남자와 여자가 그들의 마음으로 자신을 바라보는 방식이다. 타락은 결국 남자와 여자가 타인과 하나님의 시선을 통해 자신을 이해하던 방식 자체에 영향을 미칠 것이다.

창세기 3장의 비극적 서사는 뱀이 하와의 마음속에 "하나님이 참으로 너희에게 동산 모든 나무의 열매를 먹지 말라 하시더냐"(1절)라고 하며 의심의 씨앗을 심은 순간부터 시작된다. 하와는 처음에는 뱀의 왜곡된 말을 정확히 바로잡으며 반박했다(3절). 그러자 뱀은 공격의 방향을 바꾸었다. 그는 하나님의 명령 자체가 아니라, '하나님의 말씀이 진실한가' 하는 점을 정면으로 겨냥한다. 뱀은 죽음을 유익해 보이는 방식으로 재해석하며 유혹을 이어 갔다.

뱀이 여자에게 이르되 너희가 결코 죽지 아니하리라 너희가 그것을 먹는 날에는 너희 눈이 밝아져 하나님과 같이 되어 선악을 알 줄 하나님이 아심이니라 여자가 그 나무를 본즉 먹음직도 하고 보암직도 하고 지혜롭게 할 만큼 탐스럽기도 한 나무인지라 여자가 그 열매를 따 먹고 자기와 함께 있는 남편에게도 주매 그도 먹은지라 이에 그들의 눈이 밝아져 창 3:4-7상

충격적이게도, 뱀은 인간의 눈과 마음 사이의 놀랍도록 정교하면서도 섬세한 연결 구조를 교묘히 왜곡한다. 뱀은 하나님의 명령을 어긴다고 해서 죽음에 이르지는 않을 것이며, 오히려 새로운 종류의 삶, 곧 눈을 통해 그들의 마음으로 참 진리를 직접 알 수 있는 삶을 얻게 될 것이라고 약속했다. 그 제안은 단순하다. 하나님의 말씀을 거역하면, 그들은 선과 악을 판단하는 하나님과 같은 존재가 될 수 있다는 것이다. 그러나 그들이 뱀의 제안을 받아들이자, 이제 그들은 하나님이 창조하시고 바라보셨던 방식대로 세상과 자신을 보는 것이 아니라 모든 것을, 심지어 하나님조차 자기 눈으로 바라보고 판단해야 할 책임을 스스로 짊어지게 되었다. 그들은 무엇이 아름답고 선한 것인가를 스스로 판단하고, 무엇이 악한 것인지도 자신들의 기준에 따라 식별하는 책임을 떠안게 되었던 것이다. 결국, 그들은 단지 하나님이 세상을 바라보시는 방식을 거부한 것에 그치지 않고, 오직 하나님만이 감당하실 수 있었던 판단의 책임마저 스스로 취해 버린 것이다.

이것은 남자와 여자에게 있어 참으로 치명적인데, 이는 하나님이 인간을 자신의 눈과 마음을 통해 자기 이해를 하도록 창조하셨다는 점에서 그렇다. 그들은 열매를 먹기 전, 서로의 눈을 통해 자신의 벌거벗은 모습을 바라보았지만 부끄러움을 느끼지 않았다. 물론 불순종 이후에도 변하지 않은 점은 많다. 그들은 여전히 타인의 시선을 통해 자신을 바라

보며 자기 이해를 해 나간다. 그러나 달라진 것은, 자기를 바라보고 이해하기 위해 사용하는 마음이다. 새롭게 획득한 신적 주권과 유사한 위치에서, 그들은 계속해서 타인을 바라보며 동시에 타인의 시선에 노출되어 있다. 그러나 이제 아담은 하와와 하나님의 시선을 통해 자신을 예전과는 다른 방식으로 바라보게 되었고, 하와 역시 아담과 하나님의 시선을 통해 자신을 다르게 인식하게 되었다.

부끄러움의 비극

이 서사 가운데, 우리는 인간의 마음이 죄로 인해 타락한 상태와 인류가 이 이야기의 지점에 오면, 우리는 죄가 인간의 마음을 어떻게 망가뜨렸는지, 그리고 사람들이 자기 욕망을 채우기 위해 얼마나 집요하게 만족을 추구하는지에만 집중하고 싶어질 수 있다. 성경 전체를 보면, 인간의 성(性)은 하나님과 그분이 정하신 질서를 떠나 스스로 '무엇이 좋은가'를 결정하려는 인간의 끊임없는 시도에 의해 영향을 받아 왔다는 사실을 알 수 있다. 사도 바울은 로마서 1장 18-27절에서 이 점을 명확히 밝히고 있다. 인간은 자발적으로 창조주를 버리고 피조물을 예배했고, 하나님이 욕심에 내버려두심으로써, 왜곡된 성적 욕망에 자신을 내맡기게 되었다. 우리는 이 진리를 분명히 인정해야 한다. 그러나 창세기 3장의 본문에 집중할 때, 우리는 죄책감이나 칭의의 필요성이라는 익숙한 주제로 초대되는 것이 아니다. 오히려 우리는 부끄러움에 가려진 몸이 다시 영광의 옷을 입어야 한다는 주제로 이끌려 들어간다.

지금까지 창조와 타락 이야기가 전개되는 동안, 옷이 등장하지 않았던 이유는 부끄러움이 존재하지 않기 때문이다. 그러나 그들이 스스로 선과 악을 판단할 수 있는 새로운 시각을 갖게 되면서, 남자와 여자는 이전까지는 보지 못했던 것을 즉시 인식하게 되었다. 그것은 바로 자기들의 벌거벗은 모습이었다.

> 이에 그들의 눈이 밝아져 자기들이 벗은 줄을 알고 무화과나무 잎을 엮어 치마로 삼았더라 그들이 그날 바람이 불 때 동산에 거니시는 여호와 하나님의 소리를 듣고 아담과 그의 아내가 여호와 하나님의 낯을 피하여 동산 나무 사이에 숨은지라 여호와 하나님이 아담을 부르시며 그에게 이르시되 네가 어디 있느냐 이르되 내가 동산에서 하나님의 소리를 듣고 내가 벗었으므로 두려워하여 숨었나이다 이르시되 누가 너의 벗었음을 네게 알렸느냐 내가 네게 먹지 말라 명한 그 나무 열매를 네가 먹었느냐 창 3:7-11

그들이 실제로 자기 눈으로 보는 대상은 달라지지 않았다. 자기 눈으로 보든, 서로의 눈을 통해 보든, 그들은 똑같은 몸을 보았다. 그러나 그 동일한 몸이 이제는 다르게 보인다. 이 본문에서 '벗었음'은 단순히 옷을 입지 않은 몸을 묘사하는 것이 아니다. 오히려 그것은 선과 악을 스스로 판단하려는 죄 된 마음을 가진 자의 시선에 비친 벌거벗은 몸이다. 이제 그들은 서로의 눈을 통해 자기 몸을 바라보면서, 그것을 존귀하지 못한 것으로 느끼게 되었다.

이 본문에서 '부끄러움'이라는 단어 자체는 사용되지 않는다. 그러나 남자와 여자가 자신의 취약함을 느끼고, 그것을 가릴 필요가 있을 때, 부끄러움은 분명하게 드러난다. 그들에게 있어서 벌거벗었다는 자각은 이제 감당할 수 없는 것이 되어 버렸다. 그 '타자'가 배우자이든, 사랑의 창조주 하나님이시든 마찬가지였다. 그들의 마음은 이제 그들 자신을 바라보는 방식을 왜곡시킨다.

이는 하나님의 원초적이며 경이로운 창조와 극명한 대조를 이룬다.

본래 남자와 여자의 몸은 즐겁고, 아름다우며, 영광스러워 서로에게는 물론, 그들을 창조하신 하나님께도 존귀를 돌렸다. 부끄러움 없는 그들의 벌거벗음은 하나님의 놀랍고도 정교한 창조의 절정이었다. 그러나 그들이 하나님처럼 되려 하며, 자신들의 몸을 포함해 하나님의 세계에 도덕적 가치를 부여하려는 책임을 스스로 짊어진 순간, 이제 그들의 눈에는 자기 몸이 부끄러움과 불명예를 불러오는 망신스러운 존재로 보이게 되었다. 그들은 무화과나무 잎과 나뭇가지로 자신의 몸을 가리며, 서로에게서, 그리고 하나님에게서 숨기려 했다. 이제 몸은 반드시 감추어야 할 것이 되었는데, 이는 부끄러운 존재가 되었기 때문이다.

두려움과 은신은 부끄러움이 인간 내면에 얼마나 깊숙이 자리 잡고 있으며, 그것을 극복하는 일이 얼마나 어려운지를 보여 주는 본능적인 반응이다. 주목할 점은 그들의 은신이 부끄러움을 덜어 주지 못했다는 것이다. 그들은 여전히 자신이 진짜 어떤 존재인지 드러날까 하는 두려움에 움츠러들고 있었다. 무화과나무 잎과 수풀은 아무런 보호도 제공하지 못한다. 이는 아담과 하와가 자신의 부끄러움을 인식하고, 타인의 시선으로부터 보호받고 있다고 믿지 못하기 때문이다.

"누가 너의 벗었음을 네게 알렸느냐"라는 하나님의 질문은 우리 안에 있는 부끄러운 몸을 비춘다. 하나님은 이렇게 물으실 수도 있었을 것이다. "너는 왜 두려워하고 있느냐?", "어떻게 너의 몸을 숨기는 것을 알았느냐?" 남자와 여자는 자신이 벌거벗었다는 사실도, 두려워해야 한다는 것도, 그들의 몸을 숨겨야 한다는 것도 누군가로부터 들을 필요가 없었다. 부끄러움은 판사가 내리는 유죄 판결과 같은 것이 아니다. 그것은 단지, 그들이 죄 된 마음으로 자기 몸을 인식할 때, 그들 자신이 스스로를 어떤 존재로 여기는지에 대한 내면적 확신 그 자체다.

부끄러움에서 영광으로

부끄러움은 우리가 자발적으로 선택하는 인간적인 체험이 아니라, 죄가 인간의 마음에 미치는 영향으로 인해 겪게 되는 고통스러운 체험이다. 창세기 2장과 3장에 나타난 창조와 타락의 서사를 고찰한 결과, 부끄러움은 죄 된 행위와 독특하게 연결되어 있음을 알 수 있다. 죄가 없었던 남자와 여자에게는 부끄러움이 존재하지 않았으나, 그들이 하나님의 명령을 어겼을 때 부끄러움은 그들의 신체적 경험의 일부가 되었다. 비록 부끄러움은 그들의 죄에 따른 직접적인 결과이지만, 이는 죄가 그들이 스스로를 바라보고 이해하는 방식을 왜곡시켰기 때문에 생긴 결과다. 부끄러움이 인간의 삶 속에 자리 잡게 되는 것은 인간이 자신을 이해하는 인식 구조가 타락한 데서 나타난 결과로 보는 것이 더 정확하다.

부끄러움과 죄 사이의 이러한 연관성을 고려할 때, 우리는 회개가 부끄러움을 없애는 기독교의 독특한 메시지라고 생각할 수 있다. 그러나 부끄러움이 우리의 마음에 영향을 미치는 죄의 나쁜 열매라면, 회개만으로는 부끄러움이 온전히 해결되지 않는다.

사람들이 회개한 이후에도 부끄러움은 종종 오래도록 지속된다. 이러한 현상은 과거에 간음이나 그 밖의 성적인 죄를 저지른 사람에게 해당될 수 있다. 어떤 이는 회개하고 하나님과 자신이 상처 입힌 이들로부터 용서를 받았음에도 불구하고, 하나님과 타인 앞에서 여전히 부끄러움을 느낄 수 있다. 성적인 죄에 대한 회개는 반드시 필요하지만, 회개가 반드시 부끄러움을 해결하는 것은 아니다.

더 나아가, 부끄러움은 종종 한 개인의 죄 된 행위로 인한 결과가 아니다. 예를 들어, 가족이나 지인으로부터 성적 학대를 당해 부끄러움을 겪는 한 아동을 생각해 보자. 피해자는 회개할 필요가 있는 것이 아니라,

부끄러움의 몸으로부터 해방될 필요가 있다. 이러한 상황에서 회개를 요구하는 것은 오히려 그들의 고통을 더욱 심화시킬 수 있다.

자신의 신체로 인해 부끄러움을 느끼는 여성에 대해서도 생각해 보라. 그녀가 매력적이지 않고, 받아들여질 수 없으며, 가치가 결여되어 있다고 느끼는 깊은 감정은 비교나 질투의 결과일 수 있다. 그러나 앞서 언급한 사례들처럼, 이러한 감정에 대한 회개가 반드시 그녀의 부끄러움을 해결해 주는 것은 아니다. 또한 창조나 공동체의 기준에 반하는, 원치 않는 성적 욕망이나 자기 정체성을 지닌 사람들을 생각해 보라. 그들은 아무리 많이 회개하고 경건한 삶을 살아도 부끄러움이 사라지지 않는다고 종종 증언한다.

부끄러움이라는 문제의 본질을 이해하는 것은 부끄러움 속에 눌려서 살아가는 사람들을 우리가 어떻게 대해야 하는지에 영향을 미쳐야 한다. 만일 회개만으로 부끄러움을 해결할 수 없다면, 우리는 이 문제를 다룰 수 있는 어떤 기독교 자원을 가지고 있는가? 우리가 성적 부끄러움의 몸으로 가득 찬 세상 속에, 드러날까 두려워 숨는 이들과 함께 살아가고 있는 지금, 성경이 우리 자신과 세상을 향해 어떻게 선포해야 하는지를 가르쳐 주는 독특한 기독교 메시지는 무엇인가?

뜻밖에도 LGBTQ+를 긍정하는 단체들, 곧 일부 교회들과 교단들은 부끄러움이 극복되는 방식에 대해 올바른 이해를 가지고 있다. *부끄러움은 부끄러움이 드러내는 모습 그대로가 아니라, 그와는 다른 존재로 보아 줄 때 극복된다는* 것이다. 여기서 내가 주장하는 바에 대해 오해하지 않도록 주의하기 바란다. 그들의 이해가 올바르다는 말은 선과 악의 문제라기보다는, 하나님의 창조 질서가 어떻게 작동하는가에 관한 것이다. 그들은 인간이 타인의 시선을 통해 자기 이해를 해 나간다는 점을 정확히 관찰하고 있다. 이러한 관점에 따르면, 사람들이 숨김에서 벗어나 드러날 수 있도록 안전한 공간을 조성하는 것이 필수적이다. 그 공간 안에서 사람들은 자신의 욕망, 신체, 또는 성별 정체성으로 인해 더 이상 부끄러워할 필요가 없는 존재로 받아들여지게 된다. 그들은 스스로 원하는 모습으로 받아들여질 때 부끄러움이 제거된다. 그들은 더 이상 타인의 시선 속에서 자신을 부끄러운 존재로 보지 않게 된다. 자신의 몸을 부끄러움의 대상으로 이해하던 그들의 인식은 타인이 그들의 몸과 갈망을 받아 줄 때 회복된다.

그러나 어떤 집단이 부끄러움의 본질과 그 극복 방법을 아무리 정확하게 이해하고 있다 해도, 인간의 "눈이 밝아져" 있음은 고려하지 못하고 있다. 그 집단은 선과 악을 스스로 바르게 판단할 수 있다고 여기는 인간의 죄 된 마음을 고려하지 않는다. 예수 그리스도께 마음과 삶을 맡긴 그리스도인들에게는 부끄러움을 극복하는 문제가 중요한 것이다. 그러나 동시에, 어떤 것을 진정으로 부끄러워해야 할 것인지 분별하는 일도 필요하다. 우리가 마땅히 *부끄러움을 느껴야만 하는* 일들이 있는데, 이러한 감정은 우리를 회개함으로 하나님께 나아가도록 올바르게 이끌어야 한다. 다른 경우에는, 하나님이 우리 각자의 구체적인 죄와 직접적으로 연결되지 않은 부끄러움에서 우리를 자유롭게 하기 원하신다. 만일 우리가 부끄러움의 문제만을 다룬다면, 부끄러워해야 할 것을 오히려 자랑하게 될 위험이 있다. 이것이 LGBTQ+를 긍정적으로 지지하는 집단에서 드러나는 문제점이다. 그들은 사람들로 하여금 부끄러움을 극복하도록 도울 수도 있지만, 무엇이 선인지 분별할 수 있다는 과도한 확신은 결국 마땅히 부끄러워해야 하는 죄악조차 자랑스럽게 여기게 만든다.

기독교의 고유한 메시지는 부끄러움에 대해 다루되 부끄러운 것에 대해 미화하지 않는다. 성경에 따르면, 하나님은 우리의 벌거벗은 몸을 입히시고, 하나님의 눈에 선한 것이 무엇인지를 명확하게 분별할 수 있도록 우리에게 새로운 시각을 주심으로써 부끄러움의 문제를 다루신다. 그 결과 우리는 하나님께 존귀한 존재로 *보여지고*, 그분의 임재 안에 *거*할 수 있게 된다. 하나님은 우리의 시각을 회복시키셔서, 우리로 하여금 자신을 하나님의 눈으로 바라보게 하신다. 그분의 창조물로서, 그리고 그리스도 안에서 회복된 존재로서 말이다. 십자가를 통해 우리에게 주어진 새로운 시각은 다른 모든 성화의 과정과 마찬가지로, 시간이 지남에 따라 점차 성장해 나가는 것이다.

이것은 부끄러움의 본질을 드러낼 뿐 아니라, 그로부터 나아갈 길도 함께 보여 준다. 부끄러움의 바탕에는, 우리가 자신을 사람들에게 드러냈을 때 그들로부터 어떤 반응이 올지에 대한 신뢰의 결핍이 자리 잡고 있다. 그럴 만도 하다! 앞서 살펴본 바와 같이, LGBTQ+ 사람들은 자신을 인정해 주는 공동체 안에서는 그 안의 사람들을 신뢰하기 때문에 기꺼이 자신을 드러낸다. 반대로, 다른 환경에서는 그들의 부끄러움을 드러내는 것을 두려워할 수 있다. 왜냐하면 부모, 형제자매, 친구들, 교회 공동체와 같은 가장 가까운 이들로부터 외면당할지도 모른다는 두려움이 있기 때문이다. 아담과 하와는 서로에게 자신을 드러낸다는 생각을 견딜 수 없었기에, 부끄러운 몸을 숨겼다. 또한 그들은 하나님 앞에서 연약한 모습을 드러내고, 그대로 보여지는 것을 스스로 허락할 수도 없었다. 그들은 자신의 벌거벗은 모습을 가지고는 상대방도, 하나님도 신뢰하지 못했고, 그래서 숨어 버렸다. 부끄러움이 숨김에 의존해 힘을 얻는 것이라면, 그 반대 원리 역시 성립한다. 우리가 서로에게, 그리고 하나님 앞에서 연약한 모습을 솔직히 드러낼 때, 부끄러움은 더 이상 우리 삶을 지배하지 못한다.

그러나 우리 내면의 '벌거벗음', 즉 받아들여지지 않을까 두려워하는 연약한 감정을 누구에게 신뢰하고 맡길 수 있을까? 기독교의 메시지는 하나님이 예수 그리스도를 바라보시듯 우리를 바라보시며, 하나님은 선하시기에 믿을 수 있는 분이시라는 것이다. 하나님은 우리의 부끄러움을 외면하지 않으신다. 그러나 하나님은 우리의 부끄러운 몸을 보시되, 그것을 존귀하다고 말씀하시지는 않는다. 하나님은 우리의 부끄러움을 자랑하지 않으신다. 오히려 그것을 진지하게 다루신다. 하나님은 우리 몸에 깊이 스며든 부끄러움을 제거해 주는 옷을 입혀 주신다.

우리는 예수 그리스도 안에서 주어진 하나님의 구원을 단지 우리의 죄 된 반역에 따른 영원한 심판으로부터의 미래 구원으로만 축소하는 것을 거부해야 한다. 예수 그리스도는 또한 현재 우리의 육체에 미치는 죄의 영향으로부터 우리를 구원하기 위해 하나님이 정하신 길이다. 그러므로 사도 바울은 고뇌에 찬 외침 이후 기쁨에 찬 응답을 드러낸다.

오호라 나는 곤고한 사람이로다 이 *사망의 몸*에서 누가 나를 건져 내랴 우리 주 예수 그리스도로 말미암아 하나님께 감사하리로다 롬 7:24-25상

하나님께 나아가, 자신을 벌거벗은 채 입혀져야 할 존재로 드러내는 일은 위험을 수반하지만, 하나님은 은혜롭고 자비로우신 분이다. 하나님은 예수님 안에서 우리의 죄 문제를 해결하셨을 뿐만 아니라, 오늘 이 구원을 누리기 시작하기 위해 필요한 모든 것을 제공하신다. 우리가 다 믿음으로 말미암아 그리스도 예수 안에서 하나님의 아들이 되었으니 누구든지 그리스도와 합하기 위하여 세례를 받은 자는 그리스도로 옷 입었다(갈 3:26-27). 바울과 같이, 우리는 타인의 시선을 통해 자신을 바라보는 일을 멈춤으로써, 현재의 삶 속에서 우리의 구원을 실현해 나가야 한다. 성령은 우리의 마음과 생각의 시선을 회복시키셔서, 하나님이 보시는 대로, 곧 그리스도의 놀라운 의로 옷 입은 존재로 우리의 몸을 경험

할 수 있도록 하신다.

그러나 우리는 그리스도 안에서 주어진 이 새로운 현실을 온전히 누리는 데 어려움을 겪는다. 요한계시록 3장에 기록된 라오디게아 교회에 보내신 편지에서, 하나님은 그들이 자신에 대한 인식에 지나치게 자만하고 있다고 말씀하신다. 이는 비참한 사망의 몸을 지닌 자로서의 사도 바울의 자기 인식, 그리고 아담과 하와가 자신의 벌거벗음을 고백한 것과 대조된다. 하나님은 라오디게아 교회에 다음과 같이 경고하신다.

> 네 곤고한 것과 가련한 것과 가난한 것과 눈먼 것과 벌거벗은 것을 알지 못하는도다 계 3:17하

곤고하고 벌거벗은 존재임을 자각하는 것은 연약함을 드러내는 자리인데, 라오디게아 교회는 그것을 인정하려 하지 않는다. 그들은 마치 자신들이 벌거벗지 않은 것처럼, 부끄러움을 느낄 필요도 없는 것처럼 교만하게 살아간다. 그리고 하나님이 보시는 방식으로 보아야 할 필요가 있음에도, 마치 자신들이 눈멀지 않은 것처럼 행동한다. 이것은 분명히 회개가 요구되는 부분이다. 그들은 곤고하고 벌거벗은 자로서, 부끄러움이 제거되어야 할 존재임을 인정하며 하나님께 회개해야 한다. 그리고 이는 하나님이 다음 구절에서 그들을 부르시는 내용이기도 하다.

> 내가 너를 권하노니 내게서 불로 연단한 금을 사서 부요하게 하고 흰옷을 사서 입어 벌거벗은 수치를 보이지 않게 하고 안약을 사서 눈에 발라 보게 하라 계 3:18

하나님은 그들의 부끄러움이 제거될 수 있는 기회를 제공하신다. 부

끄러움을 단지 가리거나 감추는 무화과나무 잎이나 교만한 부정과는 달리, 흰옷은 부끄러움이 제거되었음을 나타낸다. 흰옷을 입고 새롭게 열린 눈으로, 그들은 이제 자신을 전과는 다른 시각으로 바라볼 수 있게 된다. 이는 죄로 타락한 마음의 시선이 아니라, 하나님의 시선을 통해서다. 하나님은 인간을 부끄럽고, 불명예스러우며, 부끄러운 사람들로 보지 않으시며, 오히려 이제 회복된, 존귀하고 아름다운 자신의 피조물로 다시 바라보신다.

그러나 이것은 하나의 기회다. 하나님은 그들이 부끄러움 없는 삶을 누릴 수 있도록 필요한 모든 것을 이미 이루어 주셨다. 그러나 그들이 그 삶을 실제로 누리기 위해서는 믿음으로 하나님께 나아가야 한다. 이것은 그들과 우리 모두에게 주어진 시험이다. 우리는 여전히 서로에게서, 그리고 하나님으로부터 피하고 숨을 것인가? 아니면 하나님이 우리와 함께 거하실 수 있도록 우리 삶에 들어오시기를 허락할 것인가? 라오디게아 교회에 보내신 편지에는 다음과 같은 하나님의 호소가 담겨 있다.

> 볼지어다 내가 문밖에 서서 두드리노니 누구든지 내 음성을 듣고 문을 열면 내가 그에게로 들어가 그와 더불어 먹고 그는 나와 더불어 먹으리라 계 3:20

하나님이 우리와 함께 먹자고 하시는 요청은 부끄러움에 대한 영광스러운 승리를 나타낸다. 그러나 하나님은 문밖에 서서 두드리고 계시며, 우리가 그분을 맞아들여 지금 이 순간, 하나님과 함께 부끄러움 없는 새로운 삶을 누리기를 기다리고 계신다.

이 세상에는 부끄러움 속에서 살아가며 흰 옷을 입혀 주시고 눈을 고쳐 주실 분이 필요한 사람들이 많다. 어떤 이들은 자신의 죄 때문에, 어떤 이들은 다른 사람의 죄 때문에, 또 어떤 이들은 아무런 잘못도 없는데도 그런 상처를 안고 살아간다. 그리고 이미 그리스도로 옷 입혀지고 치유받았음에도, 하나님이 문을 두드리실 때 열어 드리지 않음으로써 여전히 부끄러움이 해결되지 않은 것처럼 살아가는 사람들도 있다. 우리가 우리 자신에게도, 주변 사람들에게도 전할 수 있는 특별한 메시지는, 하나님이 부끄러움을 해결할 길을 주실 뿐 아니라, 오늘도 그리고 영원히 우리와 함께하시기를 원하신다는 사실이다.

02
죄책감의 몸에서 발견되는 생명

요 8:2-11

다니엘 R. 패터슨(Daniel R. Patterson)

서론

두 번째 성경 강해에서는 기독교 메시지가 우리 자신과 타인의 섹슈얼리티에 대한 경험에 어떤 영향을 미치는지를 더 깊이 이해하고자 한다. 본 강해의 주요 목적은 우리가 성적인 존재로서 어떻게 잘 살아야 하는지를 가르치는 성경의 원리를 식별하는 데 있지 않다. 오히려 우리는 하나님이 태초에 창조하신 존재의 타락한 모습이라는 고백에서부터 출발하고자 한다. 만일 우리가 삶을 "사망의 몸"으로서 경험하고 있다면, 성경을 통해 하나님이 우리에게 계시하시는 복음은 무엇인가?

"사망의 몸"이라는 표현은 사도 바울에 의해 사용된 것이다. 이 표현은 죄가 우리의 마음과 육체에 미치는 영향으로 인해 신음하는 인간의 삶을 가리킨다. 바울은 이 표현을 사용할 때, 섹슈얼리티 영역에 국한하여 언급한 것이 아니라, 일반적으로 자신의 육체적 삶 전반을 염두에 두고 있었다. "오호라 나는 곤고한 사람이로다 이 *사망의 몸*에서 누가 나를 건져 내랴"(롬 7:24).[1] 바울이 이어서 선포하는 독특한 기독교적 메시지는 바로 우리가 주목해야 할 해답이다. "우리 주 예수 그리스도로 말미암아 하나님께 감사하리로다"(롬 7:25).

첫 번째 강의에서는 사망의 몸이 성적 수치심으로 특징지어진 삶이라는 점을 살펴보았다. 이번 강의에서는 사망의 몸을 *죄책감*이라는 관점에서 다룬다. 우리는 성적 죄로 인해 우리가 지게 되는 죄책감을 하나님이 어떻게 다루시는지, 그리고 이것이 '건전한 기독교적 성 윤리'를 통해 죄책감을 해결하려는 접근과 어떻게 다른지 보게 될 것이다.

안타깝게도 성적 죄로 인한 죄책감은 사회와 교회 모두에서 흔히 경험되는 현실이다. 어린이를 성적으로 학대한 끔찍한 사례들이 있고, 남녀가 성매매를 하다 적발되기도 하며, 남성이 여성—심지어 자신의 아내—을 성폭행한 죄로 유죄 판결을 받는 경우도 있다. 그리고 짐승과의 성적 행위 같은 사례는 언급하는 것조차 부끄러울 정도다. 간음, 동성 성관계, 혼외 성관계, 성매매 이용, 포르노 시청 또는 청취, 소셜 미디어를 통한 부적절한 채팅이나 민감한 사진의 교환으로 인해 죄책감을 느끼는 이들도 있다. 그리고 무엇보다도, 사회와 교회의 집단적 양심 안에서는 상대적으로 덜 중대한 것으로 간주되지만, 여전히 죄책감을 유발하는 음욕(lust)이라는 성적 죄도 존재한다. *성적 죄책감 가운데서 씨름하는 사람들에게 생명을 가져다주는 성경의 고유한 기독교 메시지는 무엇인가?*

하나님이 경건한 섹슈얼리티를 원하신다는 사실을 가르치는 성경의 본문들과 구절들은 매우 풍부하다. 창조 기사는 물론, 결혼에 대한 하나님의 뜻과 성의 경계를 명확히 규정하고 있다. 구약의 율법은 고대 이

---

1 성경 인용문에 사용된 이탤릭체는 필자가 강조하기 위해 추가한 것이다.

스라엘 공동체 안에서의 거룩한 삶이 어떠했는지를 가르쳐 준다. 복음서에서는 예수님도 결혼의 순결함의 필요성을 강조하시며, 결혼에 관한 창조 기사의 신빙성과 정당성을 지지하신다. 또한 바울 서신에는 초대교회 공동체가 육체를 경건하게 사용하는 법을 가르치는 구절들이 많이 존재한다. 그러나 성경 안에는 성적 죄책감 가운데 씨름하는 이들에게 생명을 가져다주는, 성경에 나타난 고유한 기독교적 메시지를 탐구하기에 적합한 본문은 상대적으로 드물다. 이러한 목적에 부합하는 본문 가운데 하나는 요한복음 8장 2-11절에 기록된, 간음하다 붙잡힌 여인에 대한 잘 알려진 이야기다.[2]

이 본문은 교회와 사회 안에서 성적 기준을 유지하고자 하는 우리의 불안함을 직면하게 하므로 간과하기 어렵다. 죄 된 섹슈얼리티의 문제에 있어서, 의와 자비는 우리의 마음과 생각 속에서 쉽게 조화를 이루지 못한다. 바로 이러한 이유로 우리가 기독교 메시지를 필요로 하는 것이다. 예수님은 성적 죄책감을 용서하시며 자비를 베푸시는 가운데 정의를 저버리지 않으신다. 또한 성적 죄에 대한 정의를 실현하시기 위하여 자비를 포기하지도 않으신다.

창조와 율법에 대한 사랑

요한복음 8장 2절에서 우리는 예수님이 성전 뜰에 앉아, 그분의 가르침을 듣기 위해 모인 무리와 함께 계신 모습을 발견할 수 있다. 이처럼

---

2 이 본문이 기독교 정경에 포함되어야 하는지에 대한 논란이 일부 존재한다. 그러나 역사적 교회가 이를 정경으로 수용하기로 결정한 바에 따라, 우리는 이 본문이 역사적 예수와 본문 속 인물들과의 상호 작용에 대한 진실하고 신뢰할 만한 증언임을 확신할 수 있다. 이러한 논의에 대한 개요는 D. A. Carson, *The Gospel according to John* (Grand Rapids: Eerdmans, 1991), 333-34를 참고하라.

매우 공적인 장소이자 종교성이 짙은 상황 속에서, 몇몇 바리새인들이 한 여인을 예수님에게로 끌고 와, 그녀가 성적 죄를 범하다가 "현장에서 잡혔다"고 주장한다. 그녀의 죄책감은 의심의 여지가 없었고, 그녀에게 내려져야 할 처벌 역시 마찬가지였다. 이 점은 8장 3절부터 5절 상반 절에 분명히 나타난다.

> 서기관들과 바리새인들이 음행 중에 잡힌 여자를 끌고 와서 가운데 세우고 예수께 말하되 선생이여 이 여자가 간음하다가 현장에서 잡혔나이다 모세는 율법에 이러한 여자를 돌로 치라 명하였거니와 요 8:3-5상

그녀의 죄와 형벌에 관하여 논의하거나 협상할 여지는 거의 없었다. 그 여인은 간음의 죄를 범하였고, 고대 이스라엘 율법에 따르면, 그녀는 돌에 맞아 죽는 법정형을 받아 마땅했다(레 20:10; 신 22:22-24).

그렇다면 왜 이 여인은 예수님에게로 끌려온 것인가? 5절 하반 절에서 바리새인들은 겉보기에는 단순해 보이는 질문을 제기한다.

> 선생은 어떻게 말하겠나이까 요 8:5하

이 본문을 읽기 시작할 때, 만일 우리가 바리새인들이 예수님에 대해 품고 있었던 의심과 적대감을 전혀 알지 못한 채 접근한다면, 그들의 질문은 한 존경받는 랍비 앞에서 겸손을 보이는 태도로도 해석될 수 있을 것이다. 그들은 하나님의 창조 질서와 율법을 올바르게 지키고자 하는 진지한 관심을 가진 자들이며, 이에 대해 예수님의 확인을 구하고 있는 것으로 이해될 수도 있다.

그러나 우리는 바리새인들이 예수님에 대하여 일반적으로 보였던 태

도를 알고 있으며, 따라서 이 상황 이면에 다른 의도가 작용하고 있음을 즉각적으로 의심하게 된다. 저자는 이러한 의혹을 독자가 단지 추측에 의존하도록 두지 않고, 이어지는 구절에서 그들의 참된 의도를 직접적으로 밝힌다.

그들이 이렇게 말함은 고발할 조건을 얻고자 하여 예수를 시험함이러라
요 8:6

그렇다면 이것은 과연 어떤 종류의 함정인가? 그들의 질문은 예수님이 간음을 모세 율법에 위배되는 것으로 인식하고 있는지를 묻는 것이 아니었다. 우리는 예수님이 율법을 지지하신다는 사실을 알고 있다. 실제로 그분은 산상수훈에서 간음이 무엇으로 간주되어야 하는지에 대한 기준을 오히려 더 높이셨다(마 5:27-30 참고). 예수님은 율법을 폐하려 하신 분이 아니었다.

또 하나의 타당한 질문은 이 여인이 어떤 형벌을 받아야 마땅한가에 집중될 수도 있었을 것이다. 예수님은 간음하다 붙잡힌 여인이 율법에 따라 어떤 결과를 받아야 하는지를 이해하고 계셨을까? 다시 한 번 우리는 예수님이 이러한 시험을 완벽하게 통과하셨으리라 예상할 수 있다. 복음서 전반에 걸쳐, 예수님은 율법을 섬세하게 이해하시고 다루신다.

예수님은 율법을 무시하는 분이 아니고, 율법을 잘 아시는 분이다. 그렇다면 이 질문은 예수님에 대해 드러내기보다 오히려 바리새인들의 속마음을 드러낸다. 흥미롭게도, 바리새인들이 말한 내용 자체는 사실이다. 문제는 그들이 진리를 지키는 척하면서 실제로는 전혀 다른 목적을 이루려 했다는 점이다. 그들의 진짜 관심은 율법이 아니라 다른 데 있었다.

이 부분은 우리에게 스스로를 돌아보게 만든다. 바리새인들은 죄책감을 가진 사람을 이용해, 다른 사람들이 '올바른 신앙 입장'을 드러내도록 만드는 방식을 보여 준다. 그들은 예수님께 질문을 던지고 대답을 요구하는데, 겉으로 보기에는 단순한 질문 같지만 사실은 예수님을 함정에 빠뜨리기 위한 미끼였다. 예수님이 상황에 영향을 줄 수 있는 좋은 기회처럼 보이지만, 실제로는 조심해서 피해야 할 위험한 덫이었다.

우리가 성별이나 성(性)에 대해 말할 기회를 만날 때, 우리 앞에 놓인 이런 함정을 얼마나 잘 알아차릴 수 있을까. 우리가 말할 때 어떤 대가가 따를지 알고 있을까. 진리를 말할 수 있는 좋은 기회처럼 보이지만, 실제로는 우리의 신뢰를 무너뜨리려는 함정일 수도 있다. 아무도 우리의 말을 들으려 하지 않는다면, 우리가 말하는 것이 무슨 의미가 있을까. 말할 권리를 잃어버린다면, 말하는 것이 무슨 소용이 있을까.

성별과 성에 대해 지혜롭게 대화하려면, 먼저 이런 함정을 알아보는 것이 중요하다. 이 본문에서 보듯이, 지혜로운 사람은 함정을 알아보고 그에 맞게 반응을 조절한다.

침묵은 하나의 미덕이다

바리새인들의 질문으로 돌아가 보자. "선생은 어떻게 말하겠나이까"(요 8:5하). 예수님이 취하실 수 있었던 몇 가지 가능한 반응이 있다. 첫째는 이 전체 상황의 전제 자체를 부정하시는 것이다. 예수님이 이 여인이 율법을 어겼다는 사실을 믿지 않으실 수도 있었고, 그렇다면 그녀는 처벌을 받을 필요도 없었을 것이다. 둘째는 상황을 있는 그대로 인정하시는 것이다. 즉 그녀는 율법을 어겼으므로 죽어야 한다는 형벌이 그대로 적용된다. 셋째로 가능한 반응은 예수님이 신속한 결정을 내리시는 것이다. 그녀는 율법 앞에서 악을 행하였지만, 율법이 요구하는 명확한 처벌에도 불구하고, 예수님이 관용을 베풀어 그녀를 자유롭게 하실 수도 있었을 것이다. 넷째로, 예수님은 율법의 기술적인 조항에 호소하실 수도 있었다. 그녀의 죄를 입증할 수 있는 두 명 이상의 증인이 어디에 있는가(신 19:15)? 그녀와 함께 간음한 남자는 어디에 있는가(레 20:10; 신 22:22)? 이 네 가지 선택지 중 어떤 것을 택하더라도, 그녀는 최소한 시간을 벌거나, 어쩌면 자유를 얻을 수도 있었을 것이다. 그러나 예수님은 그 어느 것도 선택하지 않으셨다.

예수님의 첫 반응은 침묵이었다. 예수님은 말씀하지 않으시고, 땅에 글을 쓰기 시작하신다. 이는 바리새인들을 당황하게 만든 것으로 보인다. 그 이유는 충분히 짐작할 수 있다. 그들은 예수님이 미끼를 물고, 자신들이 그분을 고발할 수 있는 증거를 제공하기를 기다리고 있었기 때문이다. 상황 자체는 복잡하지 않았으며, 예수님이 율법을 인정하는 말을 하기까지 시간을 끌고 있는 것처럼 보였다. 그래서 그들은 계속해서 예수님을 몰아세운다.

> 예수께서 몸을 굽히사 손가락으로 땅에 쓰시니 그들이 묻기를 마지 아니하는지라 요 8:6하-7상

예수님이 침묵하신 이유는 무엇인가? 물론 우리는 그분이 무엇을 생각하시고, 무엇을 쓰고 계셨으며, 무엇을 기다리고 계셨는지는 알 수 없다. 그러나 예수님이 앞으로 나아갈 길을 모색하기 위해 스스로 시간을 벌고 계셨을 가능성은 있다. 우리는 이미 예수님이 율법을 지키기를 원하신다는 점을 확인했다. 이는 그분이 율법의 세부 사항이나 여인의 유죄 여부를 고민하고 계셨다는 의미는 아닐 것이라는 말이다. 오히려 예

수님은 지금 실제로 한 여성의 생사 문제를 다루고 계신다고 보는 것이 훨씬 더 타당해 보인다. 이러한 관점에서 보면, 율법 아래에 있는 그 여인을 향한 예수님의 자비는 율법의 유지를 유일한 관심사로 삼고 있는 바리새인들의 태도와 뚜렷한 대조를 이룬다.

그러나 그 여인이 유죄이며 죽어야 마땅함에도 불구하고, 실제로 그녀가 처형되었을 가능성은 낮았다. 이 장면은 로마 제국이 자신의 법체계 밖에서 발생한 범죄에 대해 처형을 엄격히 제한하던 맥락 속에 놓여 있다.[3] 따라서 진정한 난제가 드러난다. 만일 바리새인들이 그 여인이 실제로 정의의 심판을 받지 않으리라는 사실을 알고 있었다면, 그들의 동기는 심각하게 의심받게 된다. 그들은 정의 자체에 관심이 없으며, 예수님이 율법을 지키지 않고 자비를 보이도록 유도함으로써, 그분을 고발할 구실을 찾고 있었던 것이다. 예수님이 침묵하신 이유는 그분이 그 여인을 불쌍히 여기셨고, 하나님의 정의(그녀의 죄책감과 처벌)를 중요하게 여기셨기 때문이다. 이는 그 여인도, 정의 자체도 아랑곳하지 않았던 바리새인들의 태도와 뚜렷한 대조를 이룬다.

이 역동성은 우리가 섹슈얼리티와 젠더에 관한 문화의 가치와 심지어 법률의 변화에 직면할 때 겪는 어려움을 정확히 반영하고 있다. 우리는 이혼법의 완화, 성적으로 방종한 삶의 방식, 동성 성관계의 정상화, 젠더 경계의 해체, 심지어 일부다처나 '개방적인' 관계에 대한 자랑스러운 고백까지도 목격하고 있다. 섹슈얼리티에 관한 선한 하나님의 뜻에 확신을 가지고 열심을 품은 그리스도인으로서, 예수님에게 던져졌던 동일한 질문이 우리에게도 제기된다. 우리는 어떻게 말할 것인가? 예수님에게 질문이 던져졌을 때와 마찬가지로, 우리에게 있어서도 질문은 무엇

---

3 Carson, 335.

이 옳은가 혹은 선한가에 관한 것이 아니다. 오히려 우리가 성적인 죄를 저지른 *사람*과 마주하게 되었을 때, 그에 대해 어떻게 반응할 것인가가 조용한 분별을 요구하는 지점이다.

예수님의 침묵은 진리에 관한 문제만을 다루고 있는 것은 아니다. 생사와 직결되지 않은 상황에서는 진리를 확인하는 일이 비교적 쉬운 일이다. 우리는 이것을 심지어 예수님 자신의 사역 가운데서도 확인할 수 있다. 예수님은 언제나 무엇이 참된 것인지에 대해 명확하게 말씀하시고, 특정 죄에 대한 하나님의 관점에 대한 우리의 이해를 오히려 더욱 강조하기도 하신다. 그러나 예수님이 진리를 사람에게 적용하실 때에는 언제나 세심한 배려가 수반되었다. 다시 한 번 산상수훈을 생각해 보라. 거기서 예수님은 간음이 단순한 육체적 행위만이 아니라, 타인을 보고 음욕을 품는 것까지 포함된다고 가르치신다(마 5:27-28). 바리새인들은 육체적 간음에 관한 율법을 아무런 자비도 없이 적용하려 했지만, 결혼의 신실함에 대해 훨씬 더 높은 기준을 제시하시는 예수님은 오히려 생명이 필요한 죄인을 바라보신다. 예수님이 침묵하시고 말하기를 더디 하신 것은 진리에 대해 혼란을 느끼셨기 때문이 아니라, 그 앞에 있는 한 사람을 보셨기 때문이다.

본문의 이 부분에서 우리는 침묵이 하나님의 덕목임을 분명히 인식할 수 있어야 한다. 안타깝게도 성적 죄에 관한 한, 교회 안에는 이를 빠르고 요란스럽게 지적하려는 문화가 존재한다. 이러한 문화의 이면에는 말을 더디게 하는 것은 진리에 대한 확신이 부족한 것이라는 전제가 깔려 있다. 그러나 만일 예수님의 침묵이라는 반응이 하나의 표지라면, 말을 빠르게 하는 자들이 더 깊은 확신을 가진 것이라고 볼 수 없다. 사실, 성급하고 거친 표현은 예수님이 보여 주신 깊은 관심과 이해의 태도와 거리가 있어 보일 수 있다.

어떤 이들은 침묵이 진리를 말하지 않은 채로 남겨 두기 때문에, 침묵을 진리에 대한 위협으로 간주한다. 물론 침묵이 진리를 회피하기 위한 수단으로 사용되어서는 안 된다. 그러나 사람들은 종종 침묵에 답답함을 느끼는데, 이는 진리를 신중하게 적용하는 것보다 진리를 주장하는 데 더 관심을 두기 때문이다. 바리새인들은 진리를 우선시하면서 사람에 대한 자비를 등한시하였으나, 예수님은 그 양자 모두를 보고 행동하셨다.

의롭지 않은 재판관

예수님을 진리에만 집착한 나머지 사람을 외면하셨다고 비난할 수도 없고, 반대로 사람만을 돌본 나머지 진리를 무시하셨다고 비난할 수도 없다. 7절 하반 절부터 9절에서 볼 수 있듯이, 예수님이 마침내 입을 열고 말씀하셨을 때, 그분은 두 비난 모두를 회피하셨으며, 그 영향력은 깊고도 강력했다.

> 이에 일어나 이르시되 너희 중에 죄 없는 자가 먼저 돌로 치라 하시고 다시 몸을 굽혀 손가락으로 땅에 쓰시니 그들이 이 말씀을 듣고 양심에 가책을 느껴 어른으로 시작하여 젊은이까지 하나씩 하나씩 나가고 오직 예수와 그 가운데 섰는 여자만 남았더라 요 8:7하-9

예수님이 다루고 계신 문제는 단순히 한 성적 죄인을 어떻게 다룰 것인가가 아니라, 모든 죄인을 어떻게 대할 것인가다. 율법에 따라 판결이 내려져야 할 성적 죄의 한 사건처럼 보였던 이 일은 사실 '의롭다' 여겨지는 재판관들 안에 내재한 죄의 문화(어쩌면 성적 죄의 문화마저)를 드러냈다.

예수님의 질문은 성적으로 불의한 자들을 가려 내고, 성적으로 의로운 바리새인들에게 그 여인을 처벌할 권리를 부여하려는 것이 아니었다. 예수님이 두 번째 침묵과 성찰의 시간을 마치고 다시 등장하셨을 때, 그 자리에 의로운 바리새인은 아무도 없다. 오직 예수님과 그 여인만이 그 자리에 남아 있다. 모든 바리새인은 성적 죄인을 판단하고 처벌할 권리를 내려놓은 것이다.

놀랍게도, 바리새인들은 그 여인을 판단하고 처벌할 권리를 주장하며 싸우지 않는다. 그들의 조용한 순응은 이전의 오만하고 집요한 추궁과는 극명한 대조를 이룬다. 적어도 자신들은 간음의 죄를 범하지 않았다고 주장하며 무죄를 항변할 법도 했을 것이다. 또한 "죄 없는 자만이 죄인을 심판할 수 있다면, 누가 죄를 심판할 수 있는가?"라는 자명한 질문조차 제기하지 않는다. 그들이 이 두 가지 방식 중 어느 쪽으로도 예수님에게 질문하지 않았다는 사실은 진정한 문제가 다른 지점에 있을 가능성을 시사한다.

첫 번째 지점에서, 바리새인 각자는 자신이 율법 앞에서 유죄임을 인정했다. 그들이 간음의 죄에도 해당되었는지는 중요한 문제가 아니었다. 예수님은 평소처럼, 바리새인들이 자기 자신을 평가해야 할 도덕적 기준을 훨씬 더 높이 드러내셨다. 예수님의 가르침은 고발자가 간음의 죄를 범하지 않았을 경우에만 그 여인을 돌로 칠 수 있다는 식의 제한된 조건을 제시하지 않았다. '죄 없는 자'인지의 여부를 묻는 예수님의 질문은 훨씬 더 포괄적이었다. 그들은 율법 전체에 따라 의로워야 했다. 이 점은 예수님의 죽음과 부활, 승천 이후에 기록된 야고보서 2장 10-11절 말씀을 상기시킨다.

누구든지 온 율법을 지키다가 그 하나를 범하면 모두 범한 자가 되나니 간

음하지 말라 하신 이가 또한 살인하지 말라 하셨은즉 네가 비록 간음하지
아니하여도 살인하면 율법을 범한 자가 되느니라 약 2:10-11

바리새인들이 다른 사람의 아내와 간음한 죄는 없었을지라도, 그렇다
고 해서 그들이 '죄 없는 자'였던 것은 아니다. 예수님의 높고 엄격한 기
준에 따르면, 그들은 율법 전체를 온전히 지키지 못하였기에 무죄를 주
장할 수 없었다. 율법의 단 하나만을 어기더라도, 이는 곧 하나님께 불순
종한 것이며 그분 앞에서 유죄 판결을 받게 된다. 그들이 돌을 내려놓고
자리를 떠났을 때, 그것은 그들 자신이 율법 앞에서 죄인이고 성적 죄를
범한 자를 처형하는 일에 참여할 자격이 없음을 드러내는 행동이었다.

그러나 두 번째 지점은 어떻게 되는가? 만일 율법 앞에서 의로운 자
가 아무도 없다면, 누가 성적 죄인을 판단하고 처벌할 수 있는가? 바리
새인들이 이 자명한 질문을 계속 추궁하지 않은 이유는 이 질문 자체가
큰 의미를 지니지 않기 때문이다. 특히 성경에는 죄인들이 다른 죄인들
을 심판하고 처벌하며, 심지어 그렇게 하도록 요구받는 수많은 사례들
이 존재한다. 율법은 죄인인 인간들에 의해 판단이 이루어질 것을 요구
한다. 그러므로 예수님이 오직 의로운 자만이 성적 죄인을 심판하고 처
벌할 수 있다고 말씀하셨다고 보기는 어렵다. 본문의 구체적인 법적 사
례에서, 예수님은 정의를 원하셨지만, 자칭 의롭다 여기는 바리새인들
이 그 여인을 심판하는 것에는 반대하셨다. 바리새인들은 율법 앞에서
자신의 죄를 인정하지 않은 채 여인을 판단하고 처벌하려 하고 있었다.

이 본문에 대한 논의는 더 이어지겠지만, 이 시점에서 그리스도인과
교회는 깊은 도전에 직면하게 된다. 예수님의 "너희 중에 죄 없는 자가
먼저 돌로 치라"는 말씀은 성적 죄 가운데 살아가는 사람들을 판단하고
권징하기 전에 우리가 완전해야 한다는 기대를 전달하는 말씀이 아니

다. 이 말씀은 바리새인들이 '하나씩 나갔다'는 반응과 연관 지어 이해되어야 한다. 바리새인들은 자신들이 율법 앞에서 의롭다는 전제를 가지고 예수님에게 나아왔으나, 우리는 그들이 실제로는 죄 있는 자들이었음을 알게 된다.

예수님이 율법과 마음에 대하여 가르치신 내용을 고려할 때, 우리는 하나님 앞에서 얼마나 더 깊이 유죄 판결을 받아야 마땅한가? 바리새인들은 실제로 육체적 간음을 저지르지 않았을지 모르나, 예수님의 율법 해석에 따르면, 과연 얼마나 많은 그리스도인 남성과 여성이 자신이 죄 없다고 말할 수 있겠는가?

> 또 간음하지 말라 하였다는 것을 너희가 들었으나 나는 너희에게 이르노니 음욕을 품고 여자를 보는 자마다 마음에 이미 간음하였느니라 마 5:27-28

만일 우리 안에서 성적인 죄책감을 찾지 못한다면, 예수님의 관점에서 살인과 동일시되는 분노는 어떠한가? 불의한 자라는 우리의 실존적 지위는 타인의 성적 죄를 판단하기에 앞서 우리 자신의 죄를 고백할 것을 요구한다.

죄를 고백하는 그룹의 일원이 되는 것은 개인으로서 자신의 죄를 고백하며 서는 것보다 훨씬 쉬운 일이다. 주목할 점은 바리새인들이 처음과 같은 모습으로 떠나지 않았다는 것이다. 그들은 스스로 의롭다고 자처하는 집단으로 등장하였으나 돌을 내려놓고는 하나씩 흩어져 떠났다. 주목해야 할 사실은, 그들이 죄인이었음에도 불구하고, 각자 개인적으로 죄를 고백할 준비는 되어 있지 않았다는 점이다. 그들은 자신의 불의와 대면했을 때 조용히 자리를 떴다. 집단적인 고백은 종종 중요한 역할을 하지만, 교회 안에서 성적 죄를 판단하려 할 때, 우리는 먼저 개인의 죄를 고백할 필요성과 마주하게 된다. 나는 개인적인 고백이 지역 교회나 교단, 혹은 기독교라는 더 큰 공동체의 집단적 고백 뒤에 숨어 버릴 때, 우리는 예수님의 가르침이 지닌 힘을 회피하고 있다고 본다. 타인의 성적 죄를 판단하려는 문제에 있어, 예수님이 우리에게 요구하시는 시금석은 우리가 일반적으로 모두 죄인이라는 사실을 고백하는 것이 아니라, '내가' 범한 구체적인 죄를 고백하고, 그 죄에 대해 '내가' 유죄이며, '내가' 처벌을 받아 마땅하다고 인정하는 데 있다.

이 순간에 바리새인들의 가증스러운 위선은 여실히 드러난다. 그들은 자신을 보존하기 위해 정의의 추구를 포기한다. 예수님의 가르침은 바리새인들이 그분에게 놓았던 함정과 마찬가지로 심각한 도전을 제기했다. 바리새인들이 예수님을 정의와 자비 사이의 불가능해 보이는 선택으로 몰아세웠을 때, 예수님은 그들에게 오히려 정의와 불의 사이의 매우 단순한 선택을 제시하신다. 그들은 과연 여인과 자신들을 위한 정의를 선택할 것인가? 즉 그들 자신이 먼저 자신의 죄를 고백함으로써 스스로에게도 정의를 요청하면서 여인을 처형할 것인가? 아니면 여인과 자신들을 위한 불의를 선택할 것인가? 이 선택은 단순하지만 대가가 크다. 대중과 죄지은 여인, 그리고 예수님 앞에서 자신의 죄를 고백하는 대신, 그들은 더 쉬운 길을 선택했다. 그리고 아이러니하게도, 이것이 바로 그들이 처음에 예수님에게 유도하려 했던 행동, 즉 정의를 외면하고 자비라는 명목으로 여인을 풀어 주는 것이었다. 그들은 의로운 재판관처럼 보였으나 결국 죄 중에 있는 자들로 드러났으며, 따라서 전혀 정의를 추구하지 않았던 불의한 재판관들이었던 것이다.

예수님은 진정한 정의의 추구자는 스스로를 의롭게 여기는 자가 아니라, 자신의 불의함을 고백하는 자임을 계시하신다. 우리가 예수님의 권면에 귀를 기울일 때, 교회는 성적 죄를 지은 불의한 자들을 판단하는 스스로 의롭다 여기는 집단으로 비추어지지 않을 것이다. 오히려 우리는 타인을 판단하기에 앞서 자신의 불의함을 고백함으로써, 진정으로 정의를 사랑하는 사람들로 알려지게 될 것이다.

자비로운 재판관

정의에 대한 예수님의 급진적인 헌신은 자비가 작동하게 함으로써 사안의 전개를 극적으로 변화시킨다. 예수님은 자비를 베푸심으로써, 사형 판결이 예정된 명백하고 단순한 법적 사건에 대해, 다른 결과의 가능성을 열어 놓으셨다. 10-11절에서, 우리는 예수님의 고귀한 기준에 따라 유일하게 돌을 던질 자격이 있었던 의로우신 분이 실제로는 그 돌을 던지지 않으셨다는 사실을 알게 된다.

> 예수께서 일어나사 여자 외에 아무도 없는 것을 보시고 이르시되 여자여 너를 고발하던 그들이 어디 있느냐 너를 정죄한 자가 없느냐 대답하되 주여 없나이다 예수께서 이르시되 나도 너를 정죄하지 아니하노니 가서 다시는 죄를 범하지 말라 하시니라 요 8:10-11

자기 의로 가득 찼던 바리새인들과 그들이 내세우던 정의 추구라는 얄팍한 겉치레가 사라지자, 예수님은 죄지은 여인을 향해 말씀하신다. 예수님은 그녀를 정죄하지 않으시고, 자비를 베푸신다. 그 여인은 정의, 즉 사형을 받지 않았다. 그러나 이것이 곧 예수님은 그녀에게 관대하셨다는 것을 의미하지는 않는다. 결코 그렇지 않다! 예수님의 침묵과 말씀은 성적 죄책감을 지닌 몸으로 살아가는 자들, 곧 형벌을 받아 마땅한 이들에게 소망이 있다는 기독교 고유의 메시지를 가리킨다.

법에 관한 한, 일반적으로 우리는 자비 없는 심판을 기대한다. 예를 들어, 학대자, 강간범, 사기꾼, 부주의한 운전자가 마땅한 처벌을 받지 않을 때, 우리는 항의한다. 그러나 기독교 메시지는 예수님이 정의의 결과를 두려워하지 않으셨기에, 그 여인과 같은 성적 죄인들이 자비 안에서 기뻐하며 심판으로부터 구원받을 수 있다는 것이다. 바리새인들과는 달리, 예수님은 자신의 생명을 보존함으로써 불의가 지배하도록 내버려두는 일을 거부하신다. 정의를 추구하는 데에는 대가가 따르며, 그 대가는 예수님이 여인이 받아야 할 형벌을 스스로 감당하심으로써 가장 극적으로 드러난다. 이 기독교의 주장이 중요한 이유는, 예수님이 이와 같은 방식으로 정의를 지키시고 자비를 드러내시기 때문이다. 십자가 위에서 예수님은 자비를 받지 않으시고 심판을 당하셨다. 이로 인해 예수님은 본문 속 여인에게 자비를 베푸실 수 있었던 것이다. 그분은 그녀의 죄에 대한 형벌을 대신 감당하셨다. 이것이 바로 여인이 예수님의 자비의 초청을 받아들일 수 있었던 이유다. 그리고 야고보서의 '율법을 일부(혹은 전부) 어긴 자'에 대한 언급은 다음과 같이 이어진다.

> 너희는 자유의 율법대로 심판받을 자처럼 말도 하고 행하기도 하라 긍휼을 행하지 아니하는 자에게는 긍휼 없는 심판이 있으리라 긍휼은 심판을 이기고 자랑하느니라 약 2:12-13

우리는 심판보다 자비를 강조하는 기독교의 메시지에 대해 거부 반응을 보이는 경향이 있다. 이는 일반적으로 사망의 몸으로부터 사람을 구원하는 해법을 제시하기보다는, 도덕적 기준을 보존하는 데 더 큰 관심을 가지기 때문이다. 우리는 사회와 교회 안에서 도덕적 기준을 유지하는 데 지나치게 집착한 나머지, 심판보다 자비를 우선하는 기독교적 메시지를 오히려 방해물로 여긴다. 우리는 자신을 스스로 의롭다 여기는 바리새인으로도, 혹은 불의한 성적 죄인으로도 보기를 원치 않는다. 자기 의 뒤에 숨어 있는 죄를 고백하는 일이 성적 죄인을 적절히 다루는 자격을 우리에게서 박탈할 것처럼 느끼기도 한다. 마찬가지로, 우리 자신의 불의한 섹슈얼리티를 고백하는 일이, 교회와 사회에서 도덕적 영향력을 상실하게 할까 두려워하기도 한다. 그러나 예수님은 그러한 두려움을 전혀 품지 않으신다. 정의를 추구하는 일은 대가를 요구하지만, 그 길은 자비를 가능케 하는 문을 연다.

요한복음 8장 2-11절에서 예수님이 하신 마지막 말씀은 불안에 시달리는 그리스도인에게 안식을 제공한다. 예수님은 여인에게 가서 다시는 죄를 짓지 말라고 권면하신다. 그러나 이 권면은 독립적인 명령이 아니다. 예수님은 자신으로부터 자비를 입은 데 대한 응답으로, 여인이 죄의 삶과 결별하기를 바라신다. 이것은 로마서 12장 1절에 나타난 사도 바울의 기독교 논리에서 우리가 발견하게 되는 한 가지 패턴이다.

> 그러므로 형제들아 내가 하나님의 모든 자비하심으로 너희를 권하노니 너희 몸을 하나님이 기뻐하시는 거룩한 산 제물로 드리라 이는 너희가 드릴 영적 예배니라 **롬 12:1**

거룩한 몸, 곧 거룩한 섹슈얼리티를 포함하는 삶은 하나님의 뜻이다. 그러나 요한복음 8장에서 우리는 이러한 삶이 하나님의 자비라는 배경 속에서 드러나고 있음을 알게 된다. 하나님의 자비는 바울이 권면한 삶을 살아가도록 하는 부르심의 토대다.

기독교의 메시지는 어떻게 살아야 하는가에 대한 지침이 아니라, 우리의 죄, 곧 성적 죄를 포함한 모든 죄에 대한 형벌을 예수님이 대신 감당하셨다는 복된 소식이다. 그러나 안타깝게도 앞서 살펴본 바와 같이, 우리는 이 메시지를 세상과 교회 안의 성적 죄인에게 전하기에 앞서, 먼저 우리 자신에게 선포하는 일을 종종 잊곤 한다. 우리는 의로움의 가면 뒤에 숨을 필요가 없다. 왜냐하면 예수님이 우리를 정죄하지 않으시고, 믿음을 통하여 그분 안에서 생명을 주시기 때문이다. 그리고 이로부터 우리는 하나님을 기쁘시게 하는 삶을 살아갈 이유와 기회를 얻게 된다.

03
배제의 몸에서 발견되는 생명

신 23:1; 사 56:3-5; 마 19:9-12; 행 8:26-39 [1]

다니엘 R. 패터슨(Daniel R. Patterson)

서론

세 번째 성경 강해에서 우리는 기독교 메시지에 의해 극적으로 영향을 받는 또 하나의 "사망의 몸"을 마주하게 된다. 부끄러움과 죄책감을 드러내는 사망의 몸들이 그러하듯이, *배제*(exclusion) 또한 사람들이 구원받아야 할 또 하나의 고통스러운 인간 경험이다.

부끄러움과 죄책감과 달리, 배제와 반대 개념인 '포용'(inclusion)이라는 용어는 성경에 등장하지 않는다. 그럼에도 불구하고 이 용어들은 섹슈얼리티에 관한 기독교 담론에서 점점 더 자주 사용되고 있으며, 흔히 '공감'(empathy), '관용'(tolerance), 그리고 '수용'(acceptance)과 같은 용어들과 결부되어 사용된다.

---

1 성경 인용문에 사용된 이탤릭체는 필자가 강조하기 위해 추가한 것이다.

섹슈얼리티에 관해 보수적인 기독교 신앙을 지닌 이들에게 있어, 배제와 포용에 대한 담론은 불안과 두려움을 포함한 다양한 감정을 불러일으킬 수 있다. 이는 이해할 만한 일이다. 교회의 일부는 한 남자와 한 여자 사이의 결혼이라는 성경의 경계를 넘어서는 성적 행위와 결혼 제도를 자신들의 공동체 안에 포함시키려 한다. 두려움과 불안으로 이 위협에 대응하는 것보다 더 나은 방식들이 존재함에도 불구하고, 이러한 반응들은 교회가 성경의 역사적 해석에 반하는 성 윤리 변화들을 분별하고 거부할 준비 태세를 갖추고 있음을 시사한다.

그러나 나의 우려는, 두려움과 불안이 성경 안에서 배제와 포용에 대해 하나님이 말씀하시는 바를 우리가 주의 깊게 듣고 올바르게 응답하는 것을 방해할 수 있다는 점이다. 불순종으로 인해 인류가 에덴동산과 하나님의 임재로부터 배제되었음에도 불구하고, 하나님은 오직 예수 그리스도 안에서의 믿음만을 통해 인류를 자신의 나라 안으로 다시 포용하기를 원하신다. 우리는 이 메시지를 희석시키거나 경건한 섹슈얼리티에 관한 메시지로 대체하지 않고, 이를 명확하고 담대하게 선포하도록 격려받을 필요가 있다.

앞선 두 차례의 강해에서 살펴본 바와 같이, 하나님이 사람들을 그들의 사망의 몸으로부터 어떻게 구원하시는지를 탐구하고자 하는 나의 관심은 로마서 7장 24-25절에 나타난 사도 바울의 자기 성찰에 근거하고 있다.

오호라 나는 곤고한 사람이로다 이 사망의 몸에서 누가 나를 건져 내랴 우리 주 예수 그리스도로 말미암아 하나님께 감사하리로다 롬 7:24-25

사망의 몸은 올바르게 행하고 욕망하며 정체성을 규정함으로써 고쳐

지거나 치유되지 않는다. 예수 그리스도가 사람들을 그들의 사망의 몸으로부터 구원하신다는 소식은 이 시대에 우리가 우리의 몸과 욕망, 혹은 마음에서 경험하는 현실적이고 다양한 어려움들을 결코 축소하지 않는다. 또한 그것은 현재의 우리 삶에서 구원받음이 무엇을 수반하는지에 대해 과도한 약속을 하지도 않는다. 예수 그리스도를 통해 구원하시려는 하나님의 계획은 철저히 포용적이지만, 동시에 예수님 자신과 그분이 구원하시는 이들 모두에게 혹독한 대가 역시 수반한다.

이번 강해에서 우리의 초점은 우리가 오직 *고자*(eunuch)로만 알고 있는 한 배제된 사람에게 맞추어져 있다. 그러나 이 사람은 한 개인이 아니라 다수를 대표하는 존재인데, 이는 성경 전반에 걸쳐 많은 고자들이 등장하기 때문이다. 우리는 율법서와 예언서, 성문서, 예수님의 가르침 속에서, 그리고 사도행전에서 고자들을 발견한다. 고자들은 율법과 태초에 하나님이 의도하신 인간의 설계에 미치지 못하는 삶 속에서, 기독교 메시지가 그들의 삶에 어떻게 영향을 미치는지를 우리에게 보여 준다는 점에서 우리의 관심 대상이 된다. 구속사는 한때 배제되었으나 이제는 예수 그리스도를 믿는 믿음으로 하나님의 나라 안에 포용된, 사망의 몸을 지닌 고자들의 삶을 점진적으로 드러낸다.

성경에 나타난 고자들에 관한 이러한 기록들은 우리의 사망의 몸을 이해하고 성찰하는 데 있어 교훈적이다. 우리는 그리스도 안에서 사망과 소망의 몸으로 살아가며, 우리의 몸이 최종적으로 구속될 날을 바라보고 있음을 배우게 된다.

법적 배제

신명기 23장 1절에서 우리는 이스라엘 공동체 안에 있는 고자들의 삶에 영향을 미치는 한 율법 규정을 접하게 된다.

> 고환이 상한 자나 음경이 잘린 자는 여호와의 총회에 들어오지 못하리라 신 23:1

일부 학자들은 이 율법이 다른 종교들과 연관된 관행들을 가리킨다고 본다. 우리는 당시 가나안 종교의 제의적 숭배가 일부 신전 종사자들에게 거세를 요구했다는 사실을 알고 있다. 이 율법은 이러한 유형의 이교적 종교 행위에 대한 하나님의 강한 거부를 반영하는 것일 수 있다. 그러나 이러한 고자들이 그와 같은 삶의 방식을 거부하고 회개했다 할지라도, 그들의 몸은 여전히 총회에 참여할 수 없었다.

우리는 레위기 21장 20-21절에서 손상된 생식기와 관련된 유사한 율법을 발견한다. 그러나 이 율법은 이방 신전 관행과 연관된 것이 아니라, 이스라엘 성전과 직접적으로 관련되어 있다. 아론과 제사장직을 위한 거룩함의 기준을 설명하는 단락에서 우리는 "고환 상한 자나 … 여호와께 화제를 드리지 못할지니"라는 규정을 읽게 된다. 앞선 본문은 고자가 이방 신들과 연관되어 있다는 문제를 시사할 수 있으나, 이 본문은 문제의 핵심이 보다 근본적인 차원에 있음을 드러낸다. 생식기를 포함한 높은 수준의 신체적 온전함은 여호와의 총회에 들어오는 데에만 요구된 것이 아니라, 이스라엘 성전 예배를 인도하는 데에도 요구되었다.

최선의 것, 흠 없는 것, 그리고 순수한 것을 향한 하나님의 요구는 이스라엘 백성이 하나님과 관계하도록 요구받는 방식에서 반복적으로 나타나는 특징이다. 그렇다면 무엇이 고자를 흠 있는 존재, 최선에 미치지 못하는 존재, 그리고 어떤 의미에서는 불순한 존재로 구별되게 하는가? 나는 고자를 하나님이 처음 의도하신 인간의 설계와 대비되는 존재로 이해할 것을 제안한다. 하나님이 생식 기능을 지닌 존재로 창조하신 남자와 여자는 하나의 원형이자 원초적 율법이며 완전한 기준으로 기능하며, 하나님은 이 기준에 비추어 고자들을 이에 미달된 존재로 판단하신다. 고자를 배제하는 율법은 이러한 기준이 이스라엘 공동체의 공적 예배 안에 구현되도록 하는 역할을 한다.

우리는 마태복음 19장에서 태초를 원초적 율법이자 유형으로 사용하는 유사한 방식을 발견한다. 바리새인들은 다시 한 번 율법적 난제를 통해 예수님을 함정에 빠뜨리기 위해 그분께 맞섰다.

> 바리새인들이 예수께 나아와 그를 시험하여 이르되 사람이 어떤 이유가 있으면 그 아내를 버리는 것이 옳으니이까 마 19:3

예수께서는 바리새인들의 율법 해석에서 오류를 지적하기보다, 혼인과 그 지속성을 이해하는 데 있어 남자와 여자의 창조가 처음부터 제시된 본래적이고 방향을 제시하는 패러다임이었음을 밝히기 위해 그들의 주의를 태초로 돌리신다.

> 예수께서 대답하여 이르시되 사람을 지으신 이가 본래 그들을 남자와 여자로 지으시고 말씀하시기를 그러므로 사람이 그 부모를 떠나서 아내에게 합하여 그 둘이 한 몸이 될지니라 하신 것을 읽지 못하였느냐 그런즉 이제 둘이 아니요 한 몸이니 그러므로 하나님이 짝지어 주신 것을 사람이 나누지 못할지니라 하시니 마 19:4-6

그러나 예수께서는 율법 안에 이혼에 관한 일정한 규정이 존재한다는 문제에 여전히 직면해 계셨다(신 24:1-4; 출 21:10-11).

여짜오되 그러면 어찌하여 모세는 이혼 증서를 주어서 버리라 명하였나
이까 마 19:7

예수님은 율법을 옹호할 수밖에 없는 상황에 몰려, 마치 함정에 빠지
신 것처럼 보인다. 그러나 그분은 이 함정을 피하기 위해 창조 기사로
다시 한 번 돌아가시는데, 그것은 결혼에 대한 긍정적 비전을 재진술하
기 위함이 아니라, 바리새인들이 호소하고 있는 율법보다도 더 권위 있
는 기준으로 그것을 사용하시기 위함이었다.

예수께서 이르시되 모세가 너희 마음의 완악함 때문에 아내 버림을 허락
하였거니와 본래는 그렇지 아니하니라 마 19:8

이혼에 관한 율법은 태초의 이상적인 창조라는 배경 속에서만 온전히
이해될 수 있다. 하나님이 율법으로 개입하신 것은 여성을 보호하기 위
함이었는데, 이는 '태초부터 그렇지 않았기' 때문이다. 태초에는 남자가
아내를 사랑하여 그녀를 사모하고, 돌보며, 보호했다. 이혼에 관한 율법
이 필요했던 이유는 이스라엘 백성이 더 이상 에덴에 살고 있지 않았고,
결혼에 관한 그들의 마음과 생각, 욕망과 행위가 이러한 현실을 반영하
고 있었기 때문이다.

태초의 남자와 여자는 선한 것이 무엇인지를 보여 주는 하나의 비전
이지만, 동시에 모든 인간의 삶이 타락한 것으로 이해될 수밖에 없는,
도달 불가능한 기준이기도 하다. 태초는 고자의 몸이 타락한 상태에 있
음을 드러내며, 율법은 이를 더욱 분명히 한다. 또한 태초는 아내와 이
혼하려는 남자들의 부패한 마음과 욕망을 드러내고, 율법 역시 이를 폭
로한다. 그리고 약간의 정직한 자기 성찰만으로도, 태초에 하나님이 창

조하신 남자와 여자에 비추어 볼 때 우리의 결혼과 욕망, 그리고 우리의 몸이 깨어져 있음을 태초가 드러내고 있다는 결론에 이르게 된다. 태초에 남자와 여자는 하나님이 의도하신 대로 원하였고, 하나님이 의도하신 대로 자신의 몸을 경험하였으며, 하나님이 의도하신 대로 서로 성적으로 관계하였고, 하나님이 의도하신 대로 하나님을 예배했다. 그러나 하나님께 불순종하여 쫓겨난 이후, 그들은 삶을 이전과는 다르게 경험하기 시작하였는데, 이는 오늘날 우리가 사망의 몸을 지니고 살아가는 방식과 같다.

이제 손상된 생식기와 관련된 고대 이스라엘의 율법들로 다시 시선을 돌려 보면, 우리는 이를 이해할 수 있는 하나의 해석의 틀을 갖게 된다. 고자들을 하나님의 공동 예배에 참여하지 못하도록 배제하는 이러한 율법들은 임의적인 것이 아니다. 그들의 몸은 하나님이 태초에 창조하신 이상을 배경으로 볼 때, 타락한 것으로 규정된다.

회복이 불가능한 몸을 지닌 고자는 특히 구원하기 어려운 존재다. 그가 총회나 제사장직에 들어오는 것을 가로막는 것은 의도적인 죄가 아니라, 그의 깨어진 몸이다. 그의 사망의 몸이 그를 자격에서 배제한다면, 고자는 어떻게 하나님의 임재 안에 포용될 수 있는가?

약속된 포용

우리는 이사야 56장에서 고자들에 대한 추가적인 언급을 발견한다. 이들은 하나님을 사랑함에도 불구하고 여전히 예배 공동체에 온전히 참여하는 것이 허용되지 않는 이방인과 같은 모습으로 제시된다. 그러나 소망이 있다. 우리는 3-5절에서 고립된 이방인과 열매 없는 고자가 장차 하나님의 백성과 더불어 성전 안에서 함께 예배하게 될 미래의 때를 묘사하는 예언을 읽게 된다.

> 여호와께 연합한 이방인은 말하기를 여호와께서 나를 그의 백성 중에서 반드시 갈라내시리라 하지 말며 고자도 말하기를 나는 마른 나무라 하지 말라 여호와께서 이와 같이 말씀하시기를 나의 안식일을 지키며 내가 기뻐하는 일을 선택하며 나의 언약을 굳게 잡는 고자들에게는 내가 내 집에서, 내 성 안에서 아들이나 딸보다 나은 기념물과 이름을 그들에게 주며 영원한 이름을 주어 끊어지지 아니하게 할 것이며 _사 56:3-5_

고자에게는 문자 그대로, 자신을 넘어 이어지는 자손과 가문을 누리는 것이 불가능하다. 그는 "마른 나무"다. 그러나 이 예언 속에서 우리는 그가 자손을 남길 수 있는지, 가정을 가질 수 있는지, 혹은 성전에 들어갈 수 있는지 여부가 더 이상 그의 몸에 의해 좌우되지 않는 미래의 때에 대한 참으로 놀라운 비전을 발견한다.

포용에 대한 이 예언이 아무리 놀랍게 들린다 하더라도, 고자가 자신의 결함 있는 몸을 어떻게 극복할 수 있는지는 여전히 어렵다. 마찬가지로, 하나님이 원래 의도하신 남자와 여자의 모습에 이르기 위해, 우리가 자신의 결함을 극복하는 데 어떤 역량이 필요할지를 상상하는 것은 어려운 일이다.

뜻밖의 고자

마태복음 19장에서 예수님의 청중은 그분이 고자에 대해 말씀하시는 것을 듣고 적잖이 놀랐을 것이다. 특별히 논의의 주제가 이혼의 합법성이었기 때문이다.

우리는 익숙한 장면으로 다시 돌아간다. 일부 바리새인들이 남자가 아내와 이혼하는 것을 허용하는 율법을 두고 예수님에게 맞선다. 예수 님의 첫 번째 응답은 태초를 가리켜, 남자와 여자 사이의 결혼을 하나님 이 따라야 할 이상적 비전으로 창조하셨음을 확증한다. 그리고 나아가 인류가 타락한 상태에 있음을 드러내는 신적 기준을 보여 준다. 우리는 마태복음 19장 9-12절에서 예수님이 제자들과 사적으로 말씀하시는 대 목에서 다시 이 이야기를 이어 가게 된다.

> 내가 너희에게 말하노니 누구든지 음행한 이유 외에 아내를 버리고 다른 데 장가드는 자는 간음함이니라 제자들이 이르되 만일 사람이 아내에게 이같이 할진대 장가들지 않는 것이 좋겠나이다 예수께서 이르시되 사람마 다 이 말을 받지 못하고 오직 타고난 자라야 할지니라 어머니의 태로부터 된 고자도 있고 사람이 만든 고자도 있고 천국을 위하여 스스로 된 고자도 있도다 이 말을 받을 만한 자는 받을지어다 마 19:9-12

그렇다면 여기서 예수님의 요지는 무엇인가? 예수님은 자신의 요지 를 논증하기 위해 고자들을 어떻게 활용하고 있는가?

예수님은 이미 두 차례에 걸쳐 결혼에 대한 하나님의 창조를 옹호해 왔기 때문에, 예수님이 제자들의 좌절에서 나온 주장, 곧 "장가들지 않 는 것이 좋겠나이다"라는 말에 단순히 동의하신 것으로 해석하는 것은 설득력이 없다. 오히려 제자들의 반응은 예수님이 특별히 그들에게만 주신 가르침, 곧 성적 부도덕의 경우를 제외하고는 이혼 이후에도 결혼 이 영구적이라는 것에 대한 반응이다. 이러한 가르침은 바리새인들에 게 주어진 것이 아니었으며, 설령 주어졌다 하더라도 그들은 이를 받아 들이지 않았을 것이다. 왜냐하면 그들의 완고한 마음은 이혼과 재혼을 통해 여성을 무책임하게 다루는 자신들의 행위를 정당화하기 위해 율법을 사용하는 데 굳게 고정되어 있었기 때문이다.

예수님의 관점에서 볼 때, 율법은 이혼을 허용할 수 있다. 그러나 같은 복음서 앞부분의 산상설교에서 보듯이, 예수님은 제자들에게 율법의 요구보다도 더 높은 기준을 제시하는 하나님 나라의 윤리를 가르치신다. 모세의 율법은 아내와 이혼하는 것을 허용할 수 있지만, 예수님을 따르는 이들은 재혼하지 않음으로써 결혼에 대한 하나님의 창조가 지닌 영속성을 증언해야 한다.

만일 이와 같은 결혼에 대한 높은 기준, 곧 이혼 이후의 재혼을 피해야 한다는 점이 예수님의 요지라면, 그렇다면 그분은 왜 고자를 언급하셨는가? 흥미롭게도, 고자들은 예수님의 결혼에 대한 높은 관점을 증언하는 한편, 동시에 불평하는 제자들을 꾸짖는 역할을 한다. 선천적으로 고자인 경우(아마도 인터섹스 상태의 사람)나, 사람에 의해 고자가 된 경우(아마도 거세를 통해) 모두에게 결혼은 선택지가 아니다. 더욱이 고자들은 애초에 결혼할 기회 자체 없이 살아가지만, 제자들은 재혼을 금하는 예수님의 가르침이 가혹하다고 불평한다. 그것이 비자발적인 것이라 할지라도, 고자의 독신의 삶은 이혼이라는 상황 속에서 예수님이 제자들에게 살아내도록 요구하시는 그리스도인의 삶이 무엇인지를 말없이 보여 준다.

더 나아가 우리는 이 본문을 통해, 예수님이 고자가 되신 것이 아니라, 하나님의 나라를 위하여 고자와 같은 삶을 선택하셨음을 알게 된다. 다른 고자들과 달리, 성육신하신 하나님의 아들이신 예수님은 결혼하고 자신의 자손을 낳을 권리를 자발적으로 포기하신다. 그분의 욕망은 하나님의 나라를 향해 있으며, 그러므로 그분은 독신으로 지내며 성적으로 순결함을 통해 결혼의 창조 질서를 증언하신다. 고자의 사망의 몸은 더 이상 그가 하나님의 임재 안에 거할 수 없는 존재로 규정하는 불완전함의 표지가 아니다. 예수님은 고자와 연대하심으로써, 그의 사망의 몸에도 불구하고 고자의 지위를 구속하신다.

고자를 들어오게 하라

예수님은 고자의 손상된 몸이 장차 자신이 짊어질 손상되고 배제된 몸을 가리키는 상징임을 드러내심으로써 그 몸에 새로운 의미를 부여하시지만, 신명기 23장의 율법은 여전히 효력을 지니고 있으며, 이사야 56장의 예언 또한 아직 성취되지 않은 상태로 남아 있다. 그러나 사도행전 8장 26-39절은 이 모든 상황을 근본적으로 변화시킨다.

이 본문에서 우리는 예루살렘을 떠나 가사로 향하는 길에서 마차를 타고 이동하고 있는 고자를 만난다. 사도행전 8장 26-28절을 보면, 고자가 하나님의 나라 안에서 차지하는 위치가 달라진 것처럼 보이지는 않는다.

> 주의 사자가 빌립에게 말하여 이르되 일어나서 남쪽으로 향하여 예루살렘에서 가사로 내려가는 길까지 가라 하니 그 길은 광야라 일어나 가서 보니 에디오피아 사람 곧 에디오피아 여왕 간다게의 모든 국고를 맡은 관리인 내시가 예배하러 예루살렘에 왔다가 돌아가는데 수레를 타고 선지자 이사야의 글을 읽더라 행 8:26-28

그의 신앙에도 불구하고 그는 여전히 하나님의 공동체로부터 차단된 상태에 있었으며, 자손을 가질 수 없는 처지에 그대로 머물러 있었다. 유대교로 개종한 이방인 혹은 경건한 이방인으로서, 그리고 고자라는 사실이 알려진 인물로서 그는 성전 구역 안으로 들어가는 것은 허용되었지만, 성전 뜰과 성전 자체에는 들어갈 수 없었다. 이 고자는 여전히 율법이 그에게 허락한 범위 안에서만 누릴 수 있을 뿐이었다.

고자가 빌립에게 이사야 53장을 해석해 달라고 요청하는 순간, 이야기는 극적인 전환점을 맞이한다. 그는 도살자에게로 가는 양, 털 깎는 자 앞에서 조용한 어린양, 그리고 굴욕과 공의의 박탈, 죽음을 견뎌 내는 고난받는 종이라는 익숙한 이미지로 묘사된 그 인물이 누구인지를 알고자 한다.

> 그 내시가 빌립에게 말하되 청컨대 내가 묻노니 선지자가 이 말한 것이 누구를 가리킴이냐 자기를 가리킴이냐 타인을 가리킴이냐 빌립이 입을 열어 이 글에서 시작하여 예수를 가르쳐 복음을 전하니 행 8:34-35

빌립이 전한 복음은 예수님이 무엇을 행하셨는지에만 국한되지 않고, 그것이 왜 중요한지까지도 포함했을 것이라고 보는 것이 합리적이다. 예수 그리스도는 율법에 의해 배제되었던 모든 사람이 하나님과 함께할 수 있는 길을 여셨는데, 그것은 고자만이 아니라 사망의 몸으로 고통받는 모든 사람을 포함한다. 예수님은 자신의 삶과 죽음, 부활과 승천을 통해 율법을 성취하셨고, 사흘 만에 성전을 헐고 다시 세우심으로써 모든 사람이 하나님의 예배 공동체에 참여할 수 있는 새로운 길을 마련하셨다. 예수님은 고자가 성전의 물리적 담과 문을 통과하여 하나님께 나아가도록 하는 새로운 길을 마련하신 것도 아니며, 자신의 몸으로 이행할 수 있는 새로운 율법 체계를 고자에게 부과하신 것도 아니다. 그것은 세례라는 예식을 통해 인 쳐지고, 온 세상에 있는 다른 이들과 복음을 나누라는 사명으로 확증된, 오직 예수 그리스도를 믿는 믿음으로만 걸어갈 수 있는 길이었다.

이 소식은 분명 그에게 큰 충격을 주었지만, 하나의 질문은 여전히 남아 있었다. 그의 손상된 몸 때문에 성전 예배에 참여하지 못하도록 막아온 율법이 언제나 존재해 왔다. 하나님의 공동체 안으로 온전히 편입되는 데 여전히 무엇이 그를 가로막고 있는지를 묻는 36절에서의 그의 질문은 결정적으로 해소된다.

> 길 가다가 물 있는 곳에 이르러 그 내시가 말하되 보라 물이 있으니 내가 세례를 받음에 무슨 거리낌이 있느냐 … 이에 명하여 수레를 멈추고 빌립과 내시가 둘 다 물에 내려가 빌립이 세례를 베풀고 둘이 물에서 올라올새 주의 영이 빌립을 이끌어간지라 내시는 기쁘게 길을 가므로 그를 다시 보지 못하니라 행 8:36, 38-39

그 어떤 것도 그를 막아서지 못한다. 그의 손상된 생식기도, 그의 불임도, 결혼할 수 없다는 사실도, 그의 독신 상태도 그를 가로막지 못한다. 이 사람을 세례받는 데서 막을 수 있는 것은 아무것도 없다. 그가 하나님의 나라에 들어가는 것은 자신의 몸으로 완전한 삶을 살아 냈기 때문이 아니라, 예수 그리스도에 대한 새로운 믿음 때문이다. 믿음을 통해 형성된 그의 새로운 정체성은 율법을 충족할 수 있는 능력이나 창조의 기준을 몸으로 구현할 수 있는지 여부에 의해 규정되지 않는다. 예수님은 고자를 대신하여 율법을 성취하셨을 뿐만 아니라, 아버지가 기뻐하시는 합당한 '새 사람'이시다(롬 5:12-21; 고전 15:45).

우리는 이것이 모든 사람에게 참되다는 사실을 담대하게 고백해야 한다. 모든 사람은 율법과 하나님이 태초에 만드신 남자와 여자의 기준에 미치지 못한다. 그러므로 모든 사람에게는 하나님의 임재 안으로 들어가기 위한 새로운 길이 필요하다. 예수 그리스도를 통해 고자가 포용되는 성경의 이야기는 모든 사람에게 희망을 준다. 그러므로 사도 바울과 고자와 함께 우리는 다음과 같이 증언할 수 있다.

> 오호라 나는 곤고한 사람이로다 이 사망의 몸에서 누가 나를 건져 내랴 우리 주 예수 그리스도로 말미암아 하나님께 감사하리로다 롬 7:24-25

이것이 바로 우리가 스스로에게 선포해야 하며, 세상에 전해야 할 메시지다.

그러나 바로 이 지점에서 우리는 주의해야 한다. 기독교 메시지는 두 가지 방식으로 희석되거나, 심지어 완전히 잠식될 수 있다. 첫째, 사망의 몸을 지닌 사람들이 예수 그리스도에 의해 구원받기 위해 반드시 태초에 창조된 남자와 여자의 기준에 맞추어야 한다고 주장하는 것이다. 우리는 태초가 그리스도인을 위한 성 윤리에 있어 중요한 지침이 된다는 사실을 알고 있으며, 또한 이를 인정한다. 그러나 이것을 하나님이 사람들을 자신의 나라로 받아들이시는 방식과 혼동해서는 안 된다. 고자가 이사야 53장에 등장하는 메시아적 인물이 누구인지를 이해하고자 도움을 구했을 때나, 자신이 세례받는 데 무엇이 여전히 방해가 되는지를 물었을 때, 빌립은 율법을 다시 언급하거나 남자와 여자를 창조하신 하나님의 이야기를 되풀이하지 않았다. 그러한 설명은 그의 몸이 기준에 미치지 못한다는 사실, 곧 고자가 이미 알고 있던 현실을 다시 확인해 주는 데 그쳤을 것이다. 고자는 자신의 사망의 몸으로 인해 정죄되었다는 말을 다시 들을 필요가 있었던 것이 아니라, 예수를 가르쳐 전하는 복음을 들을 필요가 있었다(행 8:35). 곧 그의 사망의 몸에도 불구하고 생명의 선물을 받을 수 있는 길이 있다는 소식이었다.

기독교 메시지는 내가 스스로 사망의 몸으로부터 나 자신을 구원하도록 요구하지 않으며, 오히려 십자가에서 자신의 사망의 몸을 통해 믿음으로 구원에 이르는 길을 마련하신 예수 그리스도를 가리킨다.

둘째, 기독교 메시지는 우리의 사망의 몸을 선하다고 규정하고 구원이 필요 없다고 말하는 왜곡된 시도를 통해 훼손될 수 있다. 이것은 첫째 경우와 마찬가지로, 사람들을 그들의 사망의 몸에 머물게 만든다. 이러한 주장은 종종 갈라디아서 3장 28절을 근거로 정당화되는데, 일부는 이 구절을 들어 예수 그리스도가 젠더를 폐지하셨으므로 더 이상 구원이 필요하지 않다고 주장한다. 만일 '남자와 여자가 더 이상 존재하지 않는다면' 고자를 정죄하던 율법 또한 폐지된 것이 된다. 마찬가지로, 결혼과 성에 대한 하나님의 뜻을 논할 때, 태초에 확립된 '남자와 여자'라는 이상 또한 무효화된다. 그러나 사도 바울의 주장은 예수 그리스도가 젠더 간의 구분을 제거하셨다는 데 있지 않다. 사망의 몸에 대한 해결책은 믿음을 통해 예수님 안에서 발견되며, 바울은 이 점을 해당 본문 전체에서 분명히 밝힌다.

> 믿음이 오기 전에 우리는 율법 아래에 매인 바 되고 계시될 믿음의 때까지 갇혔느니라 이같이 율법이 우리를 그리스도께로 인도하는 초등교사가 되어 우리로 하여금 *믿음으로 말미암아 의롭다 함을 얻게 하려 함이라* 믿음이 온 후로는 우리가 초등교사 아래에 있지 아니하도다 너희가 다 믿음으로 말미암아 그리스도 예수 안에서 하나님의 아들이 되었으니 누구든지 그리스도와 합하기 위하여 세례를 받은 자는 그리스도로 옷 입었느니라 너희는 유대인이나 헬라인이나 종이나 자유인이나 *남자나 여자나* 다 그리스도 예수 안에서 하나이니라 갈 3:23-28

그리스도가 오셨다는 이유만으로 율법과 창조의 이상이 단순히 사라졌다고, 그리고 그 결과 우리가 사망의 몸을 지닌 채로 현재 경험하는 방식 그대로 살아도 자유롭다고 결론짓는 것은 잘못이다. 하나님의 뜻은 율법과 창조의 이상을 제거함으로써 사람들이 *사망의 몸 안에서 살아가도록* 구원하는 데 있지 않고, 오히려 예수 그리스도를 믿는 믿음을 통해 *사망의 몸으로부터* 구원받게 하는 데 있다. 그리스도에 대한 믿음의 도래는 우리가 스스로 결코 이를 수 없었던 의를 우리에게 주며, 동시에 우리를 하나님의 가족 안으로 포용한다. 이 메시지는 결코 약화되어서는 안 된다.

교회는 그 사고와 선포에 있어 분명하고 확신에 차 있어야 한다. 하나님과 함께하는 생명에 이르는 유일한 길은 예수 그리스도를 믿는 믿음이다.

함께 탄식하자

이것이 고자의 이야기의 끝은 아니다. 그가 에티오피아로 돌아간 이후에 어떤 일이 일어났는지 전해지지는 않지만, 여전히 하나의 질문은 남아 있다. 곧 예수 그리스도를 믿는 믿음으로 하나님의 가족 안에 포용된 지금, 그에게 무엇이 요구되는가 하는 질문이다. 이 문제는 성적 죄를 다룬 두 번째 강해에서 이미 논의되었으므로, 여기서는 하나님의 자비를 받은 우리는 우리의 몸으로 하나님을 기쁘시게 하도록 부름 받았다는 사실을 분명히 하는 것으로 충분하다. 여기에는 하나님의 뜻을 영화롭게 하지 않는 삶에서 돌이켜 회개하는 것과 태초에 남자와 여자를 창조하신 하나님의 창조를 증언하는 것이 포함된다. 그러나 고자의 이야기는 보수적인 성 윤리를 지키는 일이 능동적으로도, 또한 수동적으로도 이루어질 수 있다는 중요한 뉘앙스를 제시한다. 이 차이는 미묘하지만, 사망의 몸을 지닌 이들로 구성된 그리스도인 공동체를 신실하고 서로를 격려하는 공동체로 세워 가는 데 매우 중요하다.

우리는 고자가 빌립으로부터 복음을 받아서 믿게 되었음에도 불구하고, 그의 몸이 변화하지 않았다는 사실을 알고 있다. 그는 여전히 사망의 몸을 지닌 채 살아가는데, 이는 그의 몸이 태초의 사람처럼 보이거나 기능할 수 없기 때문이다. 자녀를 가질 가능성을 포함해 결혼에 수반되는 유익들이 그에게는 주어지지 않는다. 기능하는 생식기를 지닌 태초의 사람처럼 이 에티오피아 사람이 살아야 한다고 기대하는 것은 부당할 뿐 아니라, 더 근본적으로는 성경적·신학적 근거를 결여하고 있다.

이러한 관찰은 일부 그리스도인들에게 불안을 야기할 수 있는데, 그것이 타락한 사망의 몸을 각자가 경험하는 방식 그대로 살아가도록 모두에게 길을 열어 주는 것처럼 보일 수 있기 때문이다. 만일 고자에게 변화에 대한 어떠한 기대도 없다면, 이는 누구나 자신의 사망의 몸 그대로 살아가고자 하는 욕망을 정당화하는 부적절한 선례를 만들어 내는 것이 된다. 이러한 가정은 정당화될 수 없다.

예수 그리스도가 마태복음 19장에서 고자에 관해 제자들과 나누신 대화는 결정적으로 중요하다. 이 본문에서 예수님은 고자들이 태초의 사람과 같아질 것을 요구하지 않으신다. 오히려 예수님은 고자들을 통해, 태초를 기준으로 한 올바른 삶이 무엇인지를 제자들에게 가르치심으로써 그들의 위상을 높이신다. 역설적인 방식으로, 고자들은 결혼의 선함을 포기한 독신으로 살아가는 바로 그 삶을 통해, 남자와 여자 사이의 평생 결혼이 지닌 선함을 증언한다. 그들은 창조의 성 윤리를 직접 살아 냄으로써 능동적으로 지키는 것은 아니지만, 사망의 몸 안에서 살아가면서 자신들에게는 허락되지 않은 결혼이 참으로 선하다는 사실을 고백함으로써, 수동적인 방식으로 이를 지켜 낸다.

한편에는 율법에 호소하여 아내를 버리는 행위를 정당화하던 남자들의 사례가 있다. 예수 그리스도는 이 남자들이 반복적으로 이혼하고 재혼하는 양상 속에서, 그들이 창조 질서를 수동적으로도 능동적으로도 존중하지 않고 있음을 드러내신다. 만일 그들이 실제로 이혼을 했다면, 예수님은 그들에게 자신의 어려운 가르침을 따르도록 부르시며, 재혼하지 않음으로써 태초의 질서를 증언하도록 하신다. 이러한 맥락에서, 이혼을 했더라도 독신으로 남아 있는 것은 결혼이 되돌릴 수 없는 영구적인 관계로 창조되었다는 하나님의 질서를 증언하는 행위가 된다. 그러므로 결혼을 유지하는 것이 하나님의 창조 윤리를 능동적으로 지키는 행위라면, 재혼하지 않는 것 또한 그 윤리를 수동적으로 증언하는 방식이 된다.

창조 질서를 능동적으로 지키는 것과 수동적으로 지키는 것을 구분하는 일은 중요한데, 이는 고자와 같이 많은 사람들이 본성적으로 벗어날 수 없는 사망의 몸을 지닌 채 살아가고 있기 때문이다. 이러한 어려운 경험들은 다양하여, 몸이나 욕망, 혹은 마음의 문제일 수도 있고, 이것들이 복합적으로 나타나기도 한다. 그러나 어떤 경우이든 사망의 몸은 하나님의 창조 질서에 능동적으로 참여하는 것을 가로막는다. 그러나 그들은 고자와 예수 그리스도처럼, 자신이 처한 상태에 그대로 머물기를 선택하고, 독신과 금욕의 삶을 유지함으로써 남자와 여자 사이의 결혼 안에서 성에 대한 하나님의 설계가 영구적인 관계임을 증언할 수 있다. 이는 성령의 능력으로 가능해지는 능동적인 선택이지만, 동시에 자신의 상태에 머물며 하나님의 뜻을 넘어서지 않음으로써, 그들은 그리스도인 공동체를 위한 하나님의 성적 기준을 수동적으로 증언하고 있다.

이야기의 마지막에서 분명해지는 점은 하나님의 창조 질서를 수동적으로 지키기로 선택하는 일이 믿음으로 하나님의 공동체 안에 포함된 이들에게 결코 억압적이거나 차선의 결과가 아니라는 사실이다. 우리가 고자에 대해 최종적으로 기억하는 모습은 낙담과 후회의 모습이 아니다.

> … 내시는 기쁘게 길을 가므로 그[빌립]를 다시 보지 못하니라 행 8:39하

예수 그리스도를 믿는 믿음을 통해 마침내 하나님의 가족 안에 포함된 고자는 남자와 여자라는 하나님의 본래 창조 설계와 연관된 유익들을 자신이 선택하여 누릴 수 없다는 사실을 두고 멈추어 서서 탄식하지 않는다. 비록 그의 몸이 이를 결정하고 있음에도 불구하고, 고자는 자신이 얻은 것 안에서 기뻐한다.

그러나 이것이 고자가 이후에도 항상 만족과 평안 속에 머물렀음을 의미하는 것은 아니다. 그는 여전히 사망의 몸을 지닌 채 살아가며, 바울이 로마서 8장에서 말하듯이 그 몸은 최종적인 구속을 기다리며 탄식하는 몸이기 때문이다. 예수님을 믿는 믿음을 통해 사망의 몸으로부터 이루어지는 이 '구원'은 기다림과 인내를 요구하는 소망 안으로 들어가는 구원이다.

> 피조물이 다 이제까지 함께 탄식하며 함께 고통을 겪고 있는 것을 우리가 아느니라 그뿐 아니라 또한 우리 곧 성령의 처음 익은 열매를 받은 우리까지도 속으로 탄식하여 양자 될 것 곧 우리 몸의 속량을 기다리느니라 우리가 소망으로 구원을 얻었으매 보이는 소망이 소망이 아니니 보는 것을 누가 바라리요 만일 우리가 보지 못하는 것을 바라면 참음으로 기다릴지니라 롬 8:22-25

사망의 몸으로부터 구원받은 우리에게 이제는 소망의 몸이 있는데, 이는 우리가 장차 부활의 몸을 받을 날을 기다리고 있기 때문이다.

이 마지막 질문이 지니는 목회적 함의는 교회가 사망의 몸과 소망의 몸을 지닌 사람들이 함께 살아가야 하는 공동체라는 점에 있다. 첫째, 교회는 하나님의 창조 질서를 수동적으로 증언하고자 하는 이들을 지지해야 한다. 사망의 몸으로 인해 결혼에 들어갈 수 없는 이들은 깊고 친밀한 이성 간의 우정, 성적 만족, 자녀를 가질 가능성과 같은 결혼의 고유한 유익들을 누릴 수 없다는 사실 앞에서 큰 무게감을 느낄 수 있다. 이러한 부담은 그들만이 홀로 짊어져야 할 짐이 아니며(갈 6:2), 교회 공동체가 적극적으로 이해하고 응답해야 할 과제다. 결혼에 대한 하나님의 창조 질서를 수동적으로 증언하고자 하여 독신과 금욕의 삶을 선택한 이들의 필요는 무엇인가? 그리고 교회 공동체는 그러한 필요를 어떻게 채워 줄 수 있는가? 신실하게 응답하기 위해 주의 깊게 듣는 것이 지금 교회 앞에 놓인 과제다.

둘째, 탄식하는 몸이라는 표현은 하나님의 창조된 결혼 질서 안에서 살아가는 이들에게 또한 해당된다. 결혼한 이들은 결혼의 유익을 누리기도 하지만, 그 유익들 역시 자신의 몸의 구속을 기다리며 살아가는 사람들에 의해 경험된다. 결혼은 완전한 행복만으로 이루어진 관계가 아니라, 죄와 깨어짐으로 특징지어지는 관계이며, 이는 아직 결혼하지 않았거나 결혼한 지 얼마 되지 않은 이들에게 종종 예상치 못한 현실로 다가온다. 남편이 아내에게 거칠게 말하고, 부부가 아이를 갖지 못하며, 성적 욕구와 바램이 충족되지 않고, 배우자가 말기 질환 진단을 받기도 하며, 속임, 정욕, 분노, 조급함, 이기심 등이 존재한다. 이러한 사례는 끝없이 이어진다. 결혼은 결혼에 대한 하나님의 이상을 능동적으로 증언할 또 하나의 기회이지만, 동시에 결혼한 이들이 최종적이고 육체적인 구속을 기다리며 함께 인내로 탄식해야 하는 또 하나의 자리이기도 하다. 결혼 안에서 사망의 몸으로 살아가는 이들의 필요는 무엇인가? 그리고 교회 공동체는 그러한 필요를 어떻게 돌볼 수 있는가?

하나님이 사람들을 자신의 가족 안으로 받아들이신 것은 그들이 탄식 가운데 홀로 남겨지게 하시려는 것이 아니다. 하나님은 함께 탄식하도록 공동체를 창조하셨다. 우리 앞에 놓인 과제는 사람들이 믿음을 통해 하나님의 가족 안으로 들어오도록 하나님의 뜻을 선포하는 것이며, 이미 그 안에 들어온 이들에게는 우리가 예수님의 재림을 인내로 기다리며 소망하는 것을 온전히 받게 될 그날까지 공동체 안에서 함께 탄식해야 할 필요가 있음을 전하는 것이다.

04
성경과 동성 관계
월터 모벌리와 크리스토퍼 라이트의 대화

월터 모벌리(Walter Moberly), 크리스토퍼 라이트(Christopher Wright)[1]

크리스토퍼 라이트: 동성 성관계에 관한 성경 본문 개관

나는 이 문제에 대해 질문을 받거나 반론을 접할 때마다 대개 이렇게 말한다. "레위기부터 시작하지는 않을 것이다." 왜냐하면 그런 질문에는 보통 "조개류를 먹지 말라는 금지도 있는 레위기에서만 금지된 것이라면, 지금 우리에게 그것이 무슨 의미가 있는가?"라는 암묵적인 전제가 깔려 있기 때문이다. 나는 대신 우리가 창조에 관한 본문들로부터, 즉 인간 됨이 무엇인지, 하나님의 형상과 남성과 여성으로 지음 받은 존재의 의미가 무엇인지, 그리고 창조 질서 안에서 하나님이 인류에게 맡기신 사명과 역할이 무엇인지에서 출발해야 한다고 말한다. 또한 남자와 여

---

1 이 글은 2018년 영국성공회의 "Living in Love and Faith" 프로젝트의 일환으로 진행된 월터 모벌리(Walter Moberly)와 크리스토퍼 라이트(Christopher Wright) 간의 대화를 편집한 축약본이며, 미국식 철자와 출판사의 스타일에 맞게 조정되었다. 원문의 보다 풍부한 논증, 상호 간의 존중, 그리고 중요한 뉘앙스를 온전히 파악하기 위해, 독자들은 온라인에서 열람 가능한 전체 대화를 직접 읽어 볼 것을 권한다. https://llf.churchofengland.org/mod/resource/view.php?id=305.

자가 '한 몸'을 이루는 결혼에 대해, 그리고 하나님이 이 모든 창조 질서의 차원을 '좋다'고 선언하셨으며, 그로 인해 이 모든 것이 인간에게 유익하도록 주어진 것임을 본문이 확언하고 있다는 점 역시 함께 살펴야 한다. 이런 관점에서야 비로소 우리는 레위기(및 그 외 본문들)를 살펴보며, 그 경계와 경고가 의미하는 바를 이해할 수 있을 것이다.

…

1. 창조에 대한 성찰

창세기 1장 26-28절

이 말씀에는 분명한 핵심 요소들이 담겨 있다.

- 하나님은 하나님의 형상대로 인간을 창조할 것을 계획하신다.
- 하나님은 그 계획대로 남자와 여자로 인간을 창조하신다.
- 하나님은 인간을 축복하시고, 생육하고 번성하여 땅에 충만하도록 권능을 주신다.
- 하나님은 인간에게 땅 위의 다른 모든 생물을 다스리고 정복할 권위를 부여하신다.

…

26절에서 하나님은 두 개의 주요 동사를 통해 이중적인 의도를 드러내신다. "우리의 형상대로, 우리의 모양을 따라 아담(ʾādām)을 만들자. 그리고 그들이 다스리게 하자…"(저자 사역). 이어지는 27-28절에는 하나님의 형상대로 인간을 창조하셨다는 말씀과 땅을 정복하고 생물을 다스리라는 명령 사이에, 남자와 여자를 창조하신 일과 축복과 번성의 말씀이 삽입되어 있다. …

… 27절의 평행 구조 속에서, 남자와 여자로 창조되었다는 사실은 하나님의 형상대로 창조되었다는 것과 어떤 방식으로든 연결되어 있다. … 동시에, 남자와 여자로 존재하는 것은 인류가 하나님의 형상을 따르는 존재로서 생육의 복을 누리기 위한 기초이자 수단이다. 이것은 우리가 땅을 채우고, 그것을 다스리며, 창조 세계 안에서 맡겨진 역할을 감당하도록 한다. … '남자와 여자'라는 특정 히브리어 표현은 오직 인간에게만 사용된다. 다른 피조물들도 성적 분화를 통해 번식하지만, 인간의 젠더 상보성(gender complementarity)은 하나님의 형상대로 지음 받았다는 의미와 독특하게 연결되어 있다. 이는 하나님이 성적으로 구분된 존재라는 뜻이 아니고, 인류를 지칭할 때 '그'와 '그들'이라는 표현이 교차적으로 사용되는 현상, 하나 됨(oneness) 속에 존재하는 차이의 관계적 실재(relational reality)를 의미한다. 성적 상보성을 통해 구현된 육체적 존재 방식은 어떤 면에서 거룩한 관계적 실재이신 하나님과 유비적인 관계를 이룬다.

창세기 2장 15-24절

이 상호 보완적인 본문은 경작하고 지키는 책임(창 2:15)과 정복하고 다스리는 사명(창 1:26-28)을 나란히 제시한다. 그러므로 하나님이 18절에서 "사람(hāʾādām)이 혼자 사는 것이 좋지 아니하니"라고 말씀하실 때, 그 의미는 심리적인 외로움에 관한 것이 아니라, 하나님이 계획하신 거대한 사명을 감당하기에는 그 사람 혼자서는 부족하다는 데 있다. 그 사람에게는 '곁에 있는 강한 조력자'(ʿēzer kenegdô)가 필요하다. 이는 곧 그 거대한 과업을 함께 감당할 수 있는 동등한 동반자를 뜻한다. …

…

그리고 이어지는 창세기 2장 24절은 유대교와 기독교 전통에서 결혼이란 창조로부터 주어진 선물이며, 근본적으로 선한 것이라는 이해의 근거가 되는 핵심 구절이다. 이 구절에서 결혼은 이성 간의 일부일처제(한 남자와 한 여자)이고, 근친상간을 배제하며(생물학적 가족으로부터 떠나), 헌신하여(연합), 성적 연합으로 '한 몸'이 되는 관계로 묘사된다. 이러한 말씀에 큰 신학적 무게를 두는 것이 타당하다는 점은, 예수께서 결혼에 대한 논쟁(마 19:4-6)에서 창세기 1장 27절 "사람을 창조하시되 남자와 여자를 창조하시고"와 2장 24절을 인용하시며 하나님이 '태초에' 결혼을 어떻게 의도하셨는지를 설명하신 것과 바울이 에베소서 5장 31-32절에서 이 구절을 다시 인용한 사실을 통해 확인된다.

… 동성 성행위와 관련된 본문으로 넘어가기 전에 (자명해 보이지만, 결코 사소하지 않은) 이 점을 먼저 짚고 넘어갈 필요가 있다. 성경은 (율법서, 역사서, 예언서, 지혜 문학 등 전 범위에 걸쳐) 동성 성관계보다, 결혼 안에서 하나님의 뜻을 어기는 이성 간의 잘못된 성관계에 대해 훨씬 더 자주 지적하고 있다.

2. 구약성경 내러티브

구약에 등장하는 세 이야기는 실제이든지 시도이든지, 동성 성관계와 관련이 있다.

- 함이 노아에게 저지른 일(창 9:20-27 …)
- 소돔 사람들이 롯의 손님들에게 하려 했던 일(창 19장)
- 기브아 사람들이 레위인의 동행자와 첩에게 저지른 일(삿 19장)

세 이야기 모두, 최소한으로 말해도, 비자발적인 상황이며, 그중 하나는 근친상간이고, 두 이야기는 폭력, 환대의 악용, 그리고 수치심을 주는 행위가 포함되어 있다. 이러한 이유들로 인해 이 이야기들은 동성 간의 자발적이고 헌신적인 사랑의 관계와는 본질적으로 무관한 것으로 간주되는 것이 타당하다. …

그러나 나는 전혀 관련이 없다고 보기는 어렵다고 생각한다. 물론 이 끔찍한 본문들 모두가 복합적인 악행들(강간, 부모에 대한 불경, 근친상간, 권력 남용, 폭력, 살인)을 묘사하고 있다는 점은 인정한다. 이 본문들에서 나타나는 강한 비난과 그에 따른 부정적인 결과들에 대해, 그 이유가 복잡하게 얽혀 있지만, 그 안에 동성 간 요소가 눈에 띄는 한 부분으로 묘사되어 있다는 점에는 (비록 그것이 주된 이유는 아닐지라도) 의심의 여지가 없다. 소돔과 고모라의 죄는 에스겔 16장 49-50절에 따르면, 교만한 부유함과 억압, 가난한 자들을 돌보지 않은 죄악으로 이루어진 정죄의 목록이다. 그리고 그 마지막엔 "가중한 일"(tô'ēbâ)이라는 표현이 등장하는데, 이는 창세기 19장에서의 동성 간 강간 시도를 레위기의 '가중한 일'이라는 범주에 따라 지칭하고 해석한 것일 가능성이 크다. 이런 해석은 유다서 1장 7절에서도 뒷받침된다.

…

3. 구약성경 율법

- "너는 남자와 여인과 동침하듯이 동침하지 말라. 그것은 가중한 일 (tô'ēbâ)이다"(레 18:22, 저자 사역).
- "남자가 여인과 동침하듯이 남자와 동침하면, 그들은 가중한 일 (tô'ēbâ)을 행한 것이다"(레 20:13, 저자 사역).

앞에서 언급한 이야기들과 달리, 이 금지 조항들은 강간이나 강요, 폭력이라는 전제된 상황에 의해 한정되지 않는다. 오히려 레위기 18장과

20장에서 모두 여러 가지 금지된 성관계들을 다루고 있기 때문에, 자발적인 관계를 염두에 둔 조항일 가능성이 높다. …

레위기에서 금지된 성관계 목록이 만들어진 배경에는 구약 이스라엘 사회의 전형적인 확대 가족 구조 안에서 각 '핵가족'의 결혼 관계를 지키려는 문화적이고 신학적인 목적이 있었다는 것은 오래전부터 알려져 있다. 이른바 '아버지의 집'이라 불리는 그 구조 안에는 여러 개별적인 결혼 가족이 함께 살고 있었다.[2] … 법은 형제자매, 의붓형제자매, 그리고 인척간의 성관계, 세대 간(상하 모두)의 성관계, 간통, 남성 간 동성 성관계, 혹은 동물과의 성적 접촉을 금지하는 경계를 설정했다.

그러므로 성경 속 동성 성관계에 대한 구절들을 사회와 가족의 배경에서 떼어 내어 해석해서는 안 된다. 왜냐하면 그 맥락 안의 경계와 금지 조항들이 창조 질서 안에서 하나님의 *긍정적인* 본래 의도를 전제하고 보호하기 때문이다. 그분의 의도는 반드시 성관계를 창세기 2장 24절에 정의된 이성 간 결혼이라는 한 몸의 경계 안에서만 누려야 한다는 것이다.

…

만일 레위기에서 동성 성관계에 대한 금지가 단지 정결 의식에 대한 의례적(ritual) 관심의 일부일 뿐이라고 주장한다면, … 그래서 이러한 율법을 기독교적 관점에서 해석할 때 도덕적 구속력이 없다고 주장한다면, 우리는 본문에 등장하는 히브리어 '토에바'(tôʿēbâ)와 마주하게 된다. 이 단어는 레위기에서 *의례적* 부정(ritual uncleanness)을 묘사할 때 사용되지 않으며, 하나님의 심각한 불쾌를 일으키고, 언약의 신실함과 양립할

---

2 이 주제에 대한 초기의 포괄적인 연구로는 J. Roy Porter, *The Extended Family in the Old Testament*가 있다. 이는 Occasional Papers in Social and Economic Administration 6 (London: Edutext, 1967)에 수록되어 있다.

수 없으며, 하나님의 진노를 불러일으키는 행위를 가리킬 때 사용된다. … '토에바'는 구약성경의 다른 부분에서도 살인, 거짓말, 가난하고 궁핍한 자를 돌보지 않는 것, 상거래에서의 부정행위, 정의의 왜곡, 고리대금 등과 같은 행위를 정죄할 때 사용된다. 따라서 이 단어는 '의례적' 잘못에만 국한되지 않는다.

4. 예수

… 예수께서는 마가복음 10장 6-9절과 마태복음 19장 4-6절에서 결혼에 대해 말씀하시면서, 창세기 1장 27절을 인용하여 남성과 여성 간의 결합이라는 결혼의 창조 본질이, 창세기 2장 24절을 통해 '한 몸'의 연합임을 분명히 강조하신다. 그분은 두 본문 모두에서 '하나님'을 주어로 삼으신다. 하나님은 창세기 1장 27절에서는 행위자로, 2장 24절에서는 말씀하시는 분으로 나타난다. 예수님의 가르침에 따르면, 남녀 간의 보완성은 하나님의 창조이며, 남자와 여자가 이루는 '한 몸'의 결혼은 하나님이 제정하신 제도다. …

…

사회(특히 종교적 제도권)가 배척하는 이들을 향해 예수께서 보여 주신 포용적이고 환영하며 친구가 되어 주는 사랑을 실천하는 것에 헌신하면서, 동시에 예수께서 성경에 기반하여 가르치신 윤리적 기준을 지키는 것에도 헌신하는 것은 그리스도인 개인과 교회 공동체가 직면할 수 있는 가장 어려운 도전 중 하나다. (예수께서는 '죄인들의 친구'라 불리셨는데, 이는 그분이 평소 그들과 친밀히 지낸다는 오랜 관찰에 근거한 조롱 섞인 별명이었다.) 그러나 우리는 예수께서 가르치신 것을 가르치고, 예수께서 사랑하신 것처럼 사랑하는 것, 모두를 실천하는 것이 매우 중요하다.

5. 바울

이 엄숙한 구절은 바울이 로마서 1장부터 3장까지 이어서 전개하는 논증의 서론이다. 모든 인간, 즉 이방인과 유대인은 모두 본질적으로 같은 위치에 있으며, 인류를 향한 하나님의 창조 목적을 거부하고 좌절시킨 상태에 있다. …

바울이 성경의 내러티브 흐름을 충실히 따르는 것은 의미심장한 일이다. 그가 레위기에서 출발하는 것이 아니라, 창조로부터 시작한다는 점이 특히 주목할 만하다. 그의 핵심 논리는, 창조주 하나님에 대한 진리를 인간이 억압한 결과 (하나님께 영광과 감사를 돌리기를 거부하는 것과 같이) 우상 숭배라는 원초적 상태에 이르게 되었다는 것이다. 우상 숭배란 근본적으로 살아 계시며 영원하신 하나님을 창조 안의 어떤 피조물과 대체하는(exchange) 행위다. … 그 '대체'가 구체적으로 드러나는 한 형태는, 하나님이 창조하신 남녀 간 성관계의 질서를 남성 간, 그리고 여성 간 동성 관계로 대체하는 것이다.

레위기에서와 마찬가지로, 바울이 여기서 동성 성관계를 신학적으로 근거하여 반대하는 태도는 어떤 조건도 달지 않은 절대적인 것이다. …

구약성경에서도 그러하듯, 바울은 인간의 우상 숭배라는 이 차원을 개인적, 가정적, 사회적 무질서의 다양한 형태를 나열하는 더 긴 목록 속에 포함시키고 있다. 그리고 그는 이 모든 것을, 하나님이 우리를 우리 자신의 우상 숭배가 초래하는 결과에 내어 주신 증거로 본다. …

다시 한 번, 동성 성관계 문제는 여러 행위들을 나열한 목록 안에서 등장한다. 이 목록에 대해 바울은 두 가지 중요한 점을 언급하고 있다.

한편으로 그는 '아디코이'(adikoi, 불의한 자)로서, 이런 행위를 계속해서 반복하는 자들은 하나님의 나라를 상속받지 못할 것이라고 단호히 주장한다. … 그러나 다른 한편으로, 바울은 이러한 행위들이 이제는 고린도 성도들의 과거에 속한 것임을 분명히 하고 있다. … 그는 다음과 같이 기록한다. "너희 중에 이와 같은 자들이 있다." "*그러나* (그는 이 단어를 세 번이나 반복한다) 주 예수 그리스도의 이름과 우리 하나님의 성령 안에서 씻음과 거룩함과 의롭다 하심을 받았느니라." 하나님이 베푸신 구원의 은혜를 체험한 사건이 이전에 바울이 열거한 행위들로 특징지어졌던 삶에 급진적인 변화를 일으킨 것이다.

몇 가지 결론적 성찰

⑴ 나는 이 문제를 다루는 성경 본문 안에서, 다른 몇몇 윤리적 문제에서 볼 수 있는 '윤리적 발전'이나 흐름을 찾아볼 수 없다. … 동성 성관계라는 구체적인 사안에 있어서, 성경은 이 문제가 언급되는 모든 곳에서 동일한 목소리로 말하고 있다. 구약과 신약 모두에서 그것은 하나님을 기쁘시게 하지 못하며, 언약에 대한 신실성이나 그리스도 안에서 하나님의 나라에 속하는 삶과 양립할 수 없는 것으로 일관되게 부정적으로 묘사된다.

⑵ 최고의 성경적 덕목은 사랑이라고 주장된다(이 점은 우리가 분명히 동의할 수 있다). 그러므로 서로를 진심으로, 헌신적으로 사랑하는 동성 성관계는 그들의 사랑이라는 사실에 의해 정당성을 얻는다고 주장한다. … 그러나 성경은 사랑이라는 이유만으로 하나님이 창조 질서 속에 세우신 경계나 금지 조항들이 무효가 된다고 인정하지 않는다. … 동성 간 깊은 사랑이 있다고 하더라도, 그 사실만으로 성경의 동성 성관계에 대한 금

지를 무시해도 된다고 성경이 지지한다는 것은 성경 본문에 비추어 볼 때 설득력이 없다.

(3) 보다 긍정적으로 말하면, 성경은 동성 간에 존재하는 진실하고 헌신적인 사랑을 인정하지만, 그러한 사랑이 육체적 성적 친밀함의 형태로 나타나는 것은 허용하지 않는다. …

월터 모벌리: 동성 이슈를 언급하는 성경 본문에 대한 독해와 제안

(1) 성경에는 특정한 동성 성행위에 대해 부정적으로 언급하는 구절들이 다양하게 있다. 이 가운데 가장 잘 알려져 있고 역사적으로도 중요한 구절들은 다음과 같다. 창세기 19장 4-9절(창세기 18장 16절부터 19장 29절까지 전체 이야기 안에 있는 이 구절은 유다서 1장 7절의 해석의 틀을 통해 읽히는 경우가 많다), 레위기 18장 22절, 로마서 1장 26-27절(로마서 1장 18절 이하의 넓은 논의 안에 있다), 고린도전서 6장 9절이다.

독자가 이러한 본문들을 어떻게 다루는가는 해석의 맥락과 목적을 어떻게 설정하느냐에 따라, 어떤 질문을 던지는 것이 가장 적절한지를 결정하는 문제와 밀접하게 연관되어 있다. 고대 문맥에서 이 본문들의 평이한 의미를 묻는, 즉 "성경 저자들은 동성 지향적 행위들(구체적으로 어떤 형태이든지 간에)을 부정적으로 보았는가?"라는 질문에 대한 답은 분명하게 "그렇다"이다. …

그러나 유다서와 관련해서는 한 가지 주목할 점이 있다. 유다서 1장 7절에서는 소돔과 고모라 주민들이 비윤리적으로 "다른/이상한 육체"를 탐한 것을 언급하고 있는데, 이는 종종 동성애적 욕망으로 해석되곤 하지만, 그것은 거의 확실히 그런 의미가 아니다. 오히려 여기서 말하

는 "다른 육체"와의 성관계를 탐하는 방탕한 욕망은 동성과의 성관계를
뜻하는 것이 아닐 가능성이 크다. 왜냐하면 그런 육체라면 "다른/이상
한"(heteros)이 아니라 "같은/유사한"(homoios)으로 표현되는 것이 더 적절
하기 때문이다. 오히려 이 구절은 아마도 천사들과의 성관계를 의미하
는 것으로 추정된다. …

그러나 누군가가 "그래서, 그게 무슨 말인가?"라는 식의 다음 질문을
던지는 순간, 즉시 치열하고 고통스러운 논쟁이 벌어진다. 그 이유는 성
경 문헌은 기독교 성경으로서 오늘날 그리스도인들의 사고와 삶의 실천
에 여전히 지속적인 영향을 미치기 때문이다. 성경은 단순히 고대 종교
문서들의 흥미로운 모음집이 아니라, 하나님의 실재와 인간 삶의 진리
에 대한 지속적인 증언이다. … 성경의 이러한 역할은 성경 본문 자체를
근본적으로 재상황화(recontextualization)하며, 그것이 지닌 지속적이고 현
대적인 가치에 대한 전제와 기대가 작용하는 해석의 틀 안에 놓는다. 본
문의 명확한 의미(plain sense)에 관한 질문이 여전히 중요한 역할을 한다
해도, 그 외에도 반드시 수많은 다른 요소와 고려 사항이 함께 작용하게
된다. 성경을 책임감 있게 사용하는 것은 단순히 본문 자체의 명백한 의
미만을 직접 인용하는 것 이상을 요구한다. 만약 그렇지 않다면, 그러한
접근은 흔히 '단편 인용'(prooftexting)이라는 부정적이고 폄하적인 용어로
불리는 것이 마땅하다.

동성애자 그리스도인들은 흔히 문제의 성경 구절들을 '징벌'(clobber)
본문이라고 부른다. 이는 일부 그리스도인들이 이러한 구절들의 명백
한 의미에 단순히 호소하는 것만으로, 아무런 추가 논의 없이 대화를 끝
내야 한다고 여기는 방식 때문이다. 그러나 우리가 보게 되겠지만, 본
문의 명백한 의미만을 신중하게 읽어 보아도 그 문제는 그렇게 단순하
지 않다. 하물며 추가적인 고려 사항들까지 포함한다면 말할 것도 없다.

⑵ 레위기에는 남성 간 성행위를 금지하는 명확한 규정이 나온다. 우리는 그것을 이렇게 읽는다. "너는 여자와 동침함같이 남자와 동침하지 말라 이는 가증한 일이니라"(레 18:22, 이 금지는 레위기 20장 13절에서도 거의 같은 표현으로 반복된다). 이 규정을 고대와 현대 문맥 모두에서 어떻게 이해하는 것이 가장 적절할까?

기독교 신앙 안에서 레위기의 법규와 규정이 어떻게 적용되어야 하는지(과연 그것이 적용되어야 하는지조차도) 명확하게 알 수 없다. 레위기의 의례 규정과 금지 규정은 고대 이스라엘의 상징적 체계에 속해 있으며, 이 체계는 신약성경 안에서 이미 재해석되었고, 일부는 폐기되기도 했다(예를 들어, 사도행전 10장에서 음식 규정의 폐지).

…

⑶ 레위기 18장 22절의 금지 규정은 근친상간을 금지하는 주요 구절(레 18:6-18)에 이어서 등장하며, 대부분 성적인 금지 규정들로 이루어진 부록(레 18:19-23)의 일부로 포함되어 있다. 이 장 전체에서는 이스라엘을 애굽과 가나안 민족의 관습과 구별되게 하는 법을 제시하고 있다(레 18:1-5, 24-30).

레위기 18장 22절에서 주목해야 할 첫째는, 이 금지 규정에 대한 이유가 주어지지 않았다는 것이다. 따라서 우리는 왜 남성 간에 성행위를 금지하는지 알 수 없다. …

둘째로 주목해야 할 점은, 레위기 본문은 이 구절뿐 아니라 다른 어디에서도 여성 간의 성관계에 대해서는 전혀 언급하지 않는다는 것이다. 이러한 침묵을 어떻게 받아들이고 해석할지는 결국 주해를 넘어선 다양한 고려를 필요로 한다. …

셋째, 18장 22절의 금지 규정은 설명 없이 제시되지만, 해당 행위는

"가증한 일"(abomination)로 분류된다. 여기 사용된 히브리어 단어 '토에바'는 번역이 까다롭다. "가증한 일"은 전통적인 번역이지만, 성경 번역을 제외하고는 오늘날에는 거의 쓰이지 않는 단어다. … "혐오스러운 것"(detestable thing)이나 "역겨운 것"(disgusting thing)으로도 번역 가능하지만, 어원상 19세기 폴리네시아어 단어에서 유래한 말이긴 하지만 '금기'(taboo)라는 단어가 이 성경 용어가 지닌 고유한 의미를 잘 포착할 수도 있다. 현대 맥락에서는 '가증한 일'보다도 오히려 '금기'가 더 의미 있게 다가올 수 있다. …

금기란 본래 시간과 사회적 맥락에 따라 변화한다. …

서구 문화에서 여전히 남아 있는 몇 안 되는 금기 중 하나는 근친상간이며, 남성 간 성행위를 금지하는 레위기의 규정이 이 근친상간 금지 조항 바로 다음에 등장한다는 점은 이미 언급한 바 있다. …

… 레위기 본문 자체는 해당 행위를 '금기'로 분류하고 있으며, 이 고대 율법이 현대 사회에서도 적용될 수 있는지에 대한 질문은, 이는 이미 언급된 바 있는, 금기의 사회적 조건에 따른 문제와 마주해야 한다.

⑷ 하지만 레위기 18장 22절을 그 자체의 맥락에서 이해하는 데 따르는 어려움은 한 가지 단순한 이유로, 많은 이들의 생각 속에서는 어느 정도 부차적인 문제로 밀려날 수 있다. 사도 바울은 고린도전서 6장 9절에서 레위기의 금지 조항을 명확히 지지하고 이를 기독교적 관점 속으로 강하게 끌어들여 적용하는 모습을 보인다. (비슷한 방식으로 레위기의 금지 조항의 핵심 용어가 디모데전서 1장 10절에서도 사용된다.)

… 고린도전서 6장
불의한 자(adikoi, 아디코이)가 하나님의 나라를 유업으로 받지 못할 줄을 알지 못하느냐 미혹을 받지 말라 음행하는 자나 우상 숭배하는 자나 간음하는 자나 탐색하는 자(malakoi, 말라코이)나 남색하는 자(arsenokoitai, 아르세노코이타이)나 도적이나 탐욕을 부리는 자나 술 취하는 자나 모욕하는 자나 속여 빼앗는 자들은 하나님의 나라를 유업으로 받지 못하리라 고전 6:9-10

…

문맥상, … 바울의 관심사는 고린도 교회가 하나의 기독교 공동체로서 변화된 정체성을 드러내는 삶을 살아야 한다는 데 있다. …

… 바울은 악덕 목록이라는 수사적 기법을 사용하고 있다. 그는 새로운, 어쩌면 이전에는 알려지지 않았던 행동 규범이나 성적 윤리 규정을 새로 제시하며 설명하려는 것이 아니라, 잘 알려진 부도덕한 사람들의 유형을 통해 익숙한 규범을 상기시키고 있다. 아마도 이러한 이유로, 바울은 '말라코이'와 '아르세노코이타이'가 무엇을 의미하는지 구체적으로 설명하지 않으며, 또한 왜 '말라코이'와 '아르세노코이타이'가 받아들여질 수 없는지에 대한 이유도 제시하지 않는다. … 고대 유대교가 동성 성행위에 대해 신중한 태도를 보였다는 것은 문서로 잘 만들어져 있으며, 바울 또한 여기에서 그러한 입장을 공유하는 것으로 보인다. 그러나 이는 현대 독자에게 두 가지 문제를 남긴다. 한편으로, '말라코이'와 '아르세노코이타이'의 정확한 성격이 무엇인가 하는 문제가 있다. 이 질문은 바울의 주석만으로는 해결할 수 없는데(왜냐하면 바울은 이에 대해 침묵하고 있기 때문이다), 그의 더 넓은 사회문화적 맥락에 대한 증거를 살펴보아야 한다. 다른 한편으로, 왜 '말라코이'와 '아르세노코이타이'가 하나님의 나라와 양립할 수 없는가 하는 문제가 있다. 비록 바울이 이에 대해 명확한 언급을 하지 않았더라도, 그들이 어떤 사람들인지 알게 되면 그들이 왜 그렇게 문제가 되는지를 바울의 의도에서 유추해 볼 수 있을 것이

다. 그러나 오늘날 우리가 제시할 어떤 설명도, 단순히 바울의 글을 읽어 얻은 결론이기보다는, 여러 다양한 자료들을 종합하여 복합적으로 판단한 결과일 수 있다.

그러나 실망스럽게도, 광범위한 연구와 논의에도 불구하고 두 질문 모두에 대해 명확한 답변은 나오지 않았다. 또 이 주제는 고대 본문의 의미와 그 이유를 묻는 말이 오늘날 우리가 무엇을 믿고 어떻게 행동해야 하는지에 대한 판단과 밀접하게 얽혀 있어서 쉽게 구분할 수 없는 영역이다.

… 가정 안에서 상호적이고 책임 있는 관계를 맺으려는 게이 그리스도인들은 바울이 말한 하나님의 나라에 들어갈 수 없는 악덕 목록에서 자신들을 전혀 발견하지 못한다. 바울이 말하는 죄는 그들이 스스로 옹호하고 있다고 생각하는 것과 다르다. 이 점은 신중히 생각해야 한다.

⑸ 로마서에서 바울은 인간이 본래 되어야 할 모습을 이루지 못한 현실에 관한 이야기를 시작한다(롬 1:18-32). …

바울은 인간의 비참한 처지를 묘사하기 위해 큰 캔버스 위에 넓은 붓질을 하듯 수사적으로 그려 내고 있다. … 수사(rhetoric)는 때때로 핵심을 전달하기 위해 다소 느슨하고 인상적인 표현 방식을 사용하곤 한다. … 로마서 1장에서 바울의 수사적 표현을 근거로 특정 민족, 관습, 장소, 시대를 정확히 짚어 내려 하거나, 혹은 바울 당시 지중해 세계의 모든 사람이 바울의 서술 속에서 자신이나 조상을 알아보았는지 묻는 것은 현명하지 않을 것이다. …

… 바울의 수사는 독자들이 자연스럽게 "맞아, 세상이 그렇지!"라고 공감할 때 비로소 힘을 발휘한다. 만일 그렇지 않으면, 그들은 바울이 3장 21절에서 제시하는 다음 단계로 나아갈 준비가 되지 않을 것이다. …

그러므로 21세기 서구 세계처럼 동성 성행위를 더 이상 명백한 문제로 보지 않는 문화에서는, 바울이 의도한 방식으로 그의 논리 전개에 자연스럽게 동참하는 것이 불가능해진다. 다만 훈련된 역사적 상상력을 통해서만 그 흐름에 들어갈 수 있다. …

로마서 1장 18-32절에서 바울의 논증은 우상 숭배와 그에 따른 결과에 관한 것이다. …

이러한 전체적인 맥락 속에서, 바울은 남성과 여성 모두의 동성 간 성적 욕망을 창조 질서가 무너진 대표적인 예로 보고 있다(롬 1:26-27 참고, 그러나 유일한 예는 아니며, 28-32절도 참고하라). 하나님이 사람들의 어리석음을 심판하시어, 그들을 그들의 욕망에 내버려두실 때 이러한 성적 욕망이 나타나는 것이다. 그러나 우리는 바울이 타락한 동성 간 성적 욕망을, 그것을 행하는 자들의 *선택*으로 본다는 점, 곧 하나님이 그들의 어리석음에 대한 결과로 그들을 내버려두신 것이라고 이해한다는 점에 주목해야 한다. …

타락한 선택이라는 측면과 더불어, 바울은 로마서 1장 26-27절에서 동성 성행위를 "역리"(unnatural)로도 묘사하고 있다. … 이러한 표현이 불러일으키는 질문은 다음과 같다. "순리"(natural)란 무엇이며, 그 이유는 무엇인가? '순리의 법칙'(natural law)은 무엇으로 이루어지며, 그 이유는 무엇인가? 이런 문제를 누가 결정해야 하고, 왜 그래야 하는가? 이 질문 하나만으로도 꽤 오랫동안 논쟁이 이어질 수 있다! 다소 단순화하는 위험을 감수하고라도, 지금은 두 가지 점만 짚어 보고자 한다.

첫째, 바울이 동성 성행위를 '순리에 반하는 것'이라고 규정할 때 구체적으로 어떤 행위를 염두에 두었는지 직접 설명하고 있지는 않지만, 바울의 역사적 맥락이나 현대 기독교 성경 해석의 일관성을 고려할 때, 바울이 창세기의 창조 서술에 근거하고 있다고 보는 것은 합리적인 추정이라 할 수 있다. 창세기 1장에서 인류는 '남자와 여자'로 창조되었으며, 이는 생육하고 번성할 수 있는 능력과 연결되어 있다(창 1:26-28). …

둘째, 바울이 "본성"(physis)을 언급하는 또 다른 사례는 고린도전서 11장 13-16절에 나온다. …

이 문맥에서 바울이 "본성"이라는 표현으로 정확히 무엇을 의미하는지, 그리고 왜 긴 머리가 남자에게 수치가 되는지를 명확히 알 수는 없다. 성경의 맥락에서 볼 때 분명한 어려움이 되는 사례는 구약의 나실인 서원이다. 이 서원은 가장 잘 알려진 예로 삼손에게서 나타나는데, 그 내용에는 서원의 기간 동안 머리카락을 자르지 말아야 한다는 규정도 포함되어 있다(민 6:1-21, 특히 5절; 삿 13:2-5, 16:15-22). 따라서 여기서 바울이 말하는 "본성"(nature)을 절대적이고 변하지 않는 어떤 것으로 이해할 수는 없다. 그렇게 이해한다면 나실인 서원 자체가 "부끄러움"이 되고 말기 때문이다. 바울은 당시 세계에서 남성과 여성의 복장과 외모에 존재했던 널리 수용된 차이, 그리고 다른 동시대 그리스·로마 문헌과 초상화에서도 잘 입증된 이러한 차이를 염두에 두고 있는 것으로 보인다. 다시 말해, 여기서 "본성"에 대한 호소는 확립된 사회적 관습에 대한 호소로 보인다.

이러한 점을 고려할 때, 로마서 1장에서 동성 성행위를 부정적으로 묘사하는 것은 창세기 1장을 염두에 둔 것뿐만 아니라, 당시 널리 퍼져 있던 사회적 관습도 함께 의식하고 있었던 것으로 보인다. 그래서 바울의 주장은 특별한 논란 없이 받아들여질 수 있었다. …

(6) 오늘날 이 성경 자료를 가장 잘 이해하고 적용하려면 어떻게 해야 할까?

가장 간단한 출발점은 아마도 소돔 이야기일 것이다. 이 이야기는 매우 긴 영향력을 지니고 있으며, 'sodomy'(남색), 'sodomite'(남색자), 'sodomize'(항문 성교를 하다)와 같은 표현들이 오늘날까지도 일반 언어 속에 남아 있다. …

그러나 성경 이야기의 의미에 대한 역사적 기대는 오해를 불러일으킬 수 있다. 창세기의 이 이야기는 그 자체로 외부인에 대한 악의적이고 배타적인 집단 성폭행을 다루고 있다. 이는 오늘날 성인 간의 상호 동의 아래 이루어지는 행위의 적절성 여부를 논의하는 문제와는 상당한 거리가 있다. …

우리가 반복해서 목격하는 문제 중 하나는 성경 저자들이 동성 성적 행위를 분명히 부정적인 것으로 인식하고 있음에도 불구하고, 그 이유를 거의 밝히지 않는다는 점이다. … 오히려 그들은 그러한 행위들을 보다 넓은 사회문화적 규범과 연관되어 있으며, 그 규범에 따라 달라질 수 있는 것으로 묘사한다.

…

많은 게이 그리스도인들의 개인적 간증에서 일관되게 나타나는 특징 중 하나는 그들의 성적 끌림이 그들에게 전적으로 자연스러운 것이라는 점이다. 이 말은, 이성애의 본능과 욕망이 사람들이 선택해서 생긴 것이 아니라 자연스럽게 형성된 것처럼, 이것은 그들의 이해와 정체성 안에 자연스럽게 자리 잡은 본질적인 부분이라는 뜻이다. 이런 의미에서 이것은 로마서 1장에서 바울이 말한 내용과는 달라 보인다. 거기에서는 동성에 대한 열정적인 욕망이 스스로 선택한 것으로 설명되기 때문이다.

우리는 또한 세계의학협회(World Medical Association)와 세계정신의학회(World Psychiatric Association)는 동성 간 성적 끌림을 비자연적이거나 비정상, 혹은 일종의 장애로 간주하지 않으며, 오히려 인간 성의 자연스러운 변이로 이해하고 있다는 점도 주목할 필요가 있다. …

물론 이 논의에는 지나치게 단순화할 위험이 존재한다. 이성애와 동성애라는 단순한 이분법은 LGBTQI+를 구성하는 다양한 성적 지향의 스펙트럼을 온전히 설명하지 못한다. …

(7) 이러한 모든 논의를 바탕으로 볼 때, 동성애 문제를 다루는 성경 본문에 대한 현대 기독교의 이해와 적용에는 중요한 제한이 수반되어야 한다. … 그렇다 해도, … 성적 정체성과 실천에 관한 문제는, 종종 명확히 표현하기 어려울지라도, 개인에게 매우 깊은 감정적 의미를 지닌다. …

(8) 올리버 오도노반(Oliver O'Donovan)이 제시한 두 가지 통찰은 여전히 탁월하다.[3] 첫째, 그는 오늘날 우리가 직면한 상황이 그야말로 전례 없는 것임을 지적한다. … 둘째, 오도노반은 동성애자, 양성애자, 그리고 이성애자가 함께 협력하여 미래를 위한 바람직한 길을 모색할 필요성을 강조한다. …

크리스토퍼 라이트:
동성애 관련 성경 말씀에 대한 모벌리의 발표에 대한 답변

월터의 글이 조심스럽고 온화한 태도를 담고 있어서 참 고맙게 느껴지고, 성경 본문을 누군가를 '징벌'하는(clobber) 데 쓰는 것에 나도 분명 반대한다. 우리 둘 다 성경이 "하나님의 실재와 인간 삶의 진리에 대한 지속적인 증언이며, … 기독교 신앙과 정체성을 구성하는 본질적 요소

---

3 Oliver O'Donovan, *Church in Crisis: The Gay Controversy and the Anglican Communion* (Eugene, OR: Cascade, 2008).

로 남아 있다"⁴는 데 동의한다. 그리고 분명히, 우리는 동성 성관계를 다루는 모든 성경 본문이, '해당 구절들의 고대 문맥에서의 명백한 의미'에 따르면, 이 행위를 하나님이 기뻐하지 않으시는 것으로 강하게 반대하고 있다는 데에도 동의한다. …

나는 월터의 글의 순서를 따라가며, 그 가운데 일부 내용을 발췌하여 응답하는 방식으로 논평할 것이다.

섹션 2

… 내가 레위기 18장과 20장의 율법을 이해하려 시도한 바는 (내 글에 요약되어 있듯이) 이 본문을 고대 이스라엘의 역사적 맥락과 문화 속에 위치시키는 것이다. 즉 이 율법을 오늘날 무의미하다고 판단하려는 것이 *아니고*, 오히려 이 율법이 구약 시대의 가족 개념을 이스라엘의 공동체 삶과 신앙, 그리고 신학 안에서 강력하고 핵심적인 위치에 두고 있음을 주장하려는 것이다. 나아가 이를 통해, 결혼에 대한 하나님의 성적 경계가 창조 신앙과 윤리에 기초하고 있으며, 그것이 인간 삶의 번영을 위한 가장 바람직한 틀이라는 전제를 강화하려는 것이다. 이러한 신앙과 윤리는 오늘날에도 *여전히 유효하다.* …

… 나는 이것이 월터가 섹션 3 서두에서 제기한 주장, 즉 레위기 18장이 그 금지 규정에 대한 이유를 제시하지 않는다는 지적에 어느 정도 응답한다고 본다. … 이러한 점에서 … 이 본문은 토라에 속한 많은 다른 율법과 다르지 않다. … 이 모든 율법을 지탱하는 기본 전제는 … 그것들이 '우리의 유익을 위한 것'이라는 신념이다. …

---

4 이 인용문의 후반부는 원문 전체본에서 가져온 것으로, 완전한 문장은 다음과 같다. "어떤 방식으로든 기독교 신앙과 정체성을 구성하는 요소로 남아 있다"(remains in some way constitutive of Christian faith and identity).

레위기에 대해 덧붙이고 싶은 두 가지가 있다.

첫째, 월터는 레위기가 이스라엘이 다른 민족들과 구별되는 정체성을 강조하고 있음을 정확하게 지적한다. … 그러나 나는 "이 본문이 강조하는 핵심은 어떤 행위의 본질적 부정당함이 아니라, 이스라엘 주변 민족들의 관행과의 차이점에 있다"[5]라는 월터의 주장에는 동의하기 어렵다. 그러나 본문의 강조점에 비추어 볼 때, 실제로는 정반대가 아닌가? 이방 민족들과의 구별성은 분명 존재하지만, 그것은 간단명료하게 언급될 뿐이다(레위기 18장 3-5절, 그리고 레위기 19장 2절에서도 암시된다고 볼 수 있다). 그러나 본문은 나열된 행위들 자체를 '부정하고' '가증한 것'으로 간주하며, 바로 그 점이 하나님의 심판 근거가 된다는 사실을 수사적으로 길고 반복적으로 강조하고 있다(레 18:24-30, 20:22-23, 또한 신 12:29-31 참고). …

둘째, 히브리어 '토에바'의 번역은 실제로 까다로운 문제다. 나는 이전 번역어인 "abomination"(가증함)을 피했고, … NIV가 이를 "detestable"(가증한)로 번역하고 있음을 주목했다. 그러나 나는 히브리어의 본래 의미를 '금기'(taboo)라는 단어로 포착할 수 있다는 월터의 제안이 적절하다고 보기 어렵다. … 특히 이 단어가 분명히 도덕적으로 문제가 있는 여러 행위에도 폭넓게 쓰인다는 점을 생각하면, 그런 해석은 더욱 그렇다.

… 어떤 의미에서든(물론 이것이 해석학적으로 민감한 사안임은 인정한다) 우리가 성경의 음성을 통해 하나님의 음성을 듣는다고 전제하고, 동성 성행위에 대해 사용된 단어가 하나님이 매우 기뻐하지 않으시는 수많은 다른 행위들에도 동일하게 적용되고 있음을 고려한다면(이들에 대해서는 내가 논문에서 언급한 바 있다), 우리는 과연 동성 성행위만을 사회문화적 맥락 속에서

---

5 이 인용문은 원문 전체본에서 가져온 것이다.

효력을 잃은 단순한 금기로 분류할 수 있는가? 반면, 대부분의 다른 행위들은 오늘날에도 여전히 윤리적, 신학적으로 정죄되어야 할 것으로 간주하면서 말이다. …

내가 보기에 월터가 … 레위기 18장의 '금기'와 로마서 1장의 '역리' 개념을 연결하고, 이들이 동성 성행위를 정죄하는 이유로 보이지만, 실상은 문화적 맥락에 지나치게 의존한 나머지 오늘날에는 지속적인 도덕적 효력을 갖지 않을 수도 있다고 제안하는 방식에 영향을 미친다. … 그러나 실제로는 그러한 개념들이 매우 강하게 도덕적 의미를 지니는 예도 *있다*. '토에바'는 그런 뜻으로 쓰인 경우가 실제로 여러 번 있다. …

섹션 4

고린도전서 6장 9절에서 바울이 어떤 행위를 염두에 두었는지는 이 논의에서 핵심적인 질문이다. 어떤 이들은 바울이 말한 '말라코이'와 '아르세노코이타이'가 성인 남성들 사이의 동의에 기반한 관계가 아니라, 사춘기 이전의 소년들과 성관계를 맺는 남성들을 가리킨다고 본다. 그러나 바울이 사용한 단어들은 그보다 더 일반적인 의미를 지닌다. 만일 바울이 그러한 특정한 행위를 염두에 두고 있었다면, 해당 행위를 지칭하는 단어들, 즉 '파이데라스테스'(paiderastēs) 혹은 '파이도필레스'(paidophilēs)를 사용할 수도 있었을 것이다. …

이 문제는 '바울이 무엇을 말하고자 했는가'에 대한 해석이 본질적으로 주관적일 수밖에 없는 사안으로 남을 가능성이 있으며, 이에 대해서는 상호 간의 견해 차이를 인정하는 것이 필요하다. 그러나 바울이 언급한 것이 오직 학대적 행위(예컨대 소년과의 남색 혹은 매춘)에 국한된다고 보아야 한다는 주장이 결정적으로 입증되었다고 보기에는 무리가 있고, 또한 동의에 기반한 성인 동성 간의 욕망과 성행위를 사랑의 한 형태로 인식하거나 이해하지 못했을 것이라는 전제 역시 충분한 근거를 갖추었다고 말하기는 어렵다. …

섹션 5

월터의 로마서 1장에 대한 논의는 신학적으로 깊이가 있으며 통찰력이 뛰어나고, 특히 바울 논증의 핵심이 근원적이고 본질적인 죄인 우상 숭배에 있음을 분별해 낸 점이 주목할 만하다. …

그러나 한 지점에서 나는 월터의 논증에 다소 이견을 갖는다. 그는 바울의 로마서 1장부터 2장까지의 전체 논지가 수사학적으로 연결된 흐름이며, 그 절정은 유대인의 도덕적 우월의식을 전복시키는 데 있고, 궁극적으로는 이방인과 유대인 모두가 보편적인 인간의 우상 숭배와 죄에 포섭된 존재임을 결론짓는다고 주장한다. 이 점에 대해서는 나 역시 동의한다. 월터는 이어서, 바울의 수사적 전략이 효과를 가지려면 독자들이 그가 열거한 행위들을 이견의 여지 없이 죄로 간주하는 데 동의해야만 한다고 주장한다. 하지만 월터는 만일 다른 문화권에 속한 독자들이 이러한 행위 중 일부를 비도덕적인 것으로 보지 *않는다면*, 바울의 수사학은 설득력을 잃게 될 것이라고 주장한다. …

그러나 이것은 바울이 *그리스도인* 독자들을 대상으로 글을 쓰고 있으며, 그들이 성경에 뿌리를 둔 자신의 도덕적 가치에 동의할 것이라고 전제한다는 사실을 간과하는 것으로 보인다. 따라서 바울은 이들이 자신의 수사학적 전개를 따르며, 그 결론을 수용하게 될 것이라 기대하고 있다. 바울은 1세기 당시의 이교도 문화가 자신의 윤리적 주장에 동의할 것이라고 전제하지 않으며, 하물며 21세기 문화에 대해서는 말할 필요도 없다. …

나는 여기서 로마서 1장과 고린도전서 11장에서 사용된 "본성"(physis)

의 의미에 대해 논의에 들어가지는 않을 것이다. …

섹션 6

하지만 내가 보기에 보다 심각한 문제는, 동성애적 성향을 지닌 이들에게 무엇이 '순리'(natural)인지에 대한 월터의 논의다. …

첫째, 신학적으로 볼 때, 우리는 무엇이 '자연스러운' 것이라고 해서 곧바로 윤리적으로 정당하다고 여기는 견해에 분명히 저항해야 한다. …

둘째, 철학적 관점에서 볼 때, 이 주장은 고전적 의미의 '순리적 오류'(naturalistic fallacy, 단순한 사실로부터 도덕적 당위를 도출할 수 없다는 이론)에 지나치게 가까워 보인다. … 다만, 여기서 차이점은 '순리적' 사실이 어떤 의무를 요구하기보다는 오히려 그것을 허용할 근거로 제시된다는 점이다. '이것은 나에게 자연스러운 것이므로, 나는 이것을 행할 자유가 있다'라는 식의 주장은 성립하지 않는다. 하나님이 그렇게 말씀하시지 않았다면, '존재한다'라는 사실로부터 '그래야 한다'라는 당위를 도출할 수 없듯이, '그래도 된다'라는 허용 또한 도출할 수 없다. …

이 전체 논의가 인간의 생물학과 정체성, 그리고 다양한 차원의 목회적 배려를 포함하는 복잡하고 깊이 있는 사안을 동반한다는 사실을 나는 충분히 인지하고 있다. 그러나 내가 주장하고자 하는 바는, 우리 곧 기독교 공동체와 교회가 윤리적이며 목회적인 가르침을 세워 나감에 있어, 어떤 개인이나 집단에게 '순리적이다'라고 여겨지는 것을 근거로 삼아 성경에 계시된 하나님의 지침을 참고하지 않은 채 전체 윤리 체계를 구성할 수는 없다는 것이다. 하나님은 우리 인간을 창조하셨으며, 우리의 타락을 구속하신 분이기 때문이다. …

월터 모벌리: 라이트의 "동성 성관계에 관한 성경 본문 개관" 및 그의 "모벌리의 발표에 대한 답변"에 대한 답변

크리스토퍼와 나는 성경에 대한 높은 존중심과 그것을 신앙의 삶 속에서 원칙적으로 활용하려는 태도에 있어 상당한 공감대를 이루고 있다. 그러나 구체적인 적용에 있어서는 견해의 차이가 존재한다. …

⑴ 첫째, '토에바'에 대한 간단한 질문이다. 크리스토퍼가 내가 선호하는 번역어인 '금기'(taboo)에 대해 유보적인 입장을 취하는 것은 타당하며, 나 역시 그 어려움을 인정한다. 그러나 당신은 보다 나은 대안을 제시하지는 않고 있다. …

⑵ … 크리스토퍼는 … 하나님이 승인하시는 것과 승인하지 않으시는 것에 대해 비교적 단도직입적으로 말하는 반면, 나는 오히려 인간적인 차원, 곧 고대 이스라엘과 바울에게 그러한 표현이 어떤 의미를 가졌는가에 초점을 맞추고 있다. 이러한 논점은 성경 자체와 성경을 통한 신적 계시의 중재에 관한 중요한 문제들을 내포하지만, 신중히 생각해 본 바, 이 자리에서 더 논의할 필요는 없다고 본다. 두 가지 핵심 사안에 대해서는 분명히 합의가 존재한다. 첫째, 성경은 하나님의 창조 세계를 향한 그분의 뜻을 전달한다는 점이다. 둘째, 성경을 통해 하나님의 뜻을 설명하려는 모든 시도는 개별 구절들에만 의존해서는 안 되며, 성경 전체에 대해 종합적이고 건설적인 접근을 취해야 한다는 점이다.

이러한 점에서 크리스토퍼는 동성애 관련 본문들을 창조, 하나님의 형상을 따라 지음 받은 인간 존재, 그리고 결혼에 관한 보다 포괄적인 신학적 틀 안에서 해석하려는 접근을 취하고 있다. 내가 하나님의 뜻에 대해 거의 언급하지 않는 이유는 동성애 관련 본문들을 성경 전체라는 더 넓은 구도 속에 맥락화하기보다는, 그 본문 자체로부터 무엇을 추론할 수 있는지를 집중적으로 살피고 있기 때문일 수 있다(물론 간헐적으로는 맥락을 언급하기도 한다). 내 글의 목적은 성경에 나오는 동성애 관련 구절들이 오늘날의 동성 간 언약의 관계를 정당화하는 데 직접적인 근거가 되기에는 해석상 여러 가지 중요한 의문점이 있다는 점을 설명하는 것이다. 그렇기 때문에 하나님의 뜻에 대해 따로 언급할 필요는 많지 않다.
  …

(3) 크리스토퍼의 두 글에서 눈에 띄는 특징 중 하나는 성경 본문과 오늘날의 상황을 넘나드는 방식으로 논의가 이루어진다는 점이다. 그러나 그 과정에서 교회 역사 속 약 2천 년에 이르는 성경 해석과 수용의 전통은 거의 다뤄지지 않는다. … 오늘날의 그리스도인으로서 우리는 성경을 단지 그 기원이나 본래 의미에 대한 학문적 판단만을 바탕으로 받아들이고 접근하는 것이 아니라, 성경과 함께해 온 2천 년에 걸친 그리스도인의 삶의 역사 속에서 형성된 기대와 전제를 함께 지닌 채 성경을 대하고 있다. 이로 인해 성경의 지속적인 의미에 대한 현대적 관점이 형성된다. …

(4) 크리스토퍼는 자신의 글에서, 레위기 18장이 해당 금지 규정에 대해 "어떠한 근거도 제시하지 않는다"는 나의 주장을 지적한다. …

내가 처음에는 제대로 표현하지 못했지만, 진정으로 말하고자 했던 것은 이것이다. 레위기와 고린도전서 6장 모두에서 동성 성행위를 반대하는 명확한 이유가 제시되지 않기 때문에, 오늘날 많은 사람들이 왜 그런 행위가 도덕적으로 문제가 되며, 더 나아가 "하나님을 기쁘시게 하지 않는다"고 말할 수 있는지 설명하는 데 어려움을 겪고 있다는 점이다. 성경 저자들은, 예를 들어 도둑질이 왜 금지되어야 하는지에 대한 이유를 제시하지 않을 수 있다. 그러나 대부분의 사람들은 그에 대한 이유를 어렵지 않게 설명할 수 있으며, 그 이유는 성경 본문이 전제하고 있는 근거와도 크게 다르지 않을 가능성이 높다. …

그러나 (오늘날 서로 동의한 성인들 사이에서 언약적 헌신 관계를 추구하는) 동성 성행위에 대해 그에 상응하는 도덕적 설명을 제시할 수 없다는 점이야말로 현재 논의의 주요한 어려움 중 하나다. … 이성 간 결혼이 인간 삶을 위한 '하나님의 창조 질서'임을 전적으로 인정할 수는 있지만, 그 질서로부터 벗어난 모든 형태가, 명백한 비도덕성이 없는 한, 단지 다르다는 이유만으로 본질적으로 죄이며 하나님을 기쁘시게 하지 않는다고 보아야 하는 이유는 분명하지 않다.

…

(5) 또 하나의 쟁점은 … 크리스토퍼의 개요와 응답에서 드러나는, 이른바 논조(tone) 혹은 접근 범위(scope)에 관한 것이다. 예를 들어, 크리스토퍼는 자신의 답변을 "성경 본문을 누군가를 '징벌'하는(clobber) 데 쓰는 것"에 대한 분명하고 진심 어린 반대 입장을 밝히며 시작한다. 그러나 그의 글이 적어도 일부 독자들에게 줄 수 있는 영향력을 고려할 때, 크리스토퍼의 진심 어린 의도가 실제로 온전히 전달되고 있는지에 대해서는 의문이 남는다.

…

(6) 크리스토퍼는 답변의 마지막 부분에서 "무엇이 '자연스러운' 것이라고 해서 곧바로 윤리적으로 정당하다고 여기는 견해에 분명히 저항

해야 한다"는 중요한 쟁점을 제시하며, 나아가 "'존재한다'라는 사실로부터 '그래야 한다'라는 당위를 도출할 수 없듯이, '그래도 된다'라는 허용 또한 도출할 수 없다"라는 점 또한 지적한다. 나도 이에 동의한다. … 내가 제안하는 바는 다음과 같은 인식에서 출발한다. 곧 오늘날 교회로서 우리는 우리 사회 안에 존재하는 다양한 성적 정체성과 실천들을 어떻게 이해하고 어떻게 관계 맺어야 할지에 대해 확신을 가지기 어렵다는 것이다. … 우리는 성경과 교회의 주류 전통의 범위를 넘어서는 발전이 있을 수 있다는 가능성에 마음을 열고자 한다. 그 이유만으로 그것이 반드시 잘못된 것이라고 말할 수는 없다. …

크리스토퍼 라이트: 나의 글에 대한 월터 모벌리의 답변에 대한 답변

나는 나의 두 글에 대해 신중하게 논의해 준 월터에게 감사한다. … 우리는 교회의 신앙과 삶을 위한 성경의 권위를 존중하려는 공동의 열망을 가지고 있음을 기쁘게 인정하며, 동시에 우리 사이에 원칙적인 차이점이 존재한다는 점도 인식하고 있다. 이러한 차이들을 분명히 하려는 노력을 기울이고 있지만, 서로를 완전히 설득하려 하지는 않는다. …

⑴ 안타깝게도 나는 '토에바'를 단 하나의 단어로 자연스럽게 번역할 말을 떠올릴 수 없다. (하나님이) 혐오하시거나 미워하실 만한 것을 표현하는 거의 모든 단어는 흔히 상대를 공격하는 용도로 쓰이는 단어(이른바 '정죄용 단어')로 들릴 수 있다(그리고 이런 '정죄적인' 태도 자체가 오늘날의 '토에바'가 된 셈이다!). 나는 결국 '하나님을 기쁘시게 하지 않는'이라는 완곡한 표현을 사용하게 된다. … 나는 (이 용어가 성경 본문 다수에서 그렇게 사용되고 있다는 점에서 정당

하다고 생각하며,) 그 신학적이고 하나님 중심적인(theocentric) 차원을 유지하려고 노력하고 있다. 그것이 단지 문화적으로 상대적인, 인간 중심적인(anthropocentric) 개념으로 흘러가도록 내버려두고 싶지 않다('금기'라는 표현을 사용할 때 내가 우려하는 바가 바로 그것이다).

(2) 이 부분에는 두 가지 쟁점이 있다.

a. 우리는 "성경 전체를 종합적이고 건설적으로 활용함으로써, … 성경이 하나님의 창조물에 대한 하나님의 뜻을 어떻게 전달하는지"를 분별해야 한다는 데에 동의한다. 월터도 내가 하고자 하는 일이 바로 그것이라는 점을 인정한다. 나는 우리가 성경을 신중하게 다루는 가운데 하나님의 뜻을 분별할 수 있다고 믿게 될 경우, 우리 자신의 양심은 물론 교회의 가르침과 실천에도 도덕적 책임이 따른다는 확신으로 그렇게 하는 것이다. 월터는 내가 방금 말한 마지막 문장에 동의할 것이라고 나는 확신한다. 그러나 그의 관점에서는 *"성경에 나오는 동성애 관련 구절들이 오늘날의 동성 간 언약의 관계를 정당화하는 데 직접적인 근거가 되기에는 해석상 여러 가지 중요한 의문점이 있다는 점을 설명하는 것이다. 그렇기 때문에 하나님의 뜻에 대해 따로 언급할 필요는 많지 않다."* (이탤릭 표시는 내가 한 것이다.)

나는 이것이 우리가 서로 다른 관점을 가지게 된 근본적인 차이에 가장 가까이 다가간 지점이라는 생각이 든다. … 핵심은 월터가 노골적으로 폭력적이거나 강압적인 동성 관계를 묘사하는 본문들은 논의의 근거에서 제외해야 한다고 주장하는 데 그치지 않고, … 우리는 더 나아가 성경에 나오는 모든 동성애 관련 언급들의 관련성에 의문을 제기한다는 점이다. 그 주장의 핵심은 이렇다. 성경에 나오는 본문들은 오늘날 우리가 말하는 동성의 헌신적이고 약속된 관계에 대해 이야기하고 있지 않다는 것이다. 그렇기 때문에 우리가 이 현상(즉 동성 간의 헌신적 관계)을 도덕적으로 평가할 기준을 찾고 있다면, … 동성 성관계를 명확히 부정적으로 언급한 몇몇 본문보다는 오히려 성경 전체나 교회 전통 속 다른 부분들을 살펴봐야 한다는 것이다. … 하지만 나로서는, 이 문제에 대한 성경적인 도덕적 지혜를 모색하겠다고 하면서, 정작 동성 성관계를 직접 언급하는 본문들은 *제외하려는* 것이 이상하게 느껴진다. 그럼에도 불구하고 만약 월터가 주해적이고 해석학적인 이유로 성경 본문들이 동성의 언약적 관계라는 현상을 다루고 있지 않다고 본다면(특히 그것이 성경 안에서는 새롭고 전례 없는 개념이며 아예 상상조차 되지 않았던 것을 근거로 삼는다면), 그는 그렇게 판단할 수밖에 없을 것이다. 그리고 나의 논고에서 제시한 이유들로 인해, 나는 레위기나 바울의 본문들이 사랑에 기반한 동성 성관계와 전혀 관련이 없다고 보기 어렵기 때문에, 결국 이 지점이 우리의 의견 차이의 핵심으로 남게 될 것이다.

b. 창세기 2장 24절에 관해서는, 내가 그 본문이 창세기 자체나 고대 이스라엘 문화 맥락에서 어떤 의미를 지니는지에 대해 전혀 관심이 없다는 것이 아니다. … 예수께 제기된 논점이 *이혼*이었기 때문에, 예수께서 창세기 1장 27절과 2장 24절을 결합하여 응답하신 것은 … 결혼에 대한 그분의 이해를 나타내는 것임이 분명하다.

그래서 나는 이번에도 다소 혼란스럽다! 월터는 내가 창세기 2장 24절을 통해 하나님의 결혼에 대한 뜻을 살피는 것이 정당하다고 인정한다. 그것이 신약성경에서 예수님과 바울에 의해 확증되었기 때문이다. 하지만 그는 동시에 이 본문이 현실의 인간관계 속에서는 "더 큰 다층성

(complexity)과 다의성(multivalency)"6을 허용한다는 여지를 두고 싶어 한다. 나도 그 점에는 동의한다! … 그러나 문제는 이 '다층성'이 어디까지 확장될 수 있느냐는 것이다. … 성경 본문 어디에도 결혼의 문화적 다층성이 동성 간 결합을 포용할 수 있다는 암시는 없다. 그것은 용인되거나 허락되는 것이 아니라, 명백히 금지되어 있다. 그리고 나는 그 문제를 피하기 위해 본문의 뉘앙스를 조정할 어떤 방법도 찾을 수 없다. …

(3) … 이 단락의 끝부분에 나로서는 심히 우려스러운 문장이 하나 있다.

이성 간 결혼이 인간 삶을 위한 '하나님의 창조 질서'임을 전적으로 인정할 수는 있지만, 그 질서로부터 벗어난 모든 형태가, 명백한 비도덕성이 없는 한, *단지 다르다는 이유만으로 본질적으로 죄이며* 하나님을 기쁘시게 하지 않는다고 보아야 하는 이유는 분명하지 않다(이탤릭 표시는 내가 한 것이다).

우선, '모든 변형'이 죄라고 단정할 수는 없다. 이는 단지 이성애적 결혼, 출산, 가족이라는 일반적인 틀에서 벗어났다는 이유만으로 자동적으로 죄가 된다고 보기 어렵다는 뜻이다. 예를 들어, 여러 이유로 자녀가 태어나지 않는 결혼, 독신 생활, 금욕적 삶 등도 그런 '변형'에 포함된다. 예수님도 이러한 삶의 형태들을 인정하신 바 있다. 핵심적인 질문은 바로 이것이다. 과연 동성 성관계(그리고 '결혼')가 이러한 창조 질서로부터 또 하나의 '변형'으로 성경적으로 받아들여질 수 있는가? 다시 말해, 앞서 언급한 다른 예들과 마찬가지로 문제 되지 않는 '죄가 아닌' 변형으로

---

6 이 인용문은 원문 전체본에서 가져온 것이다.

간주될 수 있는가 하는 점이다.

그런 이유로, 월터의 마지막 문장(이탤릭 표시한 부분)은 내게는 논점 일탈(question-begging, 아직 증명되지 않은 주장을 전제로 삼는 오류를 뜻하는 전문 용어)처럼 보인다. 월터가 마지막 문장에 이르기까지 전개한 주장의 핵심은, 성경이 동성 성관계를 금지한다고 해서 그것이 다른 죄들처럼, 예컨대 도둑질, 탐욕, 간통 등 명백한 도덕적 근거를 갖고 있지 않다는 것이다. 우리는 이런 죄들에 대해 왜 잘못되었는지를 스스로 논리적으로 설명할 수 있지만, 동성 성관계에 대해서는 그런 도덕적 논거가 뚜렷하지 않다는 것이다. 따라서 "명백히 부도덕한 요소는 없다"고 결론짓는다. … 그런데 바로 그 지점이 문제의 핵심이다. 동성 성관계는 성경적 근거에 따라 비도덕적이라고 믿어야 하는가, 아니면 그것이 명백히 부도덕한 행위가 아닌 것처럼 보이는 이유는, 이제는 우리 문화 속에서도, 또 진지하고 성찰적인 기독교 윤리의 관점에서도 더 이상 그렇게 인식되지 않기 때문인 것인가? …

(4) 물론 엄밀히 말해, 나는 사도 바울이 그리스·로마 세계에서 동성 성관계의 실제 관행이나 보다 광범위한 문화적이고 문학적인 표현에 대해 무엇을 알고, 무엇을 몰랐는지를 정확히 알 수는 없다는 점에서 월터의 견해에 동의한다. … 우리가 지금 성경의 침묵을 근거로 논의를 전개하고 있다는 점은 나도 인정하며, 그렇기 때문에 그 침묵으로부터 어떤 결론을 이끌어 내든지 간에, 어느 쪽이든 지나치게 단정적으로 주장할 수는 없다.

(5) 이것은 개인적으로 가장 응답하기 어려우면서도 도전적인 내용이다. 먼저, 나는 월터가 강조한 바, 사람들의 실존적 현실에 대한 민감성

을 요구하는, 예컨대 신학적으로는 타당할지라도 목회적으로는 부적절한 설교를 장례식에서 하지 않는 것과 같은 주장에 긍정적으로 반응하고 이를 수용한다. … 그러나 내가 직면한 문제는 다음과 같은데, 어쩌면 이 지점에서 월터가 나를 도울 수 있을지도 모르겠다. 성경의 도덕적 가르침이라고 확신하는 내용을 표현하고 실천하면서도, 동시에 그와 충돌된 삶을 사는 이들에게 목회적이고 단지 '인간적으로' 공감하는 두 태도를 어떻게 함께 실천할 수 있는 것인가? … 상대가 그리스도인이든 아니든, 그 사람의 신념이나 행동을 도덕적으로 비판하더라도, 그를 배척하거나 인간 이하로 여기지 않고, 하나님이 그리스도 안에서 우리를 사랑하신 방식대로 사랑하려는 태도를 잃지 않는 것이 가능해야 하며, 실제로 그것은 우리가 도덕적으로 감당해야 할 책임이기도 하다.

논찬

정승현

서론 : 대화의 요약

이 논문은 동성 성관계에 관한 성경 본문의 해석을 주제로 한 월터 모벌리와 크리스토퍼의 신학적 대화를 제시한다. 라이트는 성경적 관점에서 논의를 전개하며, 창조 서사의 신학적 중요성과 성경적 결혼 이해를 강조한다. 그는 동성 성행위가 성경 전반에서 일관되게 부정적으로 묘사되며, 그것이 단순한 문화적 금기가 아니라 창조에 근거한 하나님의 질서를 위반하는 행위라고 주장한다. 또한 그는 레위기, 로마서, 고린도전서에 나타난 금지 규정들이 문화적으로 조건 지어진 규범이 아니라 지속적인 도덕 원리를 반영한다고 주장한다.

반면, 모벌리는 성경 본문의 역사적이고 문화적인 맥락에 더욱 주의를 기울이며 해석에 접근한다. 그는 성경에 나타난 동성 성행위에 대한 언급이 상호성에 기초한 현대의 언약적 동성 파트너십을 직접적으로 다루고 있다고 보기는 어렵다고 제안한다. 또한 그는 해석학적 겸손의 필요성을 강조하며, 책임 있는 신학적 성찰은 고대 본문과 오늘날 현실 사이에 존재하는 사회적, 문화적 거리감을 충분히 고려해야 한다고 주장한다.

두 학자는 모두 성경의 권위를 인정하지만, 해석학적 방안과 윤리적 결론에서는 분명한 차이를 보이며, 이는 성경 전통과 현대의 섹슈얼리티 이해 사이에 존재하는 긴장을 드러낸다. 특히 이러한 차이는 '토에바'(tôʻēbâ)의 해석에 있어 두드러진다. 라이트는 토에바를 단순한 의례적 금지로 이해하지 않고, 하나님의 창조 질서에 반하는 행위를 지시하는 신학적 용어로 해석한다. 그는 창세기 1-2장을 출발점으로 삼아, 레위기의 규정들을 하나님의 형상으로 창조된 인간, 남자와 여자의 창조, 그리고 결혼과 번성이라는 창조 구조를 침해하는 행위를 금지하기 위한 경계 표지로 읽는다.

반면, 모벌리는 토에바를 공동체의 거룩함과 정체성을 보존하는 언약적 규범으로 이해한다. 그는 폭력적 동성애 행위와 자발적이며 헌신적인 관계를 구별하면서, 후자에 내재한 '사랑'의 정서적이고 인간적인 차원을 인정한다. 그러나 그러한 사랑이 성적 행위로 발전하는 것은 성경적 윤리와 양립할 수 없음을 분명히 하며, 그 결과 동성 성관계를 허용하지 않는다. 이러한 그의 접근은 금지를 유지하면서도 해석의 여지를 남기고 있다.

이러한 핵심 내용을 이해하면서, 선교학자인 나는 성서학적인 주석이나 해석보다는 문화의 맥락에서 논찬을 하기 원한다.

성경 속 문화의 역동성

모든 인류는 문화와 연관되어 있고 각 시대, 장소마다 독특한 문화를 형성해 왔다. 성경도 특정한 문화를 배경으로 하고 있다. 구약성경과 신약성경 사이에는 동일한 문화와 상이한 문화가 공존하고 있다. 라이트의 주장처럼, 결혼에 대한 하나님의 의도는 창세기부터 남녀 간의 일부일처였지만, 우리는 구약성경에서 여러 신앙인이 일부다처의 상황 가운데 있는 것을 어렵지 않게 찾을 수 있다. 대표적으로 야곱은 네 명의 여성(레아, 라헬, 빌하, 실바)과 관계를 맺고 자녀를 낳았으며, 이 12명의 자녀들은 모두 공식적인 후손으로 간주되었다. 이는 분명히 사회, 가정 구조상 일부다처제를 수용하는 문화가 반영된 것으로 보인다.

이에 반해, 신약성경 시대에는 예수께서 일부다처와 이혼을 엄격히 금하고 있음을 읽을 수 있다(마 5:31-32, 19:3-9; 막 10:2-12). 이러한 가르침은 신약성경의 문화와 전혀 다른, 현대의 문화에서도 지켜지고 있다. 그러나 신약성경의 어떤 구절은 문화적 특수성을 반영하여 현대 사회에는 따르지 않는다. 예를 들어, 고린도전서 11장 4-6절 머리에 대한 구절은 오늘날 대부분의 교회에서는 지키지 않고 있다.

또한 성경의 어떤 구절들은 모든 사람에 의해서 언제나 명확하게 결정되지 않는다. 예를 들어, 한국 교회에서는 일반적으로 음주가 받아들여지지 않지만, 유럽에서는 이를 심각한 문제로 간주하지 않는다. 더 나아가 동일한 국가와 문화권 안에서도 교단적 차이에 따라 성경에 대한 해석과 적용이 서로 다르게 나타날 수 있다. 그 대표적인 사례가 여성 안수다.

이런 면에서 동성애에 관해 단 하나의 결론을 도출하는 것은 어려운 일이다. 특정 문화, 교단, 지역에서는 단호하게 금지할 것이다. 그러나 동성애를 우호적으로 받아들이는 문화, 교단, 지역도 분명히 존재한다. 결론부터 말하자면, 모빌리의 동성애에 관한 논의는 서구 현대 문화를 배경으로 하고 있다. 오늘날 서구에서 동성 간의 헌신된 관계는 구약성경에서 말하는 폭력적이고 비윤리적인 동성 간의 성관계와는 다르므로, 성경의 구절을 적용할 수 없다는 모빌리의 주장은 비서구 문화에서 보편적으로 받아들이기 어렵다.

선교학은 복음을 온전히 전달하기 위해 인간의 문화를 소중하게 다루고 연구하지만, 그렇다고 해서 인간의 문화를 성경보다 높은 기준에 두지 않는다. 이 부분에 있어서 크리스의 주장은 적절하다.

그러나 성경은 사랑이라는 이유만으로 하나님이 창조 질서 속에 세우신 경계나 금지 조항들이 무효가 된다고 인정하지 않는다. … 동성 간 깊은 사랑이 있다고 하더라도, 그 사실만으로 성경이 동성 성관계에 대한 금지를 허용한다고 주장하는 것은 성경 본문에 비추어 볼 때 설득력이 없다.

문화적 맥락 속 일부다처제: 선교학적 성찰

인간의 사랑 표현은 성경이 제시하는 창조 질서의 경계를 확장하거나 넘어서는 근거로 사용되어서는 안 된다. 이러한 해석학적 원칙을 유지하지 못할 경우, 일부다처제[1] 또는 혼외 관계와 같이 인간의 욕망에 의해 문화적으로 용인되는 관계 형태들까지도 정당화하게 되는 결과를 낳게 된다.

일부다처제는 아프리카 전역에서 널리 시행되고 있으며, 그 정도가 매우 커서 대륙을 가로지르는 이른바 '일부다처제 벨트'(polygamy belt)가 존재한다고까지 지칭된다. 이 벨트는 주로 서아프리카에서 동아프리카까지 이르는 사헬 지대를 따라 형성되며, 말리, 부르키나파소, 니제르,

---

1 일부다처제에서 '사랑'은 유일한 결정 요인이 아니다. 일부다처제의 경우, 경제적 고려, 사회적 지위, 그리고 공동체적 전통이 종종 동일하게 중요한 역할을 하며, 이는 해당 제도가 단순한 낭만적 애착을 넘어서는 복합적인 성격을 지니고 있음을 보여 준다.

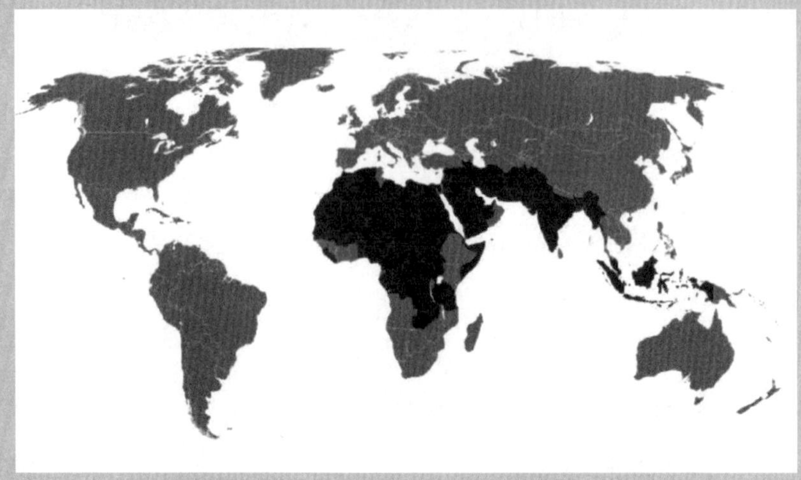

그림 1 | 일부다처제가 합법인 국가들을 표시한 세계 지도[2]

차드, 나이지리아 북부, 수단, 우간다, 탄자니아 등 약 18-20개국이 포함된다.

해당 지역의 인구는 약 5억 명 이상으로, 아프리카 전체 인구(약 15억 명)의 3분의 1에 해당한다. 이들 국가에서는 전통, 종교(특히 이슬람), 농경 중심의 생계 구조가 복합적으로 작용하여 결혼한 남성의 20-35%, 여성의 30% 이상이 일부다처제 가정에 속한다.

중요한 사실은 아프리카에서 일부다처제를 반드시 이슬람과 연관해서 볼 수는 없다는 것이다. 기독교 국가에서도 공식적으로는 일부일처제를 지지하지만, 실제 현실에서는 일부다처제가 관습적으로 존재한다. 대표적으로 케냐의 경우, 기독교가 85%이지만, 2014년 결혼법(Marriage Act) 개정으로 일부다처제를 공식 허용하고 있다. 관습법과 이슬람 결혼

---

2 "World Map Highlighting Those Countries Where Polygamy Is Legal," photo by Pruneau (Wikimedia Commons), created March 24, 2009, uploaded October 3, 2021, accessed August 1, 2025, https://en.wikipedia.org/wiki/File:Polygamy_map.svg.

에서는 일부다처제를 공식적으로 인정한다. 반면, 기독교, 힌두교, 그리고 일반 결혼에서는 일부일처제만 인정한다. 즉 케냐에서는 일부일처제와 일부다처제를 모두 허용하여 혼인 형태의 다양성과 여성 권리 보호 간 균형을 다룬 것으로 평가된다. 일부 기독교 남성들이 첫 결혼은 교회식으로, 그 이후 결혼은 전통 방식으로 하는 경우를 흔히 볼 수 있는데, 여성들은 이를 알고도 사회적 지위나 자녀 양육 목적으로 받아들이는 경우가 존재한다. 다만, 이 모든 결혼은 반드시 남성과 여성 간의 자발적인 결합이어야 한다.

이처럼 복합적이고 다면적인 상황으로 인해 아프리카 일부 지역에서 일부다처제가 널리 수용되고 있다 하더라도, 그것이 성경에 기록된 하나님의 창조 질서를 재해석해야 할 근거가 되지는 않는다. 오히려 성경의 가르침에 비추어 일부다처제라는 문화적 관행 자체가 변화되고 변혁되어야 할 대상으로 이해되어야 한다.

결론: 성경의 권위와 문화적 변혁

종합하면, 문화는 성경 해석을 위한 중요한 토대를 형성하지만, 성경은 문화적 상대주의를 넘어서는 권위를 지닌다. 동성애에 관한 논의는 단지 성경을 그 문화적 맥락 안에서 어떻게 해석할 것인가의 문제가 아니라, 성경이 계시하는 창조 질서와 도덕적 틀에 대한 신학적 충실성의 문제다. 복음은 문화를 존중하지만 진리를 타협하지 않는다. 따라서 서로 다른 문화적 맥락 속에서 나타나는 다양한 사랑의 표현들이 하나님이 설정하신 경계를 넘을 수 없다는 점이 분명히 인식되어야 한다. 이러한 의미에서 복음은 본질적으로 문화를 변혁하는 성격을 지닌다.

05
스스로 신이 되려는 사람들

렘 2:10-13

이재훈

인류는 여러 위기 속에 있다. 전염병의 위기, 기후 환경의 위기, 전쟁과 지진의 위기 등이다. 그러나 가장 심각한 위기는 이 시대에 역사의 어느 때보다 스스로 신이 되려는 사람들이 많아졌다는 것이다. 스스로 신이 되려는 인간의 욕망은 물질문명과 과학기술이 발전하면서 더 가속화되고 있다.

최근 몇몇 사람들이 고도 100km를 넘어서는 우주 비행에 성공한 모습이 방송되었다. 인류의 어떤 문제 해결을 위한 우주 산업의 발달은 축하할 일이지만 엄청난 돈으로 하늘 높이 잠시 올라간 것으로 스스로 위대하다고 여길 일은 아니다. 하늘에 계신 분이 웃으실 일이다.

이러한 기술의 발전이나 부와 권력으로 위대함을 증명하려는 소수의 사람들도 있지만 더 많은 대다수의 사람들은 스스로 규범의 기준이 되어 스스로 신이 되려고 한다. 이들은 '외부로부터 주어지는 어떤 객관적 기준도 거부하는 사람들'이다. 태어나면서부터 주어지는 생물학적 성별

"

까지도 자신의 의사에 따라 거부하고 스스로 성을 선택하는 '사회적 성'
으로 변화될 수 있다고 주장한다.

이 시대는 어느 때보다 개개인의 주관적 느낌을 신성시하는 시대다.
영향력 있는 인문학자들은 "자신에게 충실하라", "자신의 목소리에 귀
기울이라"고 부추긴다. 개인의 느낌이 권위의 최고 원천이며, 선과 악은
각자가 어떻게 느끼느냐에 따라 결정된다. 내가 좋다고 느끼는 것이 선
이고, 내가 나쁘다고 느끼는 것은 악이다.

유명한 베스트셀러 작가인 히브리 대학 교수 유발 하라리(Yuval Harari)
는 철저한 진화론자로서 《사피엔스》라는 책에서 진화론에 입각한 반성
경적인 가설들을 늘어놓았다. 그런데 마지막 결론 부분에서는 인간의
의식과 정체성에 근본적인 변형이 일어나고 있다는 의미 있는 지적을
하기도 한다.

> 우리의 기술은 카누에서 우주 왕복선으로 발전해 왔지만 우리가 어디로
> 가고 있는지 아무도 모른다. 과거 어느 때보다 강력한 힘을 떨치고 있지
> 만, 이 힘으로 무엇을 할 것인가에 관해서는 생각이 거의 없다. 이보다 더
> 욱 나쁜 것은 인류가 과거 어느 때보다도 무책임하다는 점이다. 우리는 친
> 구라고는 물리 법칙밖에 없는 상태로 스스로를 신으로 만들면서 아무에
> 게도 책임을 느끼지 않는다. 그 결과 우리의 친구인 동물들과 주위 생태
> 계를 황폐하게 만든다. 오로지 자신의 안락함과 즐거움 이외에는 추구하
> 는 것이 거의 없지만 그럼에도 결코 만족하지 못한다. 스스로 무엇을 원하
> 는지도 모르는 채 불만스러워하면서 무책임한 신들, 이보다 더 위험한 존
> 재가 또 있을까?[1]

---

1 유발 하라리, 《사피엔스: 유인원에서 사이보그까지, 인간 역사의 대담하고 위대한 질문》(김영사,
   2015), 415.

진화론자들은 신이란 인간이 만들어 낸 존재라고 말하는데, 진화론자들이 보기에도 "인간 스스로 신이 되려 하고 있다"고 비판하고 있는 것이다. 사람들이 스스로 신으로 여기면서 인간에게 부여된 질서와 한계를 무너뜨리고 있다. 우주까지 비행하는 능력을 보여 주고 있지만 정작 자신은 도대체 어디로 가고 있는지는 모른다. 엄청난 과학기술의 발전에도 불구하고 세상의 고통을 줄이기보다는 늘여 가고 있다.

사람들이 스스로를 신으로 만들어 고통을 더 가중시키면서도 전혀 책임을 느끼지 않는 위험한 존재가 되어 가고 있는 이유는 무엇인가? 창조주 하나님을 떠나고 버렸기 때문이다. 창조 질서를 파괴하고 생명 윤리를 무너뜨리고 있기 때문이다. 창조주 하나님을 떠난 이들은 스스로 신이 되려고 한다. 아담과 하와가 금지된 열매를 먹은 이유는 스스로 하나님처럼 되고 싶어서였다. "그것을 먹는 날에는 너희 눈이 밝아져 하나님과 같이 되어"(창 3:5)라는 사탄의 유혹에 넘어간 것이다. 금지 명령에 구속되지 않고 스스로 자유를 선택하는 것이 하나님처럼 될 수 있는 길이라는 유혹에 넘어간 것이다.

인류의 근본적인 위기는 하나님을 떠나 자신을 의존하는 죄의 바이러스에서 비롯된다. 성경에서의 악의 정의는 하나님을 의존하지 않고 자신을 의지하는 것이다. 육신의 능력에 의지하며 사는 인생은 누구에게도 건강한 영향력을 주지 못할 뿐 아니라 고독하고 허무한 인생이 될 뿐이다.

본문에서 하나님을 떠나 우상을 섬기는 백성들을 안타까워하시는 하나님의 마음을 느낄 수 있다. 예레미야 2장 10-12절은 이렇게 말한다.

너희는 깃딤 섬들에 건너가 보며 게달에도 사람을 보내 이 같은 일이 있었는지를 자세히 살펴보라 어느 나라가 그들의 신들을 신 아닌 것과 바꾼 일이 있느냐 그러나 나의 백성은 그의 영광을 무익한 것과 바꾸었도다 너 하늘아 이 일로 말미암아 놀랄지어다 심히 떨지어다 두려워할지어다 여호와의 말씀이니라 렘 2:10-12

하나님은 하늘이 소스라치게 놀라고 두려워할 일을 고발하신다. 우상을 섬기는 이방 민족들도 신이 아닌 것들을 신이라고 믿으며 충성하는데 살아 계신 하나님을 섬기는 백성들이 그들의 하나님을 헛된 우상으로 바꾼 것을 놀라워하신다.

로마서 1장에서는 사람들이 우상에 빠지게 되는 과정을 다음과 같이 설명한다.

하나님을 알되 하나님을 영화롭게도 아니하며 감사하지도 아니하고 오히려 그 생각이 허망하여지며 미련한 마음이 어두워졌나니 스스로 지혜 있다 하나 어리석게 되어 썩어지지 아니하는 하나님의 영광을 썩어질 사람과 새와 짐승과 기어다니는 동물 모양의 우상으로 바꾸었느니라 롬 1:21-23

하나님을 알되 하나님을 영화롭게 하지 않고 감사하지 않을 때 그 뒤에 계속 이어지는 현상들이 있다. 생각이 허망해지고, 마음이 어두워지고, 그 어두워진 마음은 스스로를 신으로 여기게 된다. 결국 우상을 섬기게 된다.

하나님을 영화롭게 하는 것에서 떠날 때 이 모든 불행의 연쇄 작용이 시작된다. 어떻게 하는 것이 하나님을 영화롭게 하는 것인가? 우리가 하나님을 의존하는 것이다. 하나님이 가장 영화롭게 되시는 때는 우리가 가장 온전히 하나님을 의존하는 때다. 하나님의 은혜와 선하심과 거룩하심에 의존하는 것이다. 우리가 하나님을 온전히 의존할 때 하나님을 영화롭게 할 뿐만 아니라 우리 자신이 가장 행복할 수 있다. 우리 안에는 죄와 허물이 가득하기에 자신을 의존하는 삶은 불행할 뿐이다. 선하시고 온전하시고 거룩하신 하나님을 온전히 의존하는 것이 행복이다.

예레미야 2장에서 하나님은 마땅히 의존해야 할 하나님을 떠나 우상에 빠지는 모습을, 깨끗한 샘물을 버리고 스스로 웅덩이를 파는 것으로 지적하신다.

> 내 백성이 두 가지 악을 행하였나니 곧 그들이 생수의 근원 되는 나를 버린 것과 스스로 웅덩이를 판 것인데 그것은 그 물을 가두지 못할 터진 웅덩이들이니라 렘 2:13

하나님은 두 가지 악을 지적하신다. 첫 번째 악은 생수의 근원이신 하나님을 버린 것이다. 하나님의 놀라운 겸손은 자신을 물로 비유하신 것이다. 인간의 생명이 얼마나 물에 의존되어 있는가? 생명에 물이 필수적이듯 인간은 하나님을 의존해야만 살 수 있다. 두 번째 악은 물을 담지 못하는 웅덩이를 스스로 만든 것이다. 인간 스스로 만든 웅덩이는 결코 물을 담지 못한다. 물이 솟아나는 샘물을 외면하고 물을 저장하지 못하는 웅덩이를 만드는 것은 어리석은 일이다.

이 말씀에는 물이 솟아나는 샘물을 외면하는 것과 터진 웅덩이를 만드는 것은 서로 연결되어 있다는 것이 강조되어 있다. 우리가 하나님을 버릴 때 그것으로 끝나지 않는다는 것이다. 하나님을 버리는 사람은 스스로 자기를 위한 신을 만든다. 인간의 갈망은 무엇으로든 채워져야 하기 때문이다.

G. K. 체스터턴(G. K. Chesterton)은 이렇게 썼다. "우리가 하나님을 예배하기를 그칠 때 우리는 아무도 경배하고 있지 않은 것이 아니라 다른 어

떤 것을 경배하고 있는 것이다."

스스로 신이 되려는 사람들은 위대한 업적을 세우며 자랑하는 사람만이 아니다. 부와 권력으로 자신을 높이는 사람만이 아니다. 수많은 사람들이 그러한 것처럼 하나님 안에서 해결될 수 있는 갈망을 스스로의 방법으로 해결하려는 사람들이다.

모든 인간에게는 물질이나 관계로도 채울 수 없는 갈망이 존재한다. 인간에게는 '의미'에 대한 갈망이 있다. 사람은 의미 없는 일을 싫어한다. 의미를 발견하면 어떤 위험한 일도 두려워하지 않는다. 그런데 인생의 의미는 스스로 발견할 수 없다. 인간을 창조하신 하나님 안에서만 발견된다.

또한 모든 인간에게는 '영광'에 대한 갈망이 있다. 각 나라들이 올림픽으로 모여 서로 경기하며 메달을 많이 받으려는 이유가 무엇인가? 영광에 대한 갈망 때문이다. 아프리카 초원에서 가장 앞서 잘 뛰는 코뿔소에게 가장 빨리 달렸다고 코뿔소들이 모여 시상하는 광경을 본 적이 있는가? 오직 인간만이 다른 사람과 비교하여 더 나은 것을 영광스러워한다. 그것은 인간에게 영광에 대한 갈망이 있기 때문이다.

모든 인간에게는 '영원'에 대한 갈망이 있다. 인간의 언어 중에서 '사랑'과 더불어 가장 많이 사용되는 단어는 '영원히'라는 단어다. 하나님을 믿지 않는 사람들도 영원이라는 단어를 자주 사용한다. 그것은 인간이 영원한 존재로 지음 받았기 때문이며, 삶의 모든 갈증은 궁극적으로 영원에 대한 갈망이다.

영원에 대한 갈망이 존재한다는 것은 그 대상이 되는 영원이 실제로 존재한다는 것이다. 영원에 대한 갈망이 있다는 것은 우리가 사는 세상이 잠시 머무는 여행지와 같다는 것을 말해 준다.

C. S. 루이스(C. S. Lewis)는 "이 세상에서 결코 만족될 수 없는 갈망이

내 안에 있다면 그것은 내가 다른 세상을 위해 지어졌기 때문이라고 보는 것이 가장 타당하다"라고 이를 잘 표현했다.[2]

이러한 갈망들은 창조주 하나님을 온전히 의존할 때만 채워질 수 있다. 죄는 이러한 갈망들이 하나님을 의존하지 않고 스스로 만든 웅덩이들에서 해결될 수 있는 것처럼 속인다.

사람들은 종종 '의미'에 대한 갈망을 '재미'로 대체하려 한다. 의미 없는 재미가 세상을 뒤덮고 있다. 재미 자체가 죄는 아니며 삶에서 유머와 기쁨을 추구하는 것은 거룩한 것이다. 거룩함은 곧 세상이 줄 수 없는 기쁨이다. 그러나 의미를 잊어버리게 하는 재미는 위험하다.

마찬가지로 사람들은 '영광'에 대한 갈망을 '성취욕' 혹은 '우월 의식'으로 대체하려 한다. 진정한 영광은 다른 사람보다 앞서는 데서 얻어지지 않는다. 인간은 영광의 하나님과 연결되어 있을 때 그 자체로 영광스러운 존재다. 성취욕이나 우월 의식을 만족시키기 위해서 살아가면 헛된 웅덩이에 빠지게 된다.

인간은 또한 '영원'에 대한 갈망을 '이생에 대한 집착'으로 대체하려 한다. 고대 이집트에서 피라미드를 만들어 시체를 미라로 만들어 보관한 이유는 영원에 대한 갈망을 이생에 대한 집착으로 대체한 것이다. 시체를 썩지 않도록 보관한다고 영원이 오지 않는다. 유교에서도 오랫동안 제사를 지내는 이유는 조상의 혼이 이 세상에 계속 머문다고 믿기 때문이다. 실상은 저세상을 믿지 않는 것이며 영원을 바라보지 못하고 이생의 것들에 집착하는 것이다.

재미로 의미를 대체할 수 없고, 우월감으로 영광을 대체할 수 없고, 이생에 대한 집착으로 영원에 대한 갈망을 대체할 수 없다.

---

2 C. S. 루이스, 《순전한 기독교》(홍성사, 2018), 118.

인간의 죄가 만든 웅덩이에 있는 더러운 물은 마실수록 더 고통스러워진다. 예수님이 만나신 사마리아 여인은 자신 안에 있는 채워지지 않는 갈망을 스스로 만든 웅덩이 물로 채워 가는 인생이었다.

그녀는 하나님 안에서 자신의 갈망을 해결하지 않고 스스로 신이 되어 해결해 보려 한 여인이었다. 다섯 명의 남편이 있었지만 아직도 여전히 남편을 찾고 있었다. 이 여인에게는 육신의 목마름을 해결해 주는 우물 외에 또 다른 우물이 필요했다. 예레미야 2장에서 하나님이 말씀하신 생수의 근원 되시는 하나님의 우물이다. 영혼의 갈망을 해결해 주는 우물이다. 스스로 신이 되려는 욕망을 내려놓고 오직 하나님만 의존하게 하는 우물이다.

예수님은 우물가에서 이 여인을 만나 생수의 근원이신 하나님께로 인도하셨다. 구약에서 중요한 사건들이 우물을 배경으로 일어난다. 우물은 죄인 된 인간들이 하나님을 만나는 영적 장소가 되기도 한다.

'우물'은 예수님의 상징이며, 예수님 안에서 얻는 '구원'의 상징이다. 이사야 12장 2-3절은 다음과 같이 선언한다.

> 보라 하나님은 나의 구원이시라 내가 신뢰하고 두려움이 없으리니 주 여호와는 나의 힘이시며 나의 노래시며 나의 구원이심이라 그러므로 너희가 기쁨으로 구원의 우물들에서 물을 길으리로다 사 12:2-3

이사야 선지자가 고백한 이 구원의 우물은 예수 그리스도이시다. 구원의 우물에서 퍼 올려 마시는 샘물은 예수 그리스도 안에서 주어지는 생명이다. 생명에 속한 인생의 의미와 영광과 영원한 삶이다.

예수님이 십자가에서 죽으심으로 그 값을 지불하셨기 때문에 우리는 구원의 우물에서 값없이 영원히 목마르지 않는 생수를 선물로 받게 되었다. 예수 그리스도의 십자가 앞에 나아오는 모든 이에게, 성령이 이 생명수가 흘러나오게 하신다.

예수님은 요한복음 4장 13-14절에서 말씀하셨다.

이 물을 마시는 자마다 다시 목마르려니와 내가 주는 물을 마시는 자는 영원히 목마르지 아니하리니 내가 주는 물은 그 속에서 영생하도록 솟아나는 샘물이 되리라 요 4:13-14

스스로 신이 되려고 하는 사람들은 계속해서 목마른 인생을 살게 될 뿐이다. 스스로 만든 웅덩이에서 나오는 물로는 그 목마름을 해결할 수 없다. 스스로 해결할 수 없는 갈망을 헛된 것으로 해결하려고 몸부림치는 삶이다.

하나님은 스스로 신이 되려는 사람들을 대신하여 사람이 되셔서 대신 죽으셨다. 그분을 믿고 의지하는 자들에게 마르지 않는 생수의 근원이 되신다. 영원에 이르는 길이 되어 주신다. 의미를 깨닫게 해 주는 진리가 되어 주신다. 영광을 누리는 생명이 되어 주신다. 스스로 신이 되려는 노력을 포기하고 우리 가운데 거하시며 우리를 사랑하시는 하나님을 온전히 의존하며 사랑하며 살아갈 때 우리는 진정 복된 삶을 누릴 수 있다.

06
패널 2: 성경 해석학

진행자 | 스티븐 S. H. 장(Steven S. H. Chang)
패널 | 정승현, 이한영, 이성민, 다니엘 R. 패터슨(Daniel R. Patterson), 에드 쇼(Ed Shaw)

* 참여자들의 약력은 기고자와 참가자 목록을 참고하기 바란다.

스티븐 S. H. 장　　패널 위원 모두를 환영한다. 나는 이미 여러분에게 두 가지 질문을 드린 바 있다. 첫 번째 질문은, "이 포럼에 함께 참여하면서, 우리가 지금까지 성경 해석학적 관점에서, 그리고 성경을 함께 참고하고 읽어 오는 방식 가운데서 무엇이 강조되어야 한다고 생각하는가?" 하는 점이다. 무엇이 중요하다고 보는가? 무엇을 가장 긍정적으로 평가하는가? 이 질문에 대해 패널의 각 구성원이 자신의 견해를 나눌 것이다. 그리고 두 번째 질문은 물론 그 반대의 질문이다. 즉 "우리가 더 보완하고 노력해야 할 부분은 무엇이라고 생각하는가?" 하는 점이다. 인간의 섹슈얼리티와 관련해 성경을 이해하고 읽는 방식에 있어, 어떤 부분을 더 논의해야 하며, 어떤 점을 더 체계적으로 정리할 필요가 있다고 보는가에 대한 질문이다.

이한영　　나는 이 콘퍼런스에 대한 나의 성찰을 두 가지 핵심적인 생각, 혹은 질문으로 표현하고자 한다. 하나는 해석학에 관한 것이고, 다른 하나는 신학에 관한 것이다. 물론 이 두 가지는 서로 밀접하게 연결되어 있다. 먼저, 해석학적 관점에서의 질문이다. 문화적 맥락 속에서 형성된 성경의 금지 규정들을, 과연 어디까지 시대를 초월한 하나님의 도덕 질서의 표현으로 이해할 수 있는지, 아니면 모벌리가 주장하듯이 그것을 역사적 상황에 의해 형성된 규범, 곧 일종의 금기로 이해해야 하는지에 대한 문제다. 그렇다면 "오늘날의 교회는 이처럼 다원적이고 세계화된 맥락 속에서, 이 둘을 어떻게 분별해야 하는가?"라는 질문이 제기된다. 이것이 첫 번째 해석학적 질문이다.

두 번째 질문은 보다 신학적 성격을 지닌다. 나는 지난 사흘 동안 우리가 "성경이 말하는 인간 됨의 본질에 대해 얼마나 진지하게 다루어 왔는지, 그리고 성경 본문을 신적 권위로서 얼마나 진지하게 받아들이고 있는가?"에 대해 질문하고자 한다. 왜냐하면 우리는 자연과 양육에 대해서는 많은 논의를 해 왔기 때문이다. 그러나 영적인 차원은 어떠한가? 정확히 말하면, 나는 우리가 섹슈얼리티의 마지막 차원이라고 할 수 있는 영적인 측면에 대해서는 다소 놓치고 있다고 본다.

다니엘 패터슨　　나의 경우에는, 여기서 라이트의 발표를 떠올리게 된다. 그는 개별 성경 본문들을 근거로 논증하고 있지만, 그러한 본문들을 더 넓은 이야기 속에서 찾아내고, 그 안에 위치시키고 있다. 나는 바로 그 점을 개인적으로 높이 평가한다. 그것은 내가 스스로도 실천하려고 애쓰는 방식이기도 하며, 매우 중요하다고 생각하는 접근이다. 우리가 개별 본문들로 나아갈 때, 단지 역사적이고 문법적인 맥락 속으로 깊이 파고드는 주해 작업에만 머물러서는 안 된다. 동시에 시야를 넓혀, 이 본문이 하나님이 과거에 행하신 일, 지금 행하고 계신 일, 그리고 장차 행하실 일이라는 전체 이야기 속에서 어떻게 자리 잡고 있는지를 살펴보아야 한다. 이러한 접근은 하나님의 사역을 개별 사안이 아니라, 하나님이 역사 가운데 행하시고, 또 행하실 일에 근거하여 이해하게 한다. 내가 덧붙이고 싶은 두 번째 점은, 예수님 중심의 해석학을 높이 평가한다는 것이다. 곧 모든 약속이 예수님 안에서 "예"가 되고 "아멘"이 된다는 관점이다. 따라서 어느 시점에서는, 우리가 여기서 논의하고 있는 내용을 바탕으로 예수가 누구인가를 묻는 신학적이고 주해적인 성찰을 이끌어 갈 필요가 있다. 전반적으로 말하자면, 이는 역사적 구속의 이야기가 우리의 주해 작업을 이끌도록 하는 것이며, 동시에 이 모든 것이 어떻게 예수님이라는 인격 안에서 귀결되는지를 바라보는 길을 찾는 것이다.

에드 쇼　내가 라이트의 사전 녹화된 영상 발표에서 특히 강조하고 싶은 점은 무엇보다도 그 발표하는 어조와 그가 말을 할 때 보여 준 세심한 배려다. 그는 이 자리에 개인적으로 영향을 받고 있는 사람들이 있을 것이라는 사실을 염두에 두고 말했고, 모벌리와의 우정에 대해 말할 때에도 그러한 어조를 유지했다. 또한 그는 자신 역시 동성에 끌림을 느끼는 사람들을 알고 있으며, 이 이슈에 대해 생각을 바꾸게 된 사람들도 알고 있다는 점을 우리에게 인식시켜 주었다. 그리고 그가 말하는 내용과 전달 방식 모두에서 그가 얼마나 세심하고 친절한지가 분명히 드러났다. 나는 그러한 것을 듣고, 또 그러한 태도가 실제로 드러나는 것을 보는 것이 매우 좋게 느껴졌다.

분명히 이 주제에 관한 영국 국교회의 논의 속에서, 라이트가 보여 준 그러한 어조가 복음주의자들이나 다른 이들이 항상 취해 온 어조는 아니었다. 그렇기 때문에 어조의 중요성을 다시금 상기하게 해 주고, 이와 같은 영역에서 어떻게 소통해야 하는지를 보여 주는 하나의 본보기를 라이트를 통해 제시받은 것이 매우 신선하게 느껴졌다.

이성민　　나는 한국에서 가장 진보적인 신학교 중 하나인 감리교신학대학교에서 가르쳐 왔다. 나는 지난 20년 동안 "성경이란 무엇인가?"라는 질문을 두고 씨름해 왔다. "왜 우리는 성경 그 자체를 가르치기보다, 성경을 어떻게 해석하는지를 가르쳐 왔는가?"라는 질문이다. 그래서 나는 학생들에게 성경을 해석하려 하기보다, 성경을 읽도록 가르치고 있다. 성령을 통해 하나님의 말씀을 듣도록 말이다.

나는 우리 모두가 동성애와 동성 결혼의 문제로 씨름하고 있다고 생각한다. 대한민국에서는 많은 젊은이가 서구 문화의 영향을 받고 있다. 10년 전만 해도, 다섯 명도 안 되는 젊은이들이 커밍아웃을 했다. 그러나 지금은 고등학교에서도 많은 어린 여학생들이 "나는 여자를 좋아한다"고 자랑스럽게 말하고, 거기에 많은 사람이 박수를 보낸다. 그래서 학교 안에 있는 한국의 많은 젊은 그리스도인들이 큰 어려움을 겪고 있다. 그리고 나는 동성애와 동성 결혼을 주제로 말하거나 논의하는 것 자체가 그들에게는 듣기조차 힘든 일이라는 사실을 깨달았다. 그러나 지금 우리가 이 문제에 대해 논의하고 있는 것처럼, 우리는 이 문제에 대해 더 많이 논의할 필요가 있다.

그리고 우리는 우리 자녀들에게 사회와 성경 사이에서 어떻게 행동해야 하는지를 가르칠 수 있는 방식을 찾아야 한다고 생각한다. 이 일을 함에 있어 내가 볼 땐, 먼저 복음에 초점을 맞추는 것이 필요하다. 왜냐하면 사람들은 복음을 알지 못하기 때문이다. 그들은 복음을 읽기는 하지만, 복음을 경험하지는 못하고 있다. 그러므로 그들이 먼저 복음을 알도록 하는 것이 중요하다. 그다음에야 이러한 이슈들을 심리적으로, 정신적으로, 신체적으로, 사회학적으로 어떻게 다룰 것인지를 이야기할 수 있다. 그러나 많은 사람들, 심지어 그리스도인들조차도 예수 그리스도에 대해 알지 못하고 있다. 그들은 예수님에 대해 들어 보기는 했지만, 그분이 우리를 얼마나 사랑하시는지, 그리고 그분의 은혜가 얼마나 넓은지에 대해서는 알지 못한다. 그래서 나는 한편으로는 이 문제를 많이 논의할 필요가 있다고 생각한다. 그러나 동시에, 우리는 복음과 성경 그 자체에 더 집중해야 한다고 생각한다. 이것이 이번 논의를 통해 내가 느낀 바다.

정승현 나는 발표와 논찬, 그리고 간증과 소그룹에 참여한 모든 분에게 깊이 감사한다. 나는 한국에서 목회자이자 교수로서, 이러한 사람들을 어떻게 대해야 하는지, 그리고 이러한 이슈들을 어떻게 다루어야 하는지에 대해 일종의 부담을 어깨에 지고 있었다. 그러나 이번 포럼을 통해, 함께 일할 수 있는 많은 사람들이 있다는 사실을 알게 되었고, 그로 인해 큰 격려를 받았다.

이 주제는 목회자나 교수 개인의 과제로 환원될 수 있는 사안이 아니라고 본다. 우리가 공동으로 협력하고, 각자의 지혜와 경험을 집단적으로 성찰할 때에야 비로소 더 책임 있는 방향을 모색할 수 있을 것이다. 이러한 맥락에서 나는 사회학, 심리학, 법학, 그리고 의학 분야의 전문가들이 제시한 관점과 기여로부터 큰 유익과 격려를 받았으며, 그 과정에서 마음의 부담이 상당 부분 완화되었음을 느꼈다. 이는 오랫동안 짊어지고 있던 책무의 무게를 다소 내려놓은 것과 같은 경험이었다.

스티븐　　정승현은 자신이 패널이 되고 싶지 않았다고 나누었다. 솔직히 말해, 나 역시 사회자나 진행을 맡아 달라는 요청을 받았을 때 주저했다. 이 사안은 특히 대한민국에서는 매우 민감한 주제이기 때문이다. 그리고 어떤 말을 하든지 간에 그것이 왜곡되어 받아들여질 수 있다. 그래서 사실 우리는 한국인 패널 세 분을 더욱 감사하게 생각해야 한다. 그분들은 이후에 실제로 어려움에 처할 수도 있기 때문이다. 그러므로 그분들을 위해 기도해 주기를 바란다.

이제 각 패널에게 다시 돌아가서 질문하고자 한다. 복음적 그리스도인으로서 이 사안을 다루어 갈 때, 지금 우리가 직면하여 다루어야 할 가장 중요한 해석학적 쟁점은 무엇이라고 생각하는가?

에드　　나는 모벌리가 중요한 질문을 제기하고 있다고 생각한다. 곧 "오늘날 왜 성경에는 동성애 관계와 동성 결혼에 대한 금지가 존재하는가?"라는 질문이다. 이것은 매우 좋은 중요한 질문인데, 그 이유는 사람들이 우리에게 가장 먼저 던질 질문이 바로 "왜?"이기 때문이다. 그리고 라이트가 개별 본문에 머무르기보다, 성경 전체의 이야기 속으로 시야를 넓힌 것은 탁월하다. 바로 그 성경 전체의 이야기가 "왜?"라는 질문에 답을 준다. 성경 전체, 곧 창세기에서 요한계시록에 이르기까지 살펴보면, 하나님이 창조 질서 속에서 성과 결혼을 통해 이루고자 하신 목적이 무엇인지를 보게 된다. 이는 이 세상이 궁극적으로 향하고 있는 목적지를 보여 주는 신학적이고 성경적인 그림이자 모델이다.

이 세상은 하나님의 아들 예수님과 하나님의 백성인 교회 사이의 연합과 차이를 향해 아름답게 나아가고 있다. 그리고 창세기에서 요한계시록에 이르기까지 창조 질서 속에 결혼이 존재하는 이유는 그것이 이 세상이 어디를 향해 가고 있는지를 보여 주는 하나의 그림이자 모델이기 때문이다. 그렇기 때문에 결혼은 한 남자와 한 여자 사이의 것이어야 하며, 그것은 서로 다름을 지닌 연합이어야 하며, 또한 그러한 다름의 연합은 영속적이어야 한다. 이는 하늘과 땅 사이의 영속적인 다름의 연합, 곧 하나님의 아들 예수 그리스도와 하나님의 백성인 교회 사이의 영속적인 연합을 앞으로 가리키고 있기 때문이다. 그러므로 "왜?"라는 질문을 던지는 것은 매우 중요하다. 그것은 사람들이 왜 그러한 금지가 존재하는지를 이해하도록 돕기 때문이다.

그러나 이러한 언어로 말하고, 이러한 그림을 사용하며, 지금 내가 다룰 수 있는 것보다 훨씬 더 깊이 있게 이러한 생각들을 전개하는 일은 방금 이성민이 우리에게 권면한 바를 실천할 수 있는 기회가 된다. 곧 복음에 대해 말하는 것이다. 교회라는 신부를 향한 예수님의 사랑에 대해 말하는 것이며, 예수님이 교회라는 신부를 얻기 위해 행하신 모든 일에 대해 말하는 것이다. 예수님이 자신의 생명을 교회라는 신부를 위해 내어주셨다는 사실에 대해 말하는 것이다. 그리고 우리가 "왜?"라는 질문을 던지고, 성경 전체의 큰 그림을 보며, 창조 안에서 결혼과 성이 무엇을 위해 존재하도록 의도되었는지를 보게 될 때, 우리는 그 "왜?"라는 질문에 답할 수 있는 매우 좋은 기회를 갖게 된다. 동시에, 그리스도 안에서 우리를 향한 하나님의 사랑과 이 세상이 어디로 향하고 있는지에 대해 말할 수 있는 매우 크고도 귀한 기회를 갖게 된다.

다니엘 그렇다. 그 말에 덧붙이고 싶다. 그리고 여기에는 또 하나의 질문이 있다고 생각한다. 그것은 과연 그것이 어떤 느낌인지, 그리고 그 경험이 무엇인지에 관한 질문이다. 내가 보기에 우리가 직면한 도전은 창세기 1-2장을 보편화하거나, 혹은 창세기 3장을 보편화하는 데 있다. 마치 창조만 있고 타락은 없거나, 타락만 있고 창조는 없는 것처럼 다루는 것이다. 그러나 이러한 문제가 참으로 아름답게 구체화되는 지점은 로마서 8장이라고 생각한다. 거기서 우리는 '이미와 아직'(now-and-not-yet) 현실에 대해 배우게 되는데, 우리는 몸으로는 탄식하고 있지만, 앞으로 다가올 것을 바라보고 있다.

그 구절들에서 내가 특히 사랑하는 부분은 사도 바울이 다음과 같이 말하고 있는 점이다. "우리는 소망 안에서 구원을 받았다. 이미 가지고 있는 것을 누가 바라겠는가? 그러므로 우리는 인내로 기다린다." 여기에는 우리가 원하는 것이 아직 이르지 않았다는 생각이 담겨 있다. 그래서 우리는 실망을 경험하게 되지만, 동시에 이 결혼이 이루어질 때를 바라보며, 우리가 갈망하는 것이 우리 삶의 현실이 될 그때를 기다린다. 그러므로 우리가 경우에 따라서 집중해야 할 지점은 창세기 1-2장을 그대로 현재의 보편적 상태로 일반화하는 것도 아니고, 타락을 절대화하여 보편화하는 것도 아니다. 우리는 기초가 되는 이야기로서 창세기 1-2장을 가지고 있다. 우리는 타락의 시대를 살고 있지만, 하나님께 감사하게도, 예수 그리스도 안에서 이제 앞으로 올 것을 소망 가운데 바라보고 있다. 그러므로 이 이야기 속에서 우리가 어디에 서 있는지를 분명히 자리매김하는 것이 중요하다.

이한영　　　나는 라이트와 모벌리 사이의 가장 근본적인 차이는 출발점의 차이, 곧 성경 본문의 본질에 어떻게 접근하고, 어떻게 이해하는가에 있다고 생각한다. 보기에는, 모벌리는 창세기를 고대 근동의 문화적 맥락 속에서 형성된 사회적 금기로 이해하는 것 같다. 그는 그 금기가 현대 사회의 맥락에서 살아가는 사람들에게는 더 이상 직접적인 관련성을 지니지 않을 수도 있다고 주장한다. 반면, 라이트는 전혀 그렇지 않다고 주장한다. 그는 창조 질서가 하나님의 계시이며, 따라서 보편적인 함의를 지닌다고 본다. 그러므로 나는 이 두 사람이 전제에서부터 서로 다르다고 생각한다.

그리고 나는 이것이 해석학, 특히 성경 해석학을 다룰 때 핵심적인 쟁점이라고 생각한다. 우리는 바로 이 문제에 대해 논의해야 하며, 더 나아가 그것에 어떻게 접근할 것인지에 대해서도 물어야 한다. 곧 성경은 단지 종교적 전통의 모음에 불과한 것인가, 아니면 성경은 실제로 하나님의 계시인가라는 질문이다.

정승현　　나는 이한영의 말에 공감한다. 나는 해석학의 전문가가 아닌, 선교학자 중 한 사람일 뿐이지만, 때때로 두 가지 서로 다른 방법론이 존재하는 것이 아닌가 하는 생각이 든다. 곧 위에서 아래로 접근하는 방식과 아래에서 위로 접근하는 방식이다. 예를 들어, 우리와 같은 개혁신학 배경에서는 언제나 성경을 하나님의 말씀이며 오늘도 살아 역사하는 말씀으로 이해하고 고백해 왔다. 하나님이 말씀을 사람들에게 보여 주셨고, 그들이 그것을 기록했으며, 우리는 지금 그것을 읽고 있다고 이해한다. 그러나 다른 자유주의 신학이나 고등비평 등에서는 성경을 고대 근동 문서들과 비교하려고 하며, 그 과정에서 매우 다양한 결론에 이르기도 한다.

나는 다음과 같은 점이 그다지 건설적이지 않다고 느낀다. 성서학자들은 종종 해석학의 전문적 훈련을 받지 않은 이들에게 성경 본문을 가르치지만, 경우에 따라서는 그 과정이 오히려 성경 이해를 더 어렵게 만들기도 한다. 예를 들어, '토에바'에 관한 논의에서, 성서학자가 일반 그리스도인을 대상으로 이 단어의 중요성과 원래의 의미를 전문적으로 상세히 설명한 뒤, 그 결과 성경에는 동성애를 금지하는 메시지가 없다고 결론짓는다면, 이는 일반 그리스도인에게 매우 큰 어려움을 주게 된다. 전반적으로 이번 포럼이 건설적인 논의의 장이라는 점은 분명하지만, 성경의 해석학적인 면에서 보다 건설적인 방향으로 나아가기를 기대한다. 특히 해석학의 전문가가 아닌 일반 그리스도인들에게 실제적으로 도움이 되는 방식으로 논의가 이루어진다면, 이 포럼은 더욱 생산적이 될 것이라고 생각한다.

이성민　　내가 대학에 다닐 때에는 내가 하고 싶은 말을 할 수 있어서 참 좋았다. 그러나 설교자가 된 이후, 특히 내가 시무하는 교회에서는 설교하기가 매우 어려워졌다. 예를 들어, 지난 대통령 선거 때, 우리 교회에는 우파와 좌파, 두 그룹이 있었다. 어떤 교인들은 나를 우파로 알고 있었고, 다른 교인들은 좌파로 알고 있었다. 그것이 나에게 매우 어려운 일이었다. 그러던 중 한 여성 장로가 나에게 이렇게 말했다. "목사님의 설교를 들어 보니, 약간 좌파 같아요." 그래서 나는 좌파가 되어 버렸다. 그 시기에 많은 사람들이 대통령 선거에 대해 자기가 듣고 싶은 말을 내가 해 주기를 원했다. 그때 나는 성령이 아닌, 다른 어떤 영에 의해, 선거에 대해 내가 하고자 하는 말을 전하려는 시도를 하기도 했다. 그러나 나는 기도하고 또 기도했으며, 그 기간 동안 오직 예수 그리스도의 복음만을 설교했다. 그리고 나는 그 게임에서 이겼다. 이것이 설교자들에게 하나의 팁이 될 수 있다고 생각한다. 사실 나는 좌파가 아니라 우파다. 그러나 그 장로는 내가 좌파라고 생각했다. 그래서 내가 그 게임에서 이겼던 것이다.

동성애와 동성 결혼의 문제에 있어, 한국 교회 성도들은 그 단어 자체를 듣는 것조차 매우 어려워한다. 그래서 나는 이 이슈에 대해서도 복음을 깊이, 아주 깊이 있게 설교하고 싶다. 그렇게 함으로써 그들 스스로가 하나님으로부터, 성령으로부터 듣게 되기를 바란다. 그러므로 교회 안에서 설교자로서, 프로그램이 아니라 실제 사역의 자리에서, 성경의 해석자로서 우리는 복음 그 자체를 설교해야 하며, 그들이 스스로 판단하도록, 하나님의 말씀을 직접 듣도록 해야 한다고 생각한다. 이것이 설교자에게 좋은 길이라고 생각한다. 그래서 나는 예수님이 다시 오실 때까지, 오직 복음만을 설교함으로써 끝까지 이길 것이다.

스티븐　그 말에 대해 감사드린다. 사실 내가 참여했던 작업 가운데 하나는 로잔 운동의 서울 선언(Seoul Statement)을 작성한 신학 작업 그룹이었고, 그 과정에서 나는 성경 해석학 그룹을 맡아 이끌고 있었다. 그때 우리가 논의했던 주제 중 하나가 해석학에서 복음의 역할이었다. 또한 에드와 다니엘도 복음의 역할에 대해 언급했던 것으로 기억한다. 그렇다면 그 역할은 무엇인가? 말하자면, 이 자리에 모인 우리 모두는 복음을 고백하고, 설교하며, 선포하는 복음주의자들이다. 우리는 복음을 위해 사역하고 있다. 그렇다면 복음은 우리가 성경을 읽는 방식과 어떤 관련이 있는가?

이성민　같은 회중 안에도 우파와 좌파가 함께 존재한다. 그러한 상황 속에서 복음 그 자체는 하나님의 본질적인 핵심이다. 때로 문화는 우리에게 우파로 생각하라거나 좌파로 생각하라고 압박한다. 그러나 예수 그리스도의 복음은 다르다. 우리는 하나님의 사랑과 하나님의 은혜, 그리고 예수 그리스도를 통한 장차 있을 심판을 가르쳐야 한다. 나는 그것으로 설교자에게는 충분하다고 생각한다. 다시 말해, 신학자들과 설교자들은 모든 문제를 해결해야 하고, 모든 것에 대해 말해야 한다는 압박을 받는다. 그것이 설교자의 태도라고 여겨지기도 한다. 그러나 내가 발견한 것은, 설교자의 역할은 문제를 해결하는 것이 아니라는 점이다. 우리는 하나님의 사랑과 예수 그리스도의 은혜에 대해 설교한다. 나는 성령이 초대 교회에서도 일하셨고, 종교개혁의 시대에도 일하셨으며, 지금도 우리 사회 속에서 여전히 일하고 계신다고 믿는다. 그러므로 성령이 문제를 해결하시도록 맡기자. 우리는 예수 그리스도의 복음, 하나님의 사랑, 그리고 예수 그리스도의 은혜에 대해 설교한다. 이것이 나의 해법이다. 이것은 나 개인의 해법이며, 여러분이 반드시 따를 필요는 없다.

스티븐　　그러면 당신은 이기게 되는 것이다.

이성민　　그렇다. 그 말이 맞다. 승리하게 되는 것이다.

스티븐　　다른 분은 여기에 할 말이 없는가?

다니엘　　맞다. 우리가 로마서 1장의 맨 처음을 읽어 보면, 예수님이 약속된 왕이심을 알게 된다. 그분은 메시아이시며, 이는 매우 중요한 사실이다. 그리고 예수님이 왕으로 보좌에 앉으셨다면, 우리는 그분을 바로 그와 같은 분으로 대해야 한다. 그래서 내가 보기에 우리가 복음을 바르게 설교할 때, 사람들을 억지로 그분의 통치 아래로 밀어 넣는 것이 아니라, 예수님이 왕이심을 보도록 이끄는 것이다. 곧 그분이 우리의 몸을 드릴 만한 분이심을 보게 하는 것이다. "값으로 산 것이 되었으니 그런즉 너희 몸으로 하나님께 영광을 돌리라"(고전 6:20). 이것은 마지못해 해야 할 일이 아니다. 우리가 하고 싶지 않은 어떤 것도 아니다. 예수님은 우리의 왕이시다. 우리는 그분을 사랑하고, 그분을 예배하며, 우리의 삶을 그분께 드린다.
그러므로 복음이 예수님의 죽음과 부활, 그리고 우리의 왕으로서 예수님의 승천에 관한 것이라면, 우리는 아주 어린 시절부터 아이들이 예수님을 자신의 왕으로 사랑하도록 가르쳐야 한다고 생각한다. 그것은 가볍거나 독재자 같은 방식이 아니라, 사랑이 많고 자비로우시며, 그들이 받아야 할 심판과 그들의 죄를 친히 짊어지신 분으로서의 왕이심을 알게 하는 방식이어야 한다. 그래서 나에게 있어 예수님의 왕권은, 이러한 이슈 가운데, 복음을 전달하는 데 있어 매우 중요한 요소다.

에드 나는 특히 영국의 상황을 보며 우려를 느낀다. 성경 해석학이 오늘날 우리의 문화에 도전하는 성경 구절들을 무력화하는 데 사용되는 경우가 많기 때문이다. 그런 해석 방식은 오늘날의 문화와 잘 맞는 성경 구절을 설명할 때는 거의 사용되지 않는다. 그러나 현대 문화와 어긋나거나 불편함을 주는 성경 말씀을 만나면, 그때에만 등장한다. 사람들이 곧바로 "그것은 성경이 실제로 말하는 바가 아니다"라고 말하는 것을 보게 된다. 나는 다양한 문화 속에서 복음이 사람들을 그저 긍정해 주기만 하고, 아무런 도전도 주지 않는 것으로 변질될 수 있다는 점이 걱정된다. 특히 그렇게 될 경우, 십자가가 실제로 필요하지 않은 것처럼 여겨지는, 곧 십자가가 제거된 기독교로 귀결될 수 있다. 더 나아가, 십자가가 단지 믿어야 할 대상일 뿐만 아니라 따라야 하고 본받아야 하는 것이라는 현실을 부정하게 되는 데까지 이를 수 있다.

나는 베드로가 예수님이 그리스도이심을 처음으로 깨달은 제자가 되었을 때, 예수님이 주신 첫 번째 제자도에 관한 가르침에 깊은 인상을 받는다. 그것은 마가복음 8장 34절의 말씀이다. "무리와 제자들을 불러 이르시되 누구든지 나를 따라오려거든 자기를 부인하고 자기 십자가를 지고 나를 따를 것이니라." 그러므로 기독교는 무언가를 희생하라는 부르심이다. 그것은 자기 자신을 희생하라는 부르심이며, 부인하라는 부르심이다. 곧 십자가에 달리신 구주를 따르기 위해, 어느 정도는 자신 역시 십자가에 못 박히는 삶을 살라는 부르심이다. 나는 나의 제자도의 중심에, 그리고 바라기는 여러분의 제자도의 중심에도, 예수님을 따르기 위해 포기해야 했던 중요한 것들이 있음을 알고 있다. 왜냐하면 십자가에 달리신 구주를 따른다는 것은, 그분이 우리를 위해 자신을 희생하신 것처럼, 우리 역시 자신을 희생하는 것을 의미하기 때문이다.

그러나 나는 예수님이 다음 절에서 이어서 하신 말씀도 참으로 사랑한다. 마가복음 8장 35절에서 예수께서는 이렇게 말씀하셨다. "누구든지 자기 목숨을 구원하고자 하면 잃을 것이요 누구든지 나와 복음을 위하여 자기 목숨을 잃으면 구원하리라." 한편으로, 나는 지금 이 자리에서 동성애 관계에 들어가지 않음으로써 많은 것을 희생하고 있다. 그러나 하나님의 경륜 안에서 볼 때, 장기적으로 나는 아무것도 희생하는 것이 아니다. 그리고 나는 사람들이 예수께서 왜 우리를 위해 죽으셔야 했는지를 이해하도록 돕는 방향으로 성경을 가르쳐야 한다고 생각한다. 동시에, 왜 우리가 그분을 위해 모든 것을 희생할 준비가 되어 있어야 하는지도 이해하도록 도와야 한다. 이것이 성경을 진지하게 대하는 해석학을 뜻하며, 우리의 문화에 불편함을 주거나 예수님이 우리를 위해 치르신 희생에 응답하여 일정한 헌신을 요구하는 말씀을 회피하기 위해 해석학을 사용하는 것이 아님을 의미한다.

이한영　　　이에 덧붙여, 성서학자로서 학생들을 가르치다 보면, 성경 해석학을 이야기할 때마다 마치 지적인 유희에 빠져드는 것 같은 느낌을 받을 때가 많다. 그래서 우리는 작은 세부 사항까지 설명해야 한다는 의무감을 느끼고, 어떤 히브리어 단어 하나를 가지고 하루 종일 시간을 보내기도 한다. 그러나 복음과 관련해서 말하자면, 성경은 복음이 기쁜 소식이라고 가르친다. 그리고 소식이라는 것의 본질은 선포하는 데 있다. 설득하려 하거나, 무언가를 더하려 하는 것이 아니다. 나는 한국의 KBS 9시 뉴스 앵커가 남성이든 여성이든, 뉴스를 전하면서 시청자를 설득하려고 하는 모습을 본 적이 없다. 그들은 그저 뉴스를 전한다.

그런데 우리는 현대 사회 속에서, 복음이라는 기쁜 소식을 담대하게 선포하고 성령이 일하시도록 맡기는 데 대해 상당히 주저하고 위축되어 있는 것처럼 느껴진다. 물론 나는 성경 본문을 이해하기 위한 모든 문학적 장치들과 해석적 도구들의 중요성을 부정하는 것은 아니다. 그러나 우리는 너무 한쪽 극단으로 나아가, 마치 하나님의 보좌에 앉아 사람들을 변화시키려는 것처럼 행동하면서, 정작 그리스도를 소개하는 일을 놓치고 있는 것은 아닌지 생각하게 된다.

스티븐　이어서 말하자면, 어떤 이들은 복음주의 교회들이 사람들을 전도하는 데에는 비교적 잘해 왔다고 말할지 모른다. 우리는 대규모 부흥 집회나 선교 집회를 훌륭하게 진행해 왔다. 그러나 그 이후에 그들을 제자로 잘 양육해 오지는 못했다는 지적도 있다. 이것은 한국의 복음주의 교회만의 문제가 아니라, 전 세계적인 복음주의 운동의 문제일 수도 있다. 우리가 로잔 운동에서 씨름했던 질문 가운데 하나는, "성경은 무엇을 위한 것인가?"라는 질문이었다. 그리고 그 답은 성경이 제자 형성을 위한 것이라는 점이었다. 그렇다면 우리는 그것을 어떻게 잘 감당할 수 있는가? 이와 같은 모임으로서, 교회의 구성원으로서, 그리고 신학교의 구성원으로서 우리는 어떻게 바른 해석학을 통해 제자들을 형성할 수 있는가?

정승현　내가 앞서 말했듯이, 성경 해석학은 사람들이 고대 근동의 종교를 볼 수 있도록 하기보다는 복음을 바라보도록 돕는 역할을 해야 한다고 생각한다. 나는 복음이 모든 종류의 해석학을 이끄는 길잡이가 되어야 한다고 믿는다. 물론 모든 성서학자가 나의 의견에 동의하지는 않을 것이다. 그러나 우리는 단지 그 자체로 가치 있는 고대 문헌이기 때문에 구약이나 신약을 연구하는 것은 아니다. 그것은 복음과 연결되어 있으며, 그 안에는 우리 주 예수 그리스도의 이야기가 담겨 있다. 그것이 내가 오랜 세월, 그리고 평생에 걸쳐 성경을 연구하고 성경을 읽으며 해석학을 공부해 온 이유다. 만약 그러한 모든 노력이 복음과 크게 관련되지 않는다면, 그러한 작업은 과연 무엇을 위한 것인가? 그것은 종교에 관한 학문일 뿐이라고 생각한다. 그래서 나는 복음이 모든 해석학 위에서 길잡이 역할을 해야 한다고 말하고 싶다.

그리고 한 가지를 다시 한 번 강조하고 싶다. 성경 해석학은 우리와 같은 평범한 그리스도인들, 곧 일반 사람들을 돕도록 해야 한다. 이는 전체 기독교 공동체 가운데 극히 소수의 학자들만을 대상으로 한 논의에 머물러서는 안 된다. 나는 해석학이 평범한 그리스도인들을 실제로 돕는 도구가 되기를 진심으로 바란다.

에드　교회 목회자로서 내가 하고자 하는 바는, 나의 교회 공동체가 성경을 이해하는 데 있어 해석학의 역할과 학문적 연구의 역할을 이해하도록 돕는 것이다. 그래서 성도들이 탕자의 비유로 돌아갈 때, 그 비유의 원래 맥락 속에서 예수님이 가르치실 때 주된 관심의 초점이 무엇이었는지를 보기 바란다. 곧 탕자의 비유가 겨냥하고 있는 대상은 누가복음 15장 2절에 나오는 스스로 의롭다고 여기는 바리새인들이라는 점이다. 나는 성도들이 성경을 맥락 속에서 이해하기를 바란다. 또한 아버지가 아들을 맞이하러 달려가는 장면이 당시 문화에서 얼마나 큰 의미를 지니는지, 그 문화에서 아버지가 달려간다는 것이 어떤 의미였는지를 알기 바란다. 나는 성도들이 그 사실들을 알기 바란다. 그러나 무엇보다도, 내가 성도들이 그러한 것들을 알기 바라는 이유는 탕자의 비유가 예수님이 들려주신 하나의 이야기에 그치지 않고, 그들 자신의 삶 속에서 실제로 살아 있는 현실임을 깨닫게 되기를 바라기 때문이다. 나는 우리 교회의 성도들이 큰 일이든 작은 일이든 간에 삶에서 실패를 경험했을 때, 둘째 아들처럼 하나님께로 돌아오기만 하면 하나님이 그들을 향해 달려오시며, 그분의 품과 용서와 사랑을 경험하게 될 것이라는 사실을 알기 바란다. 그리고 나는 그들이 이것을 단지 아는 데 그치지 않고 실제로 느끼기를 바란다. 이것은 단순한 성경 본문이나 성경 이야기만이 아니라, 바로 그들의 삶의 이야기이기 때문이다.

그리고 나는 우리 교회 공동체 안에 있는, 상당히 자기 의를 앞세우는 바리새인들과 같은 사람들, 곧 나 자신과 매우 닮은 사람들 역시 이 말씀에 담긴 도전을 듣기 바란다. 왜냐하면 나 역시 매우 자기 의를 앞세우는 바리새인이기 때문이다. 나는 그들이 누가복음 15장 31절에 담긴 도전을 듣기 바란다. 내 생각엔, 이 전체 비유에서 가장 아름다운 부분인데, 그것은 아버지가 그의 의로운 큰아들에게 말하는 장면이다. "아버지가 이르되 얘 너는 항상 나와 함께 있으니 내 것이 다 네 것이로되." 나는 종종 삶을 망쳐 놓은 사람들을 내려다보는 태도를 보이기도 하고, 종종 자기 의에 빠지기도 한다. 그런 순간에 내가 하나님께로부터 반드시 들어야 할 말은 바로 이것이다. "얘 너는 항상 나와 함께 있으니 내 것이 다 네 것이로되."

그래서 나는 우리 교회 공동체가 성경에 대해 잘 아는 사람들이 되기를 바란다. 그러나 무엇보다도, 성경에 담긴 이야기들이 우리가 실제로 살아가고 있는 이야기임을 보기 바란다. 이 비유 속에서 하나님이 우리에게 하시는 말씀은 오늘날 우리에게도 동일하게 하시는 말씀이다. 우리는 이 이야기 속에서 살아가고 있다. 이것은 단순한 정보가 아니라, 관계다. 이것은 우리가 살아가는 이야기이며, 바로 그것이 오늘 우리의 삶의 패턴을 형성해야 한다.

다니엘　　그렇다. 여기에 덧붙이자면, 나는 불가리아에서 우리가 오랫동안 사역해 온 시골 교회를 떠올리며 이런 생각을 하게 된다. 우리는 성경이 단순한 정보가 되지 않기를 바란다. 왜냐하면 정보는 사람을 구원하지 않기 때문이다. 이것은 현실이다. 성경은 하나님의 말씀이며, 우리에게 요구하는 바가 있다. 그리고 나는 그들이 그 사실을 알기 바란다. 이 점에 대해서는 이미 앞서도 이야기한 바 있다.

그러나 나는 또한 이것이 우리에게 어떤 요구만을 하는 것이 아니라, 우리를 부른다는 점도 말하고 싶다. 그것은 우리를 사명으로 부른다. 그리고 그 두 가지 아름다운 사명은 이번 포럼의 주제 안에 이미 담겨 있다. 의도된 것인지는 확실하지 않지만, 하나는 지상 명령이며, 또 하나는 이웃을 사랑하는 것이다. 곧 온 세상으로 나아가 이 아름다운 소식을 전하는 것이고, 사랑하는 것이다. 내게는 두 딸이 있는데, 아직 어린아이들이다. 나는 아이들에게 이렇게 말한다. "사랑이라는 말은 모든 것을 의미하는 말이기도 하고, 동시에 아무것도 의미하지 않는 말이기도 하다." 그렇다면 사랑이란 무엇인가? 그것은 하나의 암호 같은 말이지만, 우리는 고린도전서에서 그 의미를 발견한다. 사랑은 오래 참음이고, 선함이며, 친절함이다. 그러므로 제자도를 이야기할 때, 나는 그들에게 인내해야 한다. 하나님이 나에게 인내하신 것처럼, 그들을 사랑하는 일에 인내해야 한다. 나는 그들과 함께 걷고, 또 함께 걷고, 계속 함께 걸어야 한다. 그리고 나는 성경을 통해 하나님이 자신의 백성에게 얼마나 오래 참아 오셨는지를 그들이 보기 바란다. 또한 그들이 그리스도께로 인도한 사람들, 혹은 가족들을 대할 때에도 같은 인내를 품기 바란다.

그래서 성경은 우리에게 책무와 헌신을 요구하지만, 동시에 이 아름다운 복음을 전하며 참된 사랑을 살아 내도록 우리를 부른다는 사실도 그들이 인식하기를 바란다.

스티븐 이제 질문 하나를 더 던지고자 하는데, 이는 앞선 논의보다 조금 더 나아가는 질문일지도 모른다. 사실 이 질문은 라이트가 그의 영상 발표에서 언급했던 것이기도 하다. 어떤 의미에서 이한영 역시 첫 번째 발언에서 성경으로부터 모든 시대와 모든 사람에게 보편적으로 적용되는 영원한 진리를 어떻게 도출할 것인가라는 점을 언급했다. 그리고 그와 관련하여, "인간의 섹슈얼리티가 모든 문화와 모든 시대에 보편적으로 적용되는 영원한 진리인가?"라는 질문이 제기된다. 한편, 그 반대편에서 해석학과 관련하여, 내가 보기에 복음주의자들이 상대적으로 취약한 부분이 있다. 그것은 우리가 (적어도 인식하기로는) 오랜 전통을 가지고 있지 않다는 점이다. 물론 이것은 당신이 누구냐에 따라, 다시 말해 당신이 어떤 교단에 속해 있느냐에 따라 달라질 수 있지만 말이다.

그러나 교회 역사 전반에 걸쳐, 그리스도인들은 성경을 해석하며 결혼이 한 남자와 한 여자 사이의 것이라고 이해하고 믿어 왔다는 이 생각은 어떠한가? 이것이 바뀔 수 있는가? 전혀 다른 방향으로 나타날 수 있는가? 우리는 일부다처제를 언급한 바도 있다. 또 하나의 예는 물론 교회 안에서 여성의 역할이다. 이에 대해서는 복음주의자들 역시 이제 훨씬 더 개방적인 입장을 취하게 되었다. 그러나 많은 이들은 이렇게 말할 것이다. "우리가 그 문제에 대해서는 생각을 바꿀 수 있었다면, 왜 결혼에 대해서는 생각을 바꿀 수 없다는 말인가?"

이한영　　나는 이것이 기호학과 관련된 문제라고 생각한다. 곧 기표(signifier)와 기의(signified) 사이의 상호 작용에 관한 문제다. 예를 들어, 고대 문화에 대한 고려 없이 성경을 문자적으로만 읽는 데에는 위험이 있다. 하나의 제스처, 곧 하나의 기표의 예를 보자. OK 사인은 미국에서는 괜찮다는 의미다. 그러나 브라질에 가서 이 손짓을 하면, 그것이 무엇을 의미하는지는 잘 알려져 있다. 매우 외설적이고 부정적인 의미를 지닌다. 튀르키예에서도 마찬가지다. 또한 같은 상징이라도 손을 돌려 어떤 집단에서 사용하면, 그것은 '흰색', 곧 괜찮다는 의미가 된다. 그리고 대한민국의 시장에서는 이것이 돈을 의미할 수도 있다.

사실 우리는 본문 속에 담긴 상징들을 읽고 있는 것이다. 그렇다면 우리는 역사적 우연성, 곧 문화적 요소들을 어떻게 걸러 내어, 그것이 오늘날 우리에게 여전히 유효하고 의미 있는지 판단할 수 있는가? 나는 이것이 바로 핵심 문제라고 생각한다. 바로 이러한 이유 때문에, 결혼과 동성 결혼을 비롯한 여러 주제들에 대해 성경을 해석할 때, 보다 균형 잡히고 다차원적이며 다학제적인 접근이 필요하다고 생각한다. 그리고 우리는 최소한 세 가지 접근이 필요하다는 점을 모두 알고 있다. 첫째, 분명히 어떤 형태로든 역사적 접근이 필요하다. 곧 그 본문을 형성한 문화적 요인은 무엇이었는지, 당시의 상황과 그 배경에 놓인 동기들은 무엇이었는지를 살펴보아야 한다. 그러나 역사적 접근만으로는 충분하지 않다. 둘째, 문자적 접근, 곧 본문 자체의 장르, 그리고 구조적 맥락을 고려하는 접근이 필요하다. 또한 셋째로 그리스도인이자 복음주의자로서, 정경적 접근 역시 필요하다. 즉 신약과 구약 전체의 정경 안에서 동일한 본문을 어떻게 해석할 것인가라는 질문이다. 나는 이것을 성경에 대한 다차원적 접근, 혹은 통합적 접근이라고 부르고 싶다. 이를 통해 우리는 문화적으로 형성되었거나 역사적 조건 속에서 나타난 개념들을 보다 의미 있고 시대를 초월한 진리로 읽어 낼 수 있다.

또한 나는 성경, 특히 구약성경 안에서 문화적으로 규정된 규범들, 예를 들어 일부다처제나 노예제와 같은 것과 창조 질서에 속하는 것, 곧 타락 이전에 규정된 규범을 분별하고 구분할 필요가 있다고 생각한다. 이러한 구분은 오늘날의 콘텍스트 속에서 성경의 규범들이 지니는 적실성을 더 잘 이해하는 데 도움을 줄 것이다.

에드　이 자리에 있는 사람들마다 교회 리더십에서 여성들이 맡을 수 있는 역할에 대해 서로 다른 견해를 가지고 있을 것이라고 생각한다. 그러나 그와 관련하여 가장 설득력 있게 제시되는 성경의 논증은 사람들이 성경으로 다시 돌아가 신약성경에서 여성들이 교회 리더십에 실제로 참여하고 있었던 것으로 보인다고 말하는 데서 나온다. 그것이 변화에 대한 가장 설득력 있는 성경의 근거라고 많은 사람들이 주장해 왔다. 곧 성경으로 돌아가 보면, 여성들이 교회 리더십에 관여하고 있는 모습이 보인다는 것이다. 여러 사람들은 로마서와 같은 본문으로 돌아가, 바울과 함께 사역에 참여했던 이들을 살펴보라고 말한다. 또한 신약성경의 여러 본문들을 살펴보라고 주장한다. 바로 이러한 방식으로, 많은 이들이 교회 리더십에 여성들이 더 적극적으로 참여해야 한다는 주장을 전개해 왔다. 다시 말해, 성경으로 돌아가는 것이다.

그러나 우리는 성경으로 돌아가서 "자, 신약으로 가 보자. 사도 바울이나 초대 교회의 어느 누군가가 동성의 성관계를 축복하거나 승인한 사례가 있는지 보자"라고 말할 수는 없다. 그런 것은 할 수 없다. 왜냐하면 그것이 성경 안에 존재하지 않기 때문이다. 나에게 있어 이것이 핵심적인 지점이다. 여성의 리더십 문제에 대해서는 성경으로 돌아가 논증을 제시할 수 있다. 그 논증이 우리 모두를 설득하지는 못할지라도, 적어도 논증을 제시하는 것은 가능하다. 그러나 신약성경으로 돌아가 예수 님의 가르침이나 사도 바울, 혹은 다른 사도들의 가르침 속에서 동성의 성관계나 동성 결혼을 받아들이는 모습을 찾아볼 수는 없다. 그것은 성 경에 없다. 그것에 대한 근거는 존재하지 않는다. 그래서 나에게는 바로 그 점이 결정적인 차이로 보인다. 그것이 개인적으로 매우 고통스럽게 들릴지라도, 그것이 핵심적인 차이라고 생각한다.

스티븐 정말 인상적이었다. 다른 모든 분도 만족한 것 같다. 이제 약속 한 대로 청중에게 질문의 시간을 주고자 한다. 우리 가운데 누구에게든, 혹은 우리 모두에게든, 꼭 묻고 싶은 질문이 있는 분이 있다면 질문해 주기 바란다. 우리는 여러분의 질문에 최선을 다해 답해 보고자 한다.

포럼 참가자1 정말 감사드린다. 매우 풍성한 시간이었고, 우리는 많은 것 을 배우고 있다. 사람들은 성경의 특정 의미가 무엇인지 배우기 위해 특 정 권위자들, 이를테면 이 경우에는 크리스와 그의 반대편에 있는 인물 (모벌리)에게 가야만 했다. 이렇게 성경을 이해하는 일, 곧 해석학의 역할 이 특정 권위자들에게 완전히 외주화되어 버린 것이다. 그리고 사실 지 금 이 자리에서도 비슷한 일이 일어나고 있다. 우리는 이러한 질문들을 가지고 여러분에게 온다. 그러나 성경, 신명기에서 모세는 하나님의 말 씀을 이스라엘 백성에게 전하면서, 특정한 사람들만이 아니라 모든 가 정이 매일 자녀들에게 하나님의 율법을 가르쳐야 한다고 말한다. 일어 날 때나, 누울 때나, 집에 들어오고 나갈 때나, 길을 걸을 때나 가르치라 는 것이다. 그러므로 이것은 수준을 낮춰 단순하고 소화하기 쉬운, 입맛 에 맞는 복음을 만드는 문제가 아니라, 오히려 기준을 높여서 모두가 이 해하도록 하는 문제다. 그래서 열두 살 된 아이가 성경을 이해한다면,

바로 그 아이가 여러분과 함께 서서 매우 치열한 토론을 주고받을 수 있어야 한다는 것이다. 나는 그것이 바로 모세가 말하고자 했던 바라고 이해한다. 물론 그것을 실제로 구현하는 것은 현실적으로 거의 불가능하거나 비현실적이라는 점도 알고 있다. 앞서 언급한 것처럼 '토에바'와 같은 단어들을 이해하려면, 우리 모두가 아람어와 고대 그리스어, 히브리어를 배워야 할 것이기 때문이다. 그것은 불가능하다. 그러나 그렇다고 해서, 여러분이 말한 것처럼 우리와 같은 평범한 그리스도인들이 성경 이해를 성서학자들에게 전적으로 맡겨 버려야 한다는 뜻은 아니다. 만약 그렇게 된다면, 앞서 누군가 말했듯이, 그것은 결국 종교에 불과해질 것이다. 그렇다면 우리는 어떻게 그 기준을 실제로 끌어올릴 수 있는가? 사실 그것이 끌어올려지고 있다고 말하는 것조차 나에게는 어색하다. 왜냐하면 실제로 그것은 끌어올려진 것이 아니기 때문이다. 그것은 이미 모세의 입을 통해 하나님의 뜻이 계시될 때, 선택된 백성에게 주어진 기본적인 전제였다. 그리고 이제 우리는 그들에게 접붙임을 받아, 영적 예루살렘으로서 그들과 하나가 되었다.

스티븐　이에 대해 어느 분이 답변해 주겠는가?

에드　지금 내가 우리 교회 공동체 안에서 하고자 하는 일 가운데 하나는 성도들, 특히 부모들이 자녀들과 함께 성경을 다루는 기본적인 능력을 가르치도록 격려하는 것이다. 곧 아주 기초적인 성경 해석의 기술이다. 예를 들면, 본문을 어떻게 읽는가, 맥락의 중요성과 같은 것들이다. 나는 성경 구절을 맥락에서 떼어 내어 사용하는 일은 지양하게 하고 싶다. 또한 단어들에 주의를 기울이도록 권하고 싶다. 나는 우리가 삶의 많은 다른 영역에서 이미 사용하고 있는 매우 기본적인 기술을 성경을 읽을 때에도 자신 있게 사용하도록 가르치고 싶다. 예를 들어, 우리는 삶의 여러 영역에서 어떤 책을 제대로 이해하려면 그 책을 처음부터 끝까지 읽어야 한다는 것을 알고 있다. 또한 사람들이 책을 쓸 때에는 대개 그 책을 쓰는 목적과 이유가 있다는 것도 알고 있다. 이러한 기본적인 이해를 성경을 읽는 데에도 적용하도록 돕고 싶다.

그래서 나는 성도들이 요한복음을 읽을 때 (현재 우리 교회는 요한복음을 함께 살펴보고 있다) 요한이 왜 이 복음서를 기록했는지 이해하기를 바란다. 그 목적이 무엇인지, 그리고 그 목적이 우리가 본문의 내용을 이해하는 데 어떻게 도움을 주는지 알기를 바란다. 나는 우리 교회 공동체에 이러한 능력을 길러 주고 싶다. 그것은 우리가 다른 삶의 영역에서도 이미 사용하고 있는 매우 단순한 기술이며, 성도들이 그러한 기술을 사용해 스스로 성경을 이해할 수 있다는 자신감을 갖도록 돕고 싶다. 그리고 내가 설교할 때에는, 이 본문을 바르게 이해하는 데 사용했던 도구 가운데 하나를 때때로 나누고자 한다. 그렇게 함으로써, 점차 나의 역할이 필요하지 않도록 준비시키고자 한다. 몇 년이 지나면, 그들이 나를 대신해 스스로 그 일을 해 나갈 수 있도록 말이다.

그리고 나는 목회 사역에 참여하는 우리 모두가 반드시 해야 할 핵심적인 일 가운데 하나가, 우리 교회 공동체가 모세가 권면했던 바를 실천할 수 있는 사람들이 되도록 격려하는 것이라고 생각한다. 곧 그들이 스스로 하나님이 말씀하시는 것을 듣고, 하나님의 말씀에 대해 스스로 말하는 사람들이 되도록 하는 것이다. 특히 소그룹이나 가정 공동체 안에서 그렇게 하도록 말이다. 나는 우리가 하나님의 말씀을 이해하는 데 필요한 가장 기본적인 해석학 도구 몇 가지만 아주 단순하게 가르치기 시작함으로써, 그 일을 충분히 해 낼 수 있다고 생각한다.

그리고 아마도 우리가 가장 도움이 되게 할 수 있는 일 가운데 하나는,

실제로 해석학이라는 단어 사용을 멈추는 것일지도 모른다. 그 단어는 많은 사람들에게 '아, 이것은 내가 전혀 알지 못하는 하나의 학문 분야구 나'라는 느낌을 주기 때문이다. 나는 이 패널의 명칭을 비판하려는 것은 아니다. 그러나 때때로 우리는 사람들을 위축시키는 거창한 용어를 사용하는 경우가 있는 것 같다. 사실 이것은 성경을 이해하고, 스스로 예수님을 만나도록 돕는 아주 기본적인 읽기 능력에 관한 문제다.

다니엘 한마디 덧붙여도 되겠는가? 정말 좋은 발언이다. 나는 본래 직업이 초등학교 교사였다. 그것이 나의 첫 번째 직업이었다. 그리고 내 여동생도 교사다. 우리는 약 3년 전쯤 이런 이야기를 나눈 적이 있다. 교실에서는 학생들에게 (나는 열 살 아이들을 가르쳤다) 치열하게 사고하고, 설득하며, 종합할 수 있기를 기대한다는 점이다. 그런데 어느 순간 주일학교를 보니, 또다시 요나 이야기를 다루는 것이었다. 같은 이야기, 같은 이야기, 같은 이야기였다. 게다가 그 이야기는 아이들에게 무엇을 해야 하는지를 말해 주는 방식이었다. 나와 내 여동생이 이 문제를 놓고 생각해 보면서, 아이들은 이미 무엇을 해야 하는지는 알고 있다는 결론에 이르렀다. 그렇다면 우리는 네 살 아이, 열 살 아이, 열여섯 살 아이가 각자의 수준에서 하나님의 말씀의 아름다움과 풍성함, 그리고 그 깊이와 엄밀함 속에 충분히 잠길 수 있도록 무엇을 하고 있는가?

그래서 나와 내 여동생은 지난 4년 동안 바로 이러한 목표를 지향하는 대규모 주일학교 교육 과정을 개발해 왔다. 그것은 아이들을 생각할 수 없는 존재로 여기거나, 재미있는 이야기만 소화할 수 있고, 반드시 즐겁게 해 주어야 하는 대상으로 대하지 않기 위함이다. 그 아이들은 예수님을 사랑하고, 그분을 알고 싶어 하며, 성경을 더 깊이 탐구하고자 한다. 그리고 실제로 그렇게 할 수 있는 능력이 있다. 그래서 이 교육 과정 안에서 우리는 바로 그러한 시도를 하고 있다. 나는 여러분에게 이 교재를 찾아서 구매하라고 권하고 싶은 것이 아니다. 오히려 각자의 교회로 돌아가 리더십 팀과 함께 이런 질문을 던져 보기를 권한다. "우리 교회의 주일학교 교육 과정과 교사들에게 우리는 무엇을 기대하고 있는가?" 우리는 목회자에게 무엇을 기대하는지는 잘 알고 있다. 곧 설교다. 그렇다면 우리 자신과 우리 아이들을 위해서는 무엇을 기대하고 있는가? 만약 우리가 이런 방식으로 생각하기 시작한다면, 전반적인 수준을 조금이나마 높일 수 있을 것이라고 생각한다.

포럼 참가자 1　　우리는 성경을 가르치는 것과 성경을 어떻게 올바르게 읽는가에 대해 이야기해 왔다. 다시 말해, 에드가 말했듯이 성경을 읽는 기본적인 기술에 관한 것이다. 그것은 모두 해석학과 관련된 문제다. 그런데 나는 성경 해석학에는 또 하나의 차원이 있다고 생각한다. 성경을 가르치는 것과 성경을 어떻게 해석해야 하는지를 실제로 보여 주는 것은 서로 다른 차원의 문제라고 생각한다. 그러므로 우리는 가르치는 내용과 동시에, 성경을 올바르게 읽는 방식을 실제로 보여 주고, 어떤 의미에서는 그것을 삶으로 살아 내는 것 사이에 좋은 조화를 이루어야 한다. 그러한 맥락에서 볼 때, 나는 이 자리에서 다루고 있는 이 전체 주제, 곧 인간의 섹슈얼리티 이면에 놓인 쟁점은 사실상 포용과 배제의 문제라고 생각한다. "모든 사람을 포용할 것인가? 얼마나 많은 사람들을 배제해야 하는가? 어떤 근거로, 또 어느 정도까지 배제할 것인가?"라는 문제다. 나는 이 포용과 배제의 문제가 성경 전체에서 매우 핵심적인 쟁점이며, 성경 전반을 관통하는 매우 중요한 주제라고 생각한다.

이 점에서 나는 복음의 중요성, 그리고 그리스도의 사랑을 다시 생각하게 된다. 이는 이성민이 강조했던 부분이기도 하다. 예수님은 모든 사람을 포용하신다. 그러나 동시에 예수님은 죄의 행위 자체는 배제하신다. 그러므로 예수님의 복음과 성경 안에는 포용과 배제가 공존한다. 나는 이 두 요소가 매우 중요하다고 생각한다. 겉으로 모순처럼 보일 수 있지만, 실제로는 성경 자체 안에서 충분히 통합되어 이해될 수 있는 것이다. 그리고 여성으로서, 또한 여성 신학자이자 역사학자로서 나는 늘 이런 질문을 하게 된다. "우리는 과연 포용적인 공동체인가? 우리는 그리스도인으로서, 기독교 교회로서, 특히 복음주의 기독교와 그 교회는 과연 그러한가?" 하는 질문이다. 솔직히 말해, 이 자리에 있는 다른 여성들은 어떻게 느끼는지 모르겠지만, 여성으로서 나는 많은 경우 매우 배제되어 있다고 느낀다.

오늘만 해도 그렇다. 성경 해석학에 대해 이야기하는 자리에 단정한 남성, 신사, 대체로 나이가 조금 있는 분들이 앉아 있다. 아시아인은 괜찮고, 꼭 백인일 필요는 없다. 그러나 그 자리에 올라가 성경과 성경의 권위에 대해 말하려면, 남성이어야 하는 것처럼 보인다. 나는 이것이 의도된 것이 아니라고 생각한다. 이런 분위기를 만들려고 한 것도 아니라고 생각한다. 나는 여러분을 믿는다. …

그래서 내가 말하고자 하는 것은 하나의 예시다. 이것은 여성이 포용되기 위해 매우 중요하다. 그리고 나는 이것이 여성만의 문제가 아니라, 다른 여러 집단의 사람들에게도 확장되는 문제라고 생각한다. 또한 이성민은 오늘날 학교에 있는 여학생들, 특히 고등학교 여학생들에 대해 언급했다. 그런데 왜 여학생들인가? 솔직히 말해, 나는 그 이유를 잘 알지 못한다. 통계도 정확히 알고 있지는 않다.

내가 딸에게서, 그리고 아들에게서도 듣는 이야기는 이렇다. 동성에 끌림을 느끼는 여성들이 점점 더 늘어나고 있는데, 여성들 스스로가 배제되고 있다고 느끼고 있다는 것이다. 그러므로 우리는, 특히 복음주의 교회는 이 문제를 더 진지하게 고려할 필요가 있다. 가르침은 하나의 문제이지만, 다시 말하지만 실제로 보여 주는 것이 중요하다. 그래서 아주 작은 부분에서부터라도, 우리는 포용하려는 노력을 해야 한다. 물론 배제의 문제도 존재한다. 그러나 공동체 안에 들어오기를 원하는 이들이 있다면, 그들은 정당하게 포용되고, 정당하게 대표될 수 있어야 한다고 생각한다.

나는 이 문제에 대해 한국 로잔과 다른 자리에서도 이야기한 적이 있다. 그때 내가 들은 반응은 이러했다. "대표성을 원한다면, 우리 스스로 대표를 세워야 하지 않겠는가?" 그런데 내가 경험한 바로는, 남성들과 이 문제를 소통하는 것이 쉽지 않다. 우리가 실제로 무엇을 느끼는지를 전달하는 일이 어렵다는 것이다. 그래서 나는 잘 모르겠다. 이에 대해 답변을 해 줄 필요는 없다. 다만 내가 덧붙이고 싶었던 이야기다. 감사하다.

포럼 참가자 2　나는 한 가지 질문이 있다. 사실 나는 김정환의 GMC 사례와 에드의 성공회 사례를 들으면서 다소 놀랐고 충격을 받았다. 교회의 헌법이 결혼을 한 남자와 한 여자의 결합으로 규정하고 있음에도 불구하고, 진보적인 그룹은 그 규정을 무시한 채 자신들의 길을 그대로 진행했기 때문이다. 이러한 점에서 볼 때, 신학적 논의, 곧 정직한 신학적 논의는 아무런 결실을 맺지 못한 것처럼 보인다.

그렇다면 이제 나의 질문은 이것이다. 하나는 "성경을 공부하는 것이 어떤 역할을 하며 어떤 유익을 가지는가?"라는 질문이다. 나는 성경을 어떻게 읽고 공부하는가가 중요하다고 말하고 싶다. 그러나 동시에, 어쩌면 그보다 더 중요한 것은 적어도 복음주의자들에게 있어, 성경이 무엇을 말하든 그 권위 앞에 자신을 기꺼이 복종시키려는 태도일 것이다. 성경의 권위를 믿지 않는 사람들이 있다면, 그것은 그들의 입장일 것이다.

그러나 복음주의자라면, 성경이 처음부터 끝까지 하나님의 말씀이라고 고백하는 만큼, 성경을 대하는 우리의 태도를 점검할 필요가 있다고 생각한다. 곧 "나는 성경과 그 말씀이 말하는 바 앞에 무릎을 꿇을 것인가?"라는 질문이다. 그래서 두 번째는 질문이라기보다는 코멘트에 가깝지만, 여전히 질문이기도 하다. 그러므로 나의 질문은 두 개인 셈이다.

에드　내가 말하고자 하는 바는, 적어도 영국 성공회 내부의 일부 영역에서는, 오랫동안 성경 공부가 충분히 진지하게 다뤄지지 않아 왔다는 점이다. 예를 들어, 우리의 최고 의사 결정 기구인 영국 성공회 총회에서 어떤 사안에 대한 논의가 이루어질 때, 성경은 거의 논의의 대상이 되지 않거나 실제 논의에서 작동하지 않는 경우가 많다. 그리고 설령 성경이 언급되더라도, 곧잘 무시되거나 배제된다. 그때 흔히 나오는 말은, "성경은 사람이 마음먹기에 따라 무엇이든 의미하게 만들 수 있다"는 것이다. 그리고 바로 그 한마디로 인해, 성경 자체가 논의에서 배제되는 결과가 발생한다.

그러나 그와 동시에, 사람들이 믿는 바를 말로 고백하는 것과 실제로 그들이 행하는 것 사이에 점점 더 큰 간극이 허용되어 온 현실도 오랜 시간에 걸쳐 존재해 왔다. 그리고 아마도 이것이야말로 우리 모두 개인적으로 새겨야 할 교훈일 것이다. 우리는 누구나 자신이 믿는 바를 말하는 것과 실제 삶에서 행하는 것 사이에 간극이 존재한다는 사실을 알고 있다. 그러나 우리는 그 간극이 어느 순간 지나치게 커지지 않도록 스스로를 점검해야 한다. 이 점은 우리 자신의 삶에만 해당되는 문제가 아니다. 지역 교회 차원에서도 동일한 점검이 필요하다. "우리는 과연 지역 교회라는 콘텍스트 안에서 신앙 고백서가 말하는 바를 실제로 따르고, 믿고, 그에 따라 행동하고 있는가?"라는 질문을 던져야 한다. 더 나아가 교단의 맥락에서는, 우리의 기초 문서들, 곧 신앙 고백과 신념의 진술들이 모든 상황 속에서 우리가 무엇을 생각하고, 무엇을 말하며, 어떻게 행동할지를 실제로 이끌고 있는가를 점검해야 한다.

그리고 나는 이것을 어떻게 해야 하는지에 대해 보편적인 답을 알고 있다고 말할 수는 없다. 그러나 우리 지역 교회에서 이를 실천하는 한 가지 방식은 다음과 같다. 매년 나는 교리 진술서와 교회의 에토스(ethos) 진술이 담긴 문서 한 장을 받는다. 그 문서에는 우리가 무엇을 믿는지, 그리고 그 믿음에 따라 어떻게 살아가고 행동해야 하는지가 담겨 있으며, 나는 그 문서에 서명을 해야 한다. 물론 이것이 내 교회가 언제나 정통성을 유지할 것이라거나, 나의 행동이 항상 올바를 것이라는 보장은 아니다. 그러나 이는 내 사역이 이루어져야 할 경계와 범위를 상기시켜 주는 매우 유익한 장치다. 나는 많은 지역 교회들에서, 기초 문서들이 서랍 속이나 벽장에 묻혀 있는 상태로 남아 있지 않도록 우리가 할 수 있는 모든 방법을 찾아야 한다고 생각한다. 이러한 문서들은 누가 사역에 참여할 수 있는지를 판단하는 기준으로 사용되어야 하며, 사역을 평가하는 기준으로도 활용되어야 한다. 또한 목회자들과 지도자들은 우리가 5년이나 6년 전, 혹은 안수를 받을 당시에 고백했던 신앙과 그때 약속했던 삶의 방식이 오늘날에도 여전히 실제로 지켜지고 있는지를 정기적으로 다시 확인하도록 해야 한다. 만약 이러한 점검이 실제로 이루어졌다면, 영국 성공회는 지금까지 겪어 온 많은 문제들을 상당 부분 피할 수 있었을 것이라고 나는 생각한다.

스티븐   첫 번째 질문은 성경 공부에 관한 것이었다.

다니엘   첫 번째 질문에 대해 한 가지 의견을 덧붙이고 싶다. 우선 나는 호주 퍼스(Perth)에 있는 훌륭한 신학교에서 신학 학위를 처음 받았다. 그리고 여러 해가 지난 뒤, 애버딘 대학교(Aberdeen University)에서 박사 과정을 밟았고, 그 과정에서 젠더 이론을 연구했다. 그 당시, 내가 그 주제를 공부하는 과정에서 신앙을 잃지 않도록 나를 위해 기도해 주는 사람들이 있었다. 지금 와서 생각해 보면 이것이 흥미로운데, 사람들이 이러한 이론들이 지닌 위험성을 실제로 느끼고 있기 때문이다. 그 점은 이해할 수 있다.

그러나 매우 인상적이었던 사실은, 그곳에 있으면서 내가 받은 신학 교육에 대해 깊은 감사를 느꼈다는 점이다. 나는 이 분야에 들어가기에 충분히 준비되어 있었다. 젠더 이론이나 주디스 버틀러(Judith Butler)의 저작을 많이 읽어 보았는지는 모르겠지만, 그것은 어렵고 복잡하며, 큰 혼란과 부정적인 영향을 낳아 온 분야다. 그럼에도 불구하고 나는 확고한 신학적 기초 위에 서서, 4-5년에 걸쳐 이 주제를 집중적으로 다룰 수 있었다.

이 점에 대해 나는 매우 감사하게 생각한다. 왜냐하면 나의 연구가 이후 다른 복음주의 보수적인 신학자들이 젠더 이론을 다루는 데 하나의 토대를 제공했기 때문이다. 현재는 나와 같은 분야에서 활동하는 사람들의 집단이 형성되어 함께 대화하고 있으며, 전 세계 여러 대학에서 새로운 연구자들이 이 분야로 들어올 때 서로 연락을 취하고 지지하는 관계가 형성되어 있다. 이러한 이유에서, 성경 연구, 특히 훌륭한 신학교에서 이루어지는 엄격한 성경 연구는 분명한 가치가 있다. 이것이 첫 번째 사례인데, 이 부분을 특히 강조하고 싶다.

두 번째 사례는 내가 살고 있는 도시, 퍼스의 이야기다. 30년이나 40년 전으로 거슬러 올라가 보면, 교회는 있었지만, 전반적으로 체계가 느슨했다. 그중 많은 교회가 자유주의적 성향을 띠고 있었다. 그런데 시드니에서, 정확히 말하면 시드니 성공회를 중심으로, 기독연합운동(Christian Union movement)에 상당한 노력을 기울였고, 그들은 자신들의 사람들을 호주의 거의 모든 도시로 파송했고, 그 과정에서 퍼스로도 오게 되었다. 그 결과, 그들은 교단을 초월해 여러 교회들을 새롭게 세우고 활력을 불어넣는 역할을 하게 되었다. 이 운동의 기초에는 무어 신학교(Moore Theological College)를 거친 젊은 남녀들이 있었다. 이들은 사역을 곧 선교로 이해했고, 대학 캠퍼스로 나아가 사역했다. 그들 사역의 중심에는 복음 전도, 소그룹 성경 공부, 그리고 일대일 성경 공부가 자리하고 있었다. 그로부터 30년이 지난 지금, 이와 같이 대학교의 기독 학생 그룹에서 훈련받은 졸업생들이 연이어 대거 배출되는 흐름이 형성되었다.

성경은 하나님의 능력이다. 하나님은 교회를 통해 성경으로 우리를 세우시고, 격려하시며, 훈련하신다. 나는 성경이 내 삶과 다른 많은 사람들의 삶 속에서 놀라운 일을 이루는 것을 직접 보아 왔다. 그러므로 우리는 성경을 계속해서 연구해야 할 귀한 것으로 바라보아야 하며, 부지런히 공부하고, 사람들이 성경으로 나아가도록 격려하는 데 힘써야 한다. 또한 우리는 성경을 대할 때 그에 걸맞은 깊이와 성실함이 요구된다는 인식을 가져야 한다. 물론 이러한 일에는 시간과 재정이 필요하다. 그러나 바로 이러한 영역이야말로 우리가 우선적으로 강조하고 투자해야 할 부분이다.

스티븐　당신의 두 번째 질문, 곧 성경의 권위에 복종하는 문제에 대해 답하자면, 이것이 내가 말하고 싶은 차이다. 복음주의자들에게 성경에 대한 헌신이란, 단지 성경의 성격과 권위를 인정하는 데서 끝나는 것이 아니라, 그 권위에 자신을 맡기고 순복하는 것을 포함한다. 여러 면에서 보았을 때, 이것은 앞서 언급된 신앙을 삶으로 드러내는 문제와 포용에 대한 논의가 궁극적으로 지향하고 있는 바와 맞닿아 있다. 곧 우리가 가진 해석학적 신앙을 실제 삶 속에서 살아 내고 구현해야 한다는 점이다. 따라서 성경을 바르게 해석하고 읽는 것만으로는 충분하지 않으며, 그 해석에 따라 삶을 바르게 살아 내는 것 또한 필요하다. 그런 점에서, 당신이 제기한 지적은 매우 중요한 포인트다.

포럼 참가자 2　　나는 방금 언급된 그 이전의 발언을 다시 한 번 짚고 싶다. '이 문제에 대해 조금만 더 시간을 들여 생각해 볼 수 있지 않을까?'라는 생각이 든다. 그것은 포용성(inclusivity)이라는 개념과 과연 무엇이 포용되고, 무엇이 배제되는가 하는 문제다. 우리가 이처럼 다루기 까다로운 주제를 논의하고 있는 만큼, 이 부분에 대해 몇 가지 성찰을 더 듣고 싶다. 다만, 이것이 처음 제기되는 문제는 아니다. 우리는 늘, 거의 상시적으로 무엇을 포용할 것인가, 무엇을 포용하지 않을 것인가, 그리고 그러한 판단 속에서 어떻게 앞으로 나아갈 것인가라는 질문과 마주해 왔다. 그러니 가능하다면, 이 주제에 대해 몇 분의 의견을 더 들어 보면 좋겠다.

이성민　　나는 4년 전 현재 교회의 담임목사로 청빙되었다. 내가 청빙된 데에는 여러 이유가 있었지만, 중요한 이유 가운데 하나는 내가 서울역에서 노숙인들, 가난한 사람들, 그리고 북한에서 온 탈북민들을 섬기는 사역을 오랫동안 해 왔기 때문이다. 담임 목회 4년 차를 맞이한 올해, 우리는 두 개의 새로운 교회를 개척했다. 하나는 서울역 노숙인들을 위한 교회이며, 다른 하나는 탈북민들을 위한 교회다.

나는 복음에 매우 집중해 왔다. 한국 교회에는 일요일부터 토요일까지 매일 새벽 예배가 있다. 나는 그 가운데 월요일, 화요일, 목요일, 금요일, 이렇게 주 4일 설교를 맡고 있다. 오늘 목요일 아침(포럼이 진행되는 동안)에도 설교를 했고, 내일 아침에도 다시 설교하러 갈 예정이다. 설교 본문은 구약에서 신약에 이르기까지 다루고 있으며, 현재는 열왕기를 강해하고 있다. 나는 각 장마다 예수 그리스도를 전한다. 물론 나는 성경을 철저히 연구하고 본문 주해를 충분히 한다. 대략 15분은 주해에, 15분은 복음 선포에 할애한다.

그러나 나는 많은 복음주의 교회들을 보면서, 그들이 복음을 전하려고는 하지만, 그것이 순전한 복음이 아니라 교리적 진술에 머무는 경우를 자주 보아 왔다. 예를 들어, 예수 그리스도를 믿는 당신은 복음에 비추어 어떤 삶을 살고 있는가에 대해서는 충분히 말하지 않는 경우다. 나는 수많은 가난한 사람들, 노인들을 사역 현장에서 직접 만나 왔고, 그러한 경험 속에서 복음 자체에 더욱 무게를 두고 설교해 오게 되었다. 바로 그 점 때문에, 우리 지역의 사람들이 내 설교에 귀를 기울이고 있다고 생각한다.

내가 섬기는 교회는 다소 특별하다. 주일 아침 예배에 약 400명의 성인이 참석하는데, 그 가운데 50명 이상이 의사이며, 그 밖에도 한국 사회에서 고등 교육을 받은 전문직 종사자들이 다수 포함되어 있다. 이들은 모두 내 설교를 듣는 청중이며, 각자 전문성을 지닌 영역을 가지고 있다. 그렇기 때문에 내가 교육에 대해 설교하면, 교육을 전공한 이들 앞에서는 오히려 틀릴 수 있다. 경제에 대해 말해도, 그 분야의 전문가가 반드시 있다. 바로 그런 이유로 나는 오직 예수 그리스도만을 전한다.

그리고 성경 본문에 관한 질문이 하나 있다. 이 부분에 대해서 나 자신도 여전히 고민하고 있다. 나의 질문은 이것이다. "성경이 더 중요한가, 아니면 복음이 더 중요한가?"라는 문제다. 나는 과거에 학교에서는 성경 그 자체가 복음보다 더 중요하다고 생각했다. 그러나 지금 지역 교회에서 복음에 관해 설교하면서, 점점 더 예수 그리스도의 복음이 개별 성경 본문보다 더 중요하다는 사실을 깨닫게 되었다. 왜냐하면 성경이 기록되기 이전에 이미 예수 그리스도가 계셨기 때문이다. "태초에 말씀이 계셨다"는 선언이 이를 말해 준다. 그래서 나는 이제 성경을 해석하는 데 있어 한층 자유로워졌다. 나는 성경을 통해 예수 그리스도에 대해 더 깊이 이해하려고 노력하고 있다.

물론 나는 성경을 읽을 때 역사적, 사회적 맥락을 충분히 고려하여 해석한다. 그러나 나의 관점의 중심은 예수 그리스도의 복음이다. 요즘 나는 점점 더 예수 그리스도가 성경 그 자체보다 더 중요하다는 확신을 갖게 되고 있다. 내가 틀렸다면 말해 달라. 그러나 지금의 나는 복음 그 자체에 대해 깊이 생각하고 있다. 앞서 누군가가 무릎 꿇음에 대해 언급했는데, 나는 성경 앞에 무릎을 꿇을 필요는 없다고 생각한다. 그러나 많은 보수적인 복음주의자들은 성경 앞에 무릎을 꿇는다. 그런데 그중 일부는 예수 그리스도 앞에는 무릎을 꿇지 않는 것처럼 보이기도 한다. 오늘날 나에게 가장 중요한 것은 예수 그리스도 앞에 무릎을 꿇는 것이다. 물론 성경 앞에서도 무릎을 꿇어야 한다는 점을 부정하는 것은 아니다.

스티븐　　덧붙이고 싶은 발언은 없는가?

에드　　나는 어떤 인간 집단이든 다른 사람들을 포용하거나 배제하는 일을 비교적 쉽게 해 온다고 생각한다. 이는 국가적 문화에 의해 형성되기도 하고, 각 공동체가 지닌 고유한 문화에 의해 형성되기도 한다. 예컨대 내가 섬기는 교회 역시 어떤 문화를 지니고 있다. 그렇기 때문에 담임목사로서 나는 누군가는 내 교회 공동체에 쉽게 소속감을 느끼는 반면, 누군가는 공동체에 들어오는 일을 매우 어렵게 느낄 수 있다는 사실을 인식해야 한다. 영국의 경우, 이러한 문제는 무엇보다도 계층의 문제와 깊이 연관되어 있다. 나는 강단에 선 사람들의 말투, 억양, 교육 수준이 어떤 이들에게는 교회 공동체를 매우 편안한 공간으로 느끼게 하는 반면, 학위가 없거나 특정한 교육 배경이나 억양을 지니지 않은 사람들에게는 자신들이 그곳에 속하지 않는 것처럼 느껴지게 할 수 있다는 점을 늘 유념해야 한다. 그러므로 우리는 언제나 누가 포용된다고 느낄 것인가, 그리고 누가 배제된다고 느낄 것인가를 스스로에게 질문해야 한다. 이 포럼의 주제와 관련하여, 내가 우리 모두에게 함께 고민해 보기를 바라는 한 가지가 있다. 그것은 곧 성적 소수자 배경을 지닌 사람 중 예수님을 만나고자 하는 이들에게, 우리가 어떤 방식으로 배제감을 느끼게 하고 있는지, 그리고 어떻게 하면 그들이 포용되고 있다고 느끼게 할 수 있을지다. 이를 위해 리빙 아웃(Living Out) 웹사이트에는 "리빙 아웃 교회 점검표"(Living Out Church Audit)라는 자료가 마련되어 있다. 이것은 일련의 진술문들로 구성된 도구로서, 이를 통해 현재 당신의 교회가 성적 소수자 배경을 지닌 사람들을 어떤 방식으로 배제하고 있는지를 점검해 볼 수 있게 해 준다. 동시에 아주 작은 변화만으로도, LGBT 배경을 지닌 사람들이 교회 공동체 안에서 예수님을 만날 수 있도록 돕는 길이 무엇인지를 함께 고민하도록 돕는 자료다.

다니엘 많은 사람들에게 다양성과 포용의 문제는 다루기 까다로운 주제다. 그러나 나는 이것이 우리가 두려워해야 할 사안은 아니라고 생각한다. 이번 성경 강해를 통해 내가 보여 주고자 했던 것도 바로 이 점이다. 이 주제를 두려워할 필요는 없다는 것이다. 다만 그 이면에는 또 다른 어려움이 있다고 말하고 싶다. 즉 각 문화가 다른 성별, 민족성, 관점을 지닌 사람들을 포용할 수 있는 길과 방식을 배워 가는 일은 매우 어렵다. 그러나 그것이 아무리 어렵다 하더라도, 이 문제가 다시 한 번 제기된

점에 대해 나는 진심으로 감사하게 생각한다. 때로는 어떤 주제에 대해 한 사람이 한 번 말하는 것으로는 충분하지 않고, 또 다른 사람이 다시 한 번 깃발을 들어 올리듯 문제를 환기시켜, 우리가 이 질문을 회피하지 않고 정면으로 마주하며 응답하도록 돕는 역할이 필요하기 때문이다. 그러므로 포용과 배제의 문제, 곧 "누가 허용되는가?"라는 질문을 다룰 때, 우리는 이것이 매우 분명하고 공개적인 논의가 되도록 각별히 노력해야 한다. 그래야 우리가 늘 누가 이 자리에 함께 있어야 하는지, 누구를 이 자리에 초대하고 싶은지, 그리고 지금 누가 이 자리에 함께하지 못하고 있는지를 계속해서 성찰할 수 있고, 그 방향을 향해 지속적으로 나아갈 수 있다. 이 질문을 제기해 준 두 분께 감사드린다.

제2부

각국 입법 동향: 사회학적, 국제법적, 국내법적, 선교적 논의

07

여론 형성과 입법 동향의 사회학적 논의
: 전 세계와 가나, 그리스, 브라질, 그리고 한국의 관점 분석

에이미 아담칙(Amy Adamczyk)

전 세계적으로 동성 관계[1]에 대한 법률과 대중의 여론은 매우 다양하게 나타난다. 예를 들어, 브라질과 그리스에서는 동성 결혼이 허용되고 있지만, 대부분의 아프리카 국가에서는 동성 관계는 불법이며 게이 결혼은 생각조차 할 수 없다. 이러한 국가 간의 법과 정책의 차이를 이해하기 위해, 나는 대중의 인식과 그것을 형성하는 데 있어 종교가 어떤 역할을 하는지에 주목하려고 한다. 먼저, 국가 간의 인식과 법률의 차이를 살펴보는 것을 시작으로, 종교, 민주주의, 경제 발전이 관점에 어떤 영향을 미치는지를 분석한다. 마지막으로는 네 국가(가나, 그리스, 브라질, 한국)를 사례로 들면서, 이에 관한 인식과 법률, 그리고 종교 간의 연관성을 정리할 것이다.

---

1 나는 인용하거나 논의하는 문헌과 아이디어의 맥락에 따라 동성(same-sex), 게이(gay), LGBTQ+ 등의 용어를 적절하게 사용한다. 본 논조에서 다루는 세계가치관조사(World Values Survey) 자료의 경우, 그 조사에서 사용한 표현을 따르기 때문에 동성애(homosexuality)라는 용어를 사용한다.

전 세계의 동성 관계에 대한 인식과 법률

전 세계에서, 동성에 끌림, 정체성, 그리고 관계에 대한 인식은 매우 다양하게 나타난다. 세계가치관조사(World Values Survey, WVS)[2]의 데이터를 사용한 <그림 2>는 각 나라에서 동성애는 결코 정당화될 수 없다고 응답한 사람들의 비율을 세계 지도에 나타낸 것이다.

그림 2 | 각 국가에서 동성애가 결코 정당화될 수 없다고 응답한
주민 비율을 기준으로 동성애 지지 수준을 나타낸 지도 (국가 수=85)

출처: 세계가치관조사(제5, 6, 7차 조사 전체 평균)
주: 자료가 확보된 85개국을 대상으로 인식을 세 개의 집단으로 균등하게 구분하였음. 누락된 자료는
　　가장 옅은 색으로 표시됨.

이러한 여론 데이터 수집은 매우 어렵고, "동성애가 정당화될 수 있는가?"라는 모호한 질문을 한다. 그럼에도 불구하고 이러한 정보는 전통적

2　더 자세한 내용은 다음의 웹사이트를 참고하라. https://www.worldvaluessurvey.org/wvs.jsp.

인 남녀 섹슈얼리티만이 유일한 관계로 여겨지는 정도에 대한 국가 간 추세를 이해하는 데 중요한 통찰을 제공할 수 있다. 글로벌 노스(Global North) 지역에서는 전통적인 관점을 지지하는 이들이 소수(41% 미만)에 불과하다. 하지만 러시아, 인도, 그리고 중국과 같은 국가에서는 그 비율이 최대 75%에 달하기까지 높아진다. 아프리카, 중동, 그리고 동남아시아 일부 지역에서는 보수적인 인식이 특별히 두드러지며, 75% 이상의 사람들이 대안적인 관계(예: 동성)는 허용되지 않는다고 생각하고 있다.

왜 동성 관계에 대한 여론은 국가마다 이렇게 큰 차이를 보일까? 이 질문에 대한 부분적인 해답은 각국의 특성이 개인의 인식 형성에 어떤 영향을 미치는지를 이해하는 데서 찾아볼 수 있다. 동성 관계에 대한 인식은 전 세계에 무작위로 퍼져 있는 것이 아니다. 오히려 사회는 의견이 군집되는 방식에서 일정한 패턴을 보인다. 세계에서 가장 가난한 국가 중 다수는 아프리카에 위치해 있으며, 이 지역 주민들은 동성 관계에 대해 가장 부정적인 시각을 보인다. 반면, 아메리카 대륙과 유럽의 많은 국가들은 상대적으로 긍정적인 인식을 가지고 있을 뿐만 아니라, 상당히 부유하고 오랜 기간에 걸쳐 안정적으로 기능해 온 민주주의 체제를 갖추고 있다.

국가의 특성이 개인의 인식에 영향을 줄 수는 있지만, 대중이 특별히 어떤 사안을 중요하다고 느낄 경우, 여론은 공공 정책에 영향을 미칠 수 있다. 동성 관계에 대한 지지는 자유주의 입법과 밀접한 관련이 있다. <표 1>은 주민들의 동성 관계에 대한 지지 정도와 관련 법률 간의 연관성을 보여 준다. 주민 대다수가 동성 관계를 지지하지 않는 국가의 68%는 동성 관계가 불법이다. 평균 수준에서 비수용적인 태도를 보이는 국가 중에서는 동성 결혼이나 그와 유사한 법적 결합을 허용하는 경우가 없다. 이에 비해, 동성 관계에 대해 수용적인 사회의 76%는 결혼 혹은 결혼에 준하는 제도를 허용하고 있다.

표 1 | 법적 지위별로 동성애를 지지하는 국가들의 비율 (사회 수=87)

법	동성애에 대한 국가적 지지		
	비수용적 (상위 1/3)	평균 수용 수준	수용적 (하위 1/3)
동성 관계 불법	68%	32%	0%
동성 관계 합법(법적 결합 불가)	18%	42%	39%
결혼이나 결혼에 준하는 결합 허용	0%	24%	76%

출처: 세계가치관조사(제5, 6, 7차 조사), 그리고 ILGA, 2023[3]

일단 정책과 법률이 제정되면, 그것은 주민들이 동성 관계를 어떻게 인식하고 LGBTQ+ 커뮤니티의 사람들과 어떻게 관계를 맺는지에 큰 영향을 미칠 수 있다. 동성 관계에 관한 법률은 동성에게 끌리는 개인들이 가족이나 친구에게 자신의 성적 지향을 안전하게 털어놓을 수 있는지 여부, 그리고 동성 파트너와 함께 삶을 꾸리는 데 편안함을 느낄 수 있는지 여부를 결정할 수 있다. 마찬가지로, 한 나라가 동성 결합에 대해 얼마나 공공의 지지를 받고 있으며 어떤 법적 제도를 갖추고 있는지 여부는 게이 하위문화의 형성, 미디어 속 비전통적 인물의 등장, 그리고 이성 부모를 둔 자녀가 동성 부모를 둔 가족과 상호 작용할 가능성 등에 영향을 미친다. 더 나아가, 많은 LGBTQ+ 개인들은 스스로를 그리스도인으로 인식하고 신앙 공동체의 일원이 되고자 한다.

국가 내에서는 성별, 연령, 교육 수준과 같은 개인의 특성이 동성 관

---

3 ILGA World: Lucas Ramon Mendos and Dhia Rezki Rohaizad, *Laws On Us: A Global Overview of Legal Progress and Backtracking on Sexual Orientation, Gender Identity, Gender Expression, and Sex Characteristics*, 1st ed. (Geneva: ILGA, May 2024), https://ilga.org/resources/laws-on-us-global-overview-2024/.

계에 대한 지지 여부에 영향을 줄 수 있다.[4] 이 요인들은 각 국가 내에서는 거의 변하지 않고 비슷하게 나타나기 때문에, 국가 간 차이를 설명하는 데는 큰 도움이 되지 않는다. 전 세계적으로 동성 관계에 대한 인식과 법률을 형성하는 주요 요인을 이해하기 위해서, 우리는 각 국가가 종교 문화, 경제 구조, 정치 체계 면에서 서로 어떻게 다른지를 살펴볼 필요가 있다. 이에 대해서는 아래에서 논의한다.

종교와 동성 관계에 대한 여론

동성 관계에 대한 반감을 이해하기 위해 여러 연구들이 분석한 결과, 종교가 가장 중요한 요인으로 나타났다.[5] <그림 3>은 각 사회에서 종교가 매우 중요하다고 응답한 비율과 해당 국가의 평균적 반감 수준 간의 관계를 산점도로 제시하고 있다. 가나에서는 주민의 91%가 종교를 매우 중요하게 여긴다고 응답했으며, 평균 반감 점수는 9.44다. 우리는 그리스에서 비슷한 관계를 볼 수 있는데, 이 경우 종교의 중요성이 훨씬 낮게 나타났고, 이에 따라 응답자들의 평균 반감 점수도 6.33으로 떨어진다. 다음에서는 종교가 개인적 특성이자 문화적 현상으로서 사람들의 관점에 어떤 영향을 미치는지를 살펴본다.

---

4 Amy Adamczyk and Yen-Chiao Liao, "Examining Public Opinion about LGBTQ-Related Issues in the United States and across Multiple Nations," *Annual Review of Sociology* 45, no. 1 (July 30, 2019), 401-23, https://doi.org/10.1146/annurev-soc-073018-022332.

5 자세한 내용은 Adamczyk and Liao(주석 4의 자료)를 참고하라.

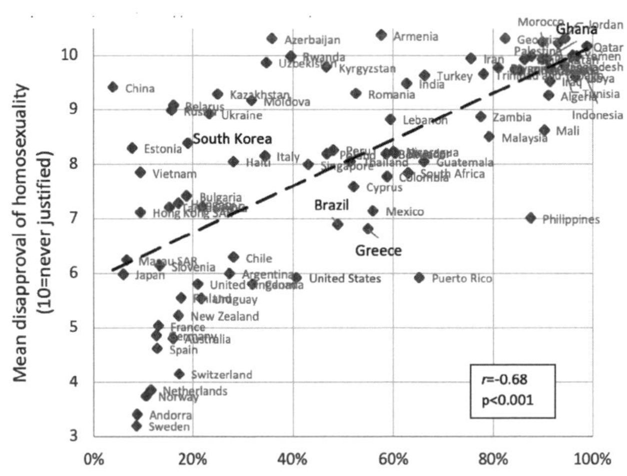

X축: 종교가 "매우 중요하다"고 응답한 주민 비율
Y축: 동성애에 대한 평균적 반감 수준 (10=결코 정당화될 수 없음)

출처: 세계가치관조사(제5, 6, 7차 조사 전체 평균)

주: 각 점은 하나의 국가를 나타낸다. 네 개의 사례 연구 국가는 글자가 더 크게 표시되어 있다. 이 분석만으
로는 개인의 종교적 중요성 인식과 국가 전체의 종교적 분위기 중 어느 쪽이 동성애 반감을 더 많이 유발
하는지에 대해 정확히 알 수 없다. 하지만 다른 연구들에 따르면,[6] 그 영향은 두 요인에서 각각 절반 정
도씩 나타나는 것으로 밝혀졌다.

연구자들이 종교의 영향을 분석할 때는, 일반적으로 종교적 소속, 그
리고 신앙 또는 종교적 참여의 일반적 지표라는 두 가지 측면에 주목한
다. 주요 종교 가운데, 개신교인과 무슬림이 동성 관계에 대해 가장 보
수적인 시각을 보이며, 그 뒤를 힌두교인이 잇는다.[7] 유대교인, 가톨릭
신자, 그리고 무신론자가 가장 진보적이다. 불교인과 동방정교회 신자
는 이들 사이, 중간 정도에 해당한다.

---

6 Amy Adamczyk, *Cross-National Public Opinion about Homosexuality: Examining Attitudes
   across the Globe* (Oakland: Univ. of California Press, 2017).

7 Adamczyk, 17-40.

종교는 대체로 여러 하위 집단이나 교파를 가지고 있다. 다른 기독교 집단과 비교했을 때, 보수적인 개신교(예: 오순절교회, 하나님의성회 등)는 신자들이 동성 관계를 반대하도록 설득하는 일에 특별히 성공적이었다. 이는 그들이 성경을 문자 그대로 해석하는 경우가 많기 때문이라고 할 수 있다. 문자적 해석을 따를 경우, 보수적인 개신교인들은 사건이나 지침, 이야기들을 있는 그대로 받아들이는 경향이 강한 반면, 현대적인 관점에 따라 이해를 새롭게 하려는 성향은 상대적으로 약한 편이라고 할 수 있다.[8]

종교적 소속뿐만 아니라, 사람들이 종교 활동에 얼마나 참여하는지와 종교를 얼마나 중요하게 여기는지도 그들의 관점을 형성하는 데 중요한 역할을 한다.[9] 종교가 중요하다고 말하는 사람들은 직접적으로 신앙생활에 참여할 가능성이 더 높다.[10] 모든 종교는 신자들이 수업, 예배, 예식, 그리고 공부 모임을 통해 다른 신자들과 공식적으로 교류할 수 있는 기회를 제공한다. 이러한 활동 가운데 신자들은 종교가 동성 관계를 어떤 시각으로 바라보는지를 공식적으로 접할 수 있는데, 역사적으로 그 평가는 대체로 부정적이었다. 일부 종교 지도자들은 설교나 연설에서 이를 죄악이나 사회악으로 묘사하기도 한다.[11]

종교를 진지하게 받아들이는 사람들은 그들의 감정과 행동에 영향을

---

8 Michael O. Emerson and David Hartman, "The Rise of Religious Fundamentalism," *Annual Review of Sociology* 32, no. 1 (August 2006): 127-44, https://doi.org/10.1146/annurev.soc.32.061604.123141.

9 Darren E. Sherkat et al., "Religion, Politics, and Support for Same-Sex Marriage in the United States, 1988-2008," *Social Science Research* 40, no. 1 (2011): 167-80.

10 Pew Forum on Religion & Public Life, *U.S. Religious Landscape Survey. Religious Affiliation: Diverse and Dynamic* (Washington, DC: Pew Research Center, 2008).

11 Amy Adamczyk et al., "Investigating Differences in How the News Media Views Homosexuality across Nations: An Analysis of the United States, South Africa, and Uganda," *Sociological Forum* 30, no. 4 (2015): 1038-58, https://doi.org/10.1111/socf.12207.

줄 수 있는 다른 신자들과 비공식적인 관계를 맺는 경우도 많다.[12] 이런 사회적 교류를 통해 신자들은 특정 사안을 어떻게 생각하고 다루어야 하는지를 배우게 된다. 그 결과, 다른 신자들과의 접촉, 관찰, 그리고 상호 작용을 통해 부정적인 시각을 갖게 될 수도 있다. 또한 사람들은 다른 이들과 유대감을 느낄수록, 다른 사람들이 못마땅하게 여길 것이라고 생각하는 인식이나 행동을 보일 가능성이 줄어든다. 마지막으로, 신자들이 종교 공동체와 깊이 관계를 맺고 있을 때, 그들이 다른 대안적인 시각을 가진 사람들과 관계를 맺을 시간과 에너지는 줄어든다.[13]

보수적 종교 환경이 LGBTQ+ 개인에 대한 지지를 약화시키는 이유

사람들이 종교의 영향력에 대해 숙고할 때, 보통은 개인의 신념이 인식을 형성하는 데 있어서 어떤 역할을 담당하는지를 고려할 수 있다. 그러나 다른 사람들의 종교 신념 또한 개인의 인식과 행동, 그리고 세상을 바라보는 방식에 강력한 영향을 미칠 수 있다.[14] 동성 관계에 대한 국가 간 인식을 이해하기 위해서는 한 국가 내에서 종교적 신념이 얼마나 강하게 자리 잡고 있는가 역시 중요한 요소다. 개인의 종교적 신념을 포함한 여러 개인의 특성을 감안하더라도, 종교성이 더 강한 국가에 사는 사람들은 평균적으로 동성 관계를 덜 수용하는 경향을 보인다.

---

12 Amy Adamczyk and Ian Palmer, "Religion and Initiation into Marijuana Use: The Deterring Role of Religious Friends," *Journal of Drug Issues* 38, no. 3 (2008): 717-41, https://doi.org/10.1177/002204260803800304.

13 Christopher P. Scheitle and Amy Adamczyk, "It Takes Two: The Interplay of Individual and Group Theology on Social Embeddedness," *Journal for the Scientific Study of Religion* 48, no. 1 (2009): 16-29, https://doi.org/10.1111/j.1468-5906.2009.01427.x.

14 R. Finke and A. Adamczyk, "Cross-National Moral Beliefs: The Influence of National Religious Context," *The Sociological Quarterly* 49, no. 4 (2008), 617-52, https://doi.org/10.1111/j.1533-8525.2008.00130.x.

　국가의 종교 환경이 국민들의 인식을 형성하는 과정은 어떻게 이루어질까? 거시적인 종교적 기류는 보다 가까운 지역적, 개인적 종교 영향에 의해 좌우된다. 따라서 종교성이 강한 국가에서는, 친구 관계 집단이 종교적 신념을 가진 사람들로 구성될 가능성이 크며, 이들의 동성애와 같은 쟁점에 대한 시각은 이미 알려져 있거나 당연히 짐작이 된다. 다른 종교인들과의 관계를 유지하고, 준거 집단의 기대에 기반한 자아상을 지키기 위해, 개인적으로 종교적 신앙이 거의 없는 사람들조차도 동성애와 같은 도덕적 쟁점에 대해 다수의 견해를 따를 수 있다.

　게다가 종교성이 좀 더 강한 국가에서는 지역 언론이든 국가 언론이든 간에 지배적인 종교 관점을 반영할 가능성이 높고, 기업, 학교, 기타 여러 기관 또한 동성 관계를 반대하는 입장을 포함해 종교적 신념에서 비롯된 선호를 지지하는 경우가 많다. 종교성이 좀 더 강한 국가에서는 종교 단체가 사회적 행사나 시민 활동을 조직하는 등 추가적인 기능을 맡기도 한다. 마찬가지로, 사람들이 더 종교적일수록, 주민들이 동성 관계에 대한 종교적 관점에 도전하는 사상이나 사람들을 접할 가능성은 줄어든다. 종교성이 더 강한 국가에서는 정부가 신문, 잡지, 텔레비전 등을 검열하여 종교적 감수성을 침해하지 않도록 할 수 있다. 나아가 보수적인 종교 교리에 어긋나는 시각을 홍보하는 비영리 단체나 인권 단체의 활동을 제한하기도 한다. 마지막으로, 더 우호적인 인식을 가진 사람들을 만날 수 있는 게이 술집이나 다른 사교적 장소가 아예 없거나, 게이와 레즈비언에 대한 정보를 얻을 수 있는 인터넷 사이트 접근이 제한적일 수 있다.

민주주의와 경제 발전

종교 외에도 개인적, 국가적 특성이 인식 형성에 영향을 줄 수 있다. 전 세계적으로 민주주의 수준과 경제 발전 수준이 높을수록 동성 관계에 대한 지지가 더 강하게 나타난다. 더 민주적인 국가에서, 권리는 그것이 개인적으로 직접적인 관련이 있든지 없든지 간에 소중하며 반드시 보호받아야 한다는 사실을 국민들은 교육받는다. 마찬가지로 부유한 국가일수록 평균적으로 지지하는 국민들이 더 많은데, 이는 문화적 가치가 개인주의와 자기표현에 더 집중하는 경향이 있기 때문이다. 사회가 산업화와 근대화를 거치면서 인식과 가치관은 물리적, 경제적 안정에 대한 우려에서부터 점차 벗어나, 합리적이고 관용적이며 신뢰를 중시하는 세계관으로 이동한다. 더 이상 먹을 것, 주거, 안전과 같은 기본적 필요를 충족하는 데 집중하지 않고, 주관적 행복, 삶의 질, 자기표현과 같은 문제들에 더 큰 관심을 가지게 되는 것이다.[15] 이러한 새로운 지향을 통해, 사람들은 레즈비언과 게이와 같은 새로운 사상과 비전통적 집단을 훨씬 더 쉽게 포용할 수 있게 된다.

여러 개인적이고 국가적 수준의 요인들이 중요한 영향을 미치지만, 개인의 종교적 신념과 이를 둘러싼 종교적 환경은 국가들이 게이와 레즈비언 개인에 대한 지지 수준에서 왜 이처럼 극적으로 차이를 보이는지를 설명하는 데 가장 중요한 요인들이다.[16] 이어지는 논의에서는 네 개 국가의 사례 연구를 제시하고자 한다.

---

15 Ronald Inglehart, *Modernization and Postmodernization: Cultural, Economic, and Political Change in 43 Societies* (Princeton: Princeton Univ. Press, 1997).

16 Adamczyk, *Cross-National Public Opinion.*

가나, 브라질, 그리스, 한국의 국가별 사례 연구

세계 각국의 동성 관계에 대한 지지 차이를 이해하는 데 설문조사 자료가 매우 중요하다. 사례 연구는 그러한 차이를 형성하는 중요한 사회적 요인들이 각 국가 안에서 어떻게 작동하는지에 대한 통찰을 제공한다. 여기서는 가나, 브라질, 그리스, 한국, 네 나라를 중심으로 동성 관계에 관한 시각과 법률, 그리고 종교적 분위기의 차이를 살펴본다. 이 국가들은 기독교 문화, 법률, 그리고 동성 관계에 대한 여론에서 서로 다른 양상을 보이기 때문에 선정되었다. 먼저 가장 빈곤한 국가인 가나를 다루고, 이어서 브라질, 그리스, 한국의 개요를 제시한다.

가나

가나에서 동성 관계에 대한 여론은 압도적으로 부정적이다. 세계가치관조사의 최신 자료(2017-2022)에 따르면, 가나인의 85%가 동성애는 결코 정당화될 수 없다고 응답했다. 많은 사람들이 이를 전통적 가치와 사회적 규범에 어긋나는 것으로 본다. 이러한 광범위한 반대 여론은 동성 관계를 범죄화하는 법률에 의해 더욱 강화되며, 다수의 시민들은 이를 가나의 도덕적, 문화적 온전성을 지키는 수단으로 지지한다. 공적 담론은 동성 관계를 흔히 외래적 산물로 규정하고, 이 LGBTQ+ 권리를 서구 이데올로기와 연결시키는 좀 더 포괄적인 담론 속에 위치시킨다.[17]

가나는 종교성이 매우 강한 나라로, 기독교와 이슬람이 주류를 이루고 있어 종교가 동성 관계에 대한 시각을 형성하는 데 핵심적인 역할을 한다. 종교 지도자들은 동성애를 죄악이자 신의 법에 어긋나는 것으

---

17 Marc Epprecht, *Sexuality and Social Justice in Africa: Rethinking Homophobia and Forging Resistance* (London: Bloomsbury, 2013).

로 규정하며 공개적으로 비판하는 경우가 많다.[18] 교회와 모스크 모두 LGBTQ+ 권리에 반대하는 캠페인을 주도해 왔으며, 이를 통해 동성 관계가 도덕적으로 용납될 수 없다는 인식을 강화해 왔다. 이러한 종교적 담론은 가나 사회에서 종교가 일상생활과 공동체 구조, 나아가 정치적 담론에까지 깊이 영향을 미치고 있기 때문에, 대중의 여론을 형성하는 데 매우 효과적으로 작용한다. 마찬가지로, 종교와 정치의 결합은 종교의 영향력을 더욱 증폭시키는데, 이는 정치인들이 대중적 지지를 얻기 위해 종교 지도자들과 보조를 맞추는 경우가 흔하기 때문이다.[19] 결과적으로 종교 기관들은 사회 규범을 단순히 반영하는 데 그치지 않고 적극적으로 형성하며 (동성 관계에 대한) 반감을 강화하는 데 기여한다.

브라질

브라질에서 동성 관계에 대한 여론은 문화적, 법적, 사회적 영향력에 얽히며 변화와 저항이 동시에 나타나는 복합적인 양상을 보인다. 세계 가치관조사의 최신 조사에 따르면, 약 30%의 브라질 국민들이 동성애는 결코 정당화될 수 없다고 응답했다. 한편, 브라질은 라틴아메리카에서 LGBTQ+ 권리의 선구적 역할을 해 왔으며, 2013년에는 동성 결혼을 합법화했을 뿐 아니라, 고용과 보건 의료 영역에서도 차별을 금지하는 보호 조치를 시행했다.[20] 도시 지역에서는 공적 및 미디어 영역에서 이

18 Kwasi Gyamfi Asiedu et al., "Across Africa, Major Churches Strongly Oppose LGBTQ Rights," *AP News*, October 20, 2021, https://apnews.com/article/lifestyle-africa-religion-relationships-united-states-3b1115a1a9ed40a1211dd508ae996141.

19 Harry Atieku-Boateng, "LGBTQ+: The Position of the Ghanaian Society as the Majority Seeks Closure," *International Journal of Research and Innovation in Social Science* VII, no. IV (2023): 439-43, https://doi.org/10.47772/IJRISS.2023.7434.

20 Omar Guillermo Encarnación, *Out in the Periphery: Latin America's Gay Rights Revolution* (New York: Oxford Univ. Press, 2016).

러한 공동체의 역동적인 운동과 가시성이 강화되면서, LGBTQ+ 권리를 향한 사회적 지지가 현저히 확대되었다.[21] 그러나 전통적 가치와 도덕적 우려를 힘입은 보수적 저항 역시 여전히 뿌리 깊게 존재한다.[22]

브라질에서는 인구의 80% 이상이 그리스도인으로, 역사적으로는 가톨릭이 우세했으나 복음주의 개신교가 빠르게 확산되고 있어 동성 관계에 대한 인식 형성에 종교가 중요한 역할을 한다. 복음주의 교회들은 반(反)LGBTQ+ 담론의 최전선에 서 있으며, 동성 관계를 죄악시하고 가정의 가치에 대한 위협으로 규정해 왔다. 반면, 가톨릭은 보다 복합적인 모습을 보이는데, 일부 성직자들은 해방신학의 포용적 입장을 따르는 반면, 바티칸의 공식 교리는 여전히 보수적인 인식을 고수하고 있다.[23] 이러한 양극화는 종교가 LGBTQ+ 권리를 반대하는 동시에 일정 부분 수용하기도 하는, 다면적인 역할을 하고 있음을 잘 보여 준다.

그리스

그리스에서 동성 관계에 대한 여론은 법적 변화와 문화적, 종교적 규범에 뿌리를 둔 깊은 보수성이 뒤섞여 나타난다. 세계가치관조사의 최신 자료에 따르면, 약 25%의 그리스인들이 동성애는 결코 정당화될 수 없다고 응답했다. 지난 10년 동안 그리스는 LGBTQ+ 권리에 있어 상당한 변화를 이루어 냈는데, 정교회를 국교로 하는 나라 중 최초로 2024년에 동성 결혼의 합법화를 허용했다. 그러나 여전히 많은 저항이 존재한다. 그 예로, 2024년 3월 9일, 데살로니가 중심부에서 약 150명의 폭도

---

21 James N. Green, *Beyond Carnival: Male Homosexuality in Twentieth-Century Brazil* (Chicago: Univ. of Chicago Press, 1999).

22 Adamczyk, *Cross-National Public Opinion.*

23 Encarnación, *Out in the Periphery.*

가 두 명의 트랜스젠더 개인을 쫓아가 폭행한 사건은 법률적 변화에도 불구하고 이 공동체가 직면한 지속적인 어려움을 여실히 보여 준다.[24]

그리스에서는 그리스 정교회가 사회적, 문화적으로 큰 영향력을 가지고 있어, 종교가 동성 관계에 대한 인식을 형성하는 데 중요한 역할을 한다. 정교회 지도자들은 종종 LGBTQ+ 권리에 대해 지속적으로 반대 의사를 표명해 왔으며, 동성 관계를 죄악으로 규정하고 종교의 가르침과 양립할 수 없는 것으로 규정해 왔다.[25] 이러한 담론은 교회의 설교와 대외적 발언을 통해 강화되며, 종종 보수적 정치 세력과 결합한다. 가까운 미래에도 종교는 동성 관계를 문제적인 것으로 규정하는 지배적 힘으로 남아, 여론 형성과 정책 논의에 계속해서 영향을 미칠 가능성이 크다.[26]

한국

한국에서 동성 관계에 대한 대중 여론은 전통적 가치, 유교적 문화 규범, 그리고 현대화의 영향이 복합적으로 얽히며 형성된다. 최근 들어 한국에서 LGBTQ+의 가시성과 사회 운동은 확대됐지만, 사회 전반의 전통 규범에 대한 고수는 강하게 유지되고 있다. 세계가치관조사의 최신 자료에 따르면, 그리스와 브라질과 유사하게 약 23%의 한국인들이 동성애는 결코 정당화될 수 없다고 응답했다. 그러나 그리스와 비교할 때, 한국은 1인당 국내총생산(GDP)이 더 높으며, 이는 보다 자유주의적인 견

---

24 Victoras Antonopoulos, "In Greece, Anti-Trans Violence Puts Hate Crimes Back in Spotlight," *Inkstick*, March 26, 2024, https://inkstickmedia.com/in-greece-anti-trans-violence-puts-hate-crimes-back-in-spotlight/.

25 예를 들어 다음을 참고하라. Helena Smith, "Greek Orthodox Church Calls for Excommunication of MPs after Same-Sex Marriage Vote," *The Guardian*, March 7, 2024, International edition, https://www.theguardian.com/world/2024/mar/07/greek-orthodox-church-calls-for-excommunication-of-mps-after-same-sex-marriage-vote.

26 Iraklis N. Grigoropoulos, "Attitudes toward Same-Sex Marriage in a Greek Sample," *Sexuality & Culture* 23, no. 2 (June 2019): 415-24, https://doi.org/10.1007/s12119-018-9565-8.

해와 연관되어 있다. 또한 이번 사례 연구에 포함된 국가 가운데 한국은 종교적 신념 수준 또한 가장 낮은 편으로, "종교가 매우 중요하다"고 답한 국민은 전체의 10%에 불과하다.

종교의 중요성이 전반적으로 낮게 평가되는 사회임에도 불구하고, 종교적 신념은 한국인들의 동성 관계에 대한 인식을 형성하는 데 중요한 영향을 미친다. 특히 복음주의 개신교는 LGBTQ+ 권리에 강력히 반대하며, 종종 동성 관계를 사회적 조화와 가족 가치에 대한 도덕적 위협으로 규정하는 경우가 있다. 이 집단은 LGBTQ+ 관련 행사에 대해 빈번히 항의 시위를 벌인다. 예컨대 2024년 7월 18일, 대한민국 대법원이 동성 커플도 다른 사람과 동일한 건강보험 혜택을 받을 권리가 있다고 판결하자, 수십만 명의 한국 그리스도인들이 이에 항의하는 대규모 종교 집회를 열었다.[27] 반면, 한국 불교는 보다 중립적인 입장을 취해 왔으며, 비록 LGBTQ+ 권리를 명시적으로 지지하지는 않지만, 설문 조사 결과 불교 신자들이 개신교 신자들보다 상대적으로 더 지지하는 입장을 보이는 것으로 나타났다.[28]

가나, 브라질, 그리스, 그리고 한국에서 종교는 동성 관계에 대한 여론을 형성하는 데 중요한 역할을 한다. 가나에서는 종교 지도자들이 동성애 행위를 범죄화하는 데 앞장서 왔다. 반대로 브라질, 그리스, 한국에서는 전통적인 종교적 시각이 여전히 존재함에도 불구하고, 인식과 법에서 점진적인 자유화의 조짐이 나타난다. 이 네 국가(그리고 다른 모든 국가)

---

27 Reuters, "South Korean Christian Groups in Massive Protest against Rights for Same-Sex Couples," *Reuters*, October 27, 2024, Asia Pacific, https://www.reuters.com/world/asia-pacific/south-korean-christian-groups-massive-protest-against-rights-same-sex-couples-2024-10-27/.

28 Timothy S. Rich, "Religion and Public Perceptions of Gays and Lesbians in South Korea," *Journal of Homosexuality* 64, no. 5 (2017): 606-21, https://doi.org/10.1080/00918369.2016.1194122.

의 종교 지도자들은 오늘날 확대된 LGBTQ+ 현실과 관련하여 나타나는 복잡한 사회적, 법률적, 관계적, 도덕적, 그리고 종교적 과제를 헤쳐 나가는 데 도움을 줄 수 있는 역량을 지니고 있다.

더 나아가, 기독교 지도자들은 신앙 공동체가 모든 개인과 가정(공동체 내부 구성원뿐 아니라 외부의 사람들을 포함하여)이 직면하는 섹슈얼리티 관련 쟁점을 건설적으로 다룰 수 있도록 돕는 역할을 수행할 수 있다. 이는 사람들이 LGBTQ+ 문제와 관련해 어떤 신념, 감정, 경험을 가지고 있든지에 관계없이 해당된다.

토론 질문

⑴ 기독교 선교사들은 자신들이 사역하는 지역에서 동성 관계에 대한 문화적, 종교적 차이를 어떻게 현명하게 다룰 수 있을까? 예를 들어, 서유럽에서 활동하는 한국 선교사의 경우는 어떨까?

⑵ 가나의 그리스도인들이 동성 관계에 대해 가지는 시각이, 왜 최근에 전통적인 기독교 국가인 서구에서 들어온 시각보다 오히려 가나의 무슬림들과 더 비슷하게 보일까?

⑶ 사회의 규모가 크거나 영향력 있는 집단들이 동성애 이슈를 다르게 바라보는 환경에서, 기독교 공동체가 공적으로 가장 효과적으로 대응할 수 있는 방법은 무엇인가? 예를 들어, 미국 내 한인 교회의 경우는 어떨까?

논찬 : 국제법적 논의

이명수

에이미 아담칙(Amy Adamczyk)은 세계가치관조사의 데이터를 분석함으로써 종교, 경제 발전, 그리고 민주화가 각 국가에서 여론과 입법에 반영된 동성 관계에 대한 개인 및 집단의 인식에 어떠한 영향을 미치는지를 밝히고 있다. 그녀의 사회학적 접근 방식은 객관적이고 가치 중립적이며, 동성애에 대한 국가 간 반응의 차이를 설명하는 근본적 요인을 규명하는 데 초점을 두고 있다. 이러한 연구는 우리로 하여금 각 나라의 제도와 관행 속에서 나타나는 글로벌 패턴을 분석하게 하며, 지난 30년 동안 동성 관계를 '고유한 국제적 인권'으로 규정하려는 흐름 속에서 기독교 공동체가 어떠한 방식으로 대응해 왔는지를 성찰할 수 있는 계기를 제공한다.

본 논찬에서는 발제자가 제기한 핵심 논점들을 법적 관점에서 살펴보고자 한다. 이러한 시도는 동성 간 성관계를 둘러싼 입법 및 사법 판단의 분열과 공적·정치적 담론에서 진영 간 대립이 점점 심화되고 있는 근본 원인을 이해하는 데 도움을 줄 수 있을 것이다. 또한 현재 동성 간 성관계나 동성혼에 관한 입법화가 진행 중인 국가들뿐 아니라, 이미 동성혼이 법제화된 국가들에서까지도 지속되고 있는 사회 갈등의 양상을 더 깊이 이해하는 데에도 기여할 수 있을 것이다. 이러한 논의가 발제자의 사회학적 통찰을 보완함과 동시에, 기독교 공동체가 앞으로 그 사명과 역할을 재고함에 있어 추가적으로 숙고해야 할 질문들을 제시하는 계기가 되기를 기대한다.

주요 발견에 대한 법적 고찰

법은 사회 갈등을 해결하기 위한 중요한 제도적 장치 중 하나이긴 하지만, 그것만으로 충분하지 않다. 실체법과 절차법은 서로 대립하는 당사자들이 의미 있는 대화를 나누고, 공정하다고 인식할 수 있는 결론에 도달하도록 돕는 필수적인 도구다. 그러나 어느 한쪽이라도 법적 판단의 정당성을 자신의 양심과 도덕적 신념에 비추어 받아들이지 못할 경우, 법실증주의적 의미로서의 법치(rule of law)만으로는 결국 그 효력을 상실하게 되며, 재검토와 수정이 불가피해진다. 동성 관계를 '결혼 평등'(marriage equality)이라는 개념 아래 고유한 국제적 인권으로 규정하려는 시도는[1] 국제 사회 전반뿐 아니라 이미 동성 결혼을 합법화한 국가들 내부에서도 지속적인 분열을 야기하고 있다. 특히 동성 결혼을 기본적인

---

1 결혼 평등(marriage equality)이란 성별이나 성적 지향과 무관하게 개인 간의 결혼을 법적으로 인정하는 개념을 의미한다. 그러나 국가 대표들이 서명한 주요 국제 인권 조약, 즉 시민적·정치적 권리에 관한 국제 규약(ICCPR), 경제적·사회적·문화적 권리에 관한 국제 규약(ICESCR), 여성 차별 철폐 협약(CEDAW)의 원문 조약 텍스트에는 결혼 평등이라는 개념이 포함되어 있지 않았다. 이 개념은 주로 1990년대 이후, 해당 조약의 이행을 감시하고 해석하기 위해 선출된 독립적 전문가들로 구성된 유엔 인권위원회(Human Rights Committee, HRC) 및 기타 조약 기구들의 해석 권고를 통해 점진적으로 형성되었다. 핵심적인 쟁점은 이러한 HRC 권고가 법적으로 구속력이 없다는 점에 있으며, 그럼에도 불구하고 서구 선진국들로부터 강한 정치적·도덕적 압박이 수반되면서 국제 규범과 각국의 국내법 담론에 실질적인 영향을 미쳐 왔다는 데 있다.

인권으로 설정하는 그 전제 자체가 여전히 논쟁적이며, 법적으로도 안정된 합의에 이르지 못한 상태에 놓여 있다.

법실증주의: 자유주의 입법과 동성 관계 지지의 밀접한 연관성

동성 관계를 국제 인권으로 규정하고자 하는 운동은 주로 서유럽의 유럽연합(EU) 회원국들과 미국에서 비롯되었으며, 이들 사회는 흔히 후기·기독교로 묘사된다.[2] 이러한 노력은 유럽연합, 유엔(UN)과 같은 초국가적 기구를 통해 추진되었으며, 세속적이고 개인주의적인 세계관에서 비롯된 것이다. 이 체계는 제1, 2차 세계대전의 참혹한 경험 이후, 모든 형태의 차별 철폐를 목표로 한 것이며, 정치와 공적 생활에서 종교의 영향력을 차단하고자 후기·기독교 사회의 지식인 지도층은 의식적으로 법의 발전을 기독교의 윤리와 도덕으로 분리시켰다. 이는 천 년 이상 그들의 법체계를 형성해 온 가치관이었다.[3] 두 차례의 세계대전의 여파와 과학적 실증주의의 영향 아래에서, 기독교 윤리와 역사적으로 긴밀히 연결되어 있던 자연법 역시 배척되고 그 위상이 크게 약화되었다.

따라서 1940년대 후반 이후 법과 정책의 전개는 실용주의와 개인의 권리를 중심으로 이루어져 왔다. 이러한 흐름은 냉전 시기 동안에는 미국과 서유럽에서 서로 독립적이면서도 병행적으로 지속되었고, 과학 기술의 발전과 경제 성장이 이를 뒷받침했다. 유엔은 국제법 조문화 작업과 법의 준수를 추구함으로써 대화와 법치와 같은 비폭력적 수단으로 평화를 증진하는 핵심적 장으로 자리 잡았다. 1980년대 후반 소련의 붕

---

2 J. R. Klein, "Post-Christianity… What's That?," Free Thinking Ministries, September 22, 2023, https://freethinkingministries.com/post-christianity-whats-that/.

3 Harold J. Berman, *The Interaction of Law and Religion* (Nashville: Abingdon, 1974); *Faith and Order: The Reconciliation of Law and Religion* (Grand Rapids: Eerdmans, 2000).

괴와 동유럽의 자유화 이후 일극 체제(unipolar)의 세계 질서 속에서 유엔의 인권 의제는[4] 더욱 가속화되었으며, 동시에 유럽연합은 유럽인권협약과 유럽인권재판소를 중심으로 자체적인 인권 체계를 공고히 했다.

국제적 합의의 부재

1994년 유엔 인권위원회에서 동성 관계에 기반한 차별 문제가 처음으로 논의되었고,[5] 이후 성적 지향과 성별 정체성이 인권이사회(Human Rights Council)에서 보호 범주로 제안되었을 때(예: 2006년의 족자카르타 원칙[Yogyakarta Principle]), 이러한 제안들은 결국 2012년과 2021년에 유엔 총회 결의로 채택되었다.[6] 초기부터 학계와 유엔 내부 모두에서 상당한 반대가 제기되었으나,[7] 대중은 2013년경까지 이에 관련된 논의를 거의 인지하지 못했다. 유엔이 지속적으로 해당 사안을 옹호해 왔음에도 불구하고, 동성 관계를 보편적인 인권으로 인정하는 국제적 합의가 형성된 적이 없다. 그러나 시간이 흐르면서, 유엔의 지원 아래 "개인주의적 인권주의"(individualistic human rightism)라는 이념이 부상하게 되었다. 유네스코

---

4 1948년 세계인권선언 이후, 다음과 같은 주요 국제 인권 조약들이 채택되었다. 시민적·정치적 권리에 관한 국제 규약(International Covenant on Civil and Political Rights, ICCPR), 경제적·사회적·문화적 권리에 관한 국제 규약(International Covenant on Economic, Social and Cultural Rights, ICESCR), 여성 차별 철폐 협약(Convention on the Elimination of All Forms of Discrimination against Women, CEDAW).

5 Nicholas Toonen v. Australia, Human Rights Committee, Case no. 488/1992, UN Doc. CCPR/c/50/D/488/1992, at 8.7.

6 Dominic McGoldrick, "The Politics of LGBQRTI Human Rights in the United Nations System," in *Oxford Research Encyclopedia of Politics-Groups and Identities* (Oxford Univ. Press, 2019), 1-19; UN LGBTI Core Group, "LGBTI Milestones at the United Nations," https://unlgbticoregroup.org/home/lgbti-milestones-at-theunited-nations/.

7 Alain Pellet, "'Human Rightism' and International Law," Gilberto Amado Memorial Lecture, Geneva, Nations Unies, July 18, 2000; Li-ann Thio, "Human Rights as Secular Religion," paper presented at the Religion and Law Conference, Handong International Law School, Pohang, 2015.

와 인권이사회 등 유엔 산하 기구들은 인권 존중과 책임을 강조하는 기치 아래에서 전 세계의 청소년들이 자신의 건강과 성관계에 대해 '정보에 근거한 선택'을 할 수 있도록 그들에게 지식과 역량을 제공하는 데 주력해 왔다. 그러나 이러한 교육 및 정책 프레임워크는 대체로 탈기독교적 철학과 세계관으로부터 형성된 서구적인 성에 관한 이해에 뿌리를 두고 있다.

성별 정체성을 국제 인권으로 국내법에 수용하려는 외부 압력

2011년 미국 국무장관 힐러리 클린턴(Hillary Clinton)은 "동성애자의 권리는 인권이며, 인권은 곧 동성애자의 권리"(gay rights are human rights, and human rights are gay rights)라고 선언하며, LGBT 권리를 국경을 초월하는 보편적 인권 패키지의 일부로 규정했다.[8] 미국 버락 오바마(Barack Obama) 대통령은 인권으로서 성별 정체성을 인정하도록 타국을 압박하는 내용의 각서를 발행하며 외교적 조치를 이어 갔다.[9] 세계은행,[10] 유엔,[11] 유럽연합[12]과 같은 국제 기구들도 이러한 압박을 강화했는데, 특별히 이러한 국제 기구에 자신들의 경제적, 정치적 지원을 의존하는 국가들을 대

---

8 Kyle James Rohrich, "Human Rights Diplomacy amidst 'World War LGBT': Re-examining Western Promotion of LGBT Rights in Light of the 'Traditional Values' Discourse," in *Transatlantic Perspectives on Diplomacy and Diversity*, ed. Anthony Chase (New York: Humanity in Action Press, 2015), 69-96.

9 "U.S. to Aid Gay Rights Abroad, Obama and Clinton Say," *New York Times*, December 6, 2011, https://www.nytimes.com/2011/12/07/world/united-states-to-use-aid-to-promote-gay-rights-abroad.html?smid=nytcore-ios-share&referringSource=articleShare.

10 "World Bank to 'Pick Its Battles' on LGBT Rights," Bretton Woods Project, May 9, 2014, https://www.brettonwoodsproject.org/2014/05/bank-pick-battles-relation-lgbt-rights/.

11 당시 유엔 사무총장이었던 반기문은 193개 회원국 중 76개국이 동성 관계를 범죄로 규정하고 있음에도 불구하고, LGBT 인권을 옹호하며 다른 국가들에도 같은 노력을 할 것을 촉구했다.

12 유럽연합은 2000년대 초부터 고용, 상품 및 서비스 등에서의 차별로부터 보호하기 위한 여러 지침(directives)을 제정했다.

상으로 삼았다. 세계 시장에서 활동하는 다국적 기업들도 이러한 사상을 지지했으며,[13] LGBTQ+ 권리를 새롭게 떠오르는 '핑크 머니 시장'(pink money market)으로 인식했다. 서방 국가들에게 동성 관계의 비범죄화는 종교적 도덕성에서 벗어나는 자연스러운 진전으로 여겨진다. 그러나 문화적 자주성을 회복하려고 하는 많은 아프리카와 아시아 국가들에게 서구의 외부 압력은 환영받지 못한다. 이에 대한 대응으로 러시아 대통령 블라디미르 푸틴(Vladimir Putin)은 전통적 가치를 적극적으로 부각시켰고, 그 결과 러시아와 유라시아경제연합 국가들에서 상당한 지지와 인기를 확보했다.

국내 합의의 실패

많은 국가에서 진보적 정치 지도자들은 외부적 압력 속에서나 충분한 국내적 합의가 형성되지 않은 상태에서 입법이나 사법적 결정을 통해 동성 관계와 동성 결혼을 지지하는 정책과 법률을 추진해 왔다. 그러나 이 사안을 '기본적 인권'의 문제로 규정하는 순간, 논의의 차원은 정책적 선택을 넘어 도덕적 진리의 문제로 격상된다. 사회가 양극화된 상황에서 이에 반대하는 견해는 주류 언론에 의해 배제되거나 침묵을 강요받는 경우가 적지 않으며, 그 결과 문화 전쟁은 더욱 격화된다. 동시에 소셜미디어와 편향된 보도는 여론을 한층 더 분열시키는 역할을 한다.

그러나 이런 분야의 입법에서는 사회적 합의가 무엇보다 중요하다. 혼인관계법은 당사자 개인의 권리 문제에 그치지 않고, 공법과 사법 전반의 기본 구조에 영향을 미치며 사회 질서와 제도를 근본적으로 재편

---

13 Knowledge at Wharton Staff, "Same-Sex Marriage: What's at Stake for Corporate America," *Knowledge at Wharton: A Business Journal from the Wharton School of the University of Pennsylvania*, March 27, 2013, https://knowledge.wharton.upenn.edu/article/same-sex-marriage-whats-at-stake-for-corporate-america/.

하기 때문이다. 공개적인 토론이나 민주적 절차를 거치지 않은 채 일방적 입법과 사법적 판결에 의해 이루어진 법적 변화는, 특히 국제법적 수사와 논리를 그 근거로 정당화될 경우, 강한 사회적 반발을 초래할 위험이 크다.

차별금지법은 소수자의 인권을 보호하고 침해를 시정하기 위한 법적 수단으로 자주 활용된다. 그러나 표현의 자유, 종교의 자유, 양심의 자유에 상응하는 법적 보호 장치가 함께 마련되어 있지 않을 경우, 이러한 제도는 그 의도와는 달리 사회 내부의 이념적·정치적 분열을 오히려 심화시키고, 평화롭고 균형 잡힌 공동체 형성에 기여하지 못하게 할 수 있다.

세속 종교화된 인권: 반대의 핵심 요인이 종교라는 논점

동성 결혼을 결혼 평등이라는 틀 아래 '논쟁의 여지가 없는' 국제적 인권으로 규정하는 방식은 많은 탈기독교 사회에서 새로운 세속 종교와 유사한 성격을 띠게 되었다.[14] 알랭 펠레(Alain Pellet)를 비롯한 여러 학자들은[15] 이른바 '인권주의'(human rightism)에 대해 우려를 표하며, 인권의 중요성은 인정하되 국제법은 여전히 국가 주권 간의 충돌이라는 현실적 문제를 직시해야 한다고 지적한다. 세계인권선언은 "기본적 인권에 대한 신념"을 천명하고 있지만, 그 인권이 어디에서 비롯되었는지, 어떠한 토대 위에 성립하는지에 대해서는 설명하지 않는다. 그동안 인권 학자들과 인권 운동가들은 국가 및 국가 아닌 행위자에 의한 인권 침해를 억

---

14 Li-ann Thio, "Human Rights as Secular Religion."

15 Alain Pellet, "'Human Rightism' and International Law"; Marie-Benedicte Dembour, "What Are Human Rights? Four Schools of Thought," *Human Rights Quarterly* 32, no. 1 (2010): 1-20; Yasuaki Onuma, "Towards an Intercivilizational Approach to Human Rights for Universalization of Human Rights through Overcoming of a Westcentric Notion of Human Rights," in *Asian Yearbook of International Law*, vol. 7 (1997), ed. Sik Ko Swan et al. (Dordrecht, The Netherlands: Kluwer Law International), 21-81.

제하는 데 중요한 기여를 해 왔다. 그럼에도 불구하고 인권 운동은 결코 정치적으로 중립적인 영역에 있지도 않고, 정치의 바깥에 존재하는 활동도 아님에 주목해야 한다.

아담칙은 많은 기독교 공동체가 동성 간 성관계에 대해 반대할 때, 종교 활동과 그 환경이 개인의 태도 형성에 어떻게 영향을 미치는지를 기술했다. 그러나 인권 운동가들도 유사한 방법으로 오랫동안 가족 관계를 활용하고, 의도적으로 정치·사회 각 분야의 지도적 위치에 그 옹호자들을 배치함으로써 LGBTQ+ 권리를 확산시켜 왔다. 특히 학교, 언론, 대중문화, 소셜 플랫폼과 같은 제도와 매체는 젊은 세대의 인식을 유리하게 형성하는 데 효과적으로 작용하며, 그 과정에서 전통적 도덕관으로부터 이탈하도록 이끄는 역할을 해 왔다.

결국 많은 서구 국가들에서는 법체제가 점차 종교뿐 아니라 자연법과 전통적 도덕적 토대에서도 거리를 두며 발전되었다. 따라서 이제 탈기독교 사회는 인권을 규범적 질서보다는 세속적이고 인간 중심적인 관점에서 이해하는 경향을 보이고 있다.

인간 중심적 세계관의 반영: 민주주의와 경제 발전의 심화가

동성 관계에 대한 지지를 확대시킨다는 논점

일반적으로 경제적으로 풍요롭고 민주주의가 발달한 사회일수록 개인이 자신의 권리를 주장할 수 있는 공간이 넓어진다. 특히 개인의 성적 자유를 추구하는 생활 방식에 대한 지지는 과학 기술과 의학의 발전에 크게 의존한다. 그러나 전통 윤리와 자연 질서를 중시하는 사회에서는 성적 정체성을 개인의 선택 문제로만 받아들이는 데 저항하게 될 것이다. 많은 개발도상국들은 서구의 제도들을 그 기원과 함의를 충분히 이해하지 못한 채 수용해 왔으며, 이러한 경향은 특히 해당 제도들이 인권이라는 담론으로 정당화될 때 더욱 두드러진다. 충분한 사회적 합의와 문화적 준비 없이 동성 관계와 동성 결혼을 법적 규범으로 강제하는 것은 특히 개인주의에 대한 보호와 이해가 부족한 개발도상국의 취약 계층 사이에서 역효과를 불러일으킬 수 있으며, 이는 착취와 사회적 분열을 심화시키는 결과로 이어질 수 있다. 이러한 국가들은 자국의 사회적, 문화적 맥락에서 평화롭게 작동할 수 있는 제도를 스스로 결정할 권리를 보장받아야 한다.

그리스도의 몸 된 교회를 위한 과제

성경은 그리스도인들에게 사회적 약자를 보호할 것을 요청하는 동시에, 인간의 온전한 번영을 지탱하는 계명들을 지킬 것을 요구한다. 이는 역사적으로 기독교의 지배를 받지 않은 사회에서도 인간의 생존과 종족 보존을 위한 자연법적 규범으로 발전해 왔으며, 개인의 성적 선호를 충족시키기 위한 고도의 과학적 개입에 의존하지 않는 자연적인 삶의 방식에 기반한 것이었다. 강요된 회심이 진정한 신앙을 이끌어 내지 못했듯이, 강제된 법적 규범 또한 지속적인 평화를 가져오기 어렵다. 이러한 강제는 오히려 법적 강제력에 의해 통제되지 않은 채, 자연스러운 성장과 진정한 인간의 번영을 향한 요구를 재점화할 수 있다. 성경에서 말하듯 "해 아래 새것은 없다."

최근 미국은 현 트럼프 행정부 아래에서, 성적 지향과 성별 정체성을 국제적 인권으로 적극 확산시키는 정책 기조에서 다소 이탈하는 모습을 보이고 있다. 그럼에도 불구하고 이 사안을 둘러싼 미국 사회 내부의 정치적·문화적 분열은 여전히 깊다. 한국 사회 역시 이와 유사한 문화적 균열에 직면해 있다. 어쩌면 오늘날처럼 분열된 세계에서 인간의 성을 다루는 선교 전략은 각 사회가 처한 법적 발전 단계에 따라 차별화될 필요가 있을지도 모른다.

이미 합법화가 이루어진 사회(post-legalization society)에서는 제자 훈련, 진실을 말하는 용기, 그리고 상처 입은 이들을 돌보는 목회적 치유에 중심을 둔 전략이 적절할 수 있다. 그러나 합법화의 문턱에 서 있는 사회에서는 명확한 가르침, 공적 담론에 참여, 그리고 양심의 자유를 지키기 위한 지혜로운 공적 옹호가 전략의 핵심이 될 수 있다. 그리고 아직 합법화에 대한 직접적인 압력이 본격화되지 않은 사회의 경우, 가정과 교육, 공동체적 참여, 그리고 사랑을 통해 사회의 기초를 지키는 접근이 요청될 것이다.

결국 핵심 질문은 여기에 있다. 기독교 공동체는 분열된 한국 사회 안에서 (나아가 그 너머의 세계에서도) 과연 빛과 소금의 역할을 감당할 수 있는가? 그리고 아직 진리를 찾지 않고 동성 관계를 지향하는 이들에게 자비와 우정을 베풀면서도, 하나님과 성경 말씀에 대한 신실함을 어떻게 지켜 나갈 수 있을 것인가?

08
현재 네팔의 현실, 도전, 그리고 기회

발 크리슈나 샤르마(Bal Krishna Sharma)

서론

"브로큰 섹슈얼리티: 하나님과 모든 사람을 사랑하기 위한 선교와 그리스도인의 책무"라는 주제로 열리는 한국 글로벌 선교지도자 포럼 (KGMLF)에 참여하게 된 것은 큰 영광이다. 본 발표를 위해 본 회의의 전체 강연 가운데 "현재 네팔의 현실, 도전, 그리고 기회"라는 주제로 논문을 발표하도록 초청받은 것에 대해 주최 측에 감사를 표한다. 이 주제는 세부적으로 다루기에는 매우 포괄적인 영역이다. 그럼에도 불구하고 제한된 분량 안에서 네팔의 상황에 대해 간략히 분석함으로써 본 포럼에 의미 있는 기여를 할 것을 기대한다.

기독교 선교와 인간의 섹슈얼리티 간의 관계는 특히 네팔과 같은 국가에서 중대한 의미를 지닌 주제다. 네팔에서는 인간의 섹슈얼리티에 대한 문화적 규범, 종교적 신념, 그리고 사회적 태도가 변화하고 있다. 하나님을 사랑하고 모든 사람을 사랑하라는 명령에 근거하고 있는 기독교 선교는 인간의 섹슈얼리티를 둘러싼 복잡한 문제들을 다룸에 있어서 기회와 도전 과제 모두에 직면하고 있다. 종교적·문화적 전통의 다양성으로 특징지어지는 국가인 네팔에서, 교회는 성경적 원칙에 충실함을 유지하면서도 이러한 주제들에 대해 사려 깊고 자비로운 대화에 참여할 방안을 모색해야 한다.

인간의 섹슈얼리티가 네팔의 사회적, 정치적, 문화적 현실과 맞물려 있는 상황에서, 기독교 공동체는 민감성, 겸손, 그리고 인간의 존엄성을 증진시키겠다는 책임감을 가지고 이 민감한 상황을 신중히 다루어야 하는 부름을 받고 있다. 이는 교회에게 은혜, 책무성, 그리고 포용의 본보기가 될 수 있는 방식을 숙고하도록 요구하며, 특히 성 정체성, 젠더 역할, 그리고 LGBTQ+ 권리와 같은 문제들을 다룰 때 더욱 그러하다. 차별, 법적 제약, 그리고 문화적 기대에 의해 발생하는 지속적인 도전 과제들은 복음의 가르침에 충실하는 것과 성 정체성과 관계없이 모든 개인에게 사랑과 이해를 확장하는 것 사이에서의 신중한 균형을 요구한다. 이는 상처 입은 이들이 하나님께로부터 부여받은 성 정체성을 이해할 수 있도록 돕기 위한 것이다.

교회는 하나님을 사랑하고 모든 사람을 사랑하라는 사명을 지니고 있다. 교회는 치유 공동체이며, 동시에 삶과 인간의 섹슈얼리티에 대한 성경의 이해에 충실해야 한다. 하나님은 교회가 성 정체성으로 인해 어려움을 겪고 있는 이들에게 회복을 가져다주기 원하신다. 그리고 교회는 하나님의 말씀에 계시된 인간의 섹슈얼리티의 창조 질서로 사람들을 인도하도록 부름 받았으며, 그 사명을 맡았다. 우리 교회와 공동체 안에 있는 상처 입은 사람들은 하나님의 은혜와 진리에 의해 회복될 필요가 있다.

먼저, 독자들이 네팔의 다양성을 이해할 수 있도록 네팔에 대한 간략한 개요부터 살펴보겠다. 그다음으로, 교회가 근거를 두고 있어야 하는 인간의 섹슈얼리티에 대한 성경의 이해를 정리하고자 한다. 이어지는 내용에서는 다양한 네팔의 종교적·문화적 맥락 속에서 LGBTQ 이슈에 대해 논의할 것이며, LGBTQ 개인에 대한 일반적인 인식과 법적 지위와 제도적 규정을 살펴본 뒤, 네팔에서의 동성 결혼에 대한 사례 연구를 제시하고자 한다. 마지막으로, 하나님과 모든 사람을 사랑할 교회의 책무성에 대해 고찰하고자 한다.

1. 네팔: 개관

독자들이 네팔의 다양성을 이해할 수 있도록 다음과 같은 배경 정보를 제시하고자 한다. 네팔은 남아시아에 위치한 국가로, 동쪽, 서쪽, 남쪽은 인도와, 북쪽은 중국과 국경을 접하고 있다. 네팔은 다당제를 기반으로 한 민주공화국이다. 네팔은 산악 지형이 많은 국가로, 전체 면적 중 약 17%는 고산 지대이며, 66%는 기타 산악 지대, 17%는 평야 지대로 구성되어 있다. 인구의 약 55%는 타라이(tarai)라고 불리는 평야 지대에 거주하고 있다. 전체 인구는 약 3천만 명이며, 123개의 언어 및 방언과 125개의 민족 집단을 가지고 있다. 종교 분포는 힌두교가 81.19%로 다수를 차지하고 있으며, 불교 8.21%, 이슬람교 5.09%, 키라트교 3.17%, 기독교 1.76%, 기타 종교 0.58%로 구성되어 있다.[1] 2015년 기준, 네팔 헌법은 종교 개종을 금지하고 있으며, 2018년에는 반(反)개종법이 제정되었다.

---

[1] Government of Nepal, Office of the Prime Minister and Council of Ministers, *National Population and Housing Census, 2021: National Report on Caste/Ethnicity, Language & Religion* (Thapathali, Kathmandu: National Statistics Office, 2023), 34-35, https://censusnepal.cbs.gov.np/results/files/result-folder/Caste%20Ethnicity_report_NPHC_2021.pdf.

2. 인간의 섹슈얼리티에 대한 성경의 이해

인간의 섹슈얼리티를 이해하기 위해서는, 창조 질서 안에서 나타난 인간의 섹슈얼리티에 대한 하나님의 설계를 이해할 필요가 있다. 창세기 1장 26-31절과 2장 18-25절은 이 문제를 직접적으로 다루고 있다. 하나님(ĕlōhîm)은 자신의 형상대로 인간을 창조하실 때, "그분의 주권 아래에서 땅을 다스리도록"[2] 남성(zakar)과 여성(nǝqēbâ)을 창조하셨다. 남성과 여성은 모두 하나님의 형상 또는 모양을 동등하게 지닌 존재다. 남성과 여성 사이의 성적 구분은 하나님의 창조 속에서 비롯된 것이다. 하나님이 아담과 하와를 남성과 여성으로 창조하신 것은 인간의 섹슈얼리티가 그분의 형상대로 창조된 남성과 여성 모두에게 주어진 하나님의 선물임을 의미한다. 하나님은 남성과 여성을 성적 구분을 두어 창조하셨을 뿐만 아니라, 그들에게 생육하고 번성하여 땅을 채우라고 축복하셨다(창 1:28). 창조 안에서 나타나는 남성과 여성의 성적 구분은 동성애가 아닌 이성애가 인간의 생육을 위한 하나님의 설계의 일부이며, 이는 인류를 향한 하나님의 명령임을 명확히 보여 준다.[3] J. 앤드류 디어만(J. Andrew Dearman)은 "창조 이야기에서 나타나는 생육에 대한 하나님의 명령은 결혼과 가정이 하나님의 창조 안에서 남성과 여성을 위한 제도적 틀임을 의미한다"[4]라고 결론짓는다.

창세기 1장 31절은 "하나님이 지으신 그 모든 것을 보시니 보시기에

---

2 James B. Hurley, *Man and Woman in Biblical Perspective* (Grand Rapids: Zondervan, 1981), 31; Lian Mung, "God's Original Design for Human Sexuality and Spirit-Empowered Leaders in the Old Testament," in *Human Sexuality and the Holy Spirit: Spirit-Empowered Perspectives*, ed. Wonsuk Ma et al. (Tulsa, OK: ORU Press, 2019), 11.

3 Mung, *God's Original Design*, 11.

4 J. Andrew Dearman, "Marriage in the Old Testament," in *Biblical Ethics and Homosexuality: Listening to Scripture*, ed. Robert L. Brawley (Louisville: Westminster John Knox, 1996), 55.

심히 좋았더라"라고 기록하고 있다. "하나님이 지으신 모든 것"이라는 표현이 남성과 여성을 포함한 하나님의 모든 창조를 가리키므로, 남편(남성)과 아내(여성) 간의 성적 결합을 포함한 인간의 섹슈얼리티에 대한 하나님의 창조는 아름답고 선한 것임을 추론할 수 있다.[5] 창세기 2장 18절에서 여호와 하나님은 "사람이 혼자 사는 것이 좋지 아니하니 내가 그를 위하여 돕는 배필을 지으리라"고 말씀하셨다.

이어지는 22-23절은 다음과 같이 말한다. "여호와 하나님이 아담에게서 취하신 그 갈빗대로 여자를 만드시고 그를 아담에게로 이끌어 오시니 아담이 이르되 이는 내 뼈 중의 뼈요 살 중의 살이라 이것을 남자에게서 취하였은즉 여자라 부르리라 하니라." 따라서 18-23절에서, "남자에게 적합한 돕는 자로 지음 받은 여자에 대한 기록자의 서술은 여자의 독특성과 남자와 여자가 공유하는 유일한 관계를 나타낸다."[6]

창세기 2장 24절은 하나님의 결혼에 대한 본래의 설계는 남편과 아내 간의 언약적 관계를 포함하고 있음을 시사한다. "둘이 한 몸을 이룰지로다"라는 표현은 성적 결합을 나타내는 관용어로, 섹슈얼리티 또한 타락의 산물이 아니라 오히려 하나님의 피조물에게 주어진 선물임을 독자들에게 상기시킨다.[7] 이 구절은 또한, "한 몸"이라는 표현이 성적 관계를 포함하는 결혼 안에서의 남성과 여성의 결합과 관련된 친족의 유대를 지칭하는 방식임을 시사한다. "한 몸"이라는 표현은 또한, 하나님이 아담에게 단 한 명의 여성을 정하셨으며, 부부의 결합은 두 사람 사이에만 존

---

5 Richard M. Davidson, *Flame of Yahweh: Sexuality in the Old Testament* (Peabody, MA: Hendrickson, 2007), 15-80.

6 Kenneth A. Mathews, *Genesis 1:1-11:26*, vol. 1A of The New American Commentary (Nashville: Broadman & Holman, 1996), 172.

7 Tremper Longman III, "What Genesis 1-2 Teaches (and What It Doesn't)," in *Reading Genesis 1-2: An Evangelical Conversation*, ed. J. Daryl Charles (Peabody, MA: Hendrickson, 2013), 112.

재함을 나타낸다. 따라서 창세기 2장 24절, 마태복음 19장 1-12절, 그리고 말라기 2장 15절에 비추어 볼 때, 일부다처제는 정당한 결혼 제도의 타락이라 할 수 있다.[8] 앞의 논의는 창조 질서 안에서 일부일처제가 하나님의 의도된 결혼 설계였음을 의미하며, 남성과 여성 사이의 "한 몸"의 결합은 배타적인 관계로 설정되었고, 그 언약적 결혼 관계에는 다른 누구도 개입되어서는 안 됨을 내포한다.[9] 사도 바울은 로마서 1장 26-27절, 고린도전서 6장 9-10절, 디모데전서 1장 9-10절에서 동성애를 정죄하며, 이에 따라 동성 결혼 또한 정죄하고 있다.

요약하자면, 하나님의 설계 안에서 인간의 섹슈얼리티에 대한 성경의 이해는 명확하다. 결혼은 남성과 여성 사이로 한정되며, 동성 간의 결혼 관계는 성립될 수 없다. 이제는 네팔의 다양한 문화 전반과 특히 종교들이 동성애 관계를 어떻게 바라보는지, 그리고 네팔에서의 동성 결혼 실제 사례의 맥락 속에서 LGBTQ 개인의 법적 지위와 관련 제도의 변화에 대해서도 논의할 것이다. 이러한 논의에 이어, 해당 문제들에 대한 적절한 기독교 응답을 제시하고자 한다.

3. 네팔에서 LGBTQ와 동성 결혼에 대한 주요 종교적이고 세속적인 이해

각 종교의 비율은 앞서 "네팔: 개관"에서 언급한 바 있다. 여기에서는 힌두교, 불교, 이슬람교, 키라트교, 기독교, 그리고 무신론자와 세속주의자들이 네팔에서의 동성 결혼 문제를 어떻게 이해하고 있는지를 논

---

8 John Calvin, *Genesis* (Wheaton, IL: Crossway, 2001), 40.

9 John K. Tarwater, *Marriage as Covenant: Considering God's Design at Creation and the Contemporary Moral Consequences* (Lanham, MD: Univ. Press of America, 2006), 53-75.

의하고자 한다.

힌두교

힌두교 경전, 특히 베다(Vedas), 마하바라타(Mahabharata), 카마 수트라(Kama Sutra)와 같은 고대 문헌들에 따르면, 동성애에 대한 명시적인 정죄는 존재하지 않는다. 그러나 마누법전(Manusmriti)과 같은 후기 문헌에 대한 일부 해석은 동성 성행위를 사회적으로 용납될 수 없는 것으로 보며, 경우에 따라 카스트 상실을 초래할 수 있다고 간주한다. 그러나 힌두교에는 '제3의 젠더'라는 개념이 존재하며, 이는 동성애자를 포함하는 개념으로 해석될 여지가 있다.

라슈트리야 스와얌세벡 상(Rashtriya Swayamsevak Sangh, RSS)과 비슈바 힌두 파리샤드(Vishva Hindu Parishad, VHP)와 같은 힌두교 종교 단체들과 기타 보수적 힌두 단체들은 일반적으로 동성애와 동성 결혼에 반대하며, 이를 부자연스럽거나 전통적인 힌두 가족 구조에 부합하지 않은 것으로 간주한다. 결혼은 출산과 사회 질서 유지를 위한 목적으로 남성과 여성 사이에서 이루어져야 한다는 관점이 지배적이다. 탄트라(Tantric) 형태의 힌두 샤이바(Shaiva) 전통은 보다 포괄적인 경향을 보일 수 있으나, 바이슈나바(Vaishnava) 전통은 섹슈얼리티에 대해 보다 보수적인 관점을 견지하며, 결혼은 남성과 여성 사이에서 이루어져야 한다고 강조하고, 동성 결혼은 지지하지 않는다. 샥타(Shakta) 전통, 특히 샤이바 전통과 유사한 탄트라 형태에서는 섹슈얼리티가 종교적 여정의 일부로 간주되기 때문에, 다양한 섹슈얼리티에 대해 보다 포괄적인 입장을 취할 가능성이 크다.

힌두교 내에서 동성애와 동성 결혼에 대한 이해는 종파, 해석, 그리고 따르는 영적 전통에 따라 크게 달라질 수 있다. 바츠야야나(Vatsyayana) 현인이 저술한 카마 수트라는 섹슈얼리티에 관한 문헌으로 간주된다. 이 문헌은 다양한 성적 행위, 여러 성적 기법과 체위, 그리고 유혹의 기술을 상세히 다룬다. 또한 동성 간의 끌림과 쾌락을 위한 성적 행위도 언급한다. 그러나 이 문헌은 출산, 가족의 안정성, 그리고 사회적 의무를 위한 이성 간의 성적 관계를 강조한다. 고대 힌두 사상에는 동성 결혼이라는 개념이 존재하지 않았다. 카마 수트라에서 동성 성행위는 육체적 쾌락을 위한 것이었으며, 오늘날 일부 사람들이 생각하는 것처럼, 결혼 계약이 전제된 것으로 여겨진 적은 없었다.

불교

일반적인 불교 전통에서는 동성애나 동성 결혼에 대해 단일하고 중앙 집권적인 입장을 가지고 있지 않으며, 이는 이러한 주제들이 초기 불교의 핵심 경전에서 명시적으로 다루어지지 않았기 때문이다. 그 대신, 이러한 주제들은 서로 다른 불교 전통, 지역, 그리고 문화적 맥락에 따라 다양한 방식으로 해석되어 왔다. 불교는 성적 욕망을 포함한 모든 욕망에 대한 집착이 고통으로 이어질 수 있음을 가르친다. 종교로서의 불교는 동성 간의 관계를 명확히 정죄하지는 않을 수 있으나, 네팔 문화는 전통적으로 보다 보수적이며, 동성 결혼에 대해 부정적인 시각을 가지는 힌두교의 영향을 강하게 받아 왔다. 이러한 맥락에서, 네팔 불교는 동성애와 동성 결혼에 대해 다양한 관점을 반영하고 있으며, 일부 불교 공동체는 보다 포괄적인 입장을 취하는 반면, 다른 공동체는 보다 전통적인 관점을 유지하고 있다. 특히 최근 몇 년간의 추세를 보면, 네팔 사회 전반의 변화에 발맞추어 LGBTQ 권리에 대한 수용이 점차 확대되는 경향을 보이고 있다.

이슬람교

이슬람에서는 동성애가 일반적으로 하람(haram), 즉 금지된 것으로 여겨지는데, 이는 성적 관계는 결혼이라는 틀 안에서 남성과 여성 사이에서만 이루어져야 한다는 이슬람의 자연 질서 교리에 반하기 때문이다. 동성 성관계는 비도덕적이며 죄악으로 간주되며, 이에 대한 처벌은 징역형을 포함하여 경우에 따라 사형에 이를 정도로 매우 엄격하다. 네팔의 무슬림 역시 동성애와 동성 결혼에 반대하는 이러한 전통적 입장을 유지하고 있다.

키라트교(Kiratism)

네팔의 키라트족은 동성애와 동성 결혼을 지지하지 않는다. 키라트족의 전통적인 결혼 관습은 이성 간 결합을 기반으로 하며, 결혼은 일반적으로 출산과 사회적 동맹 형성을 위한 이성애 중심의 제도로 인식되고 있다. 그러나 키라트 공동체가 네팔에서 보다 광범위한 LGBTQ 권리 운동과 계속해서 접촉하고 참여함에 따라, 변화와 인식의 진전 가능성도 존재한다.

기독교

네팔의 그리스도인들, 즉 전반적인 로마 가톨릭과 개신교 신자, 특히 복음주의 그리스도인은 동성애를 죄로, 동성 결혼을 비성경적인 것으로 간주하는 전통적인 기독교 교리를 따르고 있다. 결혼은 전통적으로 남성과 여성 간의 결합으로 이해되며, 동성 간의 결합은 네팔의 기독교 공동체에서 인정되지 않는다. 네팔 내에는 LGBTQ 포용과 동성 결혼의 인정을 주장하는 일부 진보적 그리스도인들도 존재하지만, 이러한 목소리는 네팔의 기독교 공동체 전체 내에서는 일반적으로 널리 수용되지 않고 있다.

무신론자와 세속주의자

네팔에서의 무신론적이고 세속적인 관점은 일반적으로 진보적이며, LGBTQ 권리를 지지하는 경향을 보인다. 이들은 평등, 인권, 개인의 자유를 옹호하며, 성적 지향은 차별이나 배제의 근거가 되어서는 안 된다고 주장한다. 무신론자 및/또는 불가지론자들은 동성 결혼에 반대하는 종교적 주장을 거부하며, 개인의 자율성이 존중되어야 한다고 믿고, 동성 커플이 이성 커플과 동일한 법적 권리를 가져야 한다고 믿는다. 네팔의 세속주의 옹호자들은 동성 결혼 커플이 이성 커플과 동등한 수준의 완전한 법적 권리를 보장받아야 하며, LGBTQ 개인의 완전한 평등을 실현해야 한다고 주장하고 있으며, 종교적 영향으로부터 독립된 세속적 통치의 필요성을 강조하고 있다. 네팔에서는 LGBTQ 개인에 대한 법적 보호 조항이 존재하지만, 사회적 수용의 측면에서는 여전히 과제가 남아 있으며, 동성 결혼은 아직 완전히 합법화되지 않은 상태다. 네팔의 세속주의, 불가지론, 그리고 무신론 운동은 세속적 맥락에서 인권, 사회 정의, 젠더 평등을 옹호함으로써 이러한 불평등을 극복하고자 노력하고 있다.

4. 네팔에서 LGBTQ와 동성 결혼에 대한 법적 지위

개관

동성 결혼, 또한 게이 결혼이라고도 알려진 것은 법적으로 동일한 성을 지닌 두 사람 간의 결혼을 의미한다. 2025년 현재, 전 세계적으로 동성 결혼은 38개국에서 합법적으로 시행 및 인정되고 있으며, 이는 약

15억 명, 즉 전 세계 인구의 약 20%에 해당한다. 2007년, 네팔은 동성 결혼을 합법화한 세계에서 서른일곱 번째 국가가 되었으며, 그 이후로 LGBTQ 권리 분야에서 선도적인 국가 중 하나로 자리매김해 왔다.

2007년에 네팔이 왕국에서 연방민주공화국으로 체제를 전환하기 이전까지, 합의한 성인 간의 동성 성관계는 범죄로 간주되었다.[10] 2007년, 네팔 대법원의 판결 이후 동성 성행위가 합법화되었는데, 이는 네팔 대법원의 판결을 통해 동성 결혼이 허용되고 트랜스젠더에게 젠더 확정 케어(gender-affirming care)를 받을 권리가 인정된 이후의 일이다.

네팔에서의 LGBTQ 권리 운동은 2001년, LGBTQ 권리 증진을 목적으로 하는 NGO인 블루 다이아몬드 소사이어티(Blue Diamond Society)의 설립과 함께 시작되었다. 이 NGO는 결국 네팔 정부와 관련 법을 상대로 소송을 제기했다. 2007년 12월 21일, 네팔 대법원은 새로운 민주 정부가 LGBTQ 권리를 보호하는 법률을 제정하고, 차별에 해당하는 기존 법률을 개정해야 한다고 판결했다. LGBTQ 단체들은 이 중대한 법원 판결을 매년 기념하고 있다.[11]

네팔에서의 LGBTQ 권리는 지속적으로 확장되어 왔으나, 그 진전의 상당 부분은 입법부가 아니라 사법부를 통해 이루어졌다. 2013년에는 시민권 서류에 "제3의 성" 항목이 도입되었으며, 네팔은 그로부터 2년 후엔 "기타"(others)로 표시된 여권을 발급하기 시작했다. 2015년에 공포된 네팔의 새 헌법 제18조 제3항은 국가가 "성 소수자"를 차별해서는 안

---

10 P. Boyce and D. Coyle, *Development, Discourse and Law: Transgender and Same-Sex Sexualities in Nepal* (Brighton, England: Institute of Development Studies, University of Sussex, 2013), 6-30, https://opendocs.ids.ac.uk/articles/report/Development_Discourse_and_Law_Transgender_and_Same-Sex_Sexualities_in_Nepal/26482231.

11 "Nepal Court Rules on Gay Rights," *BBC News*, South Asia, December 1, 2007, http://news.bbc.co.uk/2/hi/south_asia/7156577.stm.

된다고 명시하고 있다.

네팔에서의 LGBTQ 권리 운동의 역사는 국내에서 발생한 실제 동성 결혼 사례들을 연대기순으로 고찰함으로써 보다 심층적으로 이해할 수 있다.

네팔에서 상징적이고 공식적인 동성 결혼

2016년

한 동성 커플이 카트만두(Kathmandu)에서 동성 결혼의 (사법적이고 입법적인 차원의) 완전한 합법화를 촉구하기 위해 상징적인 결혼식을 거행했다. 수년간 동거해 온 이 커플은 법적으로 결혼하기를 희망한다고 밝히며, 네팔 정부가 자신들의 결혼에 대한 권리를 전면적으로 인정해 줄 것을 촉구했다.

2018년

카트만두에 거주하는 또 다른 동성 커플이 LGBTQ 권리와 동성 결혼에 대한 사회적 인식 제고를 목표로 언론 앞에서 상징적인 결혼식을 거행했다. 이 결혼식에는 전통적인 결혼 관습과 더불어, 네팔에서 동성 커플의 평등한 권리를 요구하는 공개 연설도 포함되었다. 이 커플은 또한 네팔 정부에 동성 결혼을 전면적으로 합법화하고, 자신들의 관계에 대한 법적 인정을 부여할 것을 촉구했다.

2020년

코로나19 팬데믹 기간 동안 카트만두에 거주하는 한 커플이 네팔에서의 동성 결혼 법제화 필요성에 대한 사회적 관심을 환기시키기 위해 소규모의 상징적 결혼식을 거행했다. 이 결혼식은 블루 다이아몬드 소사이어티와 기타 LGBTQ 활동가들이 평등한 결혼 권리를 옹호하며 벌여 온 지속적인 캠페인의 일환이었다.

2023년 6월 28일

네팔 대법원의 틸 프라사드 슈레스타(Til Prasad Shrestha) 단독 판사 재판부는 정부에 '비전통적 커플과 성 소수자'의 결혼을 '임시로' 등록할 수 있도록 필요한 조치를 취할 것을 명령하는 역사적인 잠정 명령을 2023년 6월 28일에 발령했다.

2023년 11월 29일

네팔에서 첫 번째 공식 동성 결혼이 등록되었으며, 이로써 네팔은 동성 결혼을 법적으로 인정한 아시아에서 두 번째 국가가 되었다. 이 동성 결혼은 트랜스젠더 남성인 수렌드라 판데이(Surendra Pandey)와 시스젠더(cisgender) 여성인 마야 구룽(Maya Gurung) 사이에서 이루어졌다. 이들 두 사람은 모두 LGBTQ 권리 옹호자이며, 네팔에서 성 소수자와 젠더 소수자의 인정과 보호를 위한 운동에 참여해 왔다. LGBTQ 활동가들은 람중 지구(Lamjung District), 도르디(Dordi)에서 이루어진 이들의 결혼 등록을, 네팔에서 동성 결혼 관계의 평등과 공적 인정을 위한 투쟁에 있어 중대한 진전으로 평가한다. 이들의 결혼은 2008년 네팔 대법원이 성 소수자의 권리를 보호할 것을 정부에 명령한 판결에 따라, 동성 결혼을 인정하기 위한 정부의 지침이 시행되면서 가능해졌다. 법적으로 인정된 이들의 결혼은 완전한 결혼 평등을 요구해 온 네팔 내 LGBTQ 공동체에게 하나의 승리로 받아들여지고 있다.

2023년 12월

네팔 팔파 지구(Palpa District)에서 동성 결혼이 등록되었다.

2024년 2월

네팔 최초의 레즈비언 커플이 카트만두에서 그들의 결혼을 공식적으로 등록했다.

2024년 4월

네팔 내무부는 지방 혼인 등록소에 공문을 발송하여, 동성 결혼을 별도의 등록부에 등재하도록 하는 지침을 제공했다. "임시 등록은 동성 커플에게 이성 커플과 동일한 법적 권리와 인정을 부여하지 않는다. 동성 커플은 재산을 상속하거나, 세금 혜택을 받거나, 배우자에 대한 의료 결정을 내리거나, 자녀를 입양하는 등의 권리를 가질 수 없다."[12] 모든 지방 정부가 국가 신분 및 민사 등록부(National ID and Civil Registration Department)의 지침을 준수하고 있는지는 확인되지 않았다.

2024년 9월

카스키 지구(Kaski District), 루파(Rupa)에서 동성 결혼이 이루어졌다.

2024년 10월

네팔 거주자와 미국 시민 간의 결혼이 순사리 지구(Sunsari District), 다란(Dharan)에서 등록되었다.

---

12 Wikipedia, s.v. "Same-Sex Marriage in Nepal," last modified February 28, 2025, https://en.wikipedia.org/wiki/Same-sex_marriage_in_Nepal#cite_note-25; "How Court Laid the Ground for Same-Sex Marriage in Nepal," *The Kathmandu Post*, March 8, 2025, https://kathmandupost.com/national/2023/12/03/how-court-laid-the-ground-for-same-sex-marriage-in-nepal.

5. 하나님과 모든 사람을 사랑할 책무

우리는 앞서 인간의 섹슈얼리티에 대한 성경적 이해를 논의했다. 하나님의 계획은 동반자 관계와 생육을 목적으로 한 남성과 여성 간의 이성애적 결혼 관계다. 이것은 하나님이 자신의 형상대로 남성과 여성을 창조하셨을 때 세우신 본래의 계획이었다. 우리는 또한 동성애를 실천하는 남성과 여성들이 존재하며, 38개국에서 동성 결혼이 합법화되었다는 사실을 언급했다. 이러한 국가들에서는 LGBTQ 권리가 보장되며, 동성애가 공개적으로 행해지고 있다. 이처럼 복잡한 상황 속에서, 교회는 어떤 대응을 해야 하는가? 이 사안에 대해 네팔 교회는 어떠한 입장에서 있는가? 교회의 사명은 회복이며, 예수께서는 이 길을 교회에 제시하셨다. 예수께서는 사마리아 여인이나 간음하다 잡힌 여인을 정죄하지 않으시고, 그들을 용서하시며 삶의 방식을 변화시킬 것을 요청하셨다. 그분은 그들의 행위를 거부하셨지만, 그들을 한 인격으로 받아들이시고 그들에게 변화를 요구하셨다.

교회는 동성에 끌림으로부터의 자유가 가능하다는 사실을 믿어야 한다. 교회의 사명은 상처 가운데 고통받는 이들과 연결되어, 그들이 개인적 존엄성과 관계적 온전함을 회복하도록 돕는 데 있다. 교회는 자신의 성 정체성을 하나님의 본래 의도대로 회복하고자 결단한 이들과 함께 사랑 안에서 인내하며, 그들을 위해 기도하고, 그들이 필요로 하는 도움, 소망, 그리고 목회적 돌봄을 제공해야 한다. 그들의 가족 또한 그들을 받아들이고 도와야 한다. 교회는 그들의 삶의 방식을 거부하되, 그들을 사랑함으로써 그들이 다시 회복될 수 있도록 해야 한다.

교회는 동성에 대한 끌림을 극복하려 애쓰는 이들이 사랑받고, 부정적인 인식과 차별로부터 안전할 수 있도록 포용적 환경을 조성하는 인식 제고 활동을 발전시킬 필요가 있다. 은혜와 진리가 풍성한 이러한 환경 속에서 사람들은 자기 인식과 치유, 그리고 건강한 관계를 형성할 자유를 경험할 수 있다.

개인의 인격이 형성되는 시기에 동성에 대한 끌림이 형성될 경우, 이는 장기적인 영향을 미치며 정서적 손상을 초래할 수 있다. 이러한 정서적 손상을 예방하기 위하여, 교회는 학교, 교회, 기관, 지역 사회 등 다양한 영역에서 청소년들에게 동성에 끌림의 진실, 일반적인 오해, 성적 지향의 발달 과정, 관련된 건강상의 위험, 그리고 어려움을 겪는 이들과 지지적인 관계를 형성하는 방법에 대해 교육하는 데 헌신해야 한다.

결론

본 연구에서는 인간의 섹슈얼리티가 남성과 여성 간의 동반자 관계를 위하여 하나님이 인류에게 주신 선물임을 발견했다. 하나님은 남성과 여성을 자신의 형상대로 창조하셨으며, 이들은 결혼을 통해 한 몸이 되었다. 결혼은 생육과 동반자 관계를 목적으로 남성과 여성 사이에서 이루어진다. 그러나 동성애와 동성 결혼은 전통 사회의 기존 결혼과 가족의 가치를 위협하고 있다.

현재 전개되고 있는 상황 속에서, 네팔 내 기독교 선교와 인간의 섹슈얼리티의 교차점은 중대한 도전과 동시에 중요한 기회를 제시하고 있다. 하나님과 모든 사람에 대한 사랑에 뿌리를 두고 있는 기독교 선교는 신자들이 섹슈얼리티의 문제에 어떻게 접근하는지에 있어서 책임 있는 자세를 요구한다. 다양한 문화적 규범과 종교적 신념, 그리고 인간의 섹슈얼리티에 대한 변화하는 태도를 지닌 네팔의 맥락 속에서, 교회는 이러한 복잡한 현실을 지혜와 긍휼, 그리고 민감함을 가지고 헤쳐 나가야 한다.

사회적 규범과 정부 정책, 그리고 성 소수자에 대한 다양한 수용 정도를 포함하는 네팔의 현재 상황은 기독교 선교 사역이 그 맥락에 적절하게 대응하며 인간의 존엄성을 존중하며, 인간의 섹슈얼리티에 관한 성경 말씀에 충실할 것을 요구한다. 교회는 인간의 섹슈얼리티에 대한 성경적 진리를 굳게 지키는 공동체가 되어야 할 뿐 아니라, LGBTQ+ 개인을 포함해 성과 관련된 어려움을 겪는 이들에게 은혜와 이해, 그리고 지지를 베풀어야 한다. 이는 그들이 그리스도 안에서 참된 정체성을 발견하고, 하나님이 그들의 섹슈얼리티에 대해 본래 의도하신 바에 따라 변화되도록 돕기 위함이다.

전통적인 문화적 기대, 차별, 그리고 법적 제약으로 인해 제기되는 도전들은 교회가 그리스도가 사랑하신 것처럼 이웃을 사랑하는 선교적 사명에 굳건히 뿌리를 두어야 함을 요구한다. 그러나 이러한 도전들은 동시에, 의미 있는 대화에 참여하고, 사회 정의를 증진하며, 보다 포용적이고 자비로운 사회를 세우고, 상처 입은 이들에게 치유와 회복을 가져오며, 그들을 인간의 섹슈얼리티에 대한 하나님의 본래 계획대로 회복시키는 기회를 제공한다.

토론 질문

⑴ 네팔은 인구의 80% 이상이 힌두교를 신봉하는 국가다. 힌두교는 동성애 자체를 명시적으로 정죄하지는 않지만, 일반적으로 동성 성행위는 부정적으로 여기며, 동성 결혼의 개념은 존재하지 않는다. 그렇다면 왜 힌두교 중심 국가인 네팔은 2007년에 동성 결혼을 합법화함으로써, 아시아에서 두 번째이자 전 세계적으로는 서른일곱 번째로 이를 허용한 국가가 되었는가?

⑵ 네팔이 동성 결혼을 처음으로 인정하게 된 것은 입법에 의한 것이 아니라, 사법부의 판결에 의한 것이었다. 이러한 입법에 앞선 사법적 인정의 방식은 다른 국가에서 전개된 사례와 어떻게 비교되는가?

⑶ 특히 네팔에서 기독교가 소수 종교라는 현실을 고려할 때, 그곳의 교회들은 동성에 끌림으로 인해 고통을 겪고 있거나, 심지어 동성 결혼에 이른 이들에게 어떻게 목회적 돌봄과 치유를 제공할 수 있는가?

논찬

김한성

힌두교가 주류를 이루는 국가인 네팔에서, 기독교 선교와 인간의 섹슈얼리티 문제에 관하여 네팔 교회는 어떻게 성경적 진리에 충실하면서도 상황에 적절하게 대응할 수 있는가? 점점 증가하고 있는 네팔 신학자 중, 발 크리슈나 샤르마(Bal Krishna Sharma)는 이 질문에 답할 수 있는 몇 안 되는 인물 중 하나다. 그는 자신이 속한 교단뿐 아니라 네팔 교회 전반에서 매우 존경받는 인물이다. 그의 저서 《*Christian Identity and Funeral Rites in Nepal*》[1](네팔의 기독교 정체성과 장례 의례)은 네팔 그리스도인들이 수십 년간 품어 온 기독교식 장례 의식에 대한 질문에 대해 설득력 있는 해답을 제시했다.

샤르마는 네팔에 대한 간략한 소개로 논의를 시작한다. 네팔은 다민족적이며, 다문화적이고, 다언어적이며, 다종교적인 사회로, 그리스도인은 여전히 소수에 속한다. 1952년, 네팔 그리스도인들과 외국 선교사

1　Bal Krishna Sharma, *Christian Identity and Funerary Rites in Nepal* (Kathmandu: Ekta Books, 2012).

들이 이 내륙 국가에 입국할 수 있게 된 이후로, 그리스도인들의 수는 빠르게 증가했다. 오늘날 그리스도인들은 네팔 사회 내에서 이전보다 더 눈에 띄게 보이기는 하지만, 여전히 수적으로는 매우 적고, 권력이나 영향력도 극히 제한적이다.

샤르마는 대다수의 네팔 그리스도인들이 인간의 섹슈얼리티에 관한 주제에 있어 교회의 전통적 입장에 부합한다고 설명한다. 지난 2천 년 동안, 교회는 하나님이 남자와 여자를 창조하셨으며, 결혼은 남성과 여성 간의 결합임을 믿어 왔다. 약 70년 전부터, 주로 서구를 중심으로 일부 집단이 인간의 섹슈얼리티에 대한 성경적 관점에 이의를 제기해 왔다. 네팔 교회의 신학은 1950년대부터 활동한 서구와 인도 선교사들과, 1990년대부터의 한국 선교사들로부터 영향을 받았다.

일반적으로, 서구 선교사들은 의료와 지역 사회 개발에 중점을 두었으며, 전도와 교회 개척에 참여한 선교사들은 보수적이거나 복음주의적인 신학을 견지했다. 하나님의성회, 침례교, 장로교 출신의 인도 선교사들이 네팔에 입국해 사역하였고, 개종한 많은 네팔인들이 사역 훈련을 받기 위해 인도의 보수적인 성경 대학과 신학교에 진학했다. 대부분 보수적이고 복음주의적인 성향을 지닌 한국 선교사들은 네팔에서 목회자 양성과 교회 개척에 기여했다. 한국의 신학교에서 수학한 많은 네팔 목회자들은 보수적이며 복음주의적인 신학을 배우게 되었다.

샤르마가 정리한 네팔의 LGBTQ와 동성 결혼에 대한 다양한 견해는 네팔 대중의 인식을 들여다보는 탁월한 창을 제공한다. 이들은 네팔 사회라는 맥락 속에서 서로 다른 신앙 체계를 따르고 다양한 의례를 실천하지만, 인간의 섹슈얼리티에 대해서는 대체로 전통적인 관점을 고수하고 있다. 이러한 흐름에 있어 예외적인 입장을 보이는 집단은 네팔의 세속주의자들이며, 그들은 2007년 이후로 LGBTQ 권리와 동성 결혼과 관련된 네팔 법률의 변화를 지속적으로 옹호해 왔다. 여러 차례에 걸친 동성 커플들의 '상징적인' 결혼식 이후, 2023년 11월 29일 네팔에서 첫 공식적인 동성 결혼이 등록되었다.

샤르마는 네팔 교회가 예수 그리스도의 가르침인 "사람은 사랑하되 죄는 미워하라"를 따라야 한다고 확신한다. 그리스도인들은 한 사람을 하나님이 본래 의도하신 존재로 변화될 수 있도록 사랑해야 한다. 교회는 동성에 끌림을 느끼는 이들이 안전하다고 느끼며 건강한 관계를 선택할 수 있는 환경을 조성해야 한다. 그리스도인들은 청년들의 마음이 세속적 영향으로부터 보호받을 수 있도록 힘써야 한다.

네팔 교회와 개별 그리스도인들은 지난 60여 년 동안, 그들 자신의 사회 안에서 여러 수준의 박해와 편견을 경험해 왔다. 세례는 오랜 시간 동안 범죄 행위로 간주되었다. 20여 년간 비교적 신앙의 자유가 보장된 시기를 거친 후, 네팔 의회는 2018년 형법에 개종 금지 조항을 삽입하였고, 이후 그 조항에 따라 외국인 그리스도인들과 네팔인 그리스도인들이 여러 차례 기소되었다. 그리스도인들은 가족과 이웃으로부터 배척당하고 조롱받는 일이 잦았으나, 믿음 안에서 굳건히 서서 그들에게 예수 그리스도의 복음을 전했다.

네팔의 근대 정치적 변화는 그리스도인들이 신앙을 공개적으로 실천하는 데에는 도움을 주었지만, 동시에 새로운 공화국 체제에 서구의 세속주의를 가져오기도 했다. 블루 다이아몬드 소사이어티의 창립자인 수닐 바부 판트(Sunil Babu Pant)는 벨라루스와 일본에서 유학하던 중 처음으로 LGBTQ 생활을 접하게 되었다.[2] 그의 조직은 에이즈 예방 서비스 제공, 인권 침해 감시 및 보고, 그리고 인권 교육 프로그램 운영을 통해 규

---

2 Sunil Babu Pant, "Sunil Babu Pant: A Guardian of LGBTIQA+ Community," *The Annapurna Express*, March 11, 2023, https://theannapurnaexpress.com/story/39450/.

모와 영향력을 확대해 나갔다.[3] 이 조직은 동성애자 권리 문제를 대법원에 제소했고, 2007년에 법원의 호의적인 판결을 이끌어 냈다. 그 결과, 네팔 정부는 동성애자 권리를 공식적으로 인정하였으며, 2008년에는 동성 결혼을 허용하게 되었다.[4] 블루 다이아몬드 소사이어티는 2008년 제헌의회 선거에 적극적으로 참여하였으며, 그 결과 판트는 제헌의회 의원으로 선출되었고, 새로운 헌법에 LGBTQ 권리를 포함시키기 위한 움직임을 주도했다.[5]

기독교 선교는 한 사람의 내면뿐 아니라 그의 삶 전체를 변화시키는 것을 목표로 한다. 개인이 예수 그리스도를 구세주로 믿기로 결단할 때, 그는 자신의 충성의 대상을 기존의 무엇인가로부터 그리스도로 전환하는 것이다. 이러한 영적 변화는 개인의 일상생활 전반에 영향을 미친다. 다른 신앙을 따르던 이들이 예수 그리스도에 대한 신앙을 고백하게 되면, 그들은 기독교의 삶과 예식을 받아들이게 된다. 세속주의의 영향을 받아 살아오던 이가 예수 그리스도의 제자가 되었을 때, 그의 삶은 인간의 섹슈얼리티를 포함한 예수님의 가르침을 반영해야 한다.

샤르마의 글에서 보이듯이, 네팔 교회와 그리스도인들은 힌두교가 다수를 이루고 세속주의가 급속히 유입되고 있는 사회 속에서, 자국민에게 다가가며 성경의 가르침에 순종하고자 노력해 왔다. 네팔 교회와 그리스도인들은 전통 종교와 세속주의라는 두 전선에 직면해 있다. 그리스도인들은 그들의 말과 행동을 통해, 네팔인은 힌두교도이거나 최소한 불교도여야 한다고 생각하는 전통적 이웃들에게, 예수 그리스도 안에서 발견되는 기독교의 정체성을 네팔인이 갖는 것이 바람직하다는 점

---

3 앞의 글.
4 앞의 글.
5 앞의 글.

을 보여 주었다.

이제 그리스도인들은 네팔의 다음 세대에 영향을 미치기 위해, 섹슈얼리티에 대한 하나님의 본래 계획에 따른 삶을 가르치고 실천해야 한다. 인터넷과 교육, 또래 관계를 통해 LGBTQ 관련 사상과 실천에 점점 더 많이 노출되면서, 젊은 세대는 이를 새로운 정상으로 인식할 수 있다. 이들은 전통 종교가 더 이상 현대 사회와는 무관하다고 인식하기 때문에, 그 가르침에 귀를 기울이지 않을 수도 있다. 네팔 교회는 오늘날 네팔 사회에 적실한 기독교적 삶을 제시할 수 있는 독특한 기회를 가지고 있다.

09
한국법상 성별 정체성, 결혼과 독신, 그리고 동성 관계

: 제4차 로잔 대회의 서울 선언(Seoul Statement)과

한국의 입법·사법 동향을 중심으로

이은경

1. 서론

파리올림픽은 전 세계를 상대로 '젠더'에 관한 질문을 던졌다. 개막식에서 '드래그 퀸'(drag queen)이라 불리는 여장 남자가 "최후의 만찬"을 패러디했고, XY 염색체를 갖고 있으면서 여자 복싱 경기에 출전한 선수들이 역차별 논란을 빚었다.[1] 이제 젠더를 새로 정의하는 것은 놀라운 일이 아니다. '젠더 이분법을 유지하는 이성애 중심 사회'를 차별로 보고, 동성 결혼을 비롯한 다양한 가족 형태를 도입해야 한다는 주장이 등장한 지 오래다. 심지어 개인이 자신의 성별 정체성을 결정하는 것까지 인정

---

[1] 알제리의 이만 칼리프(Imane Khalif)와 대만의 린위팅(Lin Yu-Ting)을 지칭한다.

하는 추세다.[2] 이렇듯 젠더의 구분과 제한을 없애려는 것은 트랜스젠더리즘을 수용하듯 트랜스휴머니즘의 문도 열겠다는 뜻이다.

우리는 하나님의 형상을 부여받은 인간의 정의에 관하여, 특히 남성과 여성의 구분에 관하여 어느 시대보다 강력한 도전을 받고 있다. 자기 선언에 기반한 젠더의 결정, 결혼과 가족 제도의 급격한 해체에 관하여 어떻게 대응할지를 결정하는 중대한 문제에 봉착해 있다.

2. 로잔 대회 서울 선언 [3]

대한민국 인천에서 열린 제4차 로잔 대회는 7개의 주제 중 "인간"에 관하여 "하나님의 형상과 인간의 섹슈얼리티"[4] 라는 제목으로 56항부터 70항까지 무려 15개 조항을 배치하여 젠더와 결혼에 대한 교회의 전통적 입장을 재확인했다. 로잔 언약(1974), 마닐라 선언(1989), 케이프타운 서약(2010)보다 표현이 명확하다.

성별 정체성에 대한 기독교적 이해 [5]

서울 선언은 남성과 여성의 생물학적 특성을 언급한 성(sex) 이외에 심리적, 사회적, 문화적 연관성을 언급한 젠더(gender)를 언급했다. 그러나

---

2 2011년 독일 연방헌법재판소는 법적인 젠더 변경을 위해 젠더 전환 수술을 요구하는 것은 헌법에 위배된다고 판결했다. 2023년 홍콩 종심법원과 일본 최고재판소는 비슷한 판결을 내렸다. 2023년 스페인은 의료 전문가의 평가 없이 법적으로 젠더를 변경할 수 있는 법안을 공표했고, 핀란드는 자기 선언을 토대로 젠더 정정이 가능하다는 법안을 공표했다. 벨기에, 아일랜드, 룩셈부르크, 몰타, 포르투갈 등도 같은 취지로 젠더 정정 간소화 절차를 진행하고 있다.

3 제4차 로잔 대회, "서울 선언", https://lausanne.org/statement/the-seoul-statement.

4 서울 선언이 제시한 일곱 개의 주제는 "복음, 성경, 교회, 인간, 제자도, 열방의 가족, 그리고 기술"이다.

5 서울 선언, IV장 인간, 56-58항.

생물학적 성과 젠더는 구별할 수 있지만, 분리할 수 없다고 선을 그었다. 인간의 성은 'XY', 'XX'라는 이원적 유전적 특징을 가지고 태어나는 남성 또는 여성 중 하나임을 전제한 것이다. 다만, 인터섹스(intersex) 개인들은 상당한 심리적, 사회적 어려움에 처해 왔음을 인정했다.

특히 서울 선언은 전 세계를 휩쓸고 있는 섹슈얼리티에 대한 왜곡을 통탄했다. 개인이 젠더를 스스로 결정할 수 있다는 개념, 성별 정체성이나 표현이 유동적이라는 젠더 유동성(gender fluidity) 개념도 단호하게 거부했다.

결혼과 독신에 대한 기독교적 이해[6]

결혼은 사랑과 나눔의 육체적이고 정서적인 결합에 헌신하는 한 남자와 한 여자 사이의 독특하고 배타적인 언약 관계이고, 결혼의 범위를 벗어난 성관계는 창조주의 설계와 의도를 위반하는 죄악이라고 선언했다. 동성 파트너십을 성경적으로 유효한 결혼으로 정의하려는 교회 내 모든 시도를 애통이라는 표현으로 반대했다. 성적 자유의 추구가 결혼 내 성관계의 출산적 측면을 경시하여 자녀의 가치를 평가절하하고 급격한 낙태의 증가로 이어진 것에 대한 슬픔을 나타냈다.

그러나 결혼한 사람과 독신자 모두 창조주의 뜻을 온전히 성취할 수 있으므로, 독신자와 결혼한 부부 모두에 대한 기독교 공동체의 지원이 필요하다고 강조했다.

동성 성관계에 대한 기독교적 이해[7]

동성 간의 성관계에 대한 성경의 모든 언급(창 19:1-13; 레 18:22, 20:13; 롬

---

6 서울 선언, IV장 인간, 59-66항.
7 서울 선언, IV장 인간, 67-70항.

1:24-27; 고전 6:9-11; 딤전 1:9-11)은 하나님의 의도를 위반하고 창조주의 선한 설계를 왜곡하는 죄악으로 귀결한다는 점을 강조했다. 다만, 교회 안팎의 일부 사람들이 동성에 대한 끌림을 경험한다는 것을 인정하고, 목회적 돌봄과 제자 훈련 지원을 촉구했다.

3. 대한민국 입법 동향

입법의 과잉과 남용

대한민국은 국회를 합의제 기구로 보기 무색할 정도로 입법권이 비정상적으로 작동하고, '분위기에 휩쓸린 졸속 입법'과 '힘으로 밀어붙인 강행 입법'이 법의 권위를 훼손하고 있다.[8]

포괄적 차별금지법 도입 논의

대한민국 국회는 2007년부터 2021년까지 포괄적 차별금지법에 관하여 8회 발의했다. 그러나 발의안마다 모호한 '차별 개념', 논란이 많은 '차별 사유', 광범위한 '차별 영역', 위험한 '차별 구제 및 제재'로 인하여 비판이 적지 않다.

어떤 사유를 차별로 포섭할 것인지, 금지 사유마다 어떤 제재를 어느 정도 하는 것이 적당한지에 관하여 개별 입법으로 접근하는 것이 합리적이라는 '개별적 규율론'과 사회의 다양한 차별 문제를 효과적으

---

8 법률신문이 예산안, 결산안 등을 제외한 법률안에 한정하여 제21대 국회의 발의 의안 건수를 분석한 결과 연평균 6,257건, 합계 25,027건에 달했다. 2024년 5월 30일 개원한 제22대 국회는 출범한 지 6개월 만에 의원 발의 법안이 5,599건에 달했다. 2024년 11월 28일 기준 대한민국 현행 법령(법률·대통령령·부령) 5,425건을 능가하는 법안을 발의한 것이다. 미국은 하원 117 대(2021-2022) 의원 1인당 평균 25.9건이고, 일본은 2023년 의원 발의 법안 건수가 67건에 불과했다(2023년 국회사무처의 "대한민국 국회의 입법 생산성과 입법 효율성에 대한 G7 국가들과의 비교 분석").

로 다룰 수 있는 포괄적이고 실효성 있는 법을 제정할 필요성이 있다
는 '포괄적 규율론'이 첨예하게 대립하고 있다.

법안 내용

a. 차별 개념: 차별 유형을 '직접 차별, 간접 차별, 괴롭힘, 성희롱, 차
별 표시·조장 광고 행위'로 구분한다. '직접 차별'에 해당하는 '분
리, 구별, 제한, 배제, 거부 등 불리하게 대우하는 행위'의 개념이
광범위하고 추상적이다. 고의가 없는 결과까지 포섭한 '간접 차
별'과 '괴롭힘, 성희롱, 차별 표시·조장 광고 행위'는 본인의 의도
또는 객관적 사실과 무관하게 가해자로 지목받을 위험성이 있다.
학문적 논쟁과 종교적, 도덕적 논의, 각종 사상과 정치적 의견조
차 차별에 해당할지 모른다는 두려움에 휩싸일 수 있고, 특정 신
념이 일부 사람들에게 괴롭힘과 불쾌감을 초래한다는 이유로 대
중적 표현을 금지할 수 있는 것은 '입막음 법'이라는 비판이 있다.

b. 차별 사유: 차별 사유는 해외 법제에 비하여 많은 편이고, 개방적
예시 형식을 취하여 법적 안정성을 해칠 수 있다. 특히 '성별'의 개
념 중 '남성과 여성' 이외에 '분류할 수 없는 성' 또는 '분류하기 어려
운 성'이라는 '제3의 성'과 '성적 지향',[9] '성별 정체성'[10]은 서울 선언

---

9 권인숙 등 17명의 의원이 2021년 8월 31일 제안한 평등 및 차별 금지에 관한 법률안은 "이성애,
동성애, 양성애 등 감정적·호의적·성적으로 깊이 이끌릴 수 있고 친밀하고 성적인 관계를
맺거나 맺지 않을 수 있는 개인의 가능성"이라고 정의한다.
10 같은 법률안은 "자신이 인지하는 젠더와 타인이 인지하는 젠더가 일치하거나 불일치하는
상황을 포함한 자신의 젠더에 관한 인식 혹은 표현"이라고 정의한다.

의 취지에 정면으로 충돌한다.[11] 또한 주관적, 내면적 감정에 기반을 둔 불확정, 가변적 개념이므로, 법의 적용이 모호해지는 약점이 있다. 당장 '분류할 수 없는 성' 또는 '분류하기 어려운 성'을 어떻게 분류할 것인지부터 난제다.

'가족 및 가구의 형태와 상황'은 동성 결혼을 전제로 한 것이라는 비판이 있고,[12] 혼인, 혈연, 입양을 토대로 한 사회의 기본 단위인 '가족' 외에 생계를 유지하고 있는 생활 단위인 '가구'를 포함한 것은 법률혼을 형해화할 우려가 있다.

c. 차별 영역: 차별 영역인 '고용', '재화·용역의 공급이나 이용', '교육 기관의 교육·직업 훈련', '행정·사법 절차 및 서비스의 제공·이용'은 예시적 열거 형식을 취하고 있고, 계약의 자유를 비롯한 사적 자치의 원칙이 대폭 후퇴할 수 있다.

특히 종교 선전, 종교 교육, 종교적 집회·결사의 자유는 타격을 받는다. 종교 기관이라도 성직자를 제외하고는 '성적 지향', '성별 정체성'을 이유로 고용을 배제할 수 없고, 모든 종립 학교나 신학교가 건학 이념에 반하는 학생의 입학·편입을 제한할 수 없다. 종교 시설의 '신천지' 등 이단 종파 출입 허용 여부, 특정 종교 언론의 타 종교 광고 게재 허용 여부 등 난제들이 발생한다.

---

11 현대 사회에서 '성별' 중 '제3의 성'(third sex, third gender)과 '성적 지향'(sexual orientation), '성별 정체성'(gender identity)을 바라보는 시각은 '틀리다', '다르다', '옳다'로 분류할 수 있다. 양심과 종교, 그리고 표현의 자유는 이를 '죄악'이라고 말하고 가르칠 수 있는 권리까지 요구한다. 그런데 중간 영역인 '다름'(difference)을 뛰어넘어 곧바로 '옳음'(rightness)의 영역으로 이들을 옮겨 놓으려는 것이 바로 포괄적 차별금지법이다. 이는 도덕적 비판, 종교적 논의의 시도 자체를 '틀림'으로 자리매김하는 것이라는 우려를 낳는다. 가치관이 다른 사람에게 다르게 생각하는 '표현' 자체를 금지하는 것은 표현의 자유의 본질적 침해에 해당한다.

12 안창호, 《왜 대한민국 헌법인가》 (서울: 국민일보, 2024), 361.

d. 차별 구제 및 제재: '차별 구제 및 제재'에 관한 절차 규정은 논란이 많다. '제3자 진정'은 무책임한 진정에 대한 무방비 노출 위험을 야기하고, 구제 절차의 '준비 단계'까지 포함한 것은 과도한 처벌이라는 비판이 있다. 특히 '징벌적 배상'과 '입증 책임 전환' 규정은 심각한 문제점이 있다. '차별을 하지 않았다'는 부작위를 어떻게 입증할 수 있는지 의문이고, 특정 신념을 보유한 사람이 집단 소송이라도 당할 경우 신용 불량자로 전락할 우려마저 있다.

문제점

원래 차별은 상대적, 가치적, 유동적인 개념이다. 세상에 존재하는 모든 차이가 바로 차별도 아니고, 차별도 법이 모두 금지하는 것은 아니기 때문에 '차이와 차별', '허용 차별과 금지 차별'에 관한 신중한 논의가 필요하다. 현존하는 차별의 정도나 원인과 상관없이 포괄적으로 차별을 시정하겠다는 것은 국가 권력이 차별에 관한 정의를 독점하는 사태를 불러올 수 있고, 법 해석과 집행 과정에서의 독선이 발생할 수 있다. 특히 차별 금지를 비판 금지로 전환하는 메커니즘이 트랜스젠더리즘에 대한 논쟁을 봉쇄하고,[13] 상당수 국민이 역차별을 받을 가능성이 있다.

4. 대한민국 사법 동향

정치의 사법화 및 사법의 정치화

대한민국은 중요한 정치적, 정책적 결정을 사법부의 판단에 맡기는 '정치의 사법화' 현상이 폭발적으로 증가하고 있다. 정치인들이 합의의

---

13 김용준, 《우리 아이 꼭 지켜 줄게》 (서울: 물맷돌, 2023), 332.

실패로 인한 교착 상태의 해결을 법원에 떠넘기고, 동성애, 낙태 등 뜨거운 감자의 처리를 요구한다. 특히 '사법의 정치화'에 대한 걱정이 크다. 국민 감정을 빌미로 법리를 냉철하게 적용하지 않은 판결, 판사의 주관적 신념을 노골적으로 드러낸 판결이 없다고 할 수 없다.

동성 커플에 대한 국민건강보험공단 피부양자 자격 인정 사례(대법원 2024년 7월 18일 선고 2023두36800 전원합의체 판결)

사안과 판결 요지

남성 커플인 원고 및 소외인이 2019년 5월 25일 결혼식을 올렸고, 소외인은 2020년 2월 26일 피고 공단에 피부양자 자격 취득 신고를 했다. 피고 공단은 2020년 11월 23일 원고에게 소외인의 피부양자 등록이 '착오 처리'였음을 이유로 건강보험료 납입 고지 처분을 했다.

다수 의견은 "동성 동반자는 단순한 동거 관계를 뛰어넘어 동거·부양·협조·정조 의무를 바탕으로 부부 공동생활에 준할 정도의 경제적 생활 공동체를 형성하고 있다. 동반자 관계를 형성한 직장 가입자에게 주로 생계를 의존해 보험료를 납부할 자력이 없는 동성 동반자도 사실상 혼인 관계에 있는 사람과 마찬가지로 피부양자로 인정받을 필요가 있다. 피고가 동성 동반자인 원고를 피부양자로 인정하지 않은 것은 합리적 이유 없는 차별에 해당하여 헌법상 평등 원칙을 위반한다"라고 판시했다.

별개 의견은 "피고가 사실상 혼인 관계에 있는 사람이 '배우자'에 포함된다고 해석해 왔다는 점 때문에 동성 동반자도 '배우자'에 포함된다고 해석하는 것은 지나친 논리적 비약이고, '동성 동반자도 배우자와 동등하게 취급하자'는 정책적 구호일 뿐이다. '동성 동반자'와 '사실상 혼인 관계에 있는 사람'은 본질적으로 동일한 집단에 속한다고 볼 수 없고, 피부양자에서 제외한 것을 합리적 근거 없는 자의적 차별이라고 보기 어렵다"라고 판시했다.

문제점

국민건강보험법의 피부양자를 사실상 혼인 관계에 있는 사람에 준하는 동성 동반자까지 확대한 판결이다. 단순한 피부양자 확대에 그치지 않고, 혼인 및 가족 제도를 근본적으로 바꾸는 결과를 초래할 수도 있다. 다수 의견이 "동성 동반자의 피부양자 인정과 민법 내지 가족법의 배우자 범위를 해석·확정하는 문제는 충분히 다른 국면에서 논의할 수 있으므로, 동성 동반자의 피부양자 인정이 혼인과 이에 기반한 가족 제도를 해칠 우려가 없다"라고 단정한 것은 책임 없는 전망에 불과하다는 비판이 많다. '배우자'에 '동성 동반자'를 포함할 것인지는 국회의 입법 등을 통하여 해결하는 것이 바람직하다는 별개 의견의 지적이 있었듯이 사법부가 정치적 형성의 주체인 입법자의 역할까지 담당하려 한 것은 권력분립주의와의 마찰을 피할 수 없다.[14]

극동방송의 차별금지법 비판 방송에 대한 방송통신심의위원회의 주의 처분 인용 사례(대법원 2024년 6월 27일 선고 2024두37220 판결)

사안과 판결 요지

'극동방송'이라는 기독교 방송을 편성하는 원고는 2020년 7월 9일 포괄적 차별금지법 진단을 주제로 대담 프로그램을 방송했다. 당시 출연

---

14 김중권, "국민건강보험법상의 피부양자인 '배우자' 개념", 법률신문, 2024. 7. 24, https://www.
  lawtimes.co.kr/news/200070.

자들의 발언 중 "동성애를 반대하는 일반 국민을 범법자로 몰아 형사 처벌뿐만 아니라, 이행 강제금을 무제한으로 반복하고 엄청난 손해 배상금으로 경제적으로 파산시킬 수 있다. 교사가 학생이 원하는 성별로 불러 주지 않으면 처벌을 받게 되고, 동성애 반대 설교에 대해 이행 강제금을 반복 부과하여 설교를 방송한 방송사를 파산시킬 수도 있다"라는 내용이 있었다.

방송통신심의위원회는 2020년 12월 1일 원고에게 공정성과 객관성을 위반했다는 이유로 주의 처분을 했다.

법원은 대담 프로그램 중 차별금지법안의 실제 사례에 대한 적용과 문제점의 설명은 사실과 정보를 전달하는 내용이지 해설과 논평이라고 보기 어려운 점, 출연자들이 설명한 내용은 객관적 사실과 다른 정보를 전달한 것인 점, 출연자들의 표현과 종교의 자유 등과 마찬가지로 일반 청취자들의 권익도 보호받아야 하는 점 등에 비추어 '객관성'을 갖추었다고 보기 어렵고, 대담은 토론과 달리 출연자 선정의 중립성을 요구하는 제한이 없지만, 제작 의도, 내용, 특정 주제를 두고 의견을 교환하는 방식으로 진행한 점 등 토론의 성격도 짙은 점, 출연자들이 일치하여 법안의 부정적 측면만 부각한 정보를 전달하고, 각각의 견해가 취하고 있는 논리와 근거를 소개하지 않은 점 등에 비추어 '공정성'을 갖추었다고 보기 어렵다고 판단했다.

문제점

포괄적 차별금지법을 도입한 해외 국가의 구체적 사례에 비추어 '출연자들의 발언 내용이 사실과 다른 정보를 전달한 것'이라고 단정한 것은 수긍하기 어렵고, 실제 사례에 대한 차별금지법안의 적용과 문제점을 설명한 것은 해설과 논평을 포함한다는 비판이 있다.

포괄적 차별금지법에 대한 다양한 관점과 의견을 전달할 필요성이 있다고 하더라도 극동방송이 기독교의 교리 교육 및 선교를 목적으로 운영하는 종교 전문 채널인 점을 전혀 고려하지 않은 것은 표현과 종교의 자유에 대한 심각한 제한이라는 비판이 있다. 특히 종전의 확정 판례와도 상치한다. 기독교 방송을 편성하는 CTS가 세 차례 포괄적 차별금지법에 대한 비판적 의견을 제시하는 프로그램을 방송하고, 동일한 주의 처분을 받은 사안에 관하여 "CTS는 교단, 교회, 교인들의 헌금 내지 기부금이 주된 재원이고, 공공 기관 보조금의 비중은 현저히 낮은 점, 종교와는 관계없이 우연히 프로그램을 접하는 사람이 있다 하더라도, 시청을 계속하거나 언제든지 중단할 자유가 있는 점 등을 고려해야 한다"라고 판단했다.[15]

극동방송과 CTS가 차별금지법을 비판하는 프로그램을 진행했다는 이유로 방송통신위원회의 징계 처분을 받은 것은 차별금지법 도입이 불러올 종교의 자유에 대한 침해를 충분히 짐작할 수 있는 대목이다.

동성 간 성행위에 관한 군 형법 적용

배제 사례(대법원 2022년 4월 21일 선고 2019도3047 전원합의체 판결)

사안과 판결 요지

동성 군인들인 피고인들은 자신들의 독신자 숙소에서 키스, 구강 성교나 항문 성교를 하는 방법으로 추행을 했다.

다수 의견은 "현행 군 형법 제92-96조[16]의 문언, 개정 연혁, 보호 법익

---

15 1심은 서울행정법원 2022년 11월 3일 (선고 2021구합56077) 판결, 항소심은 서울고등법원 2023년 12월 7일 (선고 2022누68024) 판결이다.

16 과거 서구권과 달리 대한민국은 이 법률 조항이 유일하게 동성애를 금지하고 있다.

과 헌법 규정을 비롯한 전체 법질서의 변화를 종합적으로 고려하면, 동성인 군인 사이의 항문 성교나 그 밖에 이와 유사한 행위가 '사적 공간'에서 '자발적 의사 합치'에 따라 이루어지는 등 군이라는 공동 사회의 건전한 생활과 군기를 직접적, 구체적으로 침해한 것으로 보기 어려운 경우에는 군 형법 제92-96조(추행)를 위반하였다고 볼 수 없다"라고 판시했다. 특히 "동성 간의 성행위가 객관적으로 일반인에게 성적 수치심이나 혐오감을 일으키게 하고 선량한 성적 도덕 관념에 반하는 행위라는 평가는 이 시대 보편타당한 규범으로 받아들이기 어렵게 되었다"라고 덧붙이고, 현행 규정의 보호 법익에는 '군인의 성적 자기 결정권'도 포함된다고 했다.

반대 의견은 "피고인들의 행위가 '항문 성교나 그 밖의 추행'에 해당하는지 여부가 문제이지 구성 요건적 행위를 제한적으로 해석하거나 개인의 성적 지향 또는 성적 자기 결정권을 고려할 것은 아니다. 법원이 해석을 통하여 살아 있는 법률을 사문화시키는 것은 법관의 법률에 대한 구속이라는 헌법적 원칙을 고려하지 않은 해석론이고, '사적 공간', '자발적 합의' 여부를 고려하여 적용을 달리하는 해석은 법률 문언에 없는 단서 조항을 신설하는 것과 같다"라고 비판했다.

문제점

군 형법 제92-96조 문언 자체의 의미를 넘는 규범적 평가가 필요한 근거가 명확하지 않고, 상명하복의 엄격한 규율과 집단적 공동생활을 본질로 하는 군대 문화의 폐쇄성을 고려하지 않았다는 비판이 있다. 특히 "법원이 법 해석이라는 이름으로 '입법 기관의 법 개정'을 대신 하는 것은 '헌법 정신'에 어긋난다"라는 반대 의견은 깊이 성찰해야 한다. 대법원이 국민의 의견에 대립이 있는 동성 간의 성행위에 관하여 '보편타당한 규범'인지 여부를 선언하는 것이 타당한지도 의문이다.

퀴어 행사 대관 허가 취소를 성적 지향 이유로 한 차별로 본 사례
(대법원 2022년 8월 19일 선고 2022다241875 판결)

사안과 판결 요지

원고 단체는 여성주의 사업을 수행하는 단체이고, 나머지 원고들은 여성 성 소수자 인권 활동가들이다. 피고 공단은 2017년 9월 26일 원고 단체에게 체육관 천장 공사를 한다는 이유로 사용 시설 허가를 취소했다.

기본권의 수범자인 국가, 지방자치단체, 기타 공법인이 공공 시설의 이용에 관하여 합리적인 이유 없이 성적 지향 등을 이유로 특정인을 배제하는 행위는 평등의 원칙에 반하여 위법하다. 평등권이라는 기본권의 침해도 인격적 법익 침해의 형태로 논할 수 있으므로, 불법 행위로 인한 위자료 지급 의무를 부담한다. 차별 행위의 내용과 성격, 피고 공단이 국가인권위원회 상담 등을 통해 위법성을 충분히 알았을 것으로 보이는 점, 허위의 취소 사유를 통보하여 권리 구제를 어렵게 한 점, 향후 성적 지향 등을 이유로 한 차별 행위의 재발을 방지할 필요성이 있는 점 등을 고려하여 위자료 액수를 원고 단체 500만 원, 나머지 원고들 각 100만 원으로 정했다.

문제점

헌법 제11조 제1항은 차별 금지 사유로 "젠더, 종교 또는 사회적 신분"을 열거하고 있고, "사회적 신분"에 어떠한 사유들이 포함되는지 명백하지 않다. 그럼에도 헌법이 말하는 차별 금지 사유를 구체화한 법이 국가

인권위원회법이라고 판단한 것은 국가인권위원회법을 포괄적 차별금지법으로 대우하는 것과 다름이 없다는 비판이 있다.[17]

미성년 자녀가 있는 성전환자의 성별 정정 허가 사례

(대법원 2022년 11월 24일 2020서616 전원합의체 결정)

사안과 판결 요지

신청인은 성 정체성을 숨긴 채 혼인 생활을 유지하던 중 5년 10개월 만에 이혼하였고, 이후 여성 성기 모양을 갖춘 성전환 수술을 받았다. 미성년 자녀 2명을 둔 상태에서 가족관계등록부상 젠더 정정 허가 신청을 했다.

다수 의견은 "사람의 젠더를 결정하는 요소에는 생물학적인 요소뿐 아니라 스스로 인식하는 남성 또는 여성으로의 귀속감 및 남성 또는 여성으로서 적합하다고 사회적으로 승인된 젠더의 역할을 수행하는 측면도 포함된다. 트랜스젠더도 자신의 성별 정체성을 바탕으로 인격과 개성을 실현하고 우리 사회의 동등한 구성원으로서 타인과 함께 행복을 추구하며 살아갈 수 있어야 한다. 미성년 자녀가 있는 트랜스젠더의 젠더 정정 허가 여부는 본인의 헌법상 기본권을 최대한 보장함과 동시에 자녀의 복리를 염두에 두어야 한다"라고 판시했다.

반대 의견은 "헌법이나 민법을 비롯한 법령 체계는 아버지는 남자를, 어머니는 여자를 전제하고 있으므로, 자녀가 있는 트랜스젠더의 젠더 정정을 허가하는 것은 법률 근거 없이 새로운 신분 관계를 창설하는 것

---

17 강봉석, "성적 지향을 이유로 한 대관 허가 취소의 위법성 판단", 서울서부지방법원 2022.5.13. (선고 2021나47810 판결) 〈교회와법〉 제9권 제1호, 2022: 190-215, https://scholar.kyobobook. co.kr/article/detail/4010070236522.

이다. 가족 제도에 중대한 변화를 초래하고, 윤리적, 철학적, 종교적 쟁점과도 깊숙하게 관련된 문제이므로 무리하게 젠더 정정의 법리를 확장하는 것은 바람직하지 못하다"라고 판시했다.

문제점

대법원은 젠더의 정의에 관하여 국회의 입법적 결단 없이 실정법과 다른 해석을 했다. 일부 대법관은 "트랜스젠더의 성별 정체성과 성별 정정 문제는 제도에 앞서는 인간 실존의 문제임을 깊이 성찰하여야 하기 때문에 '사회적인 찬반양론'의 대상이 될 수 없다"라는 보충 의견까지 덧붙였다. 특히 주목할 점은 "우리 사회는 꽤 오래전부터 출생 당시의 생물학적 성만이 아니라 개인적, 사회적 인식에 따라 사회 규범적으로 트랜스젠더를 인정하여 오고 있다"라고 판시한 대목이다. 이는 자기 선언에 기반한 젠더의 결정을 시사한다. 실제로 대법원은 2024년 1월 젠더 정정 허가 절차에 관련된 성전환 수술 지침의 폐지를 검토하겠다고 밝혔고,[18] 2013년 서울서부지방법원이 성전환 수술을 하지 않은 상태에서의 젠더 정정 신청을 허가한 이래,[19] 같은 취지로 젠더 정정을 허가하는 하급심 사례가 늘고 있다.

그러나 자기 선언을 기반으로 한 젠더 정정은 적지 않은 사회적 혼란을 초래한다. 생물학적 남성이 여성 전용 공간을 범죄 목적으로 악용하는 사례들이 발생할 수 있고, 트랜스젠더의 여성 스포츠 참여도 지속적인 공정성 논란에 휩싸이고 있다.

---

18 트랜스젠더의 성별 정정 신청에 관한 사무처리지침 제6조 및 제3조에는 성전환 수술 여부에 대한 확인 절차가 참고 기준으로 포함되어 있다. 국가인권위원회는 트랜스젠더의 인격권 침해 등이 발생하지 않는 지침을 마련하라고 권고했다.

19 서울서부지방법원 2013년 3월 15일 결정 (선고 2012호파4225 등).

5. 대응 전략과 과제

로잔 선언은 그리스도인이 성적 거룩함을 유지해야 한다는 성경의 주장은 동성과 이성이 다르지 않음을 전제한다. 특히 동성에 대한 끌림을 경험하는 사람들이 기독교 공동체에서 어려움을 겪고 있음을 인정하고, 사랑의 부족을 회개한다고 선언했다. 그러나 동성 성관계가 성경이 금지하는 죄라는 사실을 있는 그대로 표현하고 이를 반대해 온 그리스도인들을 차별과 혐오주의자로 단죄하고, 교회의 교리까지 흔드는 문제에 대해서는 대책과 전략이 필요하다.

학문적 논증과 관계망 조성

a. 로잔 선언을 설득력 있게 뒷받침하는 학문적 논증이 필요하다. 씽크 탱크를 구축하여 논리 개발과 전략 수립에 활용한다. 법학, 정치학, 경제학, 사회학, 의학과 보건학 등 분야별로 연구 및 논문, 심포지엄 등을 진행한다.

b. 구체적인 대책을 마련하고 전방위적 행동을 추진할 수 있는 관계망 조성이 필요하다. 뜻을 같이하는 전문가들이 토론회를 정례화하고, 시민 단체들도 지속적인 교류를 추진한다.

정치, 경제, 사회, 문화적 영향력 제고

정치적 측면: 입법, 사법, 행정에 대한 적극적 참여

a. 입법의 과잉과 남용에 대한 견제: 쟁점 법안 모니터링을 체계화하고, 악법 철폐 및 저지를 위하여 국민의 기본권인 언론, 출판, 집회, 결사의 자유를 활용한다.

b. 정치의 사법화 및 사법의 정치화에 대한 문제 제기: 사법 기관의 쟁점 소송을 모니터링하고, 법률가 또는 법률가 단체들이 재판을 지원한다. 시민 단체들이 정치적 영향력을 행사하는 도구로 법원을 선호한다는 점을 유념해야 한다. 조직과 비용이 드는 입법 운동보다 소송을 통한 사회 변화가 용이하고, 전향적 판결이 사회의 물줄기를 바꿀 수 있기 때문이다.

c. 국가 및 지방 행정의 정책 형성에 대한 의견 개진: 쟁점 정책 모니터링과 주민 참여 및 의견 개진이 필요하다. 특히 교육부 및 시, 도 교육청의 교육 정책과 각급 학교의 교육 내용에 관하여 폭넓은 관심을 가져야 한다.

경제적 측면: 과학, 기술, 그리고 과학과 기술을 이용한
혁신적 사상의 유포에 대한 능동적 대처

과학, 기술, 그리고 과학과 기술을 이용한 혁신적 제품의 제작과 보급을 통하여 복음의 범위를 넓히고, 사역을 촉진하는 것은 매우 바람직하다. 그러나 유전 공학, 복제, 생명 공학, 마인드 업로드, 디지털 미디어, 가상 현실, 그리고 인공 지능과 같은 신흥 기술의 도덕적, 윤리적 함의에 관하여 분별력 있는 판단이 필요하고, 이를 통한 혁신적 사상의 유포에 관하여 능동적으로 대처해야 한다.[20]

---

20 로잔 대회 서울 선언 '기술' 편은 디지털 미디어 기술이 사람들이 쉽게 속을 가능성을 증폭하고, 특히 젊은이들을 미디어 중독으로 내몰고 있는 점, 유전자 기술은 육체적 인간과 생명의 구성 요소를 재구성하는 인간 능력의 증대를 고려하고 있는 점, 인공지능 기술은 인간의 창의성과 합리성의 유일성에 관하여 실제적인 의문을 제기하고 있는 점 등을 우려하고 있다.

기존의 미디어 활용과 새로운 미디어 환경 조성을 동시에 추진한다. 기독교 신문과 방송 이외에 일반 언론에 대하여 적극적인 기고, 인터뷰, 의견 표명 등을 하고, 별도의 미디어 플랫폼을 조성하여 기독교 세계관에 입각한 바른 공론을 형성한다.

문화는 집단적 정체성과 사회적 통합의 기초를 제공한다. 기독교 콘텐츠 제작을 통해 성경적 세계관을 전파하고, 영향력 있는 기독교 문화, 예술 사업의 인재를 양성해야 한다.

국제적 연대의 추진과 실행

미국 대통령 도널드 트럼프(Donald Trump)가 취임 직후 발령한 초기 행정 명령 가운데 하나는 "성별 이데올로기 극단주의로부터 여성을 보호하고 연방 정부에 생물학적 진실을 회복한다"(Defending Women from Gender Ideology Extremism and Restoring Biological Truth to the Federal Government)[21]였다. 해당 행정 명령의 핵심 문장 가운데 하나는 "미국의 정책은 남성과 여성이라는 두 가지 성(sex)만을 인정하는 것이다"라고 명시하고 있다.[22] 많은 사회적, 법적 논쟁을 불러일으켰음에도 불구하고, 이 한 문장만으로도 미국 내는 물론 전 세계의 많은 사람들에게 큰 격려를 주었다.

국제적 연대를 통하여 인간의 존엄성, 결혼과 가족의 가치를 확산하고 성전환과 동성애, 동성 결혼의 문제점을 공유할 필요성이 있다. 각

---

21 도널드 J. 트럼프, 대통령 행정 명령 제14168호, Federal Register, vol. 90, no. 19, January 30, 2025, https://www.federalregister.gov/documents/2025/01/30/2025-02090/defending-women-from-gender-ideology-extremism-and-restoring-biological-truth-to-the-federal.

22 위의 자료, 섹션 2.

국가의 NGO들이 활발하게 교류하고, 국제 포럼 창설과 국제 시민 운동을 전개해야 한다.

6. 결론

전 세계적으로 동성 관계를 죄악으로 보는 성경의 가르침에 관하여 문화적 박해에 이어 제도적 박해의 움직임까지 보인다. 그리스도인의 규범적 자각마저 차별과 혐오로 규정하고, 강한 동조 압력을 가하고 있다.

젠더까지도 개인이 결정하는 '극단적 주관화 경향'에 관하여 전 세계 그리스도인들은 효과적으로 대응하고, 단순한 방어적 태도를 넘어 세상에 진리의 빛을 비추는 등대의 역할을 해야 한다.

토론 질문

⑴ 2007년 이후 대한민국 국회에서 제안되어 온 이른바 '포괄적 차별금지법'에서, '분류할 수 없는 젠더'(unclassifiable gender) 또는 '분류하기 어려운 젠더'(difficult-to-classify gender)를 어떠한 방식으로(영문과 국문 모두에서) 정의할 수 있는가?

⑵ '정치의 사법화'(judicialization of politics)와 '사법의 정치화'(politicization of the judiciary)라는 쌍둥이 현상에 내재된 문제점들은 무엇인가?

⑶ 본 글은 결론에서, 앞서 제시한 대한민국의 입법 및 사법 동향에 대해 "그리스도인들은 효과적으로 대응해야 한다"라고 결론짓는다. 이에 대해 법적이고 사회적인 제도로서 인정받는 교회는 어떠한

방식으로 대응해야 하는가?

참고문헌

김용준. 《우리 아이 꼭 지켜 줄게》, 서울: 물맷돌, 2023.

안창호. 《왜 대한민국 헌법인가》, 서울: 국민일보, 2024.

강봉석. "성적 지향을 이유로 한 대관 허가 취소의 위법성 판단", 서울서부지방법원
　　　2022. 5. 13. (선고 2021나47810 판결) 〈교회와법〉 제9권 제1호, 2022: 190-215.

김중권. "국민건강보험법상의 피부양자인 '배우자' 개념", 법률신문, 2024. 7. 24,
　　　https://www.lawtimes.co.kr/news/200070

로잔 운동. "서울 선언", 2024, https://lausanne.org/ko/statement/서울-선언#iv.

논찬

스테판 반 데르 바트(Stéphan van der Watt)

서론

나는 시의적절하고 유익한 논문을 발표한 이은경 변호사에게 감사를 표하고자 한다. 이은경은 젠더, 결혼, 그리고 동성 관계에 대한 이해에서 나타나는 현재의 세계적이고 국가적인 변화가 인간의 섹슈얼리티에 대한 전통적 성경의 관점에 뿌리를 둔 기독교 교리에 심대한 도전을 제기하고 있다고 주장한다. 이은경은 제4차 로잔 대회에서 발표된 서울 선언을 토대로, 생물학적 성은 이원적이며 젠더와 분리될 수 없고, 결혼은 한 남성과 한 여성 사이의 결합이며, 동성 관계는 하나님의 창조 질서를 위배하는 것이라는 명확하고 전통적인 기독교적 입장을 강조한다.

이은경은 대한민국에서 포괄적 차별금지법을 제정하려는 입법 시도들을 비판하며, 해당 법안이 종교의 자유를 위축시키고, 성별 정체성과 같은 모호한 개념 정의를 통해 법적 불안정성을 초래하며, 나아가 이에 반대하는 견해를 형사적으로 문제 삼을 위험이 있다고 주장한다. 또한 이은경은 최근 동성 커플과 트랜스젠더 개인의 권리를 확대하는 판결들을 사례로 들며, 이러한 사법적 판단이 입법 권한을 넘어서는 사법 적극주의에 해당하고 전통적인 가족 구조를 약화시킨다는 점에서 우려를 제기한다. 나의 견해로는, 이러한 흐름에 대응하기 위해 복음주의 기독교 공동체가 학문적·법적·정치적·문화적 영역에서 보다 적극적으로 참여해야 한다는 이은경의 요청은 시의적절하다. 그 한 사례로, 최근 다수의 한국 그리스도인들이 동성 커플의 건강보험 피부양자 자격을 인정한 대법원 판결에 이의를 제기하기 위해 서울에서 열린 대규모 집회와 시위에 참여했다.[1]

이은경의 논문은 한국 교회에 영향을 미치고 있는 성별 정체성, 결혼과 독신, 그리고 동성 관계와 관련된 쟁점들에 대해 나에게 많은 이해를 제공했다. 이에 대해 LGBTQ+ 인권 운동가들과 그 지지자들은 동성 결혼과 포괄적 차별금지법이 인권과 평등을 실현하기 위해 필요하며, 복음주의 진영의 저항은 차별을 조장하고 사회적 포용성을 약화시킨다고 주장한다. 이러한 갈등은 기독교의 종교 신념과 시민의 권리 사이의 균형을 모색하는 과정에서 한국 사회 내부의 인식 차이가 점차 확대되고 있음을 보여 준다.

나의 다문화적 배경에서 비롯된 참여

이은경의 논문에 대한 나의 논찬은 16년 이상 일본에서 사역해 온 남아프리카공화국 출신 선교 동역자로서의 정체성과 경험에 의해 형성되

---

1 Reuters, "South Korean Christian Groups in Massive Protest against Rights for Same-Sex Couples," *Reuters*, October 27, 2024, Asia Pacific, https://www.reuters.com/world/asia-pacific/south-korean-christian-groups-massive-protest-against-rights-same-sex-couples-2024-10-27/.

었다. 남아공과 일본이라는 근본적으로 상이한 두 사회적 맥락에서 이루어진 나의 형성 과정은 본 논문에서 다루는 주제들에 대한 이해를 규정한다. 더 나아가, 제4차 로잔 대회와 산하의 '섹슈얼리티와 젠더' 분과에서의 활동은 이러한 주제들과 관련하여 그리스도인이 직면하고 또 형성되어 가는 다양한 현실을 나로 하여금 새롭게 인식하게 했다. 우리 분과는 서로 다른 대륙과 국가들로 구성되어 있었고, 각자가 직면한 상황의 도전 또한 매우 상이하다는 점에서, 어떤 단일한 만능형(one-size-fits-all) 접근법을 일반화하거나 '표준화'하려는 시도, 혹은 그 둘을 동시에 시도하는 것은 불가능했다.

나의 모교회인 남아공 화란개혁교회(Dutch Reformed Church, DRC)는 남아공의 자유주의적 헌법·법제 환경 속에서 LGBTQ+ 이슈를 둘러싼 심각한 내부 갈등을 경험해 왔다. DRC는 2015년에 처음으로 동성 결합을 인정하고 LGBTQ+ 성직자를 안수했다. 당시 많은 DRC 지도자들은 과거 남아공의 인종 차별적 아파르트헤이트(apartheid) 체제에서 저질렀던 교회의 죄악 된 역할에 대해 사회·정치적 압박과 도덕적 회한을 느끼고 있었으며, 이러한 요인이 해당 결정에 영향을 미쳤을 가능성이 있다. 아이러니하게도, 2015년에 내려진 동성 관계 관련 진보적 결정은 비판 여론에 따라 2016년에 번복되었다. 이러한 변화는 수많은 DRC 교인들에게 혼란을 야기했다. 2019년 남아공 고등법원은 해당 번복 결정이 절차적 공정성을 결여하고 헌법상 권리를 침해하였다는 이유로 이를 위법하다고 판시했다. 현재 DRC는 국가에서 보장되는 LGBTQ+ 권리와 교단의 신학적 신념을 조화시키는 데 어려움을 겪고 있다. 이러한 불행한 현실이 초래한 건설적인 한 측면은, DRC가 성적 지향과 젠더 유동성(정체성 혹은 표현의 차원에서)을 둘러싼 성경의 권위라는 근본적 문제를 재검토하고 있다는 점이다.

내가 주로 사역하고 있는 일본의 맥락에서는, 개인의 인권이 일반적으로 사회적 조화, 공동체적 책무, 그리고 공공 질서라는 틀 안에서 이해된다. 이러한 맥락 속에서는 개인의 자유가 사회 안정과 공동선 증진과의 균형 속에서 강조되는 경우가 많다. 권리는 주로 타인을 배려하며 행사되어야 할 것으로 이해되며, 사회적 결속을 해친다고 인식될 경우 개인의 권리 주장은 제한될 수 있다. 이에 반해, 특별히 유럽과 북미를 비롯하여 남아공과 같은 국가들에서 나타나는 서구적 인권 개념은 개인의 자율성과 불가침성을 우선시하며, 개인의 자유를 공동체적 또는 문화적 고려보다 상위에 두는 경향을 보인다. 서구의 법 제도는 개인의 권리가 다수의 규범이나 사회적 전통과 충돌하는 경우일 때라도 이를 보호하는 데 중점을 둔다.

이와 같은 개인 대 집단의 차이는 일본에서 LGBTQ+ 권리나 표현의 자유와 같은 일부 권리 관련 논의가 서구에 비해 더디거나 신중하게 전개되는 이유를 부분적으로 설명해 준다. 이러한 배경을 고려할 때, 내가 사역하고 있는 일본개혁교회(Reformed Church in Japan, RCJ)는 논쟁적인 LGBTQ+ 이슈에 대해 현재까지는 어떠한 공식적 결정도 내리지 않는 방침을 택해 왔다. 일본의 기독교 인구는 전체의 약 1%에 불과하기 때문에, 교회의 연합은 필수적이다. 조화와 상호 존중을 중시하고, 도덕적 회색 지대를 비교적 쉽게 수용하는 사회적 맥락에서 볼 때, 명확한 결정을 내리는 데 신중한 RCJ의 태도는 이해할 만하다. 그러나 나의 견해로는, 섹슈얼리티와 젠더 문제에 관한 견고한 성경·신학적 논의의 필요성은 이미 오래전부터 제기되어 왔음에도 충분히 다루어지지 못했다. 상대주의를 새로운 '절대적 진리'로 받아들이는 경향이 강한 이 시대에, 하나님의 말씀에 근거한 건전한 윤리 원칙은 반드시 선포되고 숙고될 필요가 있다.

다른 글로벌 관점들

　이은경은 섹슈얼리티와 젠더를 둘러싼 논쟁이 세계 교회를 어떻게 분열시키고 있는지 보여 주는 분명한 사례들을 제시하며, 이러한 논쟁이 기독교 신앙 자체에 대한 회의를 불러일으키는 동시에, 전통적 가치관을 유지하는 그리스도인들이 한국은 물론 그 밖의 지역에서도 학교, 대학, 직장 내에서 압박을 받고 있음을 지적한다. 태국은 최근 동성 결혼을 합법화함으로써, 대만과 네팔에 이어 아시아에서 세 번째이자 동남아시아 국가 중 최초로 이를 시행한 국가가 되었다.[2] LGBTQ+ 운동은 고정 관념, 배제, 심지어 부당한 대우에 이르기까지, 그동안 기독교 공동체 안에 빈번히 존재해 왔던 유해한 선입견들을 드러내는 한편, 동시에 그리스도인으로 하여금 친절과 진리를 통해 그리스도를 드러내도록 촉구하고 있다. 섹슈얼리티와 젠더를 둘러싼 이러한 변화들은 복음 증거에 있어 도전이 되는 동시에 새로운 기회를 제공한다.

　서론에서 이은경은 "개인이 자신의 성별 정체성을 결정하는 것까지 인정하는 추세다"라고 말하며 정당한 우려를 표한다. 예를 들어, 독일은 현재 트랜스젠더와 논바이너리(nonbinary)[3] 개인들이 자기 인식에 근거하여 자신의 성별 정체성을 반영하도록 법적 문서를 수정할 수 있도록 허용하고 있다.[4] 그러나 젠더 이론을 둘러싼 흐름이 다시 반대 방향으로 움직이고 있는 국가와 사회의 상황 또한 적지 않다. 그 예로, 이탈리아

2　Sakchai Lalit, "Same-Sex Couples in Thailand Share Their Joy over New Marriage Equality Law," *The Associated Press*, January 22, 2025, World News, https://tinyurl.com/5cuha6p6.

3　자신의 성별 정체성을 남성 또는 여성이라는 이분법적 범주 중 하나로만 규정하지 않는 것을 말한다(역자 주).

4　"Germany: Landmark Vote for Trans Rights Law," *Human Rights Watch*, April 12, 2024, https://tinyurl.com/4w7hs8r5.

는 언어적 근거를 들어 학교 내에서 젠더 중립적 기호의 사용을 최근 금지했다.[5] 더욱 중요한 점은, 영국 대법원이 평등법에 따라 여성을 생물학적 성에 의해 정의해야 한다는 결정을 전원 일치로 내렸다는 것이다.[6] 또한 트럼프 대통령은 미국에서 공식적으로 인정되는 성은 남성과 여성 두 가지뿐임을 단호하게 선언하였는데,[7] 오늘날은 이러한 기본적인 인간 생물학에 대한 신념조차도 종종 '트랜스혐오적'(transphobic)인 것으로 간주되는 상황에 놓여 있다.

정부 주도의 정책 기조 전환은 입법 과정에 영향을 미칠 뿐 아니라, 재판 절차와 사법적 판단을 더욱 복잡하게 만든다. 로잔 선언문을 설득력 있게 뒷받침할 수 있는 학제 간 분야의 학문적 논증과 네트워크 형성을 촉구하는 이은경의 호소는 정확하며 또한 시의적절하다. 그러나 각국의 NGO들이 "국제 포럼 창설과 국제 시민 운동을 전개해야 한다"는 그녀의 제안이 실제로 어느 정도 실현 가능할지에 대해서는 의문이 남는다.

한국의 상황에 주목하여

이원동은 1998년부터 2020년까지 한국의 기독교 신문인 기독신문에 게재된 모든 기사에 대한 흥미로운 분석을 통해, 보수 복음주의 엘리트들이 세계적 LGBT 운동에 반대하는 설득력 있는 논증을 구성하기 위해

---

5 Reuters, "Italy Bans Gender-Neutral Symbols in Schools in Latest Culture Clash," *Reuters*, March 21, 2025, Europe, https://tinyurl.com/4ebutbpk.

6 Angus Cochrane, "Supreme Court Backs 'Biological' Definition of Woman," *BBC News*, April 16, 2025, https://www.bbc.com/news/articles/cvg7pqzk47zo.

7 Trump, "Defending Women from Gender Ideology Extremism and Restoring Biological Truth to the Federal Government."

어떠한 담론 전략을 조정·변형해 왔는지를 고찰한다.[8] 이 연구는 세 가지 핵심적인 발견을 제시한다. 첫째, 보수 복음주의 엘리트들은 성경에만 근거한 논증을 넘어, 점차 헌법적 권리 담론을 활용함으로써 일반 대중과 자신들의 교인들에게 호소해 왔다. 기독신문과 같은 매체에 나타난 이들의 수사는 신학적 가르침 중심에서 법적·시민적 언어로 옮겨 갔으며, 이를 통해 LGBT 권리와 관련 정책에 반대하는 기독교 풀뿌리 운동을 동원해 왔다.

둘째, 보수 복음주의 엘리트들은 정당 정치의 구도에 부합하도록 자신들의 논증을 구성한다. 진보 성향의 정부 아래에서는 좌파적 정책에 대응하기 위해 자유민주주의 가치와 헌법의 권리가 강조된다. 반대로 보수 성향의 정부 아래에서는 동성애를 국가 안보와 군 기강에 대한 위협으로 간주하는 경향이 나타난다. 어느 행정부 아래에서든, 가족 가치 담론과 과학적 주장에 대한 의존은 전반적으로 증가했다.

셋째, 한국의 보수 복음주의 엘리트들은 초국가적 복음주의 네트워크, 특히 서구의 반LGBT 담론을 활용하되, 이를 한국의 역사, 문화적 맥락(식민지 경험과 한국 전쟁)을 고려하여 재해석한다. 이러한 맥락에서 LGBT 권리는 도덕적 타락과 결부된 것으로 이해되며, 한국의 전통과 민주주의를 위협하는 요소로 인식된다. 연구에 따르면, 이러한 담론의 전략적 재구성이 반LGBT 운동을 뒷받침하는 동시에, 한국 사회의 문화적이고 정치적인 논의 지형에도 영향을 미친다고 지적한다. 이 연구의 결론에 대해 이은경은 어떻게 이해하고, 이에 대해 어떤 입장을 취할지 궁금하다.

---

8 Wondong Lee, "The Shifting Moral Authority of the Conservative Evangelicals' Anti-LGBT Movement in South Korea," *International Journal of Korean History* 26, no. 2 (2021): 83-116, https://doi.org/10.22372/ijkh.2021.26.2.83.

결론

　궁극적으로, 나는 전 세계의 그리스도인들이 법적·사회정치적 진보의 변화들을 인간 정체성에 대한 성경적 이해를 약화시키는 광범위한 이데올로기적 흐름으로 파악하는 이은경의 관점을 진지하게 고려해야 한다고 본다. 이은경은 점증하는 제도적 압력에 직면하여 젠더, 결혼, 성에 관한 전통적 가치를 보존하기 위한 국제적 기독교 연대의 필요성을 정당하게 촉구한다. 젠더 이론의 이데올로기는 점차 심화되어 혼란을 초래하고 있다. 가장 큰 혼란을 겪고 있는 이들 가운데 다수는 이 이데올로기를 의도적으로 확산시키려는 사람들이 아니라, 오히려 그로 인한 피해자들이다. 침묵을 유지하는 것은 더 이상 선택지가 될 수 없다. 나는 이러한 문제로 고통받는 모든 이에게 하나님이 부여하신 존엄성과 정체성을 회복하고 정의를 구현하고자 하는 이은경 변호사의 용기 있는 목소리에 감사를 표한다.

10
우간다
: 인간의 섹슈얼리티의 종교적, 역사적, 사회적,
정치적, 법적, 문화적 현실

데이비드 오모나(David Omona)

1. 서론

2009년 10월, 우간다의 국회의원이 '반(反)동성애법'(Anti-Homosexuality Bill)을 발의하였을 때, 이는 전 세계 언론의 주목을 받았다.[1] 의회는 2013년 12월에 해당 법안을 통과시켰고, 대통령은 2014년 2월 24일에 이를 승인했다. 해당 법안은 제안 초기부터, 동성 성관계를 가진 이들에게 사형을 부과하는 조항에 세계적인 주의를 환기시키기 위하여, 악명 높게도 "게이를 죽이는 법"(Kill the Gay Act)[2]으로 불려 왔다. 2014년 8월 1일,

---

1 M. Oliver, "Transnational Sex Politics, Conservative Christianity, and Antigay Activism in Uganda," *Studies in Social Justice* 7, no. 1 (2013): 83, https://doi.org/10.26522/ssj.v7i1.1056.

2 Nina Motazedi, "Uganda's Controversial 'Anti-Homosexuality Act' Includes Possibility of Death Sentence," Death Penalty Information Center, Washington, DC, June 1, 2023, updated September 27, 2024, https://deathpenaltyinfo.org/ugandas-controversial-anti-homosexuality-act-includes-possibility-of-death- sentence.

헌법재판소는 절차적 사유를 근거로 해당 법안을 무효화했다.[3] 개정된 형태로 재발의된 이후, 해당 법안은 2023년 3월에 법으로 제정되었다.

우간다는 모든 국민에게 광범위한 법적 보호를 제공하며,[4] 이는 1995년에 개정된 헌법에 명시되어 있다.[5] 그러나 한편으로는 종교와 문화의 상호 작용이, 다른 한편으로는 법체계와의 결합이 동성애 행위에 대한 제약을 초래하며, 이 모든 제약은 기본적인 건강권 침해에 대한 중대한 논쟁을 중심으로 전개된다. 나아가 전통적인 문화적 관행, 특히 비토착 종교에서 기인한 관행들은 인간의 섹슈얼리티에 관한 법적이고 문화적인 실천이 현대적으로 결합되는 기반을 마련하였으며, 이는 이 주제에 대한 모든 담론에 영향을 미친다.

본 논고는 종교적, 역사적, 사회적, 정치적, 법률적, 그리고 문화적 현실의 맥락 속에서 우간다의 인간의 섹슈얼리티 논쟁에 대한 입장을 형성하는 요인들을 제시한다. 본 논고는 인간의 섹슈얼리티와 관련된 쟁점들을 다루고는 있으나, 주된 목적이 인간의 섹슈얼리티 자체에 대한 연구는 아니다. 본 논고는 인간의 섹슈얼리티를 하나의 프리즘으로 삼아 해당 논쟁에 대한 통찰을 도출하며, 이를 통해 우간다의 인간의 섹슈얼리티에 대한 입장을 접하는 이들에게 실질적이고 명료한 기반을 제공하고자 한다.

---

3 "Uganda Court Annuls Anti-Homosexuality Law," BBC World News, Africa, August 1, 2014, https://www.bbc.com/news/world-africa-28605400.

4 D. M. Chirwa and C. Mbazira, "Constitutional Rights, Horizontality, and the Ugandan Constitution: An Example of Emerging Norms and Practices in Africa," *International Journal of Constitutional Law* 18, no. 4 (2020): 1242-43, https://doi.org/10.1093/icon/moaa081.

5 Constitution of the Republic of Uganda (Commenced on October 8, 1995), Uganda Legal Information Institute (ULII), Statute version from January 5, 2018 to December 30, 2023, https://ulii.org/akn/ug/act/statute/1995/constitution/eng@2018-01-05.

2. 인간의 섹슈얼리티에 대한 종교적 관점

아프리카 대부분의 정부가 공식적으로는 세속 국가이지만, 종교와 영성은 사람들의 삶을 지배하는 주요한 힘으로 작용하고 있다. 이는 우간다 국민들이 다당제 정치 체제와 반자율적인 삼권 체제의 자유민주주의적 통치 시스템을 수용하였음에도 불구하고, 세속주의와 신자유주의적 개인주의의 극단적인 측면에 반대하는 이유를 설명해 준다.

아프리카 전통 종교의 관점에서 삶은 신성한 것으로 간주되며, 생식을 통해 지속되어야 하는 연속적인 과정으로 이해된다. 출생 시, 모든 사람은 생명의 기운을 부여받은 존재로 여겨지며, 이 생명은 꺼뜨려서는 안 되고 오히려 다음 세대로 전달되어야 한다.[6] 비록 근대 사회는 여성의 사망률을 조절하기 위해 출산율을 감소시키는 수단으로 피임을 도입하였지만,[7] 전통 종교는 이를 생식을 방해한다고 보고 금기로 여긴다. 이러한 생식은 이성애적 관계의 맥락에서만 가능한 것으로 간주된다.

우간다의 아브라함 계통 종교 신자들은 유사한 입장을 취하며 다음과 같이 주장한다.

> 우리의 경전은 동성애와 LGBTQ 의제가 인간의 나약함의 일부이며, 이는 개인적인 차원에서 회개를 통해 해결되어야 한다고 가르친다. (레위기 18장 22절에는 "너는 여자와 동침함같이 남자와 동침하지 말라 이는 가증한 일이니라"라고 기록되어 있다.)

꾸란의 알아라프(Al-A'raaf) 7장 80-81절에도 다음과 같이 기록되어 있

---

6 J. S. Mbiti, *Introduction to African Religion* (London: Heinemann, 1975), 105.

7 R. A. Kibonire and D. D. Mphuthi, "Perceptions of Indigenous Ugandan Men on the Use of Long Acting Reversible Contraceptives (LARCs) by Rural Women," *Contraception and Reproductive Medicine* 8 (2023): 2-3, https://doi.org/10.1186/s40834-023-00246-8.

다. "그리고 롯이 자기 백성에게 말하였다. '너희는 세상에서 아무도 하지 않았던 수치스러운 행위를 하느냐? 너희는 여자가 아닌 남자를 욕망하는구나! 너희는 분명히 죄인들이다.'"[8]

이러한 악행에 대응하기 위해, 우간다 무슬림 최고 위원회(Uganda Muslim Supreme Council, UMSC)는 "전국의 지역 카디(무슬림 종교 법관, District Kadhis)들에게 금요 예배 설교와 라디오·텔레비전 방송을 통해 지역 사회 내 동성애 문제를 반드시 다루도록"[9] 지시했다. 지역 카디들은 또한 해당 악행을 규탄하기 위한 평화적인 시위를 주도하고, 기자 회견에서 이를 공개적으로 비판할 책임도 부여받았다. 우간다 종교 간 협의회 의장단(Inter-Religious Council of Uganda's[IRCU's] Council of Presidents)도 국내에서 "동성애와 LGBTQ 의제의 확산이 가속화되고 있음"에 대해 우려를 표명하였으며, 특히 이는 "충분히 숙고된 선택을 내릴 준비가 되어 있지 않은 청년층"[10]을 대상으로 하고 있다는 점을 지적했다. 이들 종교 지도자는 우간다 국민들에게 "그러한 유혹을 거부하고, 아프리카의 전통적 가치와 가족 제도의 신성함을 지켜야 한다"[11]고 호소했다. 또한 그들은 그러한 사람들과 함께 걸어가겠다는 의지를 다음과 같이 밝혔다.

이 같은 맥락에서, 우리의 경전은 모든 사람에게 존중, 차별 없는 태도, 연

---

8 Inter-Religious Council of Uganda (IRCU), "Statement on the Growing Spread of Homosexuality and LGBTQ in Uganda and the Urgency for the Protection of Children and Families," IRCU COPS Press Statement on LGBTQ FEB 2023 (Kampala, Uganda: IRCU), February 15, 2023, https://www.ircu.or.ug/download/ircu-cops-press-statement-on-lgbtq-feb-2023/.

9 URN Editor, "UMSC Dedicates Friday Sermons to Fighting Homosexuality," Uganda Radio Network, February 22, 2023, https://ugandaradionetwork.net/story/umsc-dedicate-friday-sermons-to-fighting-homosexuality-.

10 IRCU, "Statement on the Growing Spread."

11 URN Editor, "UMSC Dedicates Friday Sermons."

민과 사랑의 실천을 할 것을 우리에게 가르친다. 따라서 우리는 동성애 행위에 빠진 이들 또한 하나님의 사랑과 연민이 필요한 하나님의 백성으로 간주한다.

우리의 예배 장소와 그에 부속된 사회 복지 서비스는 앞으로도 모든 사람에게 차별 없이 개방될 것이다. 나아가, 우리는 동성애 및 LGBTQ 행위로 인해 영적·정서적·신체적·의학적 도움이 필요한 이들을 지원할 수 있는 센터의 설립을 지지하고자 한다.[12]

단편적으로 보자면, 국제 언론은 우간다의 동성애에 대한 입장을 "미국 오순절과 복음주의 진영의 종교 캠페인이 미친 직접적인 영향"[13]으로 설명하며, 이들이 우간다 국민들에게 동성애의 위험성을 경고하였다고 본다. 나아가, "국제 언론 보도는 우간다를 전통적으로 게이와 레즈비언에 대해 비우호적이며, 이성애 규범에서 벗어난 성적 표현들에 관용을 보이지 않는 매우 보수적이고 종교적인 국가로 자주 묘사해 왔다."[14]

이러한 부정적 시각은 우간다 국민들이 그들의 입장을 완화하도록 만들지 못했다. 그들에게 성경 본문들(레 18:22, 20:15; 롬 1:26-27; 고전 6:9-11; 딤전 1:9-10 등), 유대 철학자 및 역사가인 필로(Philo, 주전 30년-주후 45년), 요세푸스(Josephus, 주후 30-100년), 그리고 그리스 철학자인 플루타르크(Plutarch, 주후 50-120년)의 저작은 모두 동성애에 대해 명백히 부정적인 입장을 보이고 있다. 이들 자료는 동성애를 "괴이한 것"(monstrous), "자연에 반하는 것",

---

12 IRCU, "Statement on the Growing Spread."

13 K. Ward, "The Role of the Anglican and Catholic Churches in Uganda in Public Discourse on Homosexuality and Ethics," *Journal of Eastern African Studies* 9, no. 1 (2015): 127, https://doi.org/10.1080/17531055.2014.987509.

14 앞의 책.

"부도덕한 것"(indecent), "모든 경우에 있어 도덕적으로 잘못된 것", 그리고 "하나님의 도덕 기준에 반하는 것"[15]으로 간주한다. 현대에 들어서는, 1998년 램버스 회의 결의문 1. 10, 쿠알라룸푸르 결의문, 그리고 가프콘(세계 성공회 미래 회의, Gafcon) 결의문[16]이 이러한 입장에 추가된다. 2023년 부활절 메시지에서, 스테판 카짐바(Kaziimba Stephen Mugalu) 대주교는 대통령에게 해당 법안의 서명을 촉구하였으며, 그 이유로 "동성애는 … 외부의 세력에 의해 우리의 의지에 반하고, 우리의 문화와 종교적 신념에 반하여 우리에게 강제로 주입되고 있다"라고 주장했다.[17]

2023년 반동성애법(the Anti-Homosexuality Act, AHA)이 서명된 이후, 무갈루 대주교는 해당 법안을 마련한 국회와 대통령에게 감사를 표했다. 그는 동성애를 조장하는 이들이 "자신들을 '인권 운동가'로 가장하지만, 실제로는 LGBTQ를 의제에 포함시킴으로써 진정한 인권을 훼손하고 있다"[18]라고 주장한다. 무갈루 대주교의 입장은 전 세계적으로 비판적인 반응을 불러일으켰으며, 여기에는 무갈루 대주교의 반응도 포함되었다. 그는 카짐바에게 우간다의 AHA에 대한 지지를 재고해 줄 것을 간곡히 요청하였으며, 그 이유로 "이러한 법률을 지지하는 것은 모든 사람의 자유와 존엄을 수호하려는 우리의 책무에서 근본적으로 이탈하는 행

---

15 W. Grudem, *Politics according to the Bible: A Comprehensive Resource for Understanding Modern Political Issues in Light of Scripture* (Grand Rapids: Zondervan, 2010), 217-19.

16 Global Anglican Future Conference (GAFCON), *Gafcon Documents* (Jerusalem: June 2018), 13-20, https://d3hgrlq6yacptf.cloudfront.net/5f4677c66aad0/content/pages/documents/1530107372.pdf.

17 S. M. Kaziimba Mugalu, "Church of Uganda Grateful for Anti-Homosexuality Act 2023," *Anglican Ink*, May 29, 2023, https://anglican.ink/2023/05/29/27921/.

18 앞의 책.

위"[19]라고 밝혔다. 분명히 저스틴 웰비(Justin Welby) 대주교는 지역적 맥락을 고려하지 않았으며, 오히려 무갈루의 발언을 유럽 중심적 시각에서 해석한 것으로 보인다.

2009년 초, 마틴 셈파(Martin Sempa) 목사를 비롯한 솔로몬 말레(Solomon Male), 마이클 키야제(Michael Kyazze), 밥 카이이라(Bob Kayiira)와 같은 반동성애 운동가들은 로버트 카얀자(Robert Kayanja) 목사를 남색 혐의로 고발하고 법정에 세웠다.[20] 에드윈 누와가바(Edwin Nuwagaba)는 다음과 같이 썼다. "교회가 이처럼 심각한 혼란과 스캔들에 직면한 적은 일찍이 없었다. 올해 하나님의 집은 동성애, 동성애 지도자의 증가, 아동 학대 등을 비롯한 문제들과 싸워야 했다."[21] 오순절 하나님의성회의 엠마누엘 마감보(Emmanuel Magambo) 목사는 한 인터뷰에서 앤소니 시츠마(Anthony Sytsma)에게 다음과 같이 말했다. 그의 교회는 "동성애를 교회가 설교를 통해 반대하고 억제해야 할 부도덕하고 신성하지 않은 행위들 중 하나로 본다."[22] 그는 다음과 같이 주장했다.

우간다에서는 동성애를 부자연스러운 것으로, 그리고 하나님의 창조 질서에서 벗어난 일탈로 간주한다. 사람이 선천적으로 동성애 성향을 지닐

---

19 J. Welby, "Archbishop of Canterbury's Statement on the Church of Uganda," June 9, 2023, https://www.archbishopofcanterbury.org/news/news-and-statements/archbishop-canter burys-statement-church-uganda.

20 G. Olukya, "Homosexuality: Counter Accusations among Ugandan Pastors," *The Africa Report*, July 5, 2013, https://www.theafricareport.com/5569/homosexuality-counter-accusations-among-ugandan-pastors/; E. Nuwagaba, "Scandals That Rocked the Church This Year," *Monitor*, December 26, 2009, updated January 04, 2021, https://www.monitor.co.ug/uganda/lifestyle/religion/scandals-that-rocked-the-church-this-year-1467130.

21 Nuwagaba, "Scandals."

22 A. Sytsma, "A Ugandan Perspective: 'Reformed Pentecostal' Pastor Reflects on the CRC's Human Sexuality Report," *Christian Courier*, November 3, 2021, https://www.christiancourier.ca/a-ugandan-perspective-on-homosexuality/.

수 있다는 점은 우리에게 이해하기 어려우며, 대부분의 우간다인은 이러한 생각을 거부한다. 이러한 이유로 약 10년 전, 동성애를 범죄화하는 법안이 발의되었고, 이는 특히 교회를 포함한 대중으로부터 광범위한 지지를 받았다.

실제로, 이러한 단호한 태도는 우간다 대부분의 종교 지도자들의 견해를 반영한다.

3. 인간의 섹슈얼리티의 역사적 맥락

우간다의 인간의 섹슈얼리티에 관한 역사적 서사는 매우 복잡하여 쉽게 접근하거나 해석하기 어려운 영역이다. 성과 섹슈얼리티를 둘러싼 주제들은 신성하고 사적인 동시에 금기시되는 것으로 여겨지기 때문에, 일반적으로 공개적인 논의의 대상이 되지 않는다. 사람들은 이와 같은 주제들을 성인이 되어 배우자를 맞이할 준비가 되었을 때에야 비로소 접하게 되었다. 따라서 생물학적 이해에 기반한 이 전통적 맥락에서는, 인간의 성적 행위는 단순히 번식과 출산을 위한 수단일 뿐만 아니라, 대지(Mother Earth), 창조, 영적 세계, 그리고 상징적 세계와 연결되는 신성한 행위로 여겨진다.[23]

요웨리 무세베니(Yoweri Kaguta Museveni) 대통령은 과거에 동성애를 행한 일부 개인들이 존재했음을 인정했으나,[24] 그것이 일부일처제나 일부

---

23 T. M. Musingafi, "Women Embodiment and Sexual Services in Africa," in *Women Empowerment and the Feminist Agenda in Africa*, ed. M. C. Musingafi and C. Hungwe (Hershey, PA: IGI Global, 2023), 159.

24 "Uganda's President Yoweri Museveni: Don't Kill Gay People," BBC World News, Africa, December 17, 2012, https://www.bbc.com/news/world-africa-20754891.

다처제처럼 제도적 형태로 받아들여진 적은 없었다고 밝혔다. 그것은 사적인 행위였기 때문에, 범죄로 규정되거나 금지되지도 않았다.[25] 또한 오늘날처럼 동성애자들의 정체성을 공개적으로 인정하거나 지지하는 사회적 공간은 과거에는 존재하지 않았다. 따라서 이러한 개별적 사례들을 근거로 해당 행위를 인권의 이름 아래 사회 규범으로 정착시키려는 시도는 혐오스러운 것으로 여겨진다.

19세기 이전에는 우간다 전역에 규범적인 도덕 기준을 집행할 수 있는 국가 권력이 존재하지 않았다. 식민 행정 체제는 우간다의 모든 부족 집단을 포괄하는 법률 체계를 수립하였으며, 이는 일부 집단의 자의적인 권력 행사로부터 보호와 구제 수단을 제공했다.[26] 이러한 법체계는 토착 사회 조직과 신념 체계를 정비하고 일원화했다. 또한 식민 정부는 섹슈얼리티에 관한 규범을 관습법에 명시하였으며, 이후 1950년 제정된 형법에도 이를 포함시켜 성적 일탈 행위로부터 국민을 보호하고자 했다. 근대성의 영향으로, 섹슈얼리티와 동성 관계에 대한 담론이 우간다 사회의 전면에 부상하게 되었으며, 이는 성의 신성함을 약화시키려는 시도의 일환으로 해석된다.

4. 인간의 섹슈얼리티에 영향을 미치는 사회적 요인들

우간다 사회는 일반적으로 섹슈얼리티에 대해 극보수적인 견해를 가지고 있다. 비록 LGBTQ+ 권리를 옹호하는 운동이 점차 증가하고 있지

---

25 J. Brimmer, "'Un-African' African Sexualities: Post-Colonial Nation Building and the Conditioning of Citizenship in Sub-Saharan Africa with Analysis of Uganda and Kenya" (master's thesis, Central European University, 2020), 5-6.

26 G. J. Postema, *Law's Rule: The Nature, Value, and Viability of the Rule of Law* (New York: Oxford Univ. Press, 2022), 400.

만,[27] 그 지지자들은 사회 규범에 직접적으로 도전하는 존재로 인식되고 있다. 이러한 사회 규범 중 하나는, 성교육은 부모나 친척, 또래와 같은 가까운 사람이 맡아야 하며, 낯선 이가 가르치는 것은 부적절하다는 인식이다. 많은 우간다인들은 LGBTQ+ 옹호자들이, "아프리카에 동성애를 수용하도록 압박하려는"[28] 외국 후원자들의 영향을 받고 있다고 생각한다. 이러한 이유로 많은 우간다인들은 미국의 자금 지원을 받는 학교에서 시행되는 성교육을 거부해 왔다.[29]

사회심리학자 대릴 벰(Daryl Bem)은 개인이 특정한 섹슈얼리티를 타고나는 것이 아니라, 특정 활동을 선호하게 만드는 기질을 타고난다고 이론화한다.[30] 반면, 아프리카에서는 출생 시점부터 개인을 남성 또는 여성으로 명확히 구분하고, 그에 따른 젠더 역할을 분명하게 규정했다. 일부다처제, 이혼, 그리고 혼인의 종료는 허용되었으나, 동성 간의 관계는 그러하지 않았다. 따라서 우간다인들은 서구의 가족관을 자신들에게 강요하려는 압력을 자신들의 사회에 대한 모욕으로 받아들인다.

5. 정치적 역학과 인간의 섹슈얼리티

서방의 비난과 제재 및 원조 중단의 위협 속에서, 우간다 정치인들은

---

27 "LGBTI Rights in Uganda: An Interview with Activist Jaqueline Kasha," Amnesty International, June 28, 2024, https://www.amnesty.org/en/latest/campaigns/2024/06/lgbti-rights-in-uganda-an-interview-with-activist-jaqueline-kasha/#:~:text=In%20a%20country%20where%20homosexuality,Award%20for%20Human%20Rights%20Defenders.

28 "Uganda's Constitutional Court Rejects Petition against Anti-Gay Law," *Al Jazeera*, April 3, 2024, https://www.aljazeera.com/news/2024/4/3/ugandas-constitutional-court-rejects-petition-against-anti-gay-law.

29 B. de Haas and I. Hutter, "Teachers' Personal Experiences of Sexual Initiation Motivating Their Sexuality Education Messages in Secondary Schools in Kampala, Uganda," *Sex Education* 22, no. 2 (2022): 139-40, https://doi.org/10.1080/14681811.2021.1898360.

30 J. J. Lehmiller, *The Psychology of Human Sexuality* (Chichester: Wiley-Blackwell, 2023), 152.

외부에서 확산되는 부정적인 문화적 관행이 자국에 유입되는 것을 차단함으로써, 국가의 미래를 지키는 것이 자신들의 책무라고 인식했다. 무세베니 대통령은 자신이 해당 법안에 서명한 결정은 과학적 근거에 기반한 것이라고 주장하였으나,[31] 비판자들은 해당 과학자들의 보고서가 정치적 목적에 따라 상당 부분 조작되었다고 주장한다. 일부는 이를 "세계에서 가장 가혹한 반(反)LGBTQ+ 법률 중 하나"[32] 또는는 "충격적이며 차별적인 법"으로 보았고, 조 바이든(Joe Biden) 미국 대통령은 이 법을 "수치스러운" 것이자 "보편적 인권에 대한 중대한 침해"[33]라고 표현하였으나, 그럼에도 불구하고 반동성애법(AHA)은 결국 제정되었다.

마치 우간다인들에게는 자율적인 사고 능력이 없는 것처럼, 동성 간 관계에 대한 우간다인의 입장은 미국의 오순절과 복음주의 그리스도인들의 영향으로 간주되었다.[34] 이러한 맥락에서, 이들은 정작 영국, 미국, 그리고 다른 유럽 국가들의 우간다 내정 간섭에 대해서는 비판하지 않는다. 1933년 체결된 국가의 권리와 의무에 관한 몬테비데오 협약(Montevideo Convention) 제1조는 우간다를 "(a) 영구적인 인구, (b) 명확한 영토, (c) 정부, (d) 타 국가들과의 외교 관계를 맺을 수 있는 능력"을

---

31 S. Nyanzi and A. Karamagi, "The Social-Political Dynamics of the Anti-Homosexuality Legislation in Uganda," *Agenda* 29, no. 1 (2015): 25, https://doi.org/10.1080/10130950.2015.1024917.

32 United Nations Human Rights, "Uganda: UN Experts Condemn Egregious Anti-LGBT Legislation," United Nations, March 29, 2023, https://www.ohchr.org/en/press-releases/2023/03/uganda-un-experts-condemn-egregious-anti-lgbt-legislation.

33 S. Okiror, "Ugandan President Signs Anti-LGBTQ+ Law with Death Penalty for Same-Sex Acts," *The Guardian,* May 29, 2023, https://www.theguardian.com/global-development/2023/may/29/ugandan-president-yoweri-museveni-anti-lgbtq-bill-death-penalty.

34 K. Kaoma, *Globalizing the Culture Wars: U.S. Conservatives, African Churches, and Homophobia* (Somerville, MA: Political Research Associates, 2009), 2; Oliver, "Transnational Sex Politics," 85.

갖춘 "국제법상 행위 주체"[35]로 명확히 규정하고 있기 때문에, 우간다 정부는 자국민을 유해한 외부 영향으로부터 보호하는 것을 자국의 책무로 보고 있다.

6. 법체계와 섹슈얼리티 관련 법률

동성애를 금지하는 법체계는 새로운 현상이 아니다. 1950년에 제정된 형법,[36] 특히 제145조부터 제148조까지에는 다음과 같은 내용이 명시되어 있다.

제145조 부자연적 범죄

다음의 행위를 한 자는 범죄를 저지른 것으로 간주되며, 종신형에 처해질 수 있다. (a) 자연의 질서에 반하여 타인과 성관계를 맺은 자; … 혹은 (c) 남성이 자신과 자연의 질서에 반한 성관계를 갖도록 허용한 자.

제146조 부자연적 범죄의 미수

제145조에 명시된 범죄를 시도한 자는 중범죄(felony)를 범한 것으로 간주되며, 최대 7년의 징역형에 처해질 수 있다.

제147조 18세 미만 남자 아동에 대한 추행

18세 미만 남아에게 불법적이고 외설적인 방법으로 폭행을 가한 자는 중범죄를 범한 것으로 간주되며, 최대 14년의 징역형에 처해질 수 있다.

---

35 "Montevideo Convention on the Rights and Duties of States" (Seventh International Conference of American States, December 26, 1933), 3, https://www.ilsa.org/Jessup/Jessup15/Montevideo%20Convention.pdf.

36 Uganda Penal Code Act, Chapter 128 (Commenced on June 15, 1950), ULII, Ordinance version May 9, 2014 to December 30, 2023, https://ulii.org/akn/ug/act/ord/1950/12/eng@2014-05-09.

[한편, 제147조는 2007년 제8호 법률을 통해 개정된 바 있다.] [37]

제148조 외설적 행위

공공장소이든 사적인 공간이든 관계없이, 다음 각 호의 행위를 한 자는 범죄를 저지른 것으로 간주되며, 최대 7년의 징역형에 처해질 수 있다. 타인과 함께 현저히 외설적인 행위를 한 경우, 타인으로 하여금 본인과 외설적인 행위를 하도록 유도하거나 알선한 경우, 장소는 공공이든 사적 공간이든 불문하고, 타인에게 본인 또는 제3자와 외설적인 행위를 하도록 시도한 경우.

1950년 형법의 해당 조항들은 자연의 질서에 반하는 성행위를 명확히 금지하며, 그러한 행위로부터 국민을 보호하는 역할을 한다. 2023년에 제정된 법은 이러한 규정을 단지 강화한 것이다.

개정된 1995년 우간다공화국 헌법은 제4장을 인권에 관한 조항으로 구성하고 있으며, 제27조는 다음과 같이 규정하고 있다.

(1) 누구도 다음과 같은 행위로부터 부당하게 침해받지 아니한다. (a) 본인, 주거지 또는 기타 재산에 대한 불법적인 수색; 또는 (b) 본인의 주거지에 대해 타인이 불법적으로 침입하는 행위.

(2) 누구도 자신의 주거, 서신, 통신 또는 기타 재산에 대한 사생활이 침해당해서는 아니 된다. [38]

---

37 Penal Code (Amendment) Act, 2007: Act 8 of 2007, "Defilement of persons under eighteen years of age," ULII, August 17, 2007, https://ulii.org/akn/ug/act/2007/8/eng@2007-08-17. 일부 관련 조문은 다음과 같다. "성행위를 한 자 또는 18세 미만의 자에 대하여 성행위를 시도한 자는 … 에 처한다. 이 조에서 '성행위'라 함은 성적 기관에 의하여 타인의 질, 구강 또는 항문에 이루어지는 삽입 행위를 말한다."

38 우간다공화국 헌법.

같은 헌법 제43조 제1항은 다음과 같이 규정하고 있다. "규정된 권리와 자유를 향유함에 있어 … 누구도 타인의 기본적 또는 기타 인권과 자유, 혹은 공익을 침해하여서는 안 된다." 한편, 일부 사람들은 헌법 제2조 제2항("다른 어떠한 법률이나 관습이 본 헌법의 조항과 상충하는 경우, 헌법이 우선한다"[39])의 내용을 잘못 해석하여, 제정된 '반동성애법'에 이의를 제기하는 근거로 삼았다. 그러나 그들에게는 불리하게도, 이 사안을 헌법재판소에 해석을 요청했을 때, 법원은 2023년 반동성애법의 합헌성을 인정했다.[40]

반동성애법에 이의를 제기하는 측은 인권적 관점에 근거하여 다음과 같이 주장한다. "제1조, 제2조, 제3조 제1항 및 제2항 (d), (e), (f), (g), (h)호, 제6조, 제9조, 제10조, 제11조, 그리고 제14조는 성인 간의 합의에 기반한 동성 간 관계를 범죄화하는 한에서 헌법에 위배된다." 이들에 따르면, 헌법 제21조 제1항부터 제3항은 "평등의 권리와 차별로부터의 자유를 보장한다."[41] 따라서 "이 법률은 사생활, 존엄성, 평등권 침해를 통해 보편적인 인권 원칙을 훼손한다."[42] 이에 대한 인권 인식과 증진 포럼(Human Rights Awareness and Promotion Forum, HRAPF)의 입장은 다음과 같다.

---

39 J. D. Mujuzi, "Construing Pre-1995 Laws to Bring Them in Conformity with the Constitution of Uganda: Courts' Reliance on Article 274 of the Constitution to Protect Human Rights," *African Human Rights Law Journal* 22, no. 2 (2022): 521, https://doi.org/10.17159/1996-2096/2022/v22n2a9.

40 "Uganda: Court Upholds Anti-Homosexuality Act," *Human Rights Watch*, April 4, 2024, https://www.hrw.org/news/2024/04/04/uganda-court-upholds-anti-homosexuality-act.

41 "A Legal and Human Rights Analysis of the Anti-Homosexuality Bill, 2023 as Enacted by Parliament" (Human Rights Awareness and Promotion Forum, March 29, 2023), 15, https://hrapf.org/mdocs-posts/hrapfs-legal-and-human-rights-analysis-of-the-anti-homosexuality-bill-2023-as-enacted-by-parliament-of-uganda/.

42 G. O. Antai, "Universality versus Cultural Relativism in International Human Rights: A Case Study of the Anti-Homosexuality Act of Uganda 2023," *IAA Journal of Management* 11, no. 2 (2024): 1, https://doi.org/10.59298/IAAJAM/2024/112.11400.00.

이 법안은 위헌적이다. 그 이유는 성인 간의 합의된 동성 관계를 범죄화하고, '동성애의 조장'(promotion of homosexuality)을 처벌하는 조항들이 … 다음과 같은 헌법상 권리를 침해하기 때문이다. 평등권 및 차별로부터의 자유, 사생활의 보호, 인간의 존엄성과 비인도적·굴욕적 처우로부터의 자유, 공정한 재판을 받을 권리, 표현의 자유, 종교·양심·결사의 자유, 신체의 자유, 직업 수행의 자유, 그리고 건강권 등.…

이 법안은 퇴행적이고 LGBTIQ+ 인구의 HIV 서비스 접근을 제한함으로써 우간다의 HIV 상황을 악화시킬 것이다. 또한 연구 및 학문적 자유를 위축시킬 우려도 있다.…

법안의 일부 조항은 기존 법률과 중복되며, 일부 경우에는 현행 기준에 부합하지 않는 형벌을 규정하고 있어 불필요하다.…

법안에 규정된 일부 형벌은 과도하고 불균형적이며, 동일한 행위가 이성 간에 이루어졌을 때 부과되는 형벌보다도 더 무겁게 책정되어 있다.…[43]

이 견해의 한계는 해당 입법자들이 오직 동성애자와 레즈비언만이 권리를 가진다고 여기고, 그 외의 사람들은 그렇지 않다고 간주하는 듯이 보인다는 점이다. 예를 들어, 동성애자 및 레즈비언 HIV/AIDS 환자에게 보건 서비스를 제공하는 일은 반드시 배우자가 동행해야만 가능한 것은 아니다.

7. 문화와 인간의 섹슈얼리티

문화는 문명의 한 측면으로서, "가치와 신념, 규범, 상징, 언어, 그리

---

43 "A Legal and Human Rights Analysis," 2-3.

고 예식"[44]을 포함한다. 이러한 규범, 가치, 그리고 관행은 공동체 내에서 인간관계, 행동, 정체성을 형성하는 데 있어 핵심적인 요소로 작용한다. 따라서 특정 공동체와의 상호 작용에 있어서, 그 공동체의 구성원들이 인간의 섹슈얼리티와 젠더에 대해 갖는 인식이 문화에 의해 형성된다는 점을 인식하는 것이 필수적이다.

우간다의 다양한 문화에서, 사람들은 주로 결혼이라는 맥락 안에서 성적 타자와의 관계를 통해 성적 만족을 추구한다. 이러한 맥락에서, 누구와 언제 결혼할 것인지는 공동체 모두의 관심사이며, 이는 결혼한 부부가 자녀를 낳아 생명의 불꽃을 이어 가기 위한 것이다. 따라서 출생 시 아이는 남성 혹은 여성으로만 식별되며, 그 외의 젠더는 존재하지 않는다. 아이가 성장함에 따라, 그 젠더에 부합하는 역할을 수행할 수 있도록 특정한 임무와 역할이 부여된다. 그러나 오늘날의 글로벌 사회에서는 "라디오, 텔레비전, 컴퓨터, 신문, 학술지, 책, 광고판, 연극, 음반, 영화, 인터넷 등과 같은 주류 미디어와 소위 디지털 미디어가 그들의 내용과 발전 과정을 통해 전통적 아프리카의 가치"[45]를 파괴하는 존재가 되었다.

언어는 사람들이 의사소통을 위해 사용하는 문화의 한 측면으로서, 소중히 여겨지는 관점을 표현하거나 왜곡하는 데 종종 사용되어 왔다. 인간의 섹슈얼리티에 관한 담론에서는 LGBTIQ+나 호모포비아(homophobia)와 같은 약어와 용어들이 일반적으로 사용되지만, 그 의미는

---

44 A. P. Venezuela and E. Long-Cromwell, "Elements of Culture | Definition, Aspects & Components," Sociology 101: Intro to Sociology, Study.com, updated November 21, 2023, https://study.com/academy/lesson/elements-of-culture-definitions-and-ideal-real-culture.html.

45 R. O. Saheed, "Globalization and the Emerging Sexual Trends in Africa," *ABUAD Journal of Social and Management Sciences* 4, no. 1 (2023): 79.

특정 입장을 정당화하기 위해 왜곡될 수 있다. 이 약어에서 Q는 'Queer'(퀴어)를 의미하며, 이는 이성애적인 것과 반대되는 개념이다. 태어난 성별대로 살아갈 수 있음에도, 왜 누군가가 굳이 퀴어가 되기를 선택하는가? 또 다른 예로, 호모포비아는 단순히 "레즈비언, 게이 또는 바이섹슈얼인 사람들에 대한 두려움, 혐오, 불편함, 불신"[46]을 의미한다. 동성애 성향을 지닌 사람들이 타인이 자신들을 두려워한다고 생각하는 것처럼, 그들 역시 타인을 두려워하거나 경계하기도 한다. 그렇다면 과연 누가 진정한 호모포비아인가?[47]

8. 인간의 섹슈얼리티 담론에서 제기되는 도전

우간다에서의 인간의 섹슈얼리티에 관한 담론은 논쟁이 끊이지 않는, 민감하고 불안정한 영역이다. 동성 관계의 허용을 지지하는 이들은 이를 허용하지 않는 것이 그 행위자들을 낙인과 차별에 노출시키는 것이라고 주장하며, 이는 종교 근본주의자들에 의해 조장되는 관행이라고 본다. 반면, 많은 우간다인들은 동성 관계를 허용하는 것이 국가의 미래를 해칠 것이라 느낀다. 또한 이른바 보수주의자와 자유주의자 양측의 감정적인 표현들은 일반 대중 사이에서 인간의 섹슈얼리티의 중요성에 대한 왜곡된 인식을 더욱 심화시키고 있다.

이런 식으로 논쟁이 첨예한 환경에서는 오해를 사기도 쉽다. 단지 자신이 논란의 여지가 있는 사람들이 함께한 공간에 있었다는 이유만으

---

46 "What is Homophobia?," Planned Parenthood, copyright 2025, https://www.plannedparenthood.org/learn/sexual-orientation/sexual-orientation/what-homophobia.

47 A. D. Omona, "Religion, Culture and Human Sexuality" (unpublished paper presented at Global North-South Dialogue on Human Sexuality, Pietermaritzburg, South Africa, August 28-30, 2014), 요청 시 제공됨.

로, 명성이 훼손된 사람들이 많다. 예를 들어, 우간다 의회가 반동성애 법안을 통과시키고 대통령이 이에 서명한 이후, 일부 국가는 해당 법안의 제정에 관여한 것으로 여겨지는 국회의원들에 대해 여행 금지 조치를 내렸다.

9. 결론 및 제언

지금까지의 논의는 인간의 섹슈얼리티가 다양한 계층의 사람들로부터 감정적 반응을 이끌어 내는 논쟁의 영역임을 명확히 보여 준다. 그러나 분명한 점은, 우간다 국민 대다수가 동성 관계에 반대하며, 소수의 개인이 그러한 행위를 지속하고 있다는 이유만으로 이를 자국에서 합법화할 정당한 근거가 될 수는 없다고 믿는 것이다. 한편, 국내 차원에서는 우간다 종교 간 협의회(IRCU)가 보도 자료에서 약속한 바와 같이, 모든 집단에게 돌봄과 상담을 제공하기 위한 단호한 조치를 취해야 한다. 국제적 차원에서는 국제 사회가 우간다 국민 다수의 목소리에 귀 기울여, 자국에서 일어나고 있는 상황을 정확하게 반영해야 한다.

토의 질문

(1) 관련 사례를 들어, 섹슈얼리티에 관한 전통적인 우간다 문화의 신념과 관행이 현대 종교의 가르침, 특히 기독교와 이슬람의 교리와 어떻게 교차하는지를 논하라. 이러한 결합된 영향이 현재 우간다의 인간의 섹슈얼리티에 대한 사회적 태도와 법체계 형성에 어떻게 작용하고 있는가?

(2) 국제 사회가 LGBTQ+ 실천과 관련하여 우간다와 같은 일부 국가

들의 법적이고 정치적인 입장에는 영향을 미치려 하면서, 다른 국
가들의 입장에는 동일한 방식으로 개입하지 않는 경우, 그 기준과
정당성은 무엇인가?

⑶ 식민주의, 종교적 부흥, 그리고 문화 르네상스와 같은 역사적 사
건들이 현재 우간다에서 인간의 섹슈얼리티에 대한 담론과 정책
형성에 어떻게 지속적으로 영향을 미치고 있는지에 대해 논하라.

논찬

김종우

나는 멀리 한국까지 와서 훌륭한 강의를 해 주신 데이비드 오모나 (David Omona) 박사에게 진심으로 감사드린다. 오모나가 우간다의 섹슈얼리티 문제를 정치적, 법률적, 전통적, 사회문화적, 성경적 여러 관점에서 설명해 준 것은 우리로 하여금 특히 동성애 문제를 포함한 우간다의 현실을 더 깊이 이해하게 해 주었다. 나는 인간의 섹슈얼리티에 대한 전통적 관점에서 오모나와 공감하는 몇 가지 부분을 강조하고자 한다.

종교와 영성

나는 "종교와 영성은 사람들의 삶을 지배하는 주요한 힘으로 작용하고 있다"라는 오모나의 의견에 동의한다. 유명한 신학자 존 음비티(John Mbiti)도 그의 저서에서 "아프리카인은 매우 종교적인 사람들이다"[1]라고

---

1 John S. Mbiti, *African Religions and Philosophy* (Nairobi: East African Education Publishers, 1969), 12.

말한 바 있다.

나는 우간다와 주변 여러 나라에서 28년간 사역하면서 아프리카인들이 정말로 깊이 종교적이며 영적인 사람들임을 직접 목격했다. 그들의 전통 가옥 구조는 상징적이다. 중심 기둥은 신을 나타내며, 그 기둥에 연결된 여러 지지대들(결혼, 교육, 농사, 전쟁, 의식, 문화, 춤, 음악 등)은 모두 그 중심 기둥(하나님)에 의존하고 있다.[2]

거룩한 섹슈얼리티

아프리카 전통 종교에서는 생명은 거룩하다고 믿는다. 그리고 생명은 반드시 출산을 통해 이어져야 하며, 출산은 오직 이성 간의 결혼 관계를 통해서만 가능하다. 따라서 결혼은 거룩하고 매우 중요한 것으로 여겨진다. 그것은 새로운 생명을 탄생시키고 가계를 이어 가는 유일한 방법이기 때문이다. 오모나가 지적한 것처럼, 섹슈얼리티는 단지 생식의 수단이 아니라 땅, 창조, 그리고 영적 세계와 연결된 거룩한 행위로 이해된다.

출생 시 부여된 성과 역할

아프리카 문화에서는 남성과 여성의 성별과 역할이 출생 시부터 명확히 구분된다. 일부다처제나 이혼은 어느 정도 허용된 적이 있었지만, 동성애는 결코 용납되지 않았다. 그래서 오늘날에도 대부분의 사람들은 동성애에 대해 매우 부정적인 시각을 가지고 있으며, 이를 허용하지

---

2 김종우, "우간다 교회를 위한 기독교 어린이 교육 연구", 미간행 석사학위 논문, 장로회신학대학교, 2012, 13-14.

않는다.

전통적 가치에 대한 위협

오모나는 오늘날 글로벌 미디어가 전통적 가치관에 큰 위협이 되고 있다고 언급했다. 나도 그 의견에 전적으로 동의한다. 우간다를 비롯한 여러 지역의 젊은이들과 교류하면서, 나는 외국인의 유입과 미디어의 영향으로 인해 도시의 청년들이 전통적이며 성경적인 사고 방식에서 점점 멀어지고 도전받는 모습을 보았다.

무세베니 대통령에 대한 찬사

2014년 3월 31일, 우간다의 요웨리 무세베니 대통령은 수도 캄팔라에서 열린 반(反)동성애 집회에서 이렇게 선언했다. "설령 미국의 원조가 끊긴다 해도, 우리는 동성애에 반대할 것이다." 나는 그 연설을 직접 들었다. 그때 교회 지도자들을 비롯한 청중들이 감격과 감사로 가득 차서 열정적으로 환호하던 모습을 지금도 생생히 기억한다.

세계 성공회 미래 회의(Global Anglican Future Conference, GAFCON)

오모나는 예루살렘에서 열린 GAFCON Ⅲ(2018)의 결의문을 언급했다. 그 결의문은 1998년 램버스 회의(Lambeth Conference) 결의문 1.10을 인용하며, 성경에 기초한 전통적 성 윤리를 지지했다. GAFCON Ⅲ는 "성실한 성생활의 두 가지 표현은 남자와 여자의 일생의 결혼, 혹은 독신의 삶"[3]이라고 명시하였고, 동성애 행위는 성경과 양립할 수 없다고 선언했다. 이 입장은 5년 후 GAFCON IV(르완다 키갈리, 2023)에서도 재확인되었다.

GAFCON IV에는 약 50개국 1,300명의 지도자들이 "우리가 누구에게로 가오리이까?"(요 6:68)라는 주제로 모였다. 이 회의에서 채택된 키갈리 선언(Kigali Commitment)[4]은 성경적 성 윤리를 다시금 확고히 하였으며, 동성애 행위나 이를 지지하는 교회의 입장은 성경과 양립할 수 없음을 명확히 했다.

성경적 결혼의 재확인

결혼은 창세기 2장과 마태복음 19장에서 예수님이 가르치신 바에 따라, 한 남자와 한 여자의 연합임을 분명히 했다. 동성 결혼은 성경에 어긋나는 것으로 선언되었다.

교회 지도자들의 배신에 대한 규탄

특히 영국 성공회와 미국 성공회가 동성 결혼이나 축복을 허용한 것은 "성경과 교회의 역사적 신앙을 배신한 행위"라며 강력히 비판했다.

캔터베리 대주교에 대한 불신 선언

저스틴 웰비 대주교는 이 문제에서 성경적 입장을 지키지 못했다고 평가받았고, 따라서 GAFCON 총회는 그를 더 이상 성공회 세계 공동체

---

3 Gafcon, *Gafcon Documents* (Jerusalem: June 2018), 6.

4 Gafcon, *The Kigali Commitment*, GAFCON IV (Global Anglican Future Conference, Kigali, Rwanda), April 21, 2023, https://gafcon.org/communique-updates/gafcon-iv-the-kigali-commitment/.

의 영적 지도자로 신뢰할 수 없다고 결의했다. 웰비는 이후 다른 이유를
내세워 2025년 1월에 사임했다.

새로운 영적 지도력의 형성

GAFCON과 글로벌 사우스(Global South) 교회들은 성경에 근거한 새로
운 영적 지도 체계를 모색하기로 약속했다.

결론

다시 한 번, 나는 오모나의 발표에 대해 깊은 감사를 드리며, 그의 견
해에 동의한다.

제3부

과학적, 의학적 논의

11
유전학과 인간의 섹슈얼리티

민성길

1. 서론

1970년대 미국에서 동성애에 대한 심각한 논쟁이 있었다. 그 배경에는 인권 운동, 프리섹스 운동(성 혁명), 그리고 1960년대에는 1968년 학생 혁명과 같은 혁명적인 사건들이 있었다. 1970년부터 동성애자 인권 운동도 일어나, 미국정신의학회(American Psychiatric Association, APA)는 1973년 동성애를 '정상화'했다. 이후 동성애에 대한 본격적인 임상 연구들이 나타나기 시작했다.

1990년대 이후 동성애에 대한 유전학 연구가 활발해졌다. 동성애 옹호자들은 동성애가 '자연'이라는 과학적 증거가 필요했고, 이는 유전학 연구를 통해 입증될 것이었다. 유전학 연구는 1980년대 가족 연구로 시작되었고, 1990년대에는 쌍둥이 연구, 동성애 유전자 탐색 및 기타 생물학적 연구, 그리고 2010년대에는 전장유전체 연관 연구(genome-wide association studies, GWAS)로 이어졌다.

본 논문은 동성애에 대한 유전학적 연구를 검토한 후, 동성애의 정신사회적 원인, 동성애가 병적이라는 점, 그리고 동성애에 대한 기독교적 관점에 대해 논의한다.

2. 초기 가족 연구와 쌍둥이 연구

1980년대 한 가족 연구에서, 동성애 남성의 형제 중 동성애자 비율이 일반 인구에 비해 높다고 보고하면서, 이는 동성애가 가족 내에서 많이 발생한다는 사실에 대한 예비적 증거가 되었다.[1]

1990년대에 베일리(J. M. Bailey)와 필라드(R. C. Pillard)는 161명의 동성애자 사례들을 조사하여, 일란성 쌍둥이에서의 동성애 일치율은 52%, 이란성 쌍둥이에서의 일치율은 22%, 그리고 입양 형제에서의 일치율은 11%라고 보고했다.[2] 여성 쌍둥이에 대한 병행 연구에서는 유사하지만 낮은 일치율을 보였다.[3] 이 차이는 남성의 성적 지향에 유전적 영향이 크다는 것을 시사한다.

이후 인구 집단을 대상으로 한 보다 과학적인 연구들이 나왔다. 베일리 등은 호주 쌍둥이 등록 체계[4]에 포함된 사람들을 대상으로, 그리고

---

1 R. C. Pillard & J. D. Weinrich, "Evidence of Familial Nature of Male Homosexuality," *Archives of General Psychiatry* 43, no 8 (1986): 808-12, https://doi.org/10.1001/archpsyc.1986.0180008 0094012.

2 J. M. Bailey & R. C. Pillard, "A Genetic Study of Male Sexual Orientation," *Archives of General Psychiatry* 48, no. 12 (1991): 1089-96, https://doi.org/10.1001/archpsyc.1991.01810360053008.

3 J. M. Bailey et al., "Heritable Factors Influence Sexual Orientation in Women." *Archives of General Psychiatry* 50, no. 3 (1993): 217-23, https://doi.org/10.1001/archpsyc.1993.01820150067007.

4 J. M. Bailey et al., "Genetic and Environmental Influences on Sexual Orientation and Its Correlates in an Australian Twin Sample," *Journal of Personality and Social Psychology* 78, no.3 (2000): 524-36, https://doi.org/10.1037/0022-3514.78.3.524.

롱스트뢰름(Långström) 등은 스웨덴 쌍둥이 등록 체계[5]에 포함된 사람들을 대상으로 쌍둥이 일치율을 조사했다. 그 결과, 일란성 쌍둥이에서의 동성애 일치율이 이전 사례 연구보다 더 낮다는 것을 발견했다. 즉 이전 연구들은 연구 대상 선정에 편향성이 있었던 것이다.

3. '게이 유전자' 탐색

인간 게놈이 확인되면서, 어떤 유전자가 어떤 기능을 하는지에 대한 연구들이 등장했다. 전장유전체 링키지 분석(genome-wide linkage analysis, GWLA)은 특정 후보 유전자에 초점을 맞추지 않고, 관련된 염색체의 일정 영역을 식별하고자 하는 연구다. 1993년, 헤이머(D. H. Hamer) 등은 X 염색체의 Xq28 영역에서 연관성이 존재함을 시사하는 DNA 연관 분석(linkage analysis)을 수행했다.[6] 이 연구는 언론의 상당한 주목을 받았으며, '게이 유전자'라는 표현을 대중화시키는 데 기여했다. 그러나 이후의 반복 연구에서는 Xq28과 동성애 사이의 유의미한 연관성을 발견하는 데 대체로 실패했다.

2005년, 무스탄스키(B. S. Mustanski) 등은 7번, 8번, 10번 염색체에서 잠재적 링키지 피크를 확인했다.[7] 2015년, 샌더스(A. R. Sanders) 등은 8번 염색체와 Xq28에서 두 개의 연관 영역을 확인했다.[8] 이러한 연구들은 결

---

5 N. Långström et al., "Genetic and Environmental Effects on Same-Sex Sexual Behavior: A Population Study of Twins in Sweden," *Archives of Sexual Behavior* 39, no. 1 (2008): 75-80, https://doi.org/10.1007/s10508-008-9386-1.

6 D. H. Hamer et al., "A Linkage between DNA Markers on the X Chromosome and Male Sexual Orientation," *Science*, 261 no. 5119 (1993): 321-27, https://doi.org/10.1126/science.8332896.

7 B. S. Mustanski et al., "A Genomewide Scan of Male Sexual Orientation," *Human Genetics,* 116, no. 4 (2005): 272-78, https://doi.org/10.1007/s00439-004-1241-4.

8 A. R. Sanders et al., "Genome-wide Scan Demonstrates Significant Linkage for Male Sexual Orientation," *Psychological Medicine* 45, no. 7 (2015): 1379-88, https://doi.org/10.1017/

과들이 서로 다를 뿐 아니라, 모두 재현이 필요하다.

전장유전체 연관 연구

전장유전체 연관 연구(GWAS)는 복잡한 형질과 직접적으로 관련된 유전자 변이를 식별하는 데 강력한 첨단적 연구 기술이다. 2012년에 드라반트(Drabant) 등은 유전자 검사 서비스를 하는 23andMe의 고객 데이터를 사용하여 성적 지향에 대한 첫 번째 GWAS를 수행했다. 그러나 유의미한 유전자 변이를 확인하지 못했다.[9] 2017년에 샌더스 등은 남성 동성애자를 대상으로 GWAS를 수행했으나 유의미한 유전자 변이를 확인하지 못했다.[10]

2019년, 간나(Ganna) 등은 영국 바이오뱅크(Biobank)와 23andMe에 포함된 47만여 명을 대상으로 동성 성행위에 대한 GWAS를 수행한 결과, 동성 성행위와 관련된 "단일 유전자(single gene)는 확인되지 않았다"고 했다(동성애자에게만 있고 이성애자에게는 없는 동성애 유전자 변이는 없다는 의미). 또한 한때 유명했던 Xq28 역시 전혀 연관이 없었다. 반면 동성 성행위와 유의미하게 연관된 5개의 상염색체 유전자 변이를 발견했다. 게이와 레즈비언 모두에서 rs10261857-7Q31.2와 rs11114975-12Q21.31이 확인되었는데, 이는 조현병과 우울증과 관련이 있는 것으로 알려져 있는 유전자 변이다. 게이에게서만 확인된 유전자는 rs34730029-11Q12.1과 rs28371400-15Q21.3이었다. 추가 연구 결과, 이 유전자들은 각각

S0033291714002451.

9 E. M. Drabant et al., "Genome-Wide Association Study of Sexual Orientation in a Large, Web-Based Cohort," 23andMe, copyright 2012, https://blog.23andme.com/wp-content/uploads/2012/11/Drabant-Poster-v7.pdf.

10 A. R. Sanders et al., "Genome-Wide Association Study of Male Sexual Orientation," *Scientific Reports* 7, no. 16950 (2017): 1-6. https://doi.org/10.1038/s41598-017-15736-4.

후각과 남성 탈모와 관련이 있는 것으로 나타났다. 레즈비언에게서는 rs13135637-4p14가 확인되었는데, 이는 양극성 장애와도 관련이 있는 것으로 알려져 있다. (간나는 이 유전자 변이가 동성애자들이 차별로 우울증에 잘 걸리는 경향성을 설명한다고 했다.) 한편, 각 변이들은 작은 영향을 미쳤으며, 모두 합쳐도 동성애 행동의 변이의 1% 미만을 설명했다. 또한 통계적으로 유의미하지 않은 수많은 다른 유전자 변이들의 효과를 모두 합치면, 동성 성행위라는 변이의 8-25%를 설명한다고 추정했다.[11]

중요하지만 덜 언급되는 소견은, 동성 성행위와 몇 가지 특성(trait) 사이에 유의미한 유전적 상관 관계가 있다는 것이었다. 그 특성에는 "흡연, 대마초 사용, 위험 감수, '경험에 대한 개방성,'" 첫 출산 연령(여자)이 어림, 성 파트너 수가 많음, 주관적 안녕감 저하, 외로움, 조현병, 양극성 장애, 주요 우울 장애, ADHD 등이 포함되어 있다. 통계적으로 유의미하지는 않았으나, 기타 특성으로는 음주, 불안, 자폐, 그리고 신경증 성향 등이 포함되었다. 한 개인이 이러한 특성들을 많이 가질수록 동성 성행위를 할 가능성이 더 높다. (이는 동성애 행동이 비정상적임을 시사한다.)

이 획기적인 연구는 동성애가 단일 '게이 유전자'라는 통념을 뒷받침하지 않을 뿐 아니라, 동성애의 많은 수의 유전자들과 연관이 있는 다유전자적(polygenic) 특성을 입증하고 있다. 이로써 성적 지향의 유전학을 이해하는 데 있어 패러다임의 전환을 초래했다고 평가된다.

2021년, 후(S. H. Hu) 등은 한족 남성을 대상으로 한 연구에서 남성 동성애에 잠재적으로 기여하는 두 개의 유전자 변이를 확인했다.[12] 그중

---

11 A. Ganna, et al., "Large-Scale GWAS Reveals Insights into the Genetic Architecture of Same-Sex Sexual Behavior," *Science* 365, no. 6456 (2019): eaat7693, https://doi.org/10.1126/science.aat7693.10.1126/science.aat7693.

12 S.-H. Hu et al., "Discovery of New Genetic Loci for Male Sexual Orientation in Han Population," *Cell Discovery* 7, no. 103 (2021): 1-14, https://doi.org/10.1038/s41421-021-00341-7.

하나는 읽기 장애와 관련이 있는 것으로 알려져 있다. 이 발견은 다양한 민족 집단에 걸친 유전적 발견의 중요성을 부각시켰지만, 대상 수가 적어 주목받지 못하고 있다.

앞서 언급한 네 가지 GWAS에서 확인된 유전적 변이들은 연구마다 다르다. 즉 현재까지의 증거는 다유전자 모형을 강하게 지지하며, 이 모형에서는 다수의 유전자가 각각 작은 영향을 미치고, 그 효과는 누적적으로 나타나는 것으로 보인다.

4. 생물학적 기전 및 경로

동성애 관련 유전자가 있다고 본다면, 동성애를 직접적으로 유발하는지, 아니면 다른 신체 기관에 영향을 미쳐 간접적으로 유발하는지 여부는 아직 불분명하다. 쌍둥이 연구에서 볼 수 있듯이, 유전적 영향이 약 30%라면 나머지 약 70%는 환경적 영향이라 할 수 있다. 동성애 옹호론자들은 이러한 환경이 비사회적 환경이라고 주장한다. 대표적인 예로 자궁 내 환경이 있는데, 발달 중인 태아의 뇌가 (아마도 유전에 의한) 성호르몬의 영향, 면역학적 영향 또는 후성발생(epigenesis)에 노출된 결과 동성애가 발생한다는 것이다.

뇌 구조

1991년, 사이먼 르베이(Simon LeVay)는 사후 검시에서 이성애 남성에 비해 동성애 남성의 전시상하부 제3간질핵(INAH-3)이 절반 정도 작다고 했다.[13] 그러나 문제는 이 연구의 대상이 된 뇌는 에이즈로 죽은 동성애자

---

13 S. LeVay, "A Difference in Hypothalamic Structure between Heterosexual and Homosexual men," *Science* 253, no. 5023 (1991): 1034-37, https://doi.org/10.1126/science.1887219.

들의 뇌였다는 것이다. 그렇다면 뇌 구조의 변화는 동성애 행동의 원인이라기보다 결과인 것이다. 이렇게 특정 경험이 반복되면 해당 뇌 구조가 변화하는데, 이를 신경가소성(neuroplasticity)이라 한다. 이 연구는 재현되지 않았고, 오히려 부인하는 연구가 나왔다.[14]

다른 연구에서는 동성애 남성의 뇌가 이성애 여성의 뇌 쪽에 가깝고, 레즈비언 여성의 뇌가 이성애 남성과 유사하다고 주장한다.[15] 이 역시 동성애의 원인인지, 아니면 동성애적 행동을 거듭함으로 인한 신경가소성의 결과인지는 확인할 수 없다.

산전 호르몬(Prenatal Hormone) 이론

이는 산전 호르몬 노출, 특히 안드로겐의 변화가 태아의 뇌 발달에 영향을 미쳐 이후 성적 지향에 영향을 미친다는 이론이다. 그 연구 방법 중 하나로, 선천성 부신과다형성증(congenital adrenal hyperplasia, CAH) 환자로부터 간접적인 정보를 얻을 수 있다. 2020년, 다에(E. Daae) 등은 CAH 환자의 성적 지향에 관한 30편의 논문들을 검토한 결과, CAH를 가지고 태어난 여아는 비이성애자일 가능성이 더 높았으나, CAH를 가지고 태어난 남아는 모두 이성애자였다고 한다.[16] 한편, 낮은 안드로겐 수치가 남

---

14 William Byne et al. "The Interstitial Nuclei of the Human Anterior Hypothalamus: An Investigation of Variation with Sex, Sexual Orientation, and HIV Status," *Hormones and Behavior* (2001); 40(2): 86-92. https://doi.org/10.1006/hbeh.2001.1680.

15 I. Savic and P. Lindström, "PET and MRI Show Differences in Cerebral Asymmetry and Functional Connectivity between Homo and Heterosexual Subjects," ed. J. Gustafsson, *Proceedings of the National Academy of Sciences* 105, no. 27 (2008): 9403-08, https://doiorg/10.1073/pnas.0801566105.

16 Elisabeth Daae et al., "Sexual Orientation in Individuals with Congenital Adrenal Hyperplasia: A Systematic Review," *Frontiers in Behavioral Neuroscience* 14, no. 38 (2020): 1-22, https://doi.org/10.3389/fnbeh.2020.00038.

성 동성애로 이어질 수 있다는 증거를 제시하는 유사한 증후군은 존재하지 않는다. 윤리적으로, 이 이론을 태아에게 적용하여 실험하는 것은 불가능하다.

2D:4D 손가락 비율의 성별 차이는 안드로겐이 뼈 발달에 미치는 영향을 반영한다. 게이와 레즈비언의 2D:4D 손가락 비율에 대한 연구는 엇갈린 결과들을 보인다.

형제의 출생 순서 효과와 면역학적 이론

형들이 많은 남자 동생은 동성애자일 가능성이 높다는 관찰이 있다.[17] 이를 설명하기 위해 성적 지향에 대한 면역학적 이론이 등장했다.[18] 이 가설은 산모에게 남아를 임신할 때마다 남성 특이 단백질에 대한 항체가 생성되어 누적되면, 그 이후 남성 태아의 뇌 발달에 영향을 미쳐 동성애자가 된다고 가정한다. 이 가설을 증명하기 위해서는 산모에게서 항남성 항체를 확인해야 하며, 태아기부터 시작하는 전향적 코호트 연구(prospective cohort study)가 필요하다. 그러나 막내가 게이가 되는 원인으로, 소아기에 형들이 동생을 학대했을 가능성도 있다.

후성유전

2012년 라이스(W. R. Rice) 등은 태아기 동안 발생할 수 있는 DNA 메틸화와 히스톤 변형과 같은 후성유전적(epigenetic) 변화가 성적 감수성과 호

---

17 L. Ellis and R. Blanchard, "Birth Order, Sibling Sex Ratio, and Maternal Miscarriages in Homosexual and Heterosexual Men and Women," *Personality and Individual Differences* 30, no. 4 (2001): 543-52, https://doi.org/10.1016/S0191-8869(00)00051-9.

18 A. F. Bogaert, "Biological versus Nonbiological Older Brothers and Men's Sexual Orientation," ed. D. Purves, *Proceedings of the National Academy of Sciences* 103, no. 28 (2006): 10771-74, https://doi.org/10.1073/pnas.0511152103.

르몬 반응성을 변화시킬 수 있으며, 이러한 변화가 일란성 쌍둥이 간 낮은 일치율을 설명할 수 있을 뿐 아니라, 환경적 요인이 성적 지향에 영향을 미친다는 이론과도 잘 부합한다고 제안했다.[19] 그에 따라 2015년 응운(T. C. Ngun) 등은 예비 연구를 통해 후성유전적 마커를 확인했다는 연구를 보고했지만, 방법론적 비판에 직면하여 출판되지 않았다.[20]

진화적 관점

생식 성공률이 낮은 동성애가 어떻게 인류 사회에 일정한 빈도로 유지되는지 그 원리는 알려져 있지 않다. 한 가지 가설은 유전자의 다면발현(Pleiotropy, 多面發現)이다.[21] 이는 하나의 유전자가 겉보기에 관련이 없는 두 개 이상의 표현형 특성에 영향을 미치는 현상을 말한다. 그런 의미에서 2024년 송(S. Song)과 장(J. Zhang)은 남성 양성애자의 '위험을 감수하는' 특성과 관련된 유전자 변이가 한 개인의 양성애 행동을 보일 가능성을 높이고 이를 통해 동시에 더 많은 자녀를 낳을 가능성을 높인다고 했다.[22] 연구자들은 이 현상은 남성의 위험 감수 행동에 관련된 유전자 변

---

19 W. R. Rice et al., "Sexually Antagonistic Epigenetic Marks That Canalize Sexually Dimorphic Development," *Molecular Ecology* 25, no. 8 (2016): 1812-22, https://doi.org/10.1111/mec.13490.

20 T. C. Ngun et al., "Abstract: A Novel Predictive Model of Sexual Orientation Using Epigenetic Markers" (Presented at the American Society of Human Genetics 2015 Annual Meeting, Baltimore, MD, October 8, 2015, subsequently withdrawn); 또한 다음을 참고하라. American Society of Human Genetics, "Epigenetic Algorithm Accurately Predicts Male Sexual Orientation," *ScienceDaily,* October 8, 2015, https://www.sciencedaily.com/releases/2015/10/151008141634.htm.

21 B. P. Zietsch et al., "Genetic Factors Predisposing to Homosexuality May Increase Mating Success in Heterosexuals," *Evolution and Human Behavior* 29, no. 6 (2008): 424-33, https://doi.org/10.1016/j.evolhumbehav.2008.07.002.

22 S. Song and J. Zhang, "Genetic Variants Underlying Human Bisexual Behavior Are Reproductively Advantageous," *Science Advances* 10, no. 1 (2024): eadj6958, https://doi.org/10.1126/sciadv.adj6958.

이의 수평적 다면발현에[23] 기인한다고 했다.

5. 생물학 연구의 한계

GWAS를 포함한 동성애에 대한 생물학 연구들은 연구 대상의 포함 기준의 다름, 연구 대상 선정의 편향, 그리고 동성애 평가 방법에서의 차이를 보인다. 결과적으로, 연구 결과는 일관되지 않다. 또한 재현 연구도 부족하다. 따라서 일반화에 한계가 있다. 또한 측정된 표현형이 동성애를 유발하는지, 아니면 동성애 경험의 결과인지 구분하기가 어렵다.

더욱이 레즈비언, 양성애, 무성애, 스콜리오섹슈얼리티(skoliosexuality, 트랜스젠더에 성적 끌림)와 같은 다른 '다양한' 성적 지향에 대한 연구는 매우 드물거나 없다.

유동성(Fluidity)

성적 지향의 유동성은 성적 끌림이나 성적 지향 정체성이 자연스럽게 바뀌는 변화를 의미한다.[24] 동성애에서 이성애로의 자연스러운 전환은 여성과 청소년에게서 더 두드러진다.[25] 또한 유동성은 문화적, 사회적 요인의 영향을 더 많이 받는다.[26] 따라서 성적 유동성은 혼성(mixed-sex)과

---

23 다면발현(pleiotropy)은 하나의 유전자가 서로 관련 없어 보이는 두 가지 이상의 표현형 형질에 영향을 미칠 때 나타나는 현상을 말한다.

24 L. Diamond, "Was It a Phase? Young Women's Relinquishment of Lesbian/Bisexual Identities over a 5-Year Period," *Journal of Personality and Social Psychology* 84, no. 2 (2003): 352-64, https://pubmed.ncbi.nlm.nih.gov/12585809/.

25 J. M. Bailey, "What Is Sexual Orientation and Do Women Have One?," in *Contemporary Perspectives on Lesbian, Gay, and Bisexual Identities*, ed. D. A. Hope (Springer-Verlag, 2009), 43-63, https://doi.org/10.1007/978-0-387-09556-1_3.

26 R. F. Baumeister, "Gender Differences in Erotic Plasticity: The Female Sex Drive as Socially Flexible and Responsive," *Psychological Bulletin* 126, no. 3 (2000): 347-74, https://doi.org/10.1037/0033-2909.126.3.347.

비배타적(non-exclusive) 끌림, 또한 시간에 따른 성적 끌림의 변화를 부분적으로 설명할 수 있다.[27] 이러한 유동성은 동성애가 유전한다는 이론을 부정하며, 동시에 전환 치료가 가능하다는 것을 간접적으로 증거한다.

6. 동성애의 정신사회적 원인

본성 대 양육 논쟁

동성애는 인간 행동의 하나이며, 본성 대 양육 논쟁의 대상이다. 동성애의 원인이 부분적으로 유전적(간나 등이 제시한 것처럼 8-25%)이라면, 나머지는 정신사회적일 수밖에 없다.

동성애의 정신사회적 원인에 대한 연구는 오랜 역사를 가지고 있다. 20세기 초에는 지그문트 프로이트(Sigmund Freud)의 동성애에 대한 정신분석 이론이 있었다.[28] 그리고 이는 애착 이론과[29] 가족 이론[30] 등으로 발전했다. 그러나 동성애 옹호자들은 정신분석을 사이비 과학으로 폄하한다. 20세기 중반 이후 행동주의 학습 이론이 전환 치료에 이용된 적이 있다. 최근에는 인지행동 이론, 트라우마 이론, 발달 이론이 등장했다. 그러나 동성애 옹호자들은 이러한 이론들에 대한 실증적 근거가 없

---

27 R. C. Savin-Williams et al., "Prevalence and Stability of Self-Reported Sexual Orientation Identity during Young Adulthood," *Archives of Sexual Behavior* 41 (2012): 103-10, https://doi.org/10.1007/s10508-012-9913-y.

28 Sigmund Freud, "Three Essays on the Theory of Sexuality," in *The Standard Edition of the Complete Psychological Works of Sigmund Freud*, vol. 7, trans. and ed. J. Strachey (Hogarth Press, 1905; repr. 1953-), 123-245.

29 A. R. Westhaver, "Attachment Theory and Gay Male Relationships: A Scoping Review," *Journal of GLBT Family Studies* 14, no. 4 (2018): 295-316, https://doi.org/10.1080/1550428X.2017.1347076.

30 I. Bieber, H. J. Dain, P. R. Dince, M. G. Drellich, H. G. Grand, R. H. Gundlach, M. W. Kremer, A. H. Rifkin, C. B. Wilbur, & T. B. Bieber, *Homosexuality: A Psychoanalytic Study* (Basic Books/Hachette Book Group, 1962). https://doi.org/10.1037/11179-000.

다고 주장한다.

일찍부터 일부 '과학자들'은 동성애를 유전으로 또는 생물학적으로 설명하는 주장을 비판해 왔다. 1997년, 바인(Byne)[31]은 동성애의 유전적 및 신경학적 병인은 심리적 및 문화적 모델과 통합되기 전까지는 임시방편일 뿐이라고 주장했다. 2002년, 베어먼(P. S. Bearman)과 브뤼크너(H. Brückner)[32]는 호르몬 가설, 형(兄) 순서 가설(older brother hypothesis), 그리고 진화론적 가설을 비판하며 사회적 맥락과 무관한 유전적 영향을 부정했다. 또한 메이어(L. S. Mayer)와 맥휴(P. R. McHugh)[33]는 2016년까지의 연구 결과를 검토하여 동성애가 선천적이라는 주장은 입증되지 않았다고 결론지었다.

역경적 소아기 경험

역경적 소아기 경험(adverse childhood experiences, ACEs)은 정신사회적 이론의 포괄적인 버전으로 간주된다. ACEs는 어린 시절에 받은 가정 내 폭력, 방임, 학대, 가족 구성원의 정신 질환이나 투옥, 부모의 별거 또는 이혼, 학교 및 이웃에서 발생하는 기타 정서적, 신체적 또는 성적 폭력이나 가난 등 역경적 경험들을 의미한다. 심각한 ACEs 노출은 심혈관 질환, 자가면역 질환, 약물 남용, 불안 및 우울증, 폭력 및 자살 시도 등[34] 평생 신체적 및 정신적 건강 문제와 용량 의존적으로 연관될 가능

---

31 W. Byne, "Why We Cannot Conclude That Sexual Orientation is Primarily a Biological Phenomenon," *J Homosex* 34, no. 1 (1997): 73-80. DOI: 10.1300/J082v34n01_07.

32 P. Bearman & H. Brückner, "Opposite-Sex Twins and Adolescent Same-Sex Attraction," *American Journal of Sociology* 107, no. 5 (2002): 1179-1205, https://doi.org/10.1086/341906.

33 L. S. Mayer & P. R. McHugh, "Sexuality and Gender. Findings from the Biological, Psychological, and Social Sciences," *The New Atlantis* 50 (2016): 4-143, https://www.thenewatlantis.com/wp-content/uploads/legacy-pdfs/20160819_TNA50SexualityandGender.pdf.

34 J. Wagner-Skacel et al., "Mentalization and Dissociation after Adverse Childhood Experiences," *Science Reports* 12, no. 6809 (2022), https://doi.org/10.1038/s41598-022-10787-8.

성이 높다.[35]

　최근 여러 연구에서 동성애자와 양성애자가 이성애자보다 과거 ACEs를 더 많이 경험한 것으로 보고되고 있다. 대표적으로 2020년 크레이그(S. L. Craig) 등은 14-18세 LGBTQ+ 청년 남녀 3,508명을 대상으로 한 연구에서,[36] 어린 시절 동성 성인(또는 손위 형제자매)으로부터 성적 학대와 같은 심각한 경험을 한 번이라도 경험한 사람 중 나중에 동성애자가 될 가능성이 더 높다는 것을 발견했다. 2022년 트랜(N. M. Tran) 등도 대규모 다기관 연구에서 18세 미만 연구 대상 중 LGBQ가 이성애자보다 더 많은 ACEs를 보고했을 뿐만 아니라, 특히 성적 학대 폭력을 더 많이 경험했다고 보고했다.[37]

　이러한 ACEs 연구는 동성애에 불안, 우울증, 약물 사용, 자살, 외상 후 스트레스 장애, 섭식 장애와 같은 정신 건강 문제들이 흔히 동반되는 이유를 설명한다.

　한편, 유년기 학대가 동성애의 원인이라기보다는, 어린 시절에 나타나는 성적으로 비정형적인 행동이 학대로 이어진다는 상반된 설명이 있다. 그러나 2013년, 로버츠(A. L. Roberts) 등은 유년기 학대와 성인기 성적 지향 발달 사이의 관계를 통계적으로 분석한 결과, 학대가 먼저 있었고 동성애는 나중에 나타났다고 주장했다.[38]

35　K. A. Kalmakis and G. E. Chandler, "Health Consequences of Adverse Childhood Experiences: A Systematic Review," *Journal of the American Association of Nurse Practitioners* 27, no. 8 (2015): 457-65, https://doi.org/10.1002/2327-6924.12215. PMID 25755161.

36　S. L. Craig et al., "Frequencies and Patterns of Adverse Childhood Events in LGBTQ+ Youth," *Child Abuse & Neglect* 107 (2020): 104623, https://doi.org/10.1016/j.chiabu.2020.104623.

37　N. M. Tran et al., "Adverse Childhood Experiences and Mental Distress among US Adults by Sexual Orientation," *JAMA Psychiatry* 79, no. 4 (2022): 377-79, https://doi.org/10.1001/jamapsychiatry.2022.0001.

38　A. L. Roberts et al., "Does Maltreatment in Childhood Affect Sexual Orientation in Adulthood?," *Archives of Sexual Behavior* 42, no. 2 (2013): 161-71, https://doi.org/10.1007/s10508-012-0021-9.

ACEs 연구, 자연적 유동성, 전환/회복 치료의 효과 등을 종합적으로 고려할 때, 동성애가 정신사회적 원인으로 생겨난다는 것을 알 수 있다. 다시 말해, 본성보다는 양육에서의 경험이 동성애의 원인일 가능성이 더 높다. 즉 '정신사회적' 요인이 '생물학적' 요인보다 원인일 가능성이 더 크다.

이에 따라 일부 과학자들은 동성애가 오로지 유전적 또는 생물학적 요인에 의해 발생한다는 주장에 대해 비판적인 입장을 제기한다. 1997년 바인은 동성애의 유전적 및 신경학적 병인은 심리적·문화적 모형과 통합되기 전까지는 잠정적인 설명에 불과하다고 주장했다.[39] 2002년 베어먼과 브뤼크너는 호르몬 가설, 형 가설, 그리고 진화 가설을 비판하면서, 사회적 맥락과 독립된 유전적 영향의 존재를 부정했다.[40] 또한 메이어와 맥휴는 2016년까지의 연구 결과를 검토한 후, 동성애가 선천적이라는 주장은 입증되지 않았다고 결론지었다.[41] 현재까지의 의학적 연구를 근거로 할 때, 필자는 동성애의 병인이 약 15%는 선천적 요인(nature)에, 85%는 환경적 요인(nurture)에 기인한다고 주장한다.

현재 미국정신의학회(APA)는 "성적 지향(동성애 또는 이성애)의 원인은 현재로서는 밝혀지지 않았으며, 개인마다 다르고 시간이 지남에 따라 달라질 수도 있는 생물학적 및 행동적 원인을 포함한 다요인적 요인이 복

---

39 W. Byne, "Why We Cannot Conclude That Sexual Orientation Is Primarily a Biological Phenomenon," *Journal of Homosexuality* 34, no. 1 (1997): 73-80, https://doi.org/10.1300/J082v34n01_07.

40 P. S. Bearman and H. Brückner, "Opposite-Sex Twins and Adolescent Same-Sex Attraction," *American Journal of Sociology* 107, no. 5 (2002): 1179-1205, https://doi.org/10.1086/341906.

41 L. S. Mayer and P. R. McHugh, "Sexuality and Gender: Findings from the Biological, Psychological, and Social Sciences," *The New Atlantis* 50 (2016): 4-143, https://www.thenewatlantis.com/wp-content/uploads/legacy-pdfs/20160819_TNA50SexualityandGender.pdf.

합적으로 작용할 가능성이 높다"[42]라고 모호하게 말한다.

7. 동성애가 유전된다면, 질병이 아닌가?

모든 인간 행동 중 유전적 요인, 즉 다유전자적 영향을 받지 않는 행동은 없다. 그리고 의학은 어떤 행동도 유전된다는 이유만으로 정상적인 것으로 간주하지 않으며, 그러한 유전 질환을 치료한다.

유전적 요인은 많은 정신 질환에서 발견된다. 2024년 아담스(M. J. Adams) 등은 "29개국에서 다양한 혈통과 혼혈 조상을 가진 주요 우울증 환자 685,808명과 대조군 4,364,225명을 대상으로 GWAS를 수행하여 636개 유전자좌에서 697개의 독립적인 연관성을 확인했다."[43] 2022년 기준, 트루베츠코이(V. Trubetskoy) 등은 조현병과 관련된 유전자좌 287개를 확인했다.[44] 고혈압에 관련하여서도 수백 개의 유전자 변이들이 발견되고 있다.[45] 제2형 당뇨병의 경우 611개의 유전자 변이들이 확인된다.[46] 키(신장)에 대하여서는 12,111개의 독립된 SNPs가 확인되었다.[47]

---

42 D. Scasta and P. Bialer, *Position Statement on Issues Related to Homosexuality* (APA Official Actions, Board of Trustees and Assembly, 2013), https://docslib.org/doc/2211766/position.statement-on-issues-related-to-homosexuality.

43 M. J. Adams et al., "Genome-Wide Study of Half a Million Individuals with Major Depression Identifies 697 Independent Associations, Infers Causal Neuronal Subtypes and Biological Targets for Novel Pharmacotherapies," preprint, medRxiv, June 24, 2024, https://doi.org/10.1101/2024.04.29.24306535.

44 V. Trubetskoy et al., "Mapping Genomic Loci Implicates Genes and Synaptic Biology in Schizophrenia," *Nature* 604 (2022): 502-8, https://doi.org/10.1038/s41586-022-04434-5.

45 Wang Y. Wang J-G, "Genome-Wide Association Studies of Hypertension and Several Other Cardiovascular Diseases," *Pulse* (2018); 6: 169-86.

46 K. Suzuki et al., "Genetic Drivers of Heterogeneity in Type 2 Diabetes Pathophysiology," *Nature* (2024); 627: 347-57, https://doi.org/10.1038/s41586-024-07019-6.

47 L. Yengo et al., "A Saturated Map of Common Genetic Variants Associated with Human Height," *Nature* (2022); 610: 704-12, https://doi.org/10.1038/s41586-022-05275-y.

이에 비해 동성애는 훨씬 적은 5개의 유전자좌와 연관되어 있으며, 그 기여도는 1% 미만으로 매우 낮다. 다른 정신 또는 신체 질환과 비교할 때, 동성애는 유전적인 것으로 간주될 수 없다. 따라서 동성애가 유전하기 때문에 자연스럽고 정상적이라는 논리는 옳지 않다.

동성애는 병리다

인간의 행동이 병리적인지 정상적인지는 그 행동이 궁극적으로 개인, 타인, 그리고 사회 전체에 고통, 기능 장애, 또는 해를 끼치는지 여부에 따라 결정되어야 한다고 생각한다.

다른 정신 질환들과 비교할 때, 동성애를 유전적 현상으로 간주하기는 어렵다. 따라서 동성애가 유전적이라는 이유로 자연적이며 정상적이라고 주장하는 논리는 타당하다고 보기 어렵다.

미국정신의학회가 1973년 동성애를 정상화한 것은 과학적 증거에 기반한 것이 아니라, 주로 동성애자들의 급진적인 정치적 저항 때문이었고, 학회 회원들의 58%가 정상화에 찬성하였기 때문이었다.[48] 그럼에도 불구하고 1997년 조사에 따르면, 정신과 의사의 69%는 여전히 동성애를 "정상적인 변이가 아닌 병리적인 적응"[49]이라고 생각하는 것으로 나타났다. 따라서 인권, 성 혁명, 그리고 시위에 근거하여 동성애를 정상화하는 것은 과학적이지 않다.

그러나 동성애 정상화 이후로 오히려 동성애에 대한 연구가 활발해져, 많은 과학적 정보가 축적되었다. 그 결과, 앞에서 기술한 바와 같이

---

48 R. Bayer, *Homosexuality and American Psychiatry, The Politics of Diagnosis. With a New Afterword on AIDS and Homosexuality* (Princeton University Press, Princeton, 1987), 뒷면.

49 "Sexes: Sick Again? Psychiatrists Vote on Gays," *Time*, February 20, 1978, https://time.com/archive/6881148/sexes-sick-again/.

동성애와 연관된 유전자 변이들이 일부 정신 질환 모두와 공통적이고, 동성애 행동과 유전적으로 관련된 특성들이 대개 병적이라는 사실이다. 역경적 소아기 경험이 다른 장애들의 원인과 공통적이라는 관련성, 동성애의 행동 문제(폭력성, 의도적 HIV 감염 추구 행위[bug-chasing] 등), 신체적 합병증(성병, 에이즈, 간염, 항문 손상 등), 그리고 동반되는 정신 건강 문제들(우울증, 불안, 마약, 자살 시도, 섭식 장애 등) 등이 밝혀지게 되었다. 이 모두를 종합해 볼 때, 동성애는 다른 정신 질환처럼 다유전자적이며 병적임을 알 수 있다.

8. 성경의 가르침과 결론

동성애 옹호자들은 동성애가 생물학적이고 인간의 섹슈얼리티의 유전적 다양성의 일부인 '본성'(natural)이라고 주장하며, 기독교 신학자들이 이 '과학적' 진리를 이해해야 한다고 주장한다.[50] 그러면서 그들은 성경의 가르침이 인권을 억압한다고 공격한다.

그러나 성경을 믿는 그리스도인들은 이러한 주장에 휘둘릴 필요가 없다. 하나님의 창조 섭리가 자연에 있는 그대로 반영되어 있다고 믿으며, 자연을 과학적으로 연구하는 과학은 궁극적으로 하나님의 창조 섭리를 밝혀낼 것이기 때문이다.

실제로 근대 유전학은 단일 동성애 유전자를 부정하는데, 이는 하나님의 창조 섭리를 생각하면 당연하다. 동성애 행동과 관련이 있다고 여겨지는 유전자 변이들은 다른 많은 '비정상적인' 인간 특성들과 공유되고 있다.

역경적 소아기 경험이 동성애의 중요한 정신사회적 원인으로 여겨진

---

50 A. Rinaldi, "I Was Born This Way," *EMBO Reports* 23, no. 6 (2022): e55290, https://doi.org/10.15252/embr.202255290.

다면, 문제는 누가, 왜 어린이들을 학대하는가 하는 것이다. 이는 기독교의 관점에서 인간의 '악한 본성' 때문으로 여겨진다. 또한 앞서 언급한 동성애와 유전적으로 관련된 특성들, 즉 성적 문란함(위험 행동, 경험에 대한 개방성, 첫 출산 연령, 성 파트너 수)과 정신 건강 문제 등은 또한 인간의 악함 또는 연약함을 시사한다. 이에 따라 아동과 청소년은 유해한 경험과 젠더 이데올로기로부터 보호되어야 한다.

동성애는 개인의 쾌락 외에는 동성애자 자신이나 파트너에게나 사회에 아무런 유익을 주지 않는다. 성경은 분명히 이렇게 말한다. "욕심이 잉태한즉 죄를 낳고 죄가 장성한즉 사망을 낳느니라"(약 1:15). 그 동성애의 결과는 바로 죽음의 의미를 내포하고 있는 불임, 성병, 우울증, 자살 등이다. 이들은 현대 사회에서 증가하고 있는 불륜, 낙태, 자살, 살인, 안락사, 마약, 폭력, 전쟁 등 죽음으로 이끄는 인간 행동들과 나란히 가고 있다. 동성애는 불임 및 이에 수반되는 건강 문제와 함께, 궁극적으로 삶의 기능 수행에 지장을 초래하는 비정상적 행동으로 간주되기도 한다.

우리 앞에 "생육하고 번성할" 선택이 있다

우리는 매일 매 순간 무엇을 할지 선택한다. 우리는 어디에 근거하여 어떤 결정을 내려야 할까? 동물과 달리 인간은 유전과 성적 본능에 따라 행동하지 않고, 자신의 의지로, 특히 그리스도인의 경우 믿음으로 자신의 감정과 행동을 통제할 수 있다.

성경에 따라 우리는 남성과 여성 이외의 다른 성을 인정할 수 없으며, 이성애적 일부일처제 결혼 이외의 성관계도 허용할 수 없다.

따라서 우리는 미래 세대가 올바른 성교육을 통해 이성애적 일부일처제 결혼과 전통적인 가족 제도를 지키고, 동성애를 예방하도록 해야 한다. 어린이와 청소년은 역경적인 경험과 젠더 이데올로기로부터 보호받아야 한다.

그리스도인들은 지금 동성애자들을 위해 무엇을 할 수 있을까? 그들이 개인적인 고통을 겪고 있다면, 그리스도인들은 치유를 도울 수 있다. 질병이 있는 경우 그리스도인들은 치료를 제공할 수 있고, 폭력 같은 범죄를 저지르는 경우 그리스도인들은 교정을 도울 수 있다. 그러나 무엇보다 그리스도인들이 해야 할 가장 중요한 일은 동성애자들을 그리스도께 인도하고 그들이 회심하도록 돕는 것이다.

토론 질문

⑴ 유전학 연구는 이른바 '게이 유전자'의 존재 가능성을 사실상 배제한 것으로 보이며, 동시에 LGBTQ+ 경험이 복수의 인과적 요인들에 의해 형성된다는 점을 시사한다. 그렇다면 LGBTQ+ 관련 사안에 있어 유전학 연구의 향후 방향은 무엇인가?

⑵ 동성애에 대한 유전학적 및/또는 심리사회적 연구의 어떤 측면들이 LGBTQ+ 개인들을 포함한 모든 사람을 사랑하도록 그리스도인의 마음을 일깨울 수 있을 것인가?

⑶ 유전적 대 환경(nature vs. nurture) 논쟁은 기독교 신학에 어떠한 쟁점들을 제기하는가? 또한 그리스도인들은 이러한 쟁점들을 어떻게 이해하고 대응할 수 있는가?

논찬

선교 행정가

서론

과학적 연구와 시민 사회, 전통과 정통성이라는 여러 영역 사이를 항해하는 일은 매우 어려운 여정이며, 특히 인간의 섹슈얼리티에 대한 공통된 이해를 모색할 때 매우 도전적인 여정이다. 우리는 과거에 과학과 과학적 방법에 깊은 신뢰를 두었던 사회들이 이제는 공정성, 배려, 포용을 중심으로 한 비구체적 이념으로 이동하고 있는 시대에 살고 있다. 조상으로부터 전해진 신념과 문화적 관습에 기반해 왔던 보다 전통적인 사회들 또한 이러한 흐름의 영향을 점점 더 많이 받고 있다. 많은 이들이 물려받은 규범에 대한 지지를 약화시킴에 따라, 그 규범 없이 삶의 방향을 잡아 나가야 하는 도전에 직면하고 있다. 이와 유사하게, 일부 신앙 공동체들 또한 사회적 변화에 적응하기 위하여 자신들의 교리를 수정하고 있다.

사회적 변화

　민성길 박사의 논고는 동성애에 관한 과학적 연구, 특히 동성에 끌림에 영향을 미치는 유전적이고 심리사회적 요인에 대한 탐색을 중심으로 다룬다. 본 논고는 미국정신의학회(APA)와 세계보건기구(WHO)에 의해 동성애가 정신 질환에서 정상적인 정체성으로 재분류된 이후의 시기를 중심적으로 조명한다.[1] 그의 논고는 유전적 요인과 환경적 요인, 둘 다에 대한 설명이 불가분하게 얽혀 있으며, 여전히 결론에 이르지 못하고 있음을 강조한다.

　이 시기는 서구적 가치 내에서 중대한 긴장의 지점을 형성한다. 유대·기독교 전통과 계몽주의적 합리주의에 뿌리를 둔 이러한 가치들은 이후 감정주의와 상대주의에 의해 도전받게 되었다. 20세기 후반에 이르러 섹슈얼리티와 도덕에 대한 자유화 요구는 더욱 심화되었다. 과학계는 이와 같은 사회적 열망에 충분히 대비되어 있지 않았으며, 전문가들의 광범위한 회의가 있었음에도 불구하고 동성애를 재정의하는 것을 결국 양보했다. 당시 상당수의 정신과 의사들이 이에 동의하지 않았음에도 불구하고, 해당 조치는 여전히 시행되었다.[2] 이 변화는 명백히 사회정치적인 것이었으며, 이는 지지자와 비판자 모두가 인정하는 사실이었다. 이는 과학적 권위와 전통에 대한 거부이자, 보수주의에 대한 자유주의의 승리를 의미했다. 이러한 전개들은 주로 서구 사회에서 나타난 것이지만, 서로 다른 종교적·철학적·사회적 영향 아래 형성된 다른 문화들은 상이한 경로를 경험했다. 그럼에도 불구하고 특히 젊은 세대를 중

---

1 Jack Drescher, "Out of DSM: Depathologizing Homosexuality," *Behavioral Sciences* 5, no. 4 (2015): 571, https://doi.org/10.3390/bs5040565.

2 앞의 글.

심으로 한 서구의 영향력은 전 세계의 법적·도덕적 지형에 중대한 영향을 미쳐 왔다.

규명하기 어려운 게이 유전자

유전학자들 사이에서 '게이 유전자'에 대한 탐색은 설득력 있는 결과를 도출하지 못했다. 인간의 성적 끌림과 행동의 복합성은 여전히 확정적인 과학적 설명을 통해 완전히 규명되지 않고 있다. 동성애와 유전적 연관성을 밝히려는 이러한 시도는 인과성, 정체성, 그리고 정당화에 대한 보다 광범위한 연구를 반영하는 것이며, 이는 실증적 증거 이전에 형성된 사회적 전제들에 의해 상당 부분 영향을 받아 왔다.

도덕적 확실성의 형성: 세 가지 접근법

동성에 끌림을 다룰 때, 이를 이해하고 접근하기 위한 해석의 틀을 설정하는 것은 매우 중요하다. *과학적 방법*에만 의존한다면, 비과학적인 변화를 요구하는 사회적 압력과 신앙 기반 체계의 도덕적 당위를 배제해야 한다. 초점은 세습된 교리나 진화하는 도덕적 합의가 아니라, 재현 가능하고 입증 가능한 증거로 이동해야 한다.

옳고 그름의 기준을 *사회적 합의*를 통해 정의하는 것은 어떠한가? 도덕적 상대주의, 상황 윤리, 진보적 도덕관과 같은 개념들은 근대, 서구 사상에서 등장했다. 이러한 개념들은 종종 과학과 신학을 회의적으로 바라보고, 집단적 양심과 사회적 합의를 보다 중시한다. 이러한 관점에서 도덕뿐 아니라 '사실'조차도 포용성과 자유주의에 의해 형성되는 상대적인 것이다. '나의 진실'과 '너의 진실'이라는 개념이 이러한 맥락에서 등장하였으며, 그 결과 개인 또는 소집단이 자신만의 도덕적 틀을 규정할 수 있게 되었고, 이러한 경향은 비서구 사회에서도 점차 뚜렷하게 나타나고 있다.

성경의 기독교와 같은 *신앙에 기반한 접근 방식*이 기준이 될 경우, 계시된 진리에 반하는 그 어떤 주장도(설령 그것이 과학적이거나 사회적으로 긍정적으로 평가받는다 하더라도) 결론을 결정짓는 근거가 되어서는 안 된다. 이와 같은 관점을 견지하는 이들은 그 틀을 공유하거나 존중하지 않는 타인과의 갈등을 예상해야 한다. 성경의 가르침과 상충하는 것으로 보이는 연구 결과들, 그리고 성경의 원칙에서 벗어난 도덕적 상대주의에 기반한 사회적 흐름 또한 신중하게 접근되어야 한다.

선교와 정통성

더 많은 사람들이 자유주의적 성향의 교육 기관에서 교육을 받고 자유주의적 매체에 노출됨에 따라, 이들은 도덕적 상대주의가 점차 영향을 미치는 혼합된 사고 틀을 채택하는 경향을 보인다. 자유화의 속도와 그 영향력은 문화마다 크게 다르지만, 글로벌 미디어와 소셜 미디어를 통해 가속화된 세계화의 영향으로부터 완전히 자유로운 문화는 거의 존재하지 않는다.

선교계에서는, 이와 같은 논쟁에 몰두한 사회, 특히 자유주의적 사상을 장려하는 교육 체계 속에서 교육받은 청년 세대들로부터 인력을 모집해야 한다는 과제를 직면하고 있다. 이러한 상황은 성경 해석의 정통성과 명확성에 어떠한 영향을 미치는가? 우리는 차세대 타 문화권 사역자들을 동원해 나가면서, 그들의 신학적 토대가 견고하고, 섹슈얼리티에 관한 사안을 포함해 자신의 입장을 명확히 표현할 수 있도록 준비되어 있는지를 점검해야 한다. 또한 우리의 성경적 입장이 어떻게 전달되는가 하는 문제 역시 도전 과제로 남아 있다. 이는 종종 정치적 해석이나, 우리가 지지하지 않는 특정 경험과 연관되어 이해되기 때문이다. 언어는 변화하며, 따라서 우리의 의사소통 역시 명확성과 시대적 적절성을 유지하기 위해 어느 정도는 그에 맞게 적응해야 한다.

<h2 style="text-align:center">고려 사항</h2>

전환 치료

나는 민 박사가 "유동성이 … 전환 치료(conversion therapy)를 정당화한다"라고 단언한 점에 대해 우려를 표하는 바이며, 그가 전환 치료라는 용어를 어떤 의미로 사용하는지에 대한 명확한 설명 없이 이를 제시한 점이 문제라고 생각한다. 이 용어는 문화와 공동체에 따라 매우 다르게 이해되며, 종종 강압적이고 학대적이며 유해한 실천과 연관되어 있다. 따라서 이 표현은 상당한 무게와 위험을 수반한다. 점점 더 많은 국가들이 종종 명확한 정의 없이 이 치료를 법적으로 금지하고 있으며, 그렇기에 이 용어를 사용할 때의 위험성을 인식하고, 문화적 맥락에 따라 어떠한 영향을 미칠 수 있는지를 충분히 이해하는 것이 현명할 것이다.

LGB … TQI+

내가 갖고 있는 또 하나의 우려는, 민 박사가 동성에 끌림을 트랜스젠더, 퀴어, 그리고 간성(intersex) 이슈와 혼동하고 있다는 점이다. 이러한 주제들은 분리하여 다루는 것이 신중할 것으로 보인다. 이 주제들은 각각 구별된 사안이며, 정치적 옹호 활동이나 사회적 변화 촉진이라는 목적 아래 하나로 연결되어 왔다. 그러나 그 발생 원인과 결과는 현저히 다르다. 그러므로 LGBTQI+라는 약어를 성적 지향과 관련된 LGB 와, 주로 성별 정체성과 관련된 TQI+로 나누어 구분하는 것이 더 바람 직할 것이다.

그러나 동성애를 이상이나 일탈로 규정하던 연구 관점을 거의 포기 한 서구 과학계가 성별 불쾌감과 성별 정체성 문제를 다루는 과정에서 도 유사한 경향을 충분히 제어하지 못할 가능성이 있다는 점은 주목할 만하다. 전 세계적으로 나타나는 사회적 압력은 저항하기 어려운 것으 로 입증되고 있으며, 이는 각 대륙과 다양한 문화권에서의 법률 변화로 구체화되고 있다. 이러한 법적 변화는 성별 정의에 관한 연구와 비판적 사고의 전개에 깊은 영향을 미칠 것이며, 이미 교회의 일부 진영에서는 신학적 입장에까지 영향을 미치고 있다.

용어 선택의 민감성

이러한 이슈들에 대해 계속 논의해 나갈 때, 기독교 작가, 과학자, 사 회학자들은 기독교 신앙과 은혜에 뿌리를 둔 언어를 사용해야 한다. 기 독교적 표현은 성경의 가르침에 충실하려는 태도 속에서 의도적으로 그 리스도의 인격과 태도를 반영하는 자세와 언어를 담아야 한다. 우리의 바람은, 모든 이들이 우리 안에서 그리스도를 보게 되는 것이다. 만일 논리적 정당성을 입증하는 것과 우리가 믿는 바를 사랑 가운데 말하는 것 사이에서 선택해야 한다면, 모든 경우에 있어서 우리는 후자를 선택 한 이로 평가받기를 바란다. 우리는 이 사실을 잊지 말아야 한다. 이 취 약한 사람들이 성경의 섹슈얼리티 이해로부터 얼마나 멀어 보이는지와 상관없이, 이들 또한 그리스도가 죽으신 대상이며, 그리스도가 의심의 여지 없이 사랑과 은혜를 베푸실 존재라는 점이다. 이러한 사랑과 은혜는 곧바로 '인정'(affirmation)을 의미하는 것은 아니며, 바로 이 지점에서 긴장이 발생한다. 오늘날 자유주의 사회에서 '인정'이라는 단어가 성적 표현, 성별 정체성, 그리고 기타 삶의 방식과 관련된 맥락에서 사용될 때 '사랑'과 동의어로 간주되며, 그 반대는 곧 '증오'로 해석되기 쉽다. 그러나 기독교의 사랑과 은혜는 특정한 삶의 방식을 인정하는 것과 동일하지 않으며, 오히려 삶의 선택과 무관하게 이웃을 사랑하시는 그리스도와 같은 사랑에 더 가깝다. 우리는 열정적인 신념이 격한 언어로 표현되어, 이어지는 논쟁 속에서 취약한 이들에게 직접적이든, 혹은 부수적인 피해로든 상처를 입히는 상황에 대해 경계해야 한다.

이와 같이 인간의 섹슈얼리티에 나타나는 이질성과 다양성 현상은 과학자, 심리학자, 사회학자, 그리고 신학자 모두에게 여전히 지속적인 탐구의 주제로 남아 있다. 사실 우리 모두는 아직 이 주제에 대해 결정적인 해답을 가지고 있지 않다. 성경적 신앙을 추구하는 이들에게 우리가 의존하는 근거는 과학이나 사회의 선한 의도에 있지 않고, 우리의 삶과 가장 친밀한 관계들을 인도하기 위해 하나님이 우리에게 주셨다고 믿는 말씀에 있다. 우리는 성경의 가르침을 신뢰하며, 하나님이 남성과 여성 간의 결혼을 성적 친밀감을 위한 유일한 성경적 맥락으로 규정하신다고 믿는다.

그리스도인의 삶은 모든 욕구의 충족이 아니라, 때로는 희생과 절제를 포함하며, 그것이 신앙적으로 의미 있는 삶이라는 점을 예수님의 가르침이 보여 준다. 우리는 보는 것으로 행하지 않고, 믿음으로 행한다. 우리는 주 예수 그리스도의 재림과 그분의 참된 주권이 드러날 때에만 완전히 성취될 소망 가운데 걸어간다. 그날이 오기까지, 예수님을 따르는 모든 사람은 각자의 십자가를 지고 그 길을 걸어가야 하며, 그렇게 살아가는 서로를 지지하고 격려하도록 부름 받고 있다.

결론

　사회 속에서 소금과 빛으로 살아가는 여정이 어렵고 좌절감을 안겨 주기도 하지만, 성경적 그리스도인으로서 우리는 진리를 굳게 붙들되 그 중심에 사랑을 둔 방식을 찾아가야 한다. 그 사랑은 동성에 끌림을 경험하는 이들과 그들을 지지하는 사람들을 향한 우리의 태도에 깊이 스며들어야 한다. 요약하자면,

　　우리가 과학과 연구의 언어로 말할지라도,
　　사랑이 없으면
　　우리는 울리는 징이나 요란한 꽹과리에 불과하다.
　　우리가 신학적으로 올바른 교리를 말할 수 있는 은사를 가졌고,
　　모든 교리를 온전하고 명확하게 이해하며,
　　강력한 논증을 펼칠 수 있을 만큼의 믿음을 가졌더라도,
　　사랑이 없다면 우리는 아무것도 아니다.
　　우리가 모든 소유를 내어 주고,
　　순결한 삶을 살기 위해 자신의 욕망을 희생하며,
　　자랑할 수 있을 만한 고난을 견딘다 하더라도,
　　사랑이 없다면,
　　우리에게는 아무런 유익이 없다.

12
성별 불일치(Gender Discordance)를 겪는 가족들을 위한 과학적 관점과 목회적 고려 사항

마크 야하우스(Mark Yarhouse), 유하나

사례 1. 조기 발현 성별 불쾌감(Early-Onset Gender Dysphoria)[1]

도나(Donna)와 대런(Darren)은 그들의 딸 케이시(Casey)에 대해 상담하기 위해 학부모 상담에 참석했다. 케이시는 생물학적 여성으로, 현재 여덟 살이다. 도나와 대런에 따르면, 케이시는 다섯 살 무렵부터 일부 성별 비전형적 행동(gender atypical behavior)을 보여 왔으며, 이는 조기 발현 성별 불쾌감 진단을 시사한다. 예를 들어, 케이시는 오빠의 장난감(트럭이나 블록 등)을 가지고 노는 것을 선호하며, 자신의 바비 인형에는 전혀 흥미를 보이지 않는다. 그녀는 이웃의 또래 여자아이들과 어울리기보다는 오빠와 그의 친구들과 함께 노는 것을 선호한다. 케이시는 또한 자신이 여자

---

1 "Gender Dysphoria"를 "성별 불쾌감"과 "젠더 디스포리아"로 번역할 수 있는데, 본서에서는 "성별 불일치"(Gender Discordance)와의 연관성과 구별을 위해 "성별 불쾌감"으로 번역하기로 한다(역자 주).

라기보다는 남자에 더 가깝게 느낀다고 표현하였으며, 부모에게 "하나님은 왜 나를 여자아이로 만드셨을까?"라고 물어본 적이 있다. 그녀는 "하나님이 나를 이렇게 만드신 것이 실수라고 생각해 본 적 있어요?"라고 말하기도 했다. 추가적으로, 케이시는 아동기 우울증의 몇 가지 징후를 보이고 있는데, 그것들에는 과민 반응 증가, 가족과의 거리감, 피로감, 복통, 그리고 학업 성취도의 저하 등이 있다. 또한 그녀는 자신이 다니는 기독교 사립 학교에서 여학생 복장을 착용해야 한다는 것에 대해 점점 더 불편함과 불만을 느끼고 있다.[2]

성별 불쾌감의 과학적 측면

현상학

케이시는 조기 발현 성별 불쾌감에 대한 진단 기준을 충족할 가능성이 있으며, 이는 해당 증상이 사춘기 이전에 나타난다는 것을 의미한다. (후기 발현은 사춘기 시기 또는 그 이후에 경험되는 성별 불쾌감을 의미한다.) 성별 불쾌감은 개인의 성별 정체성(남자아이 또는 여자아이, 남성 또는 여성)과 염색체, 생식샘, 그리고 외부 생식기와 같은 생물학적 지표 간에 인지되는 불일치로 인해 수반될 수 있는 심리적 고통을 의미한다. 심리적·정서적 정체성과 생물학적 성 사이에 인지되는 불일치는 상당하고 지속적인 불편감을 유발할 수 있다.

아동기에 성별 불쾌감으로 진단되기 위해서는, 총 여덟 가지 진단 기준 중 최소 여섯 가지가 나타나야 하는데, 다른 성별이 되고자 하는 강한 욕구나 자신의 신체 해부학적 특징에 대한 강한 거부감 같은 것들이 그

---

2 익명성을 보호하기 위하여 이름 및 일부 세부 사항은 변경되었다.

것들이다.[3] 청소년기와 성인기에, 이 진단이 내려질 때에는 총 여섯 가지 증상 중 최소 두 가지가 충족되어야 하며, 여기에는 개인이 경험하는 성별과 1차 또는 2차 성징 사이의 불일치, 그리고 해당 성징을 제거하고자 하는 강한 욕구 또한 포함된다.[4]

아동기의 성별 불쾌감은 성인기까지 항상 지속되는 것은 아니다. 실제로 여러 연구에 따르면, 대부분의 경우 이러한 증상은 사라지는 것으로 나타난다. 《정신질환의 진단과 통계 편람》(DSM-5-TR)에 따르면, 아동기의 성별 불쾌감이 청소년기까지 지속되는 비율은 출생 시 남성으로 지정된 집단에서 2%에서 39% 사이, 출생 시 여성으로 지정된 집단에서는 12%에서 50% 사이로 보고된다.[5]

유병률

역사적으로 성별 불쾌감의 유병률은 드물다고 간주되어 왔으며, 그 추정치는 1천 명 중 한 명 이하(0.1% 미만) 수준이었다.[6] 그러나 이러한 수치는 주로 전문 클리닉에서 의료적 전환 치료를 추구하는 성인 임상 집단의 표본만을 반영한 것일 가능성이 크다. 청년층을 포함하여, 이보다 더 많은 사람들이 자신을 트랜스젠더, 논바이너리, 혹은 성별 다양성(gender-diverse)을 지닌 사람으로 인식하고 있지만, 의료 서비스를 찾지는 않는다. 예를 들어, 미국 성인 인구 중 0.9%는 자신을 트랜스젠더라고 인식하고 있으며, 세대별로 유의미한 차이가 나타난다. Z세대의 경

---

3 American Psychiatric Association(APA), *Diagnostic and Statistical Manual of Mental Disorders,* 5th ed., Text Revision (*DSM-5-TR*) (Washington, DC: American Psychiatric Association Publishing, 2022), 512.

4 APA, *DSM-5-TR*, 513.

5 APA, 516.

6 APA, 516.

우 2.1%가 자신을 트랜스젠더로 인식한 반면, 밀레니얼 세대는 0.4%, X 세대는 0.1%, 베이비부머 세대는 0%로 보고되었다.[7]

성별 불쾌감과 트랜스젠더 정체성 간의 관계는 무엇인가? '트랜스젠더'는 생물학적 성과 일치하지 않는 성별 정체성을 경험하거나, 살아 내거나, 표현하는 다양한 방식을 포괄하는 상위 개념이다. '논바이너리' 또한 전통적인 남성/여성 이분법적 성별 범주 사이에서 또는 그 밖에서 성별 정체성을 경험하는 사람들을 포괄하는 상위 개념이다. 트랜스젠더 또는 논바이너리로 정체화하는 일부 개인은 성별 불쾌감을 경험하지 않을 수도 있으며, 혹은 진단 기준을 충족하지 않더라도 그 심각도에 따라 연속선상에서 다양한 수준의 불쾌감을 경험할 수 있다.

병인

성별 불쾌감의 병인(또는 원인)에 대해서는 과학적 합의가 존재하지 않는다. 이 주제는 종종 선천 대 후천(nature versus nurture) 논쟁의 틀 속에서 다루어지며, 양측 주장을 지지하는 연구들도 존재한다. 그러나 이 분야 대부분의 전문가들은 선천적 요인에 근거한 설명을 선호하는 경향을 보이며, 이러한 이론과 관련하여 다양한 가설들이 연구되어 왔다. 가장 널리 논의되어 온 병인 이론 중 하나는 '뇌-성 이론'(brain-sex theory)이다. 이 이론은 뇌가 남성 또는 여성의 특성(행동이나 성향 등)과 연관된 특징을 발달시키며, 특정 뇌 영역이 남성과 여성 간에 다르게 형성된다고 본다. 이러한 구조는 성적 이형성 구조(sexually dimorphic structures)로 불린다.

뇌-성 이론에 따르면, 태아 발달 과정 중 자궁 내에서 테스토스테론에 노출되면 남성의 생식기 형성과 남성으로 분화된 뇌의 발달이 유도

---

7 Jeffrey M. Jones, "LGBTQ+ Identification in U.S. Now at 7.6%," Gallup, March 13, 2024, https:// news.gallup.com/poll/611864/lgbtq-identification.aspx.

된다고 본다.[8] 이 두 가지 분화 과정, 즉 생식기의 분화와 뇌의 분화는 서로 다른 시기에 발생한다. 이 이론은 일부 성별 불일치 사례에서는 생식기 분화는 일어나지만, 뇌 분화는 일어나지 않을 수 있다고 설명한다.

뇌-성 이론은 이론 자체가 제안하듯, 태아기 호르몬 노출과 뇌 형태와의 관련성 속에서 연구될 수 있다. 예를 들어, 초기 뇌 형태 연구에 따르면, 시상하부에 위치한 종말선조핵 중심 아형(BSTc)은 남성에서 여성으로 이행한 트랜스섹슈얼(male-to-female transsexual) 개인들의 경우 여성 평균 범위에 해당하는 부피[9]와 세포 수[10]를 나타낸다고 보고되었다. 초기 연구는 의료적 성전환(트랜스섹슈얼)을 받은 대상자들을 중심으로 이루어졌으며, 이들이 평생에 걸쳐 복용한 교차 성(cross-sex) 호르몬이 해당 뇌 구조에 영향을 미칠 수 있다는 사실이 밝혀졌다.

보다 최근의 연구들은 아직 의료적 치료를 시작하지 않은 개인의 뇌 구조에 초점을 맞추고 있다. 예를 들어, 2016년 안토니오 기야몬(Antonio Guillamón)과 그의 동료들은[11] 뇌 구조에 관한 기존 연구를 검토하고 이를 최신화하였으며, 다음과 같은 결론을 도출했다.

조기 발현 성별 불쾌감을 보이며, 출생 시 성별과 동일한 성별에게 성적 지향을 갖고 있는 의료적 치료 이전의 MtFs(남성에서 여성으로 이행한 사람들) 및

---

8 Cindy M. Meston and Penny Frohlich, "Gender Identity Disorder," The Sexual Psychophysiology Laboratory at the University of Texas, Austin, accessed December 3, 2024, https://labs.la.utexas.edu/mestonlab/gender-identity-disorder/.

9 그 예로 다음을 참고하라. J. N. Zhou et al., "A Sex Difference in the Human Brain and Its Relation to Transsexuality," *Nature* 378 (1995): 68-70, https://doi.org/10.1038/378068a0.

10 그 예로 다음을 참고하라. F. P. M. Kruijver et al., "Male-to-Female Transsexuals Have Female Neuron Numbers in a Limbic Nucleus," *The Journal of Clinical Endocrinology & Metabolism* 85, no. 5 (2000): 2034-41, https://doi.org/10.1210/jcem.85.5.6564.

11 Antonio Guillamón et al., "A Review of the Status of Brain Structure Research in Transsexualism," *Archives of Sexual Behavior* 45 (2016): 1615-48, https://doi.org/10.1007/s10508-016-0768-5.

FtMs(여성에서 남성으로 이행한 사람들)는 고유한 뇌 형태학적 특징을 보이며, 하나의 뇌 표현형(brain phenotype)을 반영한다. 이러한 뇌 표현형은 이성애자 남성 또는 여성의 뇌와는 상이하며, 이러한 차이는 신체 지각과 관련된 우뇌 반구 및 대뇌 피질 구조에 영향을 미친다.[12]

성별 불쾌감 연구에서 최근 주목받기 시작한 한 연구 분야는[13] 섬엽(insular cortex)과 내수용감각(interoception)에 관한 것으로, 이는 개인이 자신의 신체를 어떻게 지각하고 이해하는지(혹은 내부 신호를 어떻게 해석하는지)와 관련된다. 만일 개인이 자신의 신체에 불편함을 느끼거나 불만족을 경험하는 경우, 이는 시스젠더 정체성(cisgender identity)과의 불일치를 나타내는 하나의 근거로 해석될 수 있다. 아동이나 청소년이 이러한 경험을 어떻게 이해하는지는, 특히 발달의 중요한 시기에 자신이 겪는 신체적 경험을 설명할 수 있는 언어적 표현의 범위에 의해 여러 측면에서 제약을 받을 수 있다. 이러한 과정은 청소년이 자신의 신체에 대한 불편감에서 출발하여 비규범적 성별 정체성(nonnormative gender identity)을 형성하게 되는 경로를 설명하는 데 도움이 될 수 있다.

후천적 요인의 역할에 초점을 맞춘 최근 연구는 상대적으로 적으며, 이 분야의 기존 연구는 대부분 상관 관계(correlational)에 기반한 것이었다. 예를 들어, 비일(Veale)과 그의 동료들은[14] 후천적 요인과 관련된 다양한 연구들을 검토하였으며, 그 요인에는 정서적으로 소원하거나 덜 따뜻한

---

12 Guillamón et al., "A Review of the Status," 1643.

13 Murray B. Reed et al., "The Influence of Sex Steroid Treatment on Insular Connectivity in Gender Dysphoria," *Psychoneuroendocrinology* 155 (2023): 106336, https://doi.org/10.1016/j.psyneuen.2023.106336. 본 연구 주제에 대한 통찰을 제공해 준 동료 윌리엄 스트러더스(William M. Struthers)에게 감사드린다.

14 J. F. Veale et al., "Biological and Psychosocial Correlates of Adult Gender-Variant Identities: A Review," *Personality and Individual Differences* 48 (2009): 357-66, https://doi.org/10.1016/j.paid.2009.09.018.

아버지(단, 일부 연구에서는 이러한 차이를 발견하지 못함), 딸을 원했던 부모의 기대(특히 남성에서 여성으로 이행한 트랜스젠더 개인의 경우), 성별 비순응적 행동에 대한 어머니의 개입 증가 또는 지지 등이 포함되었다. 또한 성별 불일치를 경험하는 개인들 사이에서 정서적, 신체적, 그리고 성적 학대의 발생률이 더 높다는 사실도 보고된 바 있다.[15]

최근 사회적 전염 이론이 많은 주목을 받고 있으며, 이는 모든 성별 불쾌감 사례를 설명하는 이론으로서가 아니라(즉 공식적인 병인 이론으로서가 아니라), 특히 청소년기 여성들 사이에서 나타나는 후기 발현 성별 불쾌감 사례의 최근 증가를 설명하기 위한 목적으로 제안되고 있다. 이 이론은 때때로 성별 불쾌감을 포함하기도 하는 트랜스젠더 정체성의 증가 현상을 설명하는 데 좀 더 초점을 맞추고 있다.

사회적 전염은 섭식 장애 관련 문헌에서 이미 잘 확립된 개념이다. 수많은 연구들과 체계적 문헌 고찰은 섭식 장애와 이상적인 체중, 체형, 체격 등을 포함하는 사회적 미의 기준 간의 관계를 규명하는 데 기여해 왔으며, 이러한 사회적 메시지들이 특히 청소년기 여성들 사이에서 섭식 장애의 발병 또는 지속에 어떻게 영향을 미칠 수 있는지를 밝히는 데 도움을 주었다.[16]

최근 청소년 여성 중 트랜스젠더로 인식하는 사례가 급격하게 증가하면서, 일부에서는 다양한 성별 정체성에 사회적 전염이라는 개념을 적용하기도 한다. 이는 타당한 결론일 수도 있지만, 이 현상에 대한 연구가

---

15 Veale, "Biological and Psychosocial Correlates," 357-66; D. Gehring and G. Knudson, "Prevalence of Childhood Trauma in a Clinical Population of Transsexual People," *International Journal of Transgenderism* 8 (2005): 23-30, https://doi.org/10.1300/J485v08n01_03.

16 그 예로 다음을 참고하라. A. Chung et al., "Adolescent Peer Influence on Eating Behaviors via Social Media: Scoping Review," *Journal of Medical Internet Research* 23 (2021): e19697, https://doi.org/10.2196/19697.

부족하다는 점에서 그러한 용어 사용은 시기상조일 수 있다.

요약하자면, 성별 불일치는 때때로 성별 불쾌감 진단으로 이어질 수 있으며, 성별 불쾌감은 심각도의 연속선상에 존재한다. 성별 불쾌감은 아동기, 청소년기, 혹은 성인기에 진단될 수 있으며, 사춘기 이전(조기 발현) 또는 사춘기 시기나 그 이후(후기 발현)에 나타날 수 있다. 성별 불쾌감의 정확한 원인은 여전히 불분명하며, 관련 이론들은 일반적으로 선천적 요인과 후천적 요인 모두에 초점을 맞추고 있다. 해당 분야 대부분의 전문가들은 선천적 요인에 기반한 이론들, 특히 성별 불쾌감이 뇌의 간성 상태와 유사할 수 있다고 제안하는 뇌-성 이론을 선호하는 것으로 보인다. 전문 클리닉에서 비전형적인 사례들이 최근 증가함에 따라, 사회적 전염 또한 하나의 기여 요인이 될 수 있다고 제안하는 이들도 있다.

이제는 그리스도인들이 자신들의 신념과 가치관과 관련하여 과학적 발견들에 어떻게 접근해야 하는지를 고려해 보도록 하자. 우리는 젠더와 관련된 세 가지 의미 구성의 틀을 검토하는 것으로 시작하는데, 이 틀은 사람들이 성별 불쾌감을 바라보는 데 있어 '렌즈' 역할을 하는 구조들이다.

성별 불쾌감을 이해하기 위한 세 가지 렌즈

이전 연구에서,[17] 우리는 성별 불쾌감이라는 주제를 다양한 방식으로 이해할 수 있게 해 주는 세 가지 렌즈를 제시했다. 이 렌즈들은 성별 불쾌감이라는 현상을 개념화하기 위한 조직적 틀을 제공하며, 우리가 앞으로 살펴보겠지만, 치료나 목회적 접근에도 방향을 제시해 준다. 세

---

17 Mark A. Yarhouse, *Understanding Gender Dysphoria: Navigating Transgender Issues in a Changing Culture* (Downers Grove, IL: InterVarsity Press Academic, 2015).

가지 렌즈는 온전성(integrity), 장애(disability), 그리고 다양성(diversity)이다.

렌즈 1: 온전성

첫 번째 렌즈는 온전성이다. 이 렌즈를 지지하는 이들은 하나님이 창조 때 의도하신 성 차이의 온전성을 강조한다. 그들은 창세기 1장과 2장의 창조 기록을 인용하며, 남성과 여성의 구분이 한 남성과 한 여성 사이의 평생의 언약인 결혼의 기초를 형성한다고 본다. 이 렌즈에 따르면, 반대 성 또는 그 외의 성별 정체성을 채택하는 것은 하나님이 세우신 남녀 구분의 온전성에 반하는 것으로 여겨진다.

이 렌즈에서 성별 불일치는 창조 질서에 대한 의도적인 불순종의 한 형태로 간주된다. 따라서 반대 성별 정체성을 채택하는 것은 죄 된 것으로 여겨지며, 성별 불일치를 경험하는 개인이 내린 죄 된 선택의 결과로 간주된다. 일부 지지자들은 성별 불쾌감 자체 또한 의도적인 불순종의 결과로 보기도 한다.

렌즈 2: 장애

두 번째 렌즈는 장애다. 이 렌즈를 지지하는 이들도 창조 이야기를 인용할 수 있지만, 이들은 주로 창세기 3장에 기록된 인간의 타락 이야기와 그것이 섹슈얼리티와 젠더를 포함한 창조 질서에 미친 영향을 중심으로 의미 구성의 틀을 형성하는 경향이 있다. 이 렌즈에서 볼 때, 성별 불쾌감은 타락한 세계 안에 존재하는 비도덕적 실재로 간주될 수 있으며, 이는 기능의 이상으로 인해 나타나는 청력 손실과 유사한 것으로 이해된다.

성별 불일치는 하나의 상태 또는 장애로 개념화되며, 이는 타락한 세상 속에서 살아가는 결과로 이해된다. 따라서 성별 불쾌감을 겪는 사람은 자신의 고통을 감당하려 애쓰는 가운데, 연민과 공감의 태도로 이해되어야 한다.

렌즈 3: 다양성

세 번째 렌즈는 다양성이다. 다양성 렌즈를 지지하는 이들은 성별 불일치가 도덕적 문제이거나 일종의 질환이라는 생각을 거부하며, 오히려 이를 스펙트럼 전반에 걸쳐 존재하는 성별 정체성의 다양성을 반영하는 것으로 본다. 반대 성 또는 그 외의 성별 정체성을 수용하는 것은 그 사람이 진정 누구인지를 드러내는 진정성의 표현으로 여겨지며, 생물학적 지표보다는 그들의 실제 젠더 경험에 더 중심을 둔다. 다양성 렌즈의 일부 형태는 젠더 이론에 깊이 뿌리를 두고 있다.

이 렌즈에서 성별 불일치는 다양한 가능성을 지닌 성별 정체성을 가리키는 하나의 지표로 여겨진다. 일부 신앙인들은 이러한 경험의 다양성을 하나님의 창조적 본성을 반영하는 것으로 간주한다.

우리는 이 세 가지 렌즈가 성별 불쾌감을 개념화하는 유일한 방식이라고 주장하는 것은 아니다. 다만, 우리는 이 렌즈들이 오늘날 사람들이 성별 불일치를 이해하는 세 가지 일반적인 방식에 대한 유용한 참고 지점이 될 수 있다고 제안한다. 이 세 가지 렌즈는 사회의 다양한 집단 속에 존재하며, 많은 가정과 교회 안에서 서로 다른 정도로 나타난다. 세 가지 렌즈는 종종 갈등과 의견 차이를 드러내며, 그로 인해 가족을 돌보는 목회에서 어떤 접근이 적절한지를 판단하는 것은 중요하다.

그리스도인으로서 당신이 어떤 렌즈를 채택하느냐에 따라, 우리가 앞서 인용한 과학적 연구 결과들에 대한 접근 방식이 달라질 수 있다.

온전성의 렌즈와 과학

- 젠더와 성별 정체성을 생물학적 성과 동일한 것으로 보는 경향이 있다.
- 트랜스젠더에 대해 인식하는 최근의 경향 속에서 사회적 전염 현상에 대해 우려를 나타내는 경우가 많다.
- 성별 정체성이 생물학적 지표들과 일치하도록 하려는 창조적 의도를 회복하고자 한다.

장애의 렌즈와 과학

- 젠더와 성별 정체성을 창조적 설계에 따라 생물학적 성과 연결된 것으로 보는 경향이 있지만, 타락한 세상 속에서는 이것이 모든 사람의 경험과 일치하지 않을 수 있음을 인식한다.
- 원인에 대한 이론들은 확신을 유보하는 경향이 있지만, 청소년을 어떻게 가장 잘 돌볼 수 있을지에 대한 렌즈에서 비전형적인 사례들에 대해 우려를 표하기도 한다.
- 가능한 한 최소한의 개입으로 개인들이 자신의 성별 불쾌감을 관리할 수 있도록 돕고자 한다.

다양성의 렌즈와 과학

- 젠더와 성별 정체성을 생물학적 지표들과는 독립적인 것으로 보는 경향이 있다.
- 원인의 설명에 있어서 선천적 요인에 기반한 이론들을 선호하는 경향이 있다.
- 개인의 성별 정체성을 그 사람의 진정한 자아를 표현하는 방식으로서 지지하고 촉진하려 한다.

그리스도인으로서 우리는 이 렌즈들에 어떻게 접근해야 할까? 좋은 출발점은 자신이 어떤 렌즈에 끌리는지를 돌아보고 그 이유를 성찰하는 것이다. 당신이 선호하는 렌즈는 어떤 전제나 주장을 담고 있는가? 그 전제나 주장은 무엇에 의해 형성되었는가? 그 전제와 주장이 당신에게 설득력 있게 느껴지는 이유는 무엇인가? 마지막으로, 당신이 끌리는 그 렌즈에서 자연스럽게 흘러나오는 목회적 방향은 무엇이며, 그 이유는 무엇인가?

또 하나 고려할 점은 두 개 이상의 렌즈에서 가장 뛰어난 요소들을 통합하는 것이며, 우리는 이를 통합 렌즈(integrated lens)라고 부를 수 있다. 하나 이상의 렌즈에서 나온 요소들이 이 주제에 대한 당신의 이해와 부합한다고 느낄 수도 있다. 예를 들어, 많은 그리스도인들은 온전성 렌즈, 또는 장애 렌즈, 또는 그 둘의 조합에 끌릴 수 있다. 그들은 창조 질서에 따라 정해진 규범에서 출발할 수 있지만, 성별 불일치를 경험하는 것이 개인의 선택은 아니라는 점도 인식하므로, 그들이 겪는 어려움을 고려할 때 어느 정도의 공감과 연민이 필요하다고 본다. 한 렌즈에 대해 다른 렌즈보다 상대적으로 더 많은 비중을 둘 경우, 이는 개인의 목회적 태도에 영향을 미칠 가능성이 크다.

이제 성별 불쾌감에 대한 임상적이고 목회적인 렌즈로 시선을 돌려 보자. 이 렌즈들을 어떻게 적용할 수 있을지에 대한 이해를 더욱 심화하기 위해, 하나의 사례 연구에 주목해 보자.

성별 불쾌감에 대한 임상적 렌즈와 목회적 렌즈

사례 2. 성별 불일치를 겪는 한 한국 선교사 가정의 여정

김재한(51세)과 김지선(49세) 선교사는 인도네시아에서 16년째 전임 선교사로 사역하고 있다. 두 사람은 모두 한국에서 태어나 자랐으며, 두 자녀 민우(19세)와 민영(17세)은 어린 시절 인도네시아로 이주했다. 민우는 현재 미국의 한 주립 대학에서 공부 중이며, 민영은 인도네시아의 고등학교에 재학 중이다.

2024년 여름, 민우는 대학에서 집으로 돌아왔을 때 여성스러운 옷차림(드레스, 하이힐, 메이크업, 네일 아트)을 하고 나타나 가족에게 큰 충격을 주었고, 부모는 말을 잃었다. 이번 방문 중 그는 자신을 여성으로 인식하고 있으며, 그런 감정을 열 살 때부터 느껴 왔다고 가족에게 털어놓았다. 인도네시아에 있을 때는 가족의 명성에 누를 끼칠까 두려워 숨겨 왔지만, 대학에서는 비슷한 경험을 한 사람들을 만나 자신에게 '문제'가 있는 것이 아니라는 확신을 얻었다고 설명했다. 민우는 눈물 섞인 목소리로 더이상 가족을 속이고 싶지 않으며, 이제는 진정한 관계를 맺고 싶다고 말했다. 그리고 자신을 딸로 받아들여 주기를 바란다고 했다.

여름 내내 재한은 민우와 직접 대화하기를 거부하였으며, 민우가 남성으로서 '정상적인' 옷차림을 하지 않는 한 교회 예배에 참석할 수 없다고 주장했다. 이는 자신의 명예와 가족의 명예 모두에 부정적인 영향이 미칠 것을 우려했기 때문이다. 성과 젠더에 관하여 보수적인 렌즈를 지닌 재한은 남성과 여성을 창조하신 하나님의 섭리에 대해 자주 회중에게 설교하였으며, 이 질서로부터 벗어나는 것은 죄라고 강조해 왔다. 지선 또한 보수적인 성향을 지니고 있어, 자신의 아들이 어떻게 자신을 여성이라고 믿을 수 있는지를 이해하는 데 어려움을 겪고 있다. 그러나 민우로부터 그가 고등학교 시절부터 지속적인 자살 충동에 시달려 왔다는 이야기를 들은 이후, 그녀는 그의 안전에 대해 깊은 우려를 품게 되었으며, 불의의 사고가 일어날지도 모른다는 두려움을 느끼고 있다. 지선은 재한의 거리 두기와 가혹한 태도에 민우가 상처를 받고 있음을 알고 있지만, 충격과 혼란, 분노 속에서 여전히 갈등하고 있는 남편과 이 문제를 어떻게 이야기하고 해결해야 할지 확신하지 못하고 있다.

민우의 방문 이후, 민영은 눈에 띄게 말수가 줄고 내성적으로 변했다. 어린 시절부터 민우와 가까운 관계를 유지해 온 그녀는 인도네시아에서 민우가 사회적 규범에 맞추기 위해 애쓴 과정과 성별 정체성에 대해 겪은 내적 갈등을 알고 있었다. 그녀는 민우가 여성으로 느끼는 것이 스스로의 선택이 아니라는 점을 이해하고 있다. 그러나 민우가 이제는 공개적으로 여성으로서 살아가기로 결심하였고, 하나님이 자신을 여성으로 창조하셨다고 믿고 있다는 사실을 접하고 충격을 받았다. 민영은 오빠의 고통에 깊이 공감하면서도, 동시에 그가 어려움이 있더라도 계속해서 남성으로서의 삶을 이어 가야 한다고 믿고 있어 내적 갈등을 겪고 있다.[18]

임상가들은 이 가족 안에서 어떤 렌즈를 보고 있는가? 아버지 재한은 성경 속 남성과 여성의 구분을 혼동하는 것이 죄가 된다고 강조하면서, 온전성 렌즈를 통해 관계를 맺고 있는 것으로 보인다. 어머니 지선 또한 성별 불일치를 온전성 렌즈를 통해 개념화하는 것으로 보이지만, 자해 가능성에 대한 우려를 표현하는 과정에서 장애 렌즈의 요소를 부분적으로 통합하고 있어, 접근 방식이 다소 '부드럽다'고 할 수 있다. 자녀인 민영은 주로 장애 렌즈를 통해 관계를 맺고 있으며, 성별 불쾌감을 공감해야 할 하나의 경험 혹은 상태로 보고 있다. 오빠가 아무리 어려워도 남성으로서 살아가야 한다고 생각하는 그녀의 확신은 온전성 렌즈의 측면을 반영할 수도 있으며, 혹은 성별 불쾌감이 다른 방법으로 조절될 수 있다고 믿는다면 장애 렌즈의 측면에서 비롯된 것일 수도 있다. 마지

---

18 익명성을 보호하기 위하여 이름 및 일부 세부 사항은 변경되었다.

막으로, 자신이 하나님이 여성으로 창조하신 존재라고 선언하는 민우는 다양성 렌즈를 반영하는데, 이는 크로스드레싱(cross-dressing, 반대 성별의 의상을 입는 행위)을 죄악(온전성)이나 관리의 문제(장애)로 보지 않고, 인격의 진정성을 강조한다.

가족을 지지하는 방법: 권장되는 목회

다음은 세 가지 렌즈가 가족 구성원 사이에서 어떻게 나타나는지를 바탕으로, 가족을 지원하는 방법에 관한 몇 가지 제안이다.

1. 개인 간의 차이와 상이한 렌즈들의 배경에 있는 원인을 이해하기

특정한 렌즈를 개인이 어떻게 수용하게 되는지를 탐색하는 것은 중요하다. 이는 인지적 복합성을 증진시키며, 가족의 각 구성원이 다른 구성원의 시각에서 사태를 바라볼 수 있도록 돕는다. 이러한 과정은 공감 능력을 향상시키는 데 기여할 수 있다.

예를 들어, 부모는 동성애자나 트랜스젠더로 인식하는 사람들(또는 성과 성별 정체성을 탐색하는 사람들)에 대한 인식이 제한적이었던 시기의 한국에서 성장하였으며, 일생 동안 보수적인 기독교 공동체의 일원으로 살아왔다. 민우는 현재 미국의 주립 대학교에 재학 중이며, 성적 및 성별의 다양성을 인정하고 수용하는 문화 속에 몰입되어 있다. 민우와 같은 사람들은 자신의 성별 경험 이후로 자신과 비슷하다고 느끼게 된 사람들에 대해 교회에서 부정적인 말을 들어 온 경험을 흔히 가지고 있다. 과거에 어떤 말이 오갔는지, 혹은 타인이 어떤 방식으로 부당하게 대우받았는지에 따라 이는 혼란스럽고, 고통스럽거나, 심지어는 트라우마로 이어질 수 있다. 기독교 신앙은 종종 대인 관계를 통해 매개되기 때문에, 이러한 과거의 경험들은 기독교 공동체나 하나님과의 관계를 형성하는 데 장애물이 될 수 있다. 한편, 민영은 학교나 미디어를 통해 이 주제에 대해 배우고 있을 가능성이 있으나, 여전히 그녀가 속한 기독교 공동체의 영향력을 받고 있다.

<u>2. 다양한 렌즈들에 의해 영향을 받는 가족 관계의 역학을 이해하기</u>

해당 가족은 서로 간에 개방적이고 진정성 있는 대화를 나눌 기회를 갖지 못했을 가능성이 있다. 부모는 선교 사역과 인도네시아라는 새로운 문화에 적응하는 데 몰두해 있었을 수 있다. 이민자 가족에서 흔히 나타나는 사례처럼, 자녀들은 부모에게 부담을 더하지 않기 위해 자신의 어려움을 감추었을 가능성이 있다. 이는 민우가 많은 고통을 내면화하게 된 이유를 설명해 줄 수 있다.

또한 재한과 지선 사이에는 긴장감이 존재하는 것으로 보인다. 지선은 재한이 충격, 분노, 그리고 혼란의 반응을 보일 때 그에게 어떻게 접근해야 할지 확신하지 못하는 듯하다. 그녀는 남편과 아들 사이에서 갈등을 느끼며, 이는 부부 관계 내의 양극화로 이어질 수 있다. 양극화는 배우자 간에 부정적인 감정과 긍정적인 감정이 동시에 존재하는 양가감정(ambivalence)을 경험할 때 흔히 나타나며, 자녀가 자신의 성 또는 성별 정체성에 대해 부모에게 말할 때 자주 관찰된다. 이때 한 배우자는 부정적인 감정을 '떠맡아' 좌절, 혼란, 그리고 분노의 형상을 띠게 되고, 다른 배우자는 긍정적인 감정을 '떠맡아' 사랑, 보호 본능, 그리고 연민을 나타내게 된다. 이러한 감정의 분산은 부부 관계 안에서 갈등을 유발할 수 있다. 이러한 양극화가 어떻게 형성되며, 그 영향을 어떻게 완화할 수 있는지를 배우는 것은 부부에게 도움이 될 수 있다.

한편, 민영은 혼란을 느끼고, 오빠에게 배신감을 느끼며, 가족 내에서 고립감을 경험할 수도 있다. 또한 부모와 성인 자녀 사이에 갈등이 존재할 때, 형제자매가 이들 사이에서 의사소통의 '다리' 역할을 하는 경우도 흔히 나타난다.

3. 가족이 결속되고, 해체되지 않도록 돕기

갈등 상황 속에서도, 가족 구성원들은 종종 서로를 향한 긍정적인 의도를 가지고 행동한다. 예를 들어, 재한의 감정적 거리 두기와 엄격함은 아들에 대한 깊은 사랑과 염려, 그리고 자신이 하나님의 뜻이라 믿는 바에 충실하고자 하는 의지에서 비롯된 것일 수 있다. 만약 그가 온전성의 렌즈를 지니고 있다면, 민우의 선택이 '옳은' 결정에서 벗어난 것으로 인식되는 것은 충분히 이해 가능한 일이며, 아버지로서 그의 자연스러운 반응은 아들을 그가 죄라고 여기는 것으로부터 이끌어 내려는 것일 수 있다. 마찬가지로, 민우의 결정이 재한에게는 의도적인 불순종처럼 보일 수 있지만, 실제로는 수용과 소속에 대한 절박한 욕구를 반영하는 것일 수 있다. 재한은 민우가 트랜스젠더 정체성을 받아들이기 이전에, 가족에 대한 충성과 신앙 사이에서 오랜 시간 갈등했을 가능성을 인지하지 못할 수도 있다. 민우는 자신의 젠더 경험을 기독교 신앙과 조화시키려는 시도를 하고 있을 수 있다.

이러한 맥락에서, 가족 구성원들이 서로의 고통을 인식하고, 각자가 선한 의도를 가지고 행동한다는 점(즉 악의적으로 행동하는 사람은 없다는 점)을 이해하며, 공감과 연민을 증진시키는 것이 중요하다. 성별 정체성과 성별 불쾌감에 관한 심리 교육은 서로의 관점과 감정을 평가하거나 판단하지 않고 존중하는 열린 대화를 통해 돕는다.

4. 각 렌즈의 강점을 활용한 상담과 목회

우리는 성별 불일치에 대한 대화를 시작함에 있어, 성경적으로 충실한 출발점은 하나님이 창조 시 남성과 여성의 구별을 의도하셨다는 점을 인식하는 것이라고 믿는다. 이러한 구별에는 온전성이 내포되어 있으며, 이는 첫 번째 렌즈가 지닌 강점을 반영한다. 두 번째 렌즈인 장애의 강점은 타락 이후 성별 불일치를 경험하게 된 이들에게 확장되는 공감과 연민에 있다. 세 번째 렌즈는 민우와 같은 개인들이 정체성과 공동체 의식을 추구하고 있다는 점에 주목한다. 우리는 주류 LGBTQ+ 공동체에서 이들이 찾은 해답에 동의하지 않을 수는 있지만, 그들이 지역 신앙 공동체 내에서는 그러한 정체성이나 소속감을 발견하지 못했다는 점은 인정할 수 있다.

우리가 가족 구성원 한 사람 한 사람을 돌보며 사역할 때, 이들 각 관점의 강점을 함께 성찰하도록 초대할 수 있다. 동시에, 그 요소들을 어떻게 통합하는 것이 최선인지 항상 분명히 알 수는 없다는 긴장 속에 머무를 필요도 있다. 다음은 이러한 렌즈들을 보다 통합적으로 접근하기 위해 고려할 수 있는 추가적인 제안들이다.

a. 모호하고 일반적인 말 대신, 개인의 경험을 구체적으로 서술해야 한다. 예를 들면, "민우는 성별 불일치를 경험하고 있다" 혹은 "민우의 젠더 경험은 그의 신체적인 성징과 불일치한다" 등이다.

b. 진단의 현실성을 인정하라. 임상적인 측면을 인식해야 한다. 예를 들면, "민우는 성별 불일치 진단 기준을 충족한다"와 같이, 그가 실제로 직면한 고통을 인정하는 방식이 필요하다.

c. 의지로 선택할 수 있는 것과 그렇지 않은 것을 구분해야 한다. 성별 불쾌감의 특정 측면은 개인이 선택한 것이 아님을 분명히 하라. 예를 들어, "나는 민우가 성별 정체성의 불일치를 겪기로 선택했다고 생각하지 않

는다. 그는 그 불일치에 어떻게 대응할 것인지, 그리고 불쾌감을 관리할 수 있는 최선의 방법이 무엇인지에 대해 고심해 왔으며, 현재 고려할 수 있는 여러 가지 전략들이 존재한다" 등이다.

d. 임상적 전환이 궁극적인 목표라는 점점 확산되고 있는 가정을 비판적으로 검토하라. 성별 불쾌감을 겪는 모든 사람에게 있어서 수술이나 호르몬 치료와 같은 임상적 전환이 일종의 '최선'(mountaintop)의 해결책이라는 전제가 점차 일반화되고 있으나, 모든 개인의 여정은 고유하며 모두에게 적용 가능한 단일한 해결책은 존재하지 않는다. 실제로 대부분의 성인은 성별 확정 수술이나 호르몬 치료를 포함한 의학적 전환을 선택하지 않았다고 말하며, 대신 성별 불쾌감을 스스로 조절하며 살아갈 수 있는 '안정 상태'(plateau)에 도달한다고 보고한다.

e. 그리스도와의 관계를 더욱 깊게 하도록 돕는 것이 중요하다. 성별 불일치를 경험하며 신앙에 대해 갈등을 겪는 많은 이들은 하나님이나 신앙 공동체로부터 거리를 두게 되는 경우가 있다. 이러한 그들은 제자 훈련, 공동 예배, 기도, 그리고 성경 공부를 통해 신앙을 더욱 깊이 있게 해 나가도록 초대받는 데서 유익을 얻을 수 있다. 궁극적으로, 그들이 어려운 결정을 내리고 치유를 경험해 나가는 과정에서 성령이 중요한 자원이 되기를 바란다.

토론 질문

(1) 온전성, 장애, 다양성의 세 가지 렌즈는 우리가 과학에서 발견한 원인에 대한 이해에 있어서, 그리고 임상적 실천과 사역에서 설정하는 목표들에 있어서 어떻게 반영하고 작용할 수 있을까?

⑵ ‘사례 1’에서, 성별 불쾌감 증상을 겪으며 하나님의 창조 의도에 대
해 의문을 품고 있는 케이시와 이 상황을 함께 헤쳐 나가야 하는 그
녀의 부모를 어떻게 도울 수 있을까?

⑶ ‘사례 2’에서, 부모와 자녀 사이의 권력 관계를 유념하면서도 어
느 한쪽 편을 들지 않고 각 가족 구성원을 어떻게 도울 수 있을까?

논찬

이한영

서론

무엇보다도, 필자는 이번 논고의 응답자 중 한 사람으로 초청받았다는 사실에 대해 깊은 특권과 겸손함을 표하고자 한다. 동시에, 필자는 이 특정한 분야에 있어 사전의 전문성이나 직접적인 사역 경험을 보유하고 있지 않기 때문에, 필자의 배경이 지닌 한계를 인정하는 바다. 따라서 필자의 응답은 관련 문헌에 대한 선별적 접근, 성경 주해, 신학적 성찰, LGBTQ+로 인식하는 개인들과의 제한된 개인적 교류, 그리고 관련 집단 토론에 소규모 참여를 주된 기반으로 하여 형성되었다.[1]

마크 야하우스(Mark Yarhouse)와 유하나의 논문은 성별 불쾌감에 대해 과학적 관점과 기독교 목회적 고려를 통합하여 다면적인 분석을 제시한

---

[1] 2024년 서울-인천에서 개최된 로잔 대회 내에서, 올로프 에드시너(Olof Edsinger)의 주도로 진행된 GAP-12(성 및 젠더)에 참여한 경험과 올로프 에드시너, 패트리샤 위라쿤(Patricia Weerakoon), 마크 야하우스(Mark Yarhouse)의 《*Sexuality and Gender*》(로잔 운동, 2025년 저작권, https://lausanne.org/report/human/sexuality-and-gender)에 대한 서평 활동은 LGBTQ+ 관련 이슈에 대한 필자의 이해를 심화하고 확장하는 데 기여했다.

다. 저자들은 경험적 연구 결과와 신학적 관점을 균형 있게 조화시키기 위해 노력하면서도, 그들의 이론적 틀은 윤리적 함의, 과학적 해석, 그리고 실천적인 목회적 접근 방식과 관련하여 중요한 쟁점을 제기한다. 본 논찬은 해당 논문의 과학적 기반, 개념적 틀, 그리고 제안된 목회적 권고 사항과 관련하여 그 강점과 약점을 제한적으로 평가하고자 한다.

과학적 분석: 강점과 한계

해당 논문은 성별 불쾌감에 대한 현재의 과학적 관점을 효과적으로 요약하고 있으며, 조기 발현 사례와 후기 발현 사례 모두를 다루고 있다. 이러한 논의는 성별 불쾌감 사례 두 가지, 즉 케이시(여덟 살의 출생 시 여성)와 민우(열아홉 살의 출생 시 남성)를 예시로 제시한다. 또한《정신질환의 진단과 통계 편람》(*DSM-5-TR*) 진단 기준, 유병률, 그리고 뇌-성 이론(brain-sex theory)과 사회적 전염 가설과 같은 병인론적 이론들에 대한 논의는 저자들이 현대 연구와 밀접하게 연관되어 있음을 보여 준다.

그러나 해당 논문의 과학적 분석 중 일부 측면은 보다 면밀한 검토가 필요하다. 논문은 "성별 불쾌감의 병인(또는 원인)에 대해서는 과학적 합의가 존재하지 않는다"(선천 대 후천)고 적절히 언급하고 있지만, 뇌-성 이론을 주요한 설명 모델로 비교적 강하게 강조하는 경향이 있다. 이러한 집중은 심리적, 사회적, 발달적, 환경적, 그리고 영적 영향 등 다양한 기여 요인의 복합적인 특성을 간과하게 만들 수 있으며, 이들은 보다 포괄적인 논의를 위해 균형 잡힌 고려가 필요하다.

일부 신경해부학적 연구들은 트랜스젠더 개인의 뇌 구조에 차이가 있음을 제안하고는 있지만, 이러한 연구 결과는 여전히 결정적이지 않으며 현재 진행 중인 과학적 논쟁의 대상이다.[2] 이러한 시점에서, 알프레드 킨제이(Alfred Kinsey)와 관련된 논쟁적인 개념인 '성적 이데올로기'(sexual ideology)와 존 머니(John Money)와 연관된 '젠더 이데올로기'(gender ideology)와 같은 심리사회적, 정치적, 이념적 영향에 대한 보다 포괄적인 검토는 생물학적 혹은 자연적 병인에 초점을 맞춘 본 논문의 논의에 유익한 보완이 될 수 있을 것이다.[3]

동시에, 트랜스젠더 정체성과 관련된 가능성 있는 기여 요인으로서 사회적 및 이념적 전염을 간략히 언급한 해당 논문의 내용은 실증적 근거가 충분하지 않다. 성별 불쾌감과 섭식 장애 사이의 비교는 개념적이거나 임상적으로 타당할 수 있으나, 이러한 유사성은 여전히 추측적인 수준에 머물러 있으며, 의학과 심리학계 내에서 널리 비판을 받아 왔다.[4] 사회적 영향이 트랜스젠더 정체성의 주요 원인으로 제시될 경우(비록 본 논문이 그러한 주장을 직접적으로 하지는 않지만) 성별 불일치로 진정한 어려움을 겪는 개인들의 실제 경험을 간과할 위험이 존재한다. 이러한 관점은 진지하게 돌봄과 이해, 그리고 지지를 추구하는 이들을 오히려 더욱 주

---

2 Eric Llaveria Caselles, "Epistemic Injustice in Brain Studies of (Trans)Gender Identity," *Frontiers in Sociology* 6 (2021): 1-15, https://doi.org/10.3389/fsoc.2021.608328. 뇌의 모자이크 개념을 중심으로 논의를 전개하며, 뇌의 성적 이형성이라는 전통적 개념에 도전한다. 저자는 뇌를 엄격하게 남성 혹은 여성으로 이분화하는 관점이 왜곡된 해석이며, 뇌-성 이론은 성별 정체성의 복합적 특성을 지나치게 단순화할 수 있음을 지적한다.

3 자세한 논의를 위해서는 Prudence Allen, *The Concept of Woman*, 제3권, *The Search for Communion of Persons, 1500-2015* (Grand Rapids: Eerdmans, 2016), 389-440을 참고하라. 알렌에 따르면, 알프레드 킨제이(Alfred Kinsey)는 인간의 성을 자연적이고 다양한 스펙트럼으로 이해하였으며, 동성 간 끌림, 혼전 성관계, 혼외 관계와 같이 기존에 낙인찍혔던 행위들을 정상적인 것으로 보았다. 그의 연구는 이른바 '성 혁명'에 중대한 기여를 했다. 존 머니(John Money)는 생물학적 성과 사회적·문화적·종교적으로 형성된 젠더 역할을 구분함으로써 현대의 '젠더 이데올로기'의 기초를 놓았으며, 생물학적 결정론으로부터 분리된 '젠더 유동성'(gender fluidity) 개념의 발전을 촉진했다.

4 G. R. Bauer et al., "Do Clinical Data from Transgender Adolescents Support the Phenomenon of 'Rapid Onset Gender Dysphoria'?," *The Journal of Pediatrics* 243 (2022): 224-27.e2, https://doi.org/10.1016/j.jpeds.2021.11.020.

변화시킬 수 있다.

신학적 틀: 온전성, 장애, 그리고 다양성 렌즈

저자들은 성별 불쾌감을 이해하기 위한 세 가지 렌즈(온전성, 장애, 다양성)를 제시하는데, 이는 기독교 공동체가 성별 불쾌감을 보다 잘 이해할 수 있도록 돕기 위한 것이다. 이 이론적 틀은 신학적 렌즈를 유익하게 분류할 수 있는 틀을 제공하며, 성별 불일치 상황을 겪는 가족들에게 가능한 한 부담을 줄이는 방식으로 접근하도록 돕는다. 이 세 가지 해석의 렌즈는 다음과 같다.

온전성 렌즈는 생물학적 성과 젠더를 동일한 것으로 간주하며, 성별 불쾌감을 하나님이 창조하신 남성과 여성의 질서로부터의 도덕적 일탈로 제시한다. 이러한 렌즈는 전통적인 기독교 교리에 부합하지만, 그것을 절대화하는 태도는 목회적 돌봄에 있어서 어려움을 야기한다. 이는 임상적 이해를 간과하는 경향이 있으며, 낙인과 소외를 의도치 않게 강화할 수 있다. 특히 신앙의 문제를 동시에 고민하고 있는 트랜스젠더 개인들에게는 더욱 그러하다.

장애 렌즈는 성별 불쾌감을 의학적 상태와 유사한, 타락의 결과로 이해함으로써 보다 자비로운 접근을 제공한다. 이러한 렌즈는 공감과 목회적 돌봄의 자세를 촉진하지만, 이 렌즈만으로는 트랜스젠더 정체성을 과도하게 의학화할 위험이 있으며, 성별 정체성과 성별 불쾌감에 내재된 심리적, 사회정치적, 이념적 요소들의 복합적인 상호 작용을 충분히 반영하지 못할 수 있다.

다양성 렌즈는 트랜스젠더 정체성을 수정이 필요한 상태가 아닌, 젠더의 자연스러운 변이로 인식함으로써 현대의 긍정적 입장들과 맥을 같이한다. 그러나 이러한 접근은 전통적인 성서적 젠더 이해에서 벗어나 있으며, 성별 불쾌감을 겪는 이들과 신학적으로 기반 있는 방식으로 소통하고자 하는 기독교 공동체에 도전 과제를 제기한다.

다양성 렌즈를 제외하면, 온전성 렌즈와 장애 렌즈는 현대 서구의 사회정치적 담론, 새롭게 등장하는 세속적 과학 지식, 그리고 많은 트랜스젠더 개인들의 실제 경험과 상당한 긴장을 이루고 있다.

사역의 적용: 목회적 돌봄과 윤리적 과제

해당 논문은 성별 불일치 상황을 겪고 있는 가족을 돌보는 사역에 대한 여러 가지 권고 사항을 제시하고 있다. 특히 민우의 사례처럼 문화적·종교적 기대가 심각한 가족 갈등을 유발하는 상황에서, 개방적인 대화, 공감, 가족 역동에 대한 이해를 강조하는 점은 주목할 만하다. 트랜스젠더 개인들이 자살 충동 및 정신 건강 문제와 자주 씨름한다는 점을 인식하는 것은 매우 중요하며, 이는 교회가 단호한 거부의 공간이 아니라 지지의 공간이 되어야 할 필요성을 부각시킨다.

그러나 해당 논문에서 제시된 사역의 권고는 여러 가지 실질적인 문제를 제기한다. 가족이 개인의 성별 불쾌감을 "가능한 한 최소한의 개입으로" 관리하도록 장려해야 한다는 제안은 '이해', '인식', '인정', '도전'이라는 과정을 통해 이루어진다는 점에서 직관적으로는 타당해 보이지만, 실제 적용에 있어서는 모호함이 남아 있다. 이러한 언어는 분명히 서술적이지만, 규범적이지는 않으며, 이는 아마도 그 복합성 때문에 의도된 것일 수 있다. 그러나 이러한 접근은 *디트랜지션*(detransition, 성전환을 한 사람이 본래의 성으로 돌아가는 것)의 가능성을 긍정하지도, 그 가능성을 실질적으로 다루지도 않는다. 디트랜지션은 정치적으로 올바르지 않다고 낙인

찍히는 경우가 많아, 그로 인해 많은 관련 논의에서 소홀히 다루어져 온 주제이기도 하다.[5]

더욱이, 해당 기사가 성별 불쾌감을 관리하는 수단으로서 그리스도와의 관계를 심화시키는 것을 강조하는 점은 타당하며, 이러한 관점에 전적으로 동의하지만, 만약 이것이 주요하거나 유일한 해결책으로 제시된다면, 특히 통합적이고 근거 기반의 임상적 지원이 결여된 상황에서는 일종의 영적 회피를 조장할 위험이 있다.

개인적 성찰

야하우스와 유하나의 논문은 현대 사회에서 가장 복잡하고 논쟁적인 주제 중 하나인 성별 불쾌감에 대해, 그 다면적인 특성을 과학적 관점과 기독교의 목회 관점 모두에서 조명함으로써 균형 잡힌 시각을 제시하고자 한다. 개인적으로, 온전성과 장애의 렌즈를 모두 활용하는 통합적 접근법을 지향하는 연구자로서, 본 논문은 다음과 같은 고찰을 유도한다는 점에서 가치가 있다고 평가한다. 이는 확정적인 지침이라기보다는, 해당 주제에 대한 성찰적 관여로 이해되어야 한다.

1. 성별 불쾌감을 경험하는 개인들에게 공간을 제공하되, 즉각적인 거부나 판단에 의존하지 않으며, 배제에 대한 두려움을 조장하지 않는 자비로운 사역.

---

5 Lisa Littman et al., "Detransition and Desistance among Previously Trans-Identified Young Adults," *Archives of Sexual Behavior* 53, no. 1 (2024): 57-76, https://doi.org/10.1007/s10508-023-02716-1. 이 연구는 과거에 트랜스젠더로 인식했으나 최소 6개월 이상 그 인식을 중단한 18세에서 33세 사이의 개인 78명을 대상으로 진행되었다. 연구의 주요 초점은 디트랜지션 경험 전반에 있었으나, 성적 지향과 관련된 요소를 포함하여 디트랜지션에 영향을 미치는 복합적인 요인들에 대한 통찰도 제공한다.

2. 생물유전학적 성을 기초적인 것으로 확립하는 입장은 불일치하는 성별 표현형이나 젠더 유동성 주장과 관련된 구성 개념들과는 대조적인 관점을 제시.

3. *디트랜지션*을 추구하는 개인들에 대해, 임상적 전문성, 통합적 심리 상담, 그리고 자비로운 목회적 돌봄에 의해 뒷받침되는 통전적 접근 요구.[6]

4. 신중하고 신뢰할 만한 성경 주해에 기초한, 이분법적 신학적 틀에 대한 재확인.[7]

위의 논의를 고려할 때, 필자는 이 논의의 가장 핵심적인 요소는 겸손하고 *성육신적인 접근*, 즉 진정한 사랑과 돌봄, 그리고 공감에 기반을 두며, 모든 형태의 LGBTQ+ 혐오를 단호하게 거부하는 동시에 신학적 정합성을 견지하는 것이라고 생각한다. 성별 불쾌감에 대한 세심하고 자비로운 접근은 의미 있는 대화를 촉진하고 그리스도 중심의 목회적 돌봄을 함양하는 데 필수적이다.

---

6 Paul Rhodes Eddy, "Rethinking Transition: On the History, Experience and Current Research regarding Gender Transition, Transition Regret and Detransition," *The Center for Faith, Sexuality & Gender*, 게시일: 2022년 9월, https://www.centerforfaith.com/sites/default/files/rethinking_transition_-_sept_2022.pdf. 이 문서는 디트랜지션과 관련된 현대적 쟁점들과 접근 방식에 대해 상세하고 포괄적인 연구를 담은 248쪽 분량의 저작으로, 특히 62-110쪽을 참고하라.

7 자세한 성경 해석학 및 주해에 대해서는 Robert A. J. Gagnon, *The Bible and Homosexual Practice: Texts and Hermeneutics* (Nashville: Abingdon, 2001)를 참고하라.

제4부

교회, 목회
그리고 선교단체의 실제

13
동성애와 지역 교회의 탈퇴에
관한 사례 연구

김정환

서론

필자는 코네티컷중앙글로벌감리교회(Connecticut Central Global Methodist Church)에서 사역하고 있는 김정환 목사다. 본 논문을 통해 동성애 이슈로 인해 필자가 섬기고 있는 교회가 연합감리교회(United Methodist Church, UMC)를 탈퇴하고 글로벌감리교회(Global Methodist Church, GMC)에 가입하게 된 과정을 나누고자 한다. 본 교회가 2023년에 GMC에 가입하게 된 배경을 설명하기 위해 먼저 UMC의 간략한 역사를 서술하고, 이어서 2022년 5월 GMC가 창립되기에 이르는 사건들을 살펴보는 것이 적절하다고 생각했다.

연합감리교회의 간략한 역사

1968년에 복음주의연합형제교회(The Evangelical United Brethren)와 감리교

회(The Methodist Church)가 통합하여 UMC를 형성했다.

1968년에 UMC가 창립되었을 당시, 교인은 약 1,100만 명에 달하여, 전 세계에서 가장 큰 개신교 교단 중 하나로 자리매김하였다. 이후 UMC는 아프리카, 아시아, 유럽, 미국 등지에 회원과 총회를 두면서 세계 교회로서의 정체성을 점점 더 자각하게 되었다. 1968년 이후 UMC의 전 세계적 교세는 증가하였는데, 이는 유럽과 미국 내에서는 교인 수가 감소하였지만, 아프리카와 아시아에서의 현저한 성장으로 상쇄된 것이다. UMC는 감독구(episcopal areas)를 확장하여 동아프리카, 시에라리온, 코트디부아르, 동콩고, 짐바브웨, 모잠비크, 남아프리카를 포함하게 되었다.[1]

연합감리교회 내 동성애 이슈

2024년 4월 23일부터 5월 3일까지 개최된 UMC의 2020/2024 총회(General Conference)에서[2] 동성애 관련 표현을 삭제하는 결의안이 통과되기 전까지, UMC는 《교리 장정》(*The Book of Discipline*)의 제5부 "사회 원칙"(Social Principles)에 명시된 "인간의 섹슈얼리티"에 관한 교리를 따라 왔다. 여기에는 "UMC는 동성애 행위를 용납하지 않으며, 이 행위는 기독교의 교훈과 양립할 수 없다고 본다"[3]라고 명시되어 있다. 이는 UMC가 동성애자들이나 그들의 동성애 친구들을 거부하거나 비난한다는 의미는 아니다. UMC는 그들을 사랑하며, 그들의 인권을 위해 노력할 것이라는 뜻이다. 그러나 UMC 내의 교회에서는 동성 커플의 결혼식을 집례

---

1 *The Book of Discipline of the United Methodist Church* (Nashville: The United Methodist Publishing House, 2016), 23.

2 2020년 총회는 코로나19(COVID-19)로 인해 4년간 지연되었다.

3 *The Book of Discipline*, ¶ 161 (G).

할 수 없으며, 하나님의 창조 질서를 따르지 않는 LGBTQ 목회자의 안수를 인정할 수 없다.

문제는 미국 대법원이 동성 결혼을 합법화한 이후 오바마 행정부 시기에, 다수의 UMC 연회 소속 감독들(bishops)이 LGBTQ 인사를 공공연히 안수하기 시작했던 것이었다. 이러한 감독들의 행위는 여전히 동성애를 금지하고, 감독이 LGBTQ 인사를 목회자로 안수하는 것을 금지하고 있던 2016년판 《교리 장정》을 위반한 것이다. 논쟁을 촉발시킨 사건은 2016년 샌프란시스코에 위치한 글라이드기념교회(Glide Memorial Church)의 담임목사인 카렌 올리베토(Karen Oliveto)가 UMC 서부관할구(Western Jurisdiction)에서 최초의 레즈비언 감독으로 선출된 일이었다. 비록 UMC의 최고 사법 기구는 레즈비언이 감독직을 수행하는 것은 불법이라고 판결하였으나, 올리베토는 면직되지 않았고, 2024년 은퇴할 때까지 재직했다.

동성애를 둘러싼 격렬한 논쟁은 2019년에 절정에 달하였는데, 이 시기에 소집된 특별 총회에서는 동성 결혼과 LGBTQ 성직자 안수 문제를 다루기로 했다. 이 특별 총회는 감독 회의(Council of Bishops)에 의해 소집되었으며, 인간의 성적 정체성, 동성 결혼, LGBTQ 인사들의 안수 문제만을 다루었다.[4] 회의 기간 동안 세 가지 제안이 제출되었으며, 이에 대한 표결이 이루어졌다.

첫 번째 제안은 하나의 교회 플랜(One Church Plan)으로, 이는 나아갈길(A Way Forward) 위원회의 공식 제안이며, 성별 정체성과 동성 결혼에 관한 문제들이 UMC를 분열시킬 만큼 본질적인 사안은 아니라는 입장에 근거한 것이다. 그리스도인들은 이 사안에 대해 서로 다른 신학적 견해와

---

4 오천, "평신도가 알아야 할 2019년 특별 총회에 관한 모든 것", 한국연합감리교회, 2019년 2월 1일, https://www.resourceumc.org/ko/content/2019-special-conference-q-a-for-laity.

해석을 가질 수 있으며, 상이한 실천을 지지할 수도 있지만, 이 제안은 보수파, 진보파, 중도파가 하나의 교회 플랜 안에서 함께 사역할 수 있다는 전제를 담고 있었다.

두 번째 제안은 연대적 총회 플랜(Connectional Conference Plan)으로, 이는 LGBTQ 인사들에 대한 공정하고 평등한 대우를 위한 UMC의 접근 방식이었다. 본질적으로 이 계획은 미국 내 기존의 다섯 개 지리적 관할구를 보수적(traditional), 연대적(connectional), 진보적(progressive)이라는 세 가지 신학적 관점에 따라 재구성함으로써, 서로 다른 신학적 입장을 유지하면서도 하나의 UMC로 남아 있으려는 제안이었다. 연대적 총회 플랜은 나아갈 길 위원회 보고서에 포함된 세 가지 제안 가운데 가장 복잡한 안이었다. 그 이유는 이 안이 UMC의 구조 개편을 요구하는 것이었기 때문이며, 그 주요 내용은 다음과 같은 요소들을 포함하고 있었다. a) 각 교회는 자신이 속하고자 하는 관할구를 결정하기 위해 투표를 실시해야 하며, b) 목회자, 감독, 총회 기관, 산하 기관을 포함한 교회의 여러 측면이 변화하게 되며, c) 교단 헌법의 개정이 요구되었다.

세 번째 제안은 전통주의 플랜(Traditional Plan)이었는데, 이는 결혼이 한 남성과 한 여성 사이의 언약이라는 성경적 가르침에 근거한 것이며, 복음주의자와 전통주의자가 믿는 것이었다. 전통주의 플랜은 모든 인간이 하나님의 형상대로 평등하게 창조되었다는 UMC의 《교리 장정》의 신앙 입장을 유지하는 동시에, 동성애 행위는 하나님의 뜻에 어긋난다고 보았으며, 교회들이 현행 《교리 장정》에 명시된 동성 결혼과 LGBTQ 인사의 안수 금지 조항을 지킬 수 있도록 제재를 부과할 것을 제안했다. 동시에, 전통주의 플랜은 이 계획에 반대한 총회, 교회, 감독 및 목회자들

에게 품위 있는 탈퇴를 제공하고자 했다.[5]

2019년 2월 23일부터 27일까지 세인트루이스에서 개최된 특별 총회에는 미국에서 온 대의원 504명과 해외에서 온 대의원 360명, 총 864명의 총회 대의원이 참여했다. 회의 마지막 날, 대의원 822명이 투표에 참여했는데, 동성 커플의 결혼 및 안수 금지를 강화한 전통주의 플랜에 대해 438명(53.28%)이 찬성하였고, 384명(46.72%)이 이에 반대했다. 2019년 특별 총회에서 전통주의 플랜이 통과됨에 따라, LGBTQ 인사의 결혼 및 안수에 관한 2016년 《교리 장정》의 문구는 변경되지 않은 채로 유지되었다. 추가적으로, 동성 결혼 관계에 있는 이들을 징계하는 것에 관한 문구는 헌법적으로 유효하다고 판정되어 《교리 장정》에 추가되었으며, 2020년 1월 1일부터 발효되었다.[6]

지역 교회를 위한 탈퇴 조항

미국 내 진보 성향의 UMC 연례 총회 20곳 이상(내가 섬기는 교회가 소속된 뉴잉글랜드 연례 총회를 포함)과 그 지도자들은 2019년 특별 총회의 결정을 따르지 않기로 결의했다. 또한 그들은 연례 총회에서 동성 결혼과 게이와 레즈비언 성직자의 안수를 지지하는 내용으로 자체 법률을 결의안 형식으로 제정했다. 이는 법적으로 연례 총회법이 총회법에 종속되며 그에 따라야 한다는 사실에도 불구하고 이루어진 것이다.

교단 분리가 불가피해진 2019년 총회 이후, UMC 내에 진보, 보수, 중

---

5 앞의 글.

6 김응선, "2019년 특별 총회 결과에 대한 한인연합감리교인들의 반응", 연합감리교회뉴스, 2019년 3월 6일, https://www.umnews.org/ko/news/korean-united-methodists-response-to-2019-special-session-results.

도 성향의 단체들로 이루어진 하나의 그룹이 모였다. 이들은 "분리를 통한 화해와 은혜의 프로토콜"(Protocol of Reconciliation and Grace through Separation)이라 불리는 합의안을 작성했는데, 이는 2020년 총회에 제출되어 추천되고 채택되기 위함이었다. 또한 총회 이후 해당 합의안을 이행하기 위한 일정표를 제안했다. 1) 2020년 총회가 폐회된 이후, 중앙 연회와 연회, 그리고 지역 교회들은 프로토콜에 따라 형성된 새로운 감리교 교단 중 어느 하나에 소속되기로 투표할 수 있다. 2) 해당 이행 입법은 프로토콜에 따라 새로운 감리교 교단을 형성하고자 하는 자들이 그 의사를 늦어도 2021년 5월 15일 이전까지 감독회 총무에게 등록해야 한다. 3) 중앙 연회는 본 프로토콜에 따라, 출석자 3분의 2 이상의 찬성으로 새로운 감리교 교단에 가입하기로 결정할 수 있다. 이러한 제휴 결정 투표는 2021년 12월 31일까지 시행되어야 한다. 투표가 시행되지 않을 경우, 해당 중앙 연회는 분리 이후의 UMC의 일부로 남게 된다.

연회는 중앙 연회 또는 관할 연회 소속 여부와 관계없이, 프로토콜에 따라 새로운 감리교 교단과 제휴할지 여부에 대해 투표하기로 결정할 수 있다. 연회 회기 중, 투표자 중 20%가 해당 제휴 투표를 실시하자는 동의안을 지지할 경우, 투표는 반드시 시행되어야 한다. 프로토콜에 따라 새로운 감리교 교단과 제휴하기 위해서는 제휴 결정이 투표자 중 57%의 지지를 받아야 한다. 연회가 제휴에 대한 투표를 시행하지 않을 경우, 해당 총회는 분리 이후의 UMC의 일부로 남게 된다.

자신이 속한 연회 외의 다른 교단과 제휴를 원하는 지역 교회는 이를 고려하기 위한 제휴 투표를 시행할 수 있다. 이러한 투표가 이루어질 경우, 교회 협의회(예: 행정 위원회 또는 교회 지도부 위원회)는 출석자 중 단순 과반수 또는 3분의 2 이상의 찬성을 투표 기준으로 정한다. 그리고 해당 결의안이 다른 교단 소속을 선택하는 것으로 채택되기 위해서는 적법하게 소집된 교회 회의에서 투표를 거쳐야 한다. 본 표결은 교회 협의회가 표결을 요청한 후 60일을 초과하지 않는 기간 내에 개최되는 교회 회의에서 시행되어야 한다. 교회 회의는 지방 감리사(district superintendent)와 협의를 통해 소집되어야 하며, 감리사의 인가를 받아 개최된다. 지역 교회의 제휴에 대한 결정은 2024년 12월 31일까지 이루어져야 한다. 만일 지역 교회가 투표를 시행하지 않을 경우, 해당 교회는 그 연례 총회가 선택한 감리교 교단의 일부로 남게 된다.[7]

그러나 불행하게도, 2020년 총회는 코로나19의 발발로 인해 무기한 연기되었고, 결국 2022년에 해당 프로토콜은 그것에 서명했던 진보 진영 인사들이 이탈함에 따라 철회되었다. 한편, 동성애에 대한 성경의 가르침을 따르는 교회들은 인간의 성적 지향과 관련된 문제로 지역 교회가 탈퇴하는 것에 관해 2019년 특별 총회 이후 《교리 장정》에 추가된 새로운 조항에 따라 UMC를 이탈하기 시작했다.[8] 총회에서 "동성 관계에 있음을 스스로 밝힌"(self-identify as being in a same-sex relationship)[9] LGBTQ 성직자의 안수를 금지하는 조항과 동성 결혼 주례를 금지하는 조항을 강화하는 입법이 통과된 이후, 총회는 동성애와 관련된 "신앙 및 양심상의 이유"[10]가 있는 경우, 일정한 조건이 충족되는 것을 전제로, 교회가 재산을 보유한 채 교단을 탈퇴하는 것을 허용했다.

---

7 "Protocol of Reconciliation and Grace through Separation FAQ," *UM News*, copyright 2025, https://www.umnews.org/en/news/protocol-of-reconciliation-and-grace-through-separation-faq.

8 *The Book of Discipline*, ¶ 2553 -- 2019 Addendum, "Disaffiliation over Human Sexuality," effective at the close of the 2019 General Conference, United Methodist Communications, copyright 2025, https://www.umc.org/en/content/book-of-discipline-2553-disaffiliation-over-human-sexuality.

9 Kathy Gilbert, "2019 General Conference Passes Traditional Plan," United Methodist Communications, copyright 2025, https://www.umc.org/en/content/2019-general-conference-passes-traditional-plan.

10 *The Book of Discipline*, ¶ 2553 -- 2019 Addendum.

이 탈퇴 조항은 교회 재산이 교단 전체의 유익을 위해 신탁되어(trust) 있다는 원칙을 담고 있는, UMC의 수 세기에 걸친 신탁 조항(trust clause)으로부터 개별 지역 교회가 이탈할 수 있는 제한적인 경로를 제공하였으며, 교회들은 2023년 12월 31일까지 이를 실행할 수 있도록 허용되었다. 2019년, 사법 위원회(Judicial Council)는 《교리 장정》의 부칙 "인간의 섹슈얼리티에 관한 탈퇴"가 교단 헌법과 일치한다고 판결했다. 해당 판결에서, 사법 위원회는 탈퇴가 이루어지기 위해 다음의 조건들이 필요하다고 또한 명시했다. 1) 탈퇴 제안은 지역 교회 교인 회의에 출석한 교인의 최소 3분의 2 이상의 찬성으로 승인되어야 한다. 2) 연회 재단 이사회와 탈퇴하고자 하는 지역 교회는 탈퇴의 조건과 내용에 대해 상호 합의하여야 한다. 3) 지역 교회의 탈퇴는 연회에 출석한 자들의 과반수 찬성으로 승인되어야 한다.[11]

사법 판결의 조건을 충족하고 고액의 탈퇴 비용을 지불한 후, 7,600개 이상의 교회가 UMC를 떠났으며, 이 중 4,733개 교회는 내가 시무하는 코네티컷중앙교회를 포함하여, 2022년 5월에 출범한 GMC에 가입했다.[12]

코네티컷중앙교회는 UMC의 감리사와 함께 네 차례의 식별(discerning) 회의를 가졌으며, 네 번째 회의 이후 회중 투표가 실시되었다. 교회 건물

---

11 헤더 한(Heather Hahn), "사법위원회, 교단 탈퇴 과정에 대해 판결하다", 연합감리교뉴스, 2022년 2월 11일, https://www.umnews.org/ko/news/church-court-clarifies-disaffiliation-rules; see also n. 8.

12 Mark Tooley, "United Methodist Collapse?," *Juicy Ecumenism, Institute on Religion and Democracy* (*blog*), November 25, 2024, https://juicyecumenism.com/2024/11/25/united-methodist-collapse/; Mark Tooley, "A New Methodist Denomination Emerges," *The Dispatch*, September 30, 2024, https://www.realclearreligion.org/2024/09/30/a_new_methodist_denomination_emerges_1061765.html; Michael Gryboski, "Conservative Alternative to United Methodist Church Surpasses 4,200 Member Congregations," *The Christian Post*, January 04, 2024, https://www.christianpost.com/news/conservative-alternative-to-the-umc-has-over-4200-churches.html.

과 함께 교단을 탈퇴하기 위해서는 회중의 3분의 2 이상의 찬성이 요구되었다. 회중은 만장일치로 탈퇴를 결의하였고, 2023년 연례 총회에서는 대표자 90% 이상이 우리 교회의 교회 건물 포함 탈퇴를 승인함에 따라, 우리는 탈퇴를 최종적으로 완료할 수 있었다. 그러나 코네티컷중앙교회는 약 10만 달러에 달하는 탈퇴 비용을 지불해야 했다.

코네티컷중앙교회는 UMC를 탈퇴하고 GMC에 가입했다. GMC는 동성애에 대한 성경의 가르침을 따르기 위해 UMC에서 분리된 교회들에 의해 2022년 5월 1일에 설립되었다. GMC는 존 웨슬리(John Wesley)가 감리교 운동을 창시할 당시의 영성으로 돌아가고자 한다. 성령의 능력 부여를 통해, GMC는 열정적으로 예배하고 풍성히 사랑하며 담대히 증언하는 가운데, 성경의 거룩함 안에서 성장하는 예수 그리스도의 제자들이 전 세계에 확산되는 것을 비전으로 삼고 있다. GMC는 또한 성경과 사도신경, 니케아 신조에 나타난 생명을 주는 기독교 신앙의 고백들에 기초하고 있으며, 이는 성경의 권위가 흔들리고 있는 오늘날의 시대 상황 속에서 더욱 강조된다.

지역 교회의 탈퇴 사례 연구: 코네티컷중앙글로벌감리교회

이 부분에서 우리 교회가 UMC를 탈퇴하게 된 이유를 밝히고자 한다. 첫 번째 이유는, 성경의 가르침과 UMC의 《교리 장정》, 그리고 총회 헌법을 지지하고 수호해야 할 책무가 있는 감독들, 지방 감리사들, 그리고 지도자들이 이를 지키는 데 실패했을 뿐만 아니라, 오히려 그것을 지키려는 목회자들에게 압력을 가하는 것에서 비롯된 실망감이었다. 더욱이, 우리 교회가 소속되어 있던 뉴잉글랜드 연례 총회(New England Annual Conference, NEAC)는 2022년에 "교육을 통해 성 또는 젠더를 이유로 한 해

악과 차별에 대응하기"(결의안 22-231)[13]를 통과시켰다. 또한 NEAC는 성 또는 젠더를 이유로 NEAC 산하의 지역 교회 및 연결 교회 내에서 차별이나 피해를 경험한 평신도와 성직자를 지원하기 위해 '성/젠더 기반 위기 대응팀'을 설립했다. NEAC의 이러한 규정들은 동성애가 죄라는 내용을 담고 있는 성경을 읽거나 설교하지 못하도록 나와 교인들에게 압력을 가했다. 나와 교인들은 코네티컷중앙교회가 UMC에 남아 있는 한, 목회자로서 자신의 신앙과 양심에 따라 설교할 수 없다는 사실을 깨달았다.

둘째로, 우리는 창세기부터 유다서에 이르기까지 동성애가 죄라는 성경의 가르침을 부인할 수 없었다. 하나님은 아담과 하와를 창조하셨다. 하나님은 그들을 남자와 여자로 창조하시어 한 가정을 이루게 하셨으며, 첫 번째 명령은 생육하고 번성하여 땅에 충만하라는 것이었다(창 1:28). 젠더는 하나님에 의해 정해진 것이 아니며, 사람이 스스로 성별을 선택할 수 있고, 트랜스젠더가 되거나 동성 간의 성행위를 할 수 있다는 가르침은 하나님의 창조 질서를 부정하고 가정과 교회를 해체하려는 사탄의 전략이다.

셋째로, 동성 간의 성행위가 선택지가 될 수 없다고 확신하면서 복음이 요구하는 순결의 부르심에 신실하게 살아가기 위해, 최선의 혹은 유일한 대안으로 독신을 택하는 동성애자 그리스도인들도 많다.[14] 그들 중 한 명인 웨슬리 힐(Wesley Hill)은 미시간주 홀랜드에 위치한 웨스턴 신학교(Western Theological Seminary)의 신약학 부교수이자 성공회 사제다. 그는 동성애와 씨름하는 그리스도인으로서 자기 정체성을 형성해 가는 고통

---

13 "AC22 Recap: Saturday, June 11," New England Conference, The United Methodist Church, June 11, 2022, https://www.neumc.org/newsdetail/ac22-recap-saturday-june-11-16525278.

14 Wesley Hill, *Washed and Waiting: Reflections on Christian Faithfulness and Homosexuality* (Grand Rapids: Zondervan, 2010), 20.

스럽고 혼란스러운 시기 한가운데 여전히 있지만, 하나님이 자신에게 그가 간절히 원하던 동성 간의 성적 친밀함을 자제하라고 요구하신다는 확신에 이르게 되었다. 그는 휘튼 칼리지(Wheaton College)에 재학 중이던 열정적인 시절에, 독신으로 살아갈 수 있다는 가능성을 받아들이고 있는 자신을 발견했다. 그리고 그는 십자가의 좁은 길을 따르기를 열망하는 신입생 그리스도인으로 열정을 다하여 그렇게 했다. 그가 깨달은 것은, 열아홉 살에 독신의 삶을 결단하는 것과 이를 지속하는 것은 전혀 다른 문제라는 것이었으며, 졸업 후 그는 그 어느 때보다도 하나님이 자신을 독신의 삶으로 부르고 계신다는 확신을 갖게 되었다.[15]

결론

결론적으로, 나는 코네티컷중앙교회가 왜 UMC를 떠나게 되었는지에 대해 나누었다. 동성애에 대한 성경의 가르침을 더 이상 따르지 않는 교단에서, 교회는 큰 탈퇴 비용을 감수하면서까지 결단을 내렸다. 우리는 젠더에 기반한 차별금지법이 제정된 이후, 서구의 일부 교회들이 왜 급격히 축소되고 폐쇄되었으며, 교인들이 왜 교회를 떠났는지에 대해 UMC의 교회사를 통해 배워야 한다. 서구의 많은 교회들은 성경의 가르침을 거부하고 사회의 변화를 수용하기 시작하면서부터 무너지기 시작했다. 한국 교회는 서구 교회들의 전철을 밟아서는 안 된다. UMC가 2020/2024년 총회에서 게이와 레즈비언이 목사로 안수를 받는 것과 성직자가 동성 결혼을 주례하는 것을 허용하는 법안을 통과시켰을 때, 이는 게이와 레즈비언들을 대거 교회로 이끄는 결과를 가져오지는 못

---

15 앞의 글, 51-79.

했다. 오히려 보수적인 교인들이 교단을 떠남에 따라, 교회의 교인 수와 재정은 급격히 감소했다.

사회와 문화가 아무리 변화하더라도, 죄 된 인간 본성에 대한 성경의 가르침은 변하지 않는다. 이러한 점에서, 나와 코네티컷중앙글로벌감리교회는 변함없이 성경을 따를 것이다. 동시에 우리는 동성애자들을 배제하지 않고 그들의 인권을 증진시키기 위해 노력할 것이다.

토론 질문

⑴ 문화의 변화는 UMC의 동성애에 대한 입장에 어떤 영향을 미쳤는가?

⑵ 교회는 섹슈얼리티에 대한 성경의 가르침과 모든 사람을 사랑하라는 가르침을 어떻게 함께 따를 수 있는가?

⑶ 그리스도인들은 섹슈얼리티에 대한 각자의 이해와 실천 여부에 관계없이, 모든 사람의 인권을 어떻게 증진시킬 수 있는가?

논찬

이정숙

김정환 목사의 사례 연구는 그의 교회인 코네티컷중앙연합감리교회(현 코네티컷중앙글로벌감리교회)가 2023년에 UMC를 탈퇴하여 GMC로 전환한 과정에 관한 것이다. 1968년, 감리교회와 복음주의연합형제교회의 합병 이후, UMC는 세계에서 가장 큰 개신교 교단 중 하나가 되었다. UMC는 인간의 섹슈얼리티에 관하여 전통적인 신학적 입장을 견지해 왔으나, 2016년에는 《교리 장정》에 명시된 동성애 금지 조항을 직접적으로 위반한 가운데, 첫 레즈비언 감독이 선출되어 2024년 은퇴 시까지 재직했다.

2019년, 동성애와 관련된 지속적인 논쟁과 갈등을 해결하기 위해, 해당 교단은 특별 총회를 소집하였으며, 이 자리에서 세 가지 방안, 즉 (1) 하나의 교회 플랜(One Church Plan), (2) 연대적 총회 플랜(Connectional Conference Plan), (3) 전통주의 플랜(Traditional Plan)을 제안했다. 총회는 인간의 성에 대한 전통적인 관점을 지지하였으며, 《교리 장정》에 명시된 동성애 금지 조항을 유지하기로 결정했다. 그러나 다수의 진보 성향의 연회들이 2019년 특별 총회의 결정을 따르기를 거부함에 따라, 전통적 관점을 지지하던 UMC 소속 교회들 사이에서는 교단 탈퇴 문제가 중요한 현안으로 빠르게 대두되었다. 이러한 시점에서, 코네티컷중앙연합감리교회는 그들의 신앙과 삶의 터전이었던 UMC를 떠나, 보수 성향의 전 UMC 교회들의 필요를 수용하기 위해 새롭게 설립된 교단인 GMC에 가입했다.

김정환은 교회가 UMC와 결별하게 된 배경에 대해 세 가지 주된 이유를 제시했다. 첫째, UMC 지도부가 인간의 섹슈얼리티에 대한 교회의 전통적이며 성경적인 입장을 지지하지 않고, 성경적 신앙과 실천을 위반한 이들에 대한 책임을 방기하고, 전통적 입장을 고수하는 목회자들에게 압력을 행사하였다는 점이다. 둘째, 김정환의 교회는 인간이 자신의 젠더를 자의적으로 선택할 수 없으며, 동성애 행위는 "하나님의 창조질서를 부정하고 가정과 교회를 해체하려는 사탄의 전략"이라는 성경적 진리를 명확히 했다. 셋째, 김정환은 성경적 진리와 동성애적 성향 사이의 신앙적 긴장을 해소하기 위한 하나의 방식으로서 독신 생활을 지지했다. 이러한 삶의 방식을 실천하는 인물의 예로 웨슬리 힐(Wesley Hill)이 제시되었다.

비록 김정환의 논문에서 명시적으로 밝히지는 않았으나, 교회들이 오랫동안 신앙의 교리와 삶의 기반으로 삼아 온 교단과 결별하게 되기까지의 과정이 얼마나 고통스러웠을지는 어렵지 않게 유추할 수 있다. 이러한 결별의 고통과 슬픔은 목회자들에게 더욱 깊이 느껴졌겠지만, 평신도들에게도 결코 가볍지 않았을 것이다. 코네티컷중앙글로벌감리교회는 동일한 이유로 2023년 말까지 UMC를 이탈한 7,660개 교회 중 하나였다.[1] 이는 미국 내 UMC 소속 교회의 약 4분의 1에 해당하는 수치다.[2] 그야말로 대규모의 이탈이었다. 더욱이 인간의 섹슈얼리티에 대한 문제는 교회 역사상 최초로 교단 분열의 직접적인 원인이 되었다.

한편, UMC로부터의 탈퇴는 미국장로교(PCUSA)나 미국성공회(The Episcopal Church, TEC)의 경우에 비해 재정적 측면에서 상대적으로 덜 부담스러운 편이었다. UMC에서 탈퇴하는 교회들은 교회 재산을 포기할 필요는 없었으며, 다만 교단에 일정 금액의 탈퇴 수수료를 납부해야 했다. 이에 비해, 북미성공회(ACNA)로 이탈한 대부분의 TEC 교회들은 교회 재산을 포기해야 했으며, PCUSA 교회들 역시 유사한 처지에 놓여 있었다.

2011년, PCUSA의 각 노회는 공개적으로 동성애자임을 밝힌 성직자들에게 안수를 허용하는 안건에 대해 찬성했고,[3] 2014년 6월, 제221차 총회에서는 동성 결혼이 합법인 지역에서 이를 허용하는 헌법 개정안을 총대들이 찬성하여 통과시켰다.[4] 추가적으로 총회는 《교회 규례집》(*Book of Order*)[5]에서 결혼의 정의를 "한 남성과 한 여성 간의 결합"에서 "두 사람(전통적으로는 남성과 여성) 간의 결합"으로 수정하는 개정안을 승인했다.[6] 이 두 개정안은 이듬해, 전체 노회의 과반수 찬성에 의

---

1 Gryboski, "Conservative Alternative to United Methodist Church."

2 Tooley, "United Methodist Collapse?"

3 "Sexuality and Same-Gender Relationships," Presbyterian Mission Agency, Presbyterian Church (U.S.A.), copyright 2025, https://centernet.pcusa.org/what-we-believe/sexuality-and-same-gender-relationships/.

4 Lauren Markoe, "Presbyterians Vote to Allow Gay Marriage," *Religion News Service,* PC(USA), June 19, 2014, revised June 24, 2014, https://religionnews.com/2014/06/19/presbyterians-vote-allow-gay-marriage/.

5 Leslie Scanlon, "Assembly Approves Revisions to Directory for Worship, Work of Theological Issues Committee," *The Presbyterian Outlook*, published June 23, 2016, updated September 27, 2022, https://pres-outlook.org/2016/06/assembly-approves-revisions-directory-worship-work-theological-issues-committee/.

6 "Sexuality and Same-Gender Relationships," Presbyterian Mission Agency.

해 최종적으로 비준되었다. 이러한 제도적 변화들을 계기로 얼마나 많은 교회가 PCUSA를 이탈하였는지를 정확히 집계하는 것은 쉽지 않지만, 일부 교회들은 EPC(Evangelical Presbyterian Church)나 ECO(A Covenant Order of Evangelical Presbyterians)와 같은 다른 장로교 교단으로 소속을 변경했다. 그 시점을 고려할 때, 이들 교회는 2011년 동성애자 안수 비준 투표와 이후 예정된 동성 결혼 관련 안건들에 대한 우려를 바탕으로 이탈을 결정한 것으로 보인다.[7]

뉴저지에 위치한 필그림선교교회는 동성 결혼과 성직 안수 문제를 둘러싼 갈등 끝에 2017년 PCUSA를 탈퇴한 대표적 사례로, 이 과정에서 약 1,200만 달러 상당의 교회 재산을 PCUSA 소속 동부한미노회에 반환해야 했다.[8] 교회 재산은 되찾을 수 없었으나, 목회자들은 (향후 적립 없이) 기존의 연금 수급 자격을 유지할 수 있었다. 교회 측이 재산권 분쟁을 민사 법원에 제소하면서, 이 사건은 한인 교회와 PCUSA 산하 한국어 노회 간의 법적 갈등으로 확대되었다. 교단 내부와 외부에서는 필그림선교교회가 법적 절차 속에서 제기한 주장에 대해 일정한 존중과 공감을 표한 이들도 적지 않았다. 그러나 교회의 다소 영웅주의적이며 자기 의에 기댄

---

7 "Churches That Disaffiliated from the PCUSA (This List is Illustrative, Not Exhaustive)," *The Layman*, accessed August 19, 2025, https://layman.org/wp-content/uploads/2013/08/disaffiliated-churches.pdf. "2011년 노회들이 동성애자와 레즈비언을 목사, 장로, 집사로 안수하기로 한 결정을 비준한 이후, 그리고 그 여파 속에서 교단 탈퇴가 잇따르는 흐름이 나타났다." (Laurie Goodstein, "Largest Presbyterian Denomination Gives Final Approval for Same-Sex Marriage," *New York Times*, March 17, 2015, https://www.nytimes.com/2015/03/18/us/presbyterians-give-final-approval-for-same-sex-marriage.html), 목록에 제시된 날짜들은 이 교회들이 교단의 성직 안수에 관한 표결 때문에 PC(USA)에서 탈퇴했음을 시사한다. 동일하게, PC(USA)는 오랫동안 동성 결혼 문제를 두고 고심해 왔고, 이 사안은 2012년 마지막 총회에서 정점에 이르렀다. 당시 2014년에 상정된 안건과 유사하게 동성 결혼을 허용하려는 결의안이 338 대 308로 부결되었는데(Markoe, "Presbyterians Vote"), 이는 동성 결혼 문제가 동시에 진행 중이던 사안이었음을 시사한다.

8 백상현, "美 필그림 한인교회 동성애 반대로-128억 원 교회 건물 포기", 국민일보 2018년 1월 4일, https://bnj0691.tistory.com/1356363.

태도는 한국계 기독교 언론의 지지를 통해 더욱 부각되었고, 그로 인해 일부에게는 불편함을 안겨 주기도 했다. 해당 지역에 있는 PCUSA 소속 대부분의 한인 교회들과 목회자들은 교단을 이탈하지 않았다.

그러나 이는 곧 그들이 교단의 결정을 지지했다는 것을 의미하지는 않는다. 재산을 회복할 수 없는 상황에서도 새롭게 교회를 시작할 수 있을 만큼 규모를 갖춘 필그림선교교회와는 달리, 다른 교회들은 그러한 준비가 되어 있지 않았거나, 교회 재산을 포기할 여력이 없었다. 또한 자신들이 부족한 그리스도인 혹은 복음주의자로 간주될 것을 깊이 염려했다. 이번 사건은 한인 교회들과 목회자들로 하여금 미국 주류 교단주의가 지닌 권위와 그로 인한 한계를 절실히 체감하게 했다. 과거에는 그들의 교단이 그들의 보호와 특권이었지만 이제는 위협과 수치를 안겨 주었다.

교회가 스스로 믿는 바를 옹호할 자유를 가지는 것은 필수적이다. 이는 기독교 양심의 문제이며, 이러한 양심은 서구 사회에서 적절하게 존중되어 왔다. 동성 결혼에 반대하는 우리는 이 세상이 하나님의 창조에 의해 이루어졌다고 믿는 이들과 동일한 길을 걷고 있으며, 이러한 믿음은 과학만을 절대적 진리로 간주하는 진화론에 대항하는 것이다. 성경의 권위에 대한 우리의 믿음은, 특히 서구와 경제적으로 발전된 국가들에서, 다수에 의해 심각하게 의문시되고 있다. 우리는 덜 과학적이며, 덜 인간적이고, 덜 문명화된 존재로 간주되고 있다. 그러므로 우리가 두 성(sex)의 타협 불가능한 진리와 남녀 간의 결혼을 확고하게 주장한다면, 우리는 잠재적인 불이익, 나쁜 평판, 그리고 어쩌면 해를 입는 것까지도 감수할 위험이 있음을 인지하고 이에 대비해야 한다. 그러므로 지금 이 때야말로, 예수님이 말씀하신, "세상이 너희를 미워하면 너희보다 먼저 나를 미워한 줄을 알라"(요 15:18)는 말씀을 기억하는 것이 그 어느 때보다도 더 큰 위로가 된다.

역사상 다른 교리적 쟁점으로 인한 교회의 분열과는 달리, 동성애 또는 LGBTQ+ 관련 이슈로 인한 교회의 분열은 인간이 직접적으로 관련되어 있다는 점에서 보다 정밀한 판단을 요구한다. 그리고 이는 이러한 문제로 고통받는 이들을 위한 어떤 형태의 기독교 사역에 우리가 참여할 것을 요구한다. 대부분의 복음주의 교회들은 교회가 단순히 신학적 입장을 천명하는 것을 넘어서 실질적인 조치를 취해야 한다는 점에 동의할 것이다. 교회의 사명은 교리적이고 도덕적인 순결을 유지하는 것을 넘어서, 어쩌면 그것보다 더 중요한 바, 하나님의 사랑을 세상에 증언하는 데까지 확장된다. 이에 부합하게, 김정환은 "동시에 우리는 동성애자들을 배제하지 않고 그들의 인권을 증진시키기 위해 노력할 것이다"라고 결론지었다.

그러나 우리의 신학적 입장을 변경하지 않은 채로, 어떻게 동성애자들을 존중하고 그들의 인권을 증진시킬 수 있는 것일까? 이와 관련하여, 코네티컷중앙글로벌감리교회가 실제로 어떤 구체적인 행동을 취한 사례가 있었는지를 김정환으로부터 듣는 것은 유익할 것이다. 그의 글에서 언급된 바와 같이, UMC가 공식적으로 LGBTQ+ 개인들을 수용한 이후에도 해당 인구의 유의미한 증가는 없었으며, 코네티컷중앙글로벌감리교회를 포함한 GMC 교회에 그들이 참여했을 가능성도 매우 낮다. 그렇다면 교회가 그들에게 하나님의 사랑을 증언할 수 있는 기회는 과연 어떤 것이 있는가? LGBTQ+ 개인들을 수용하는 교단들과 분리된 이후에, 복음주의 교회들은 이 문제 자체나 그들과 관련된 사안들을 더 이상 다룰 필요가 없는 것인가?

나는 1990년대에 프린스턴 신학교(이하 PTS)에서 공부하던 시절, 이 문제에 더욱 깊이 관여할 수밖에 없었다. 이는 PCUSA 교단이 해당 문제로 갈등을 겪고 있었으며, 교단 소속 신학교인 PTS 역시 이에 대해 신학적이고 성서적인 관점에서 공개적이고 적극적으로 대응했기 때문이다. 35년이 지난 지금 한국에 거주하며, 나는 LGBTQ+의 수용이 젊은 세대들 사이에서 점점 더 당연한 것으로 여겨지고 있음을 인식하고 있다. 이들은 미디어의 강한 영향을 받고 있으며, 성적 지향에 따른 차별을 금지하는 (전국적으로 시행되지는 않았지만 상당히 널리 퍼진) 학생인권조례(Students Human Rights Ordinance) 아래에서 공교육을 받고 있다.[9] 나는 또한 LGBTQ+ 자녀를 둔 한국인 부모들(그들 대부분은 미국에서 유학한 후 그곳에 정착해 거주하고 있는 이들인데)이 이제는 LGBTQ+ 권리를 수용하는 경향을 보이고 있다는 이야기를 듣고 있다. 이는 그들 중 다수가 동성애 행위를 용납하지 않는 교회에 소속되어 있음에도 불구하고 나타나는 현상이다. 교회는 이러한 이들과 어떻게 친구가 될 수 있는가?

이러한 생각들이 내 머릿속을 떠돌던 중, 나는 중국계 미국인 어머니 안젤라 유안(Angela Yuan)과 그의 아들 크리스토퍼(Christopher)에 관한 충격적이면서도, 하나님께 돌아온 구속의 이야기를 읽게 되었다. 현재는 많은 요청을 받는 강연자가 된 크리스토퍼는 아버지의 뒤를 따라 치의학

---

9 2019년 퓨리서치센터(Pew Research Center)의 글로벌 조사에 따르면, 한국의 18-29세 응답자 가운데 79%가 동성애가 사회적으로 수용되어야 한다고 응답한 반면, 50세 이상 응답자에서는 그 비율이 23%에 불과한 것으로 나타났다. (Jacob Poushter and Nicholas Kent, "The Global Divide on Homosexuality Persists; But Increasing Acceptance in Many Countries Over Past Two Decades," Pew Research Center, June 25, 2020, https://www.pewresearch.org/global/2020/06/25/global-divide-on-homosexuality-persists/?utm_source=chatgpt.com). 2024년에 실시된 한 국내 조사에 따르면, 동성 결혼의 법제화에 반대한다는 응답은 50%로 나타났는데, 이는 이전 연도들에 비해 다소 낮은 수치다. 또한 20대와 30대 응답자, 여성, 그리고 LGBTQ+ 당사자를 알고 있는 사람들일수록 동성 결혼의 법제화에 대한 찬성 비율이 더 높게 나타났다. (이동한, "'2024 성소수자 인식 조사' 동성 결혼 법적 허용 및 성적 자기 결정권 교육 인식", 한국리서치 2024년 11월 12일, https://hrcopinion.co.kr/en/archives/31383). 또한 넘버스 230(Numbers 230)이 실시한 다른 설문 조사에 따르면, 한국 청소년의 52%가 동성 간 성적 끌림(same-sex attraction)에 대해 긍정적으로 응답하였으며, 비그리스도인과 여학생 집단에서 그 수용도가 더 높게 나타났다. (설동주, "우리나라 청소년 52% 동성애 찬성!", 브랜드웹 2024년 6월 24일, https://yklee0729.tistory.com/275).

을 공부하던 학생이었고, 동시에 동성애자이자 마약 판매상이기도 했다. 그의 어머니는 아들의 동성애 행위로 인해 깊은 절망에 빠졌고, 이는 결국 그녀가 그리스도를 영접하는 계기가 되었다. 크리스토퍼는 어머니 안젤라와 그녀의 기도 모임이 그를 위해 드린 간절하고 꾸준한 기도를 통해 구원에 이르게 되었다.

나는 그녀의 기도 모임이 수년간 크리스토퍼를 위해 기도하고 그의 부모와 함께 신앙 여정을 함께한 사례는 교회가 본받아야 하며 하나의 사역으로 정립되어야 한다고 생각한다. 크리스토퍼가 3년간의 수감 생활을 마치고 집에 돌아왔을 때, 그가 부모의 집에서 가장 먼저 목격한 것은 수많은 노란 리본들이었다. 그 모든 리본에는 기도와 축복의 따뜻한 말들이 적혀 있었다. 이 모든 리본은 그의 어머니가 속한 기도 모임의 구성원들이 손수 적고 만든 것이었다![10]

이안 페인(Ian Payne)은 이 사안에 대해 우리가 실천할 수 있는 세 가지 덕목으로, "⋯ *명확성, 연민, 그리고 대화*(이탤릭은 인용자)를 제시한다. 이는 우리가 무엇을 믿고 왜 그것을 믿는지에 대한 명확성, 서로의 관점을 친절과 존중의 태도로 바라보려는 연민, 그리고 서로의 말을 경청하고, 궁극적으로, 가장 중요하게는, 하나님의 음성에 귀 기울이고자 하는 대화를 말한다."[11] 특히, 연민과 대화는 우리가 하나님의 놀라운 사랑을 이 세상에 드러내기 위해 반드시 더욱 깊이 배우고 실천해야 할 부분이다. 그 사랑은 하나님의 아들이 십자가에서 생명을 내어 주심으로써 분명히 증거되었다.

---

10 Christopher Yuan and Angela Yuan, *Out of a Far Country: A Gay Son's Journey to God; A Broken Mother's Search for Hope* (New York: WaterBrook, 2011).

11 Ian Payne, *The Message of Humanity* (London: Inter-Varsity Press, 2025), 274.

14
동성에 끌림과 영국 성공회

에드 쇼(Ed Shaw)

국가 정치

영국의 개신교 성공회는 잘 알려져 있듯, 16세기에 발생한 결혼 문제에 대한 논쟁에서 기원했다. 당시 국왕 헨리 8세(Henry Ⅷ, 1509-1547년 재위)가 자신의 형수였던 캐서린(Catherine of Aragorn)과의 결혼이 정당했는지, 그리고 그렇지 않다면 그는 앤 불린(Anne Boleyn)과 결혼하여 남성 후계자를 낳을 자유가 있는지를 두고 논란이 벌어졌다. 그 결과는 로마로부터의 분리였고, 이는 영국 국왕을 수장으로 하는 국교회의 형성과 더불어, 영국 국가와 교회가 결혼에 대해 동일한 이해를 공유한 수 세기의 기간으로 이어졌다. 성공회 성직자들은 (종교개혁 이전 그들의 선조들과 마찬가지로) 그 이후로 지역과 국가 차원의 제도적 체계에 포함되어 왔으며, 공적 생활에서 주도적인 역할을 수행해 왔다. 시니어 주교들은 영국 의회의 상원에 참여하고 있으며, 캔터베리 대주교는 국왕과 여왕의 대관식을 집전해 왔다.

영국 성공회는 현재, 결혼을 둘러싼 21세기의 논쟁, 즉 결혼이 성적 활동을 위한 유일한 제도인지 여부와 성행위와 결혼이 동성 커플에게도 허용되는지 여부 속에서 서서히 쇠퇴하고 있다. 그 결과 국가와 교회가 공유해 오던 결혼에 대한 이해는 (영국에서는 2013년부터 동성 간의 시민 결혼이 합법화되었다) 종결되었으며, 이에 따라 성공회 제도권 내부에서는 자신들이 지역과 국가 사회에서 누려 온 특권적 지위가 머지않아 종식될 것이라는 우려가 제기되고 있다.

영국 성공회가 영국의 국교로서 지닌 독특한 역할(찰스 3세 국왕이 그의 선왕들과 마찬가지로 국교회의 최고 통치자로서 역할을 수행하고 있음)은 이 교회 내에서의 결혼에 대한 논쟁이 결코 순수하게 신학적 또는 목회적 차원에만 국한되지 않았음을 이해하는 것이 중요하다. 이러한 논쟁은 항상 정치적 이해관계와 사회적 지위의 문제와도 깊이 얽혀 있었다. 이는 로마 가톨릭과의 분열이라는 격동의 종교개혁 시기부터, 오늘날 장기화된 쇠퇴라는 고통스러운 현실에 이르기까지 지속되어 온 현상이었다. 오늘날 영국 성공회 주교들의 다수가 동성 간의 성행위 및 결혼에 대한 지지를 공개적으로 표명하고 있는 상황에서, 이는 단순히 성경 해석의 변화나 새로운 사회적 태도의 수용을 의미하는 것뿐만 아니라, 그들이 자신들의 권력과 권위를 유지하고, 성공회가 국가 사회에서 계속해서 일정한 지위를 유지하고자 하는 의도를 반영하는 것이기도 하다는 점을 인식할 필요가 있다.

이러한 상황은 전 세계적으로 지역 및 국가의 정치 구조와 공식적 또는 비공식적으로 밀접한 관계를 유지하고 있는 지역 교회와 교단에게 시사점을 제공한다. 이러한 관계를 통해 획득할 수 있는 권력과 지위는 분명히 매력적이며, 이는 교회의 성장에 기여할 수 있는 다양한 혜택을 제공할 수도 있다. 그러나 문제는, 경제 구조에서부터 성 윤리에 이르기까지 어떠한 사안에서든 이견이 발생할 경우, 교회가 자신도 모르게 정부의 종속물로 전락하여, 자신이 누리는 특권과 영향력을 상실할까 두려워 불경건함에 맞서지 못하게 된다는 데 있다. 최근 성행위와 결혼을 둘러싼 논쟁에 있어 영국 성공회가 권력자들에게 성경의 진리를 말하는 데 실패한 것은 우리가 성경의 진리보다 우리가 가진 권력을 상실하는 것에 대해 더 큰 우려를 가졌기 때문이라는 비판도 가능하다. 국가와 교회 간의 어떠한 동맹이든, 어느 시대이든, 어느 곳이든 그리스도를 닮은 급진적이고 예언자적인 목소리를 상실하고, 사회적 수용성과 권력이라는 우상과 맞바꾸게 될 위험을 내포하고 있다.

여론

2013년 영국에서 동성 간 시민 결혼이 도입된 것은 근대 민주주의 사회 내에서 동성애에 대한 대중 여론의 급격한 변화에 크게 영향을 받은 결과였다. 합의에 기반한 동성 간의 성행위(21세 이상에 한함)는 1967년에 이미 합법화되었으나 당시에는 여론의 대다수가 이를 반대하고 있었으며, 동성애자에 대한 긍정적인 문화 표현은 거의 존재하지 않았고, 동성애 성향을 공개적으로 드러내는 사람은 거의 없었다. 불과 50년이 지난 현재, 여론 조사에 따르면 영국인의 85%가 가족 구성원이 레즈비언, 게이 또는 양성애자라고 커밍아웃하는 것을 전적으로 지지한다고 응답하고 있다.[1] 미디어에서는 동성애자 캐릭터에 대한 긍정적인 묘사가 다수 존재하며 공인이나 유명인이 자신이 동성애자임을 커밍아웃하는 일은

---

1 Eir Nolsoe, "International Survey: How Supportive Would Britons Be of a Family Member Coming Out?," YouGov, UK, August 31, 2021, https://yougov.co.uk/international/articles/37846-international-survey-how-supportive-would-britons-.

명백히 축하받고 있다(심지어 그들이 오랜 이성애 관계를 청산하는 경우에도 그러하다).

동성 간의 성행위와 결혼이 잘못되었다는 성경의 가르침을 계속 고수하는 것은 이제 영국의 여론에 명백히 반하는 일이며, 시민 사회 내에서 법적으로 허용되는 것들과도 상충된다. 이러한 도전적인 현실은, 다른 여러 요인들과 더불어, 영국 성공회의 다수 주교 및 성직자들의 신념에 중대한 변화를 야기한 핵심적 요인 중 하나로 작용해 왔다. 대표적인 사례로, 옥스퍼드의 주교 스티븐 크로프트(Steven Croft)는 2022년에 교회 내에서의 동성 결혼 도입을 지지하는 소책자를 저술했다. 그의 발언은 국가 정치와 여론이 사람들의 사고방식에 어떻게 영향을 미치고 있는지를 잘 보여 준다.

> 영국 성공회로서 우리의 소망이자 기도는 지역 사회 전체를 섬기는 데 있다. 역사적으로, 교구 내에 거주하는 모든 사람은 자신이 속한 교구 교회에서 결혼식과 세례를 받을 권리를 가지고 있었다. 우리는 개인의 신념이 어떠하든, 모든 이들을 섬기고자 한다. 그러나 이러한 섬김과 보편적 수용의 역량은 동성 커플에 대한 교회의 전통적 가르침과 동시대 문화와 혼인에 관한 법적 제도의 급속한 변화 간의 괴리로 인해 심각한 영향을 받고 있다.[2]

영국 성공회의 혼인 교리를 변경하는 것은, 다소 직설적으로 표현하자면, 영국 문화 속에서 계속해서 활동을 지속하기 위한 대가로 종종 인식되고 있다. 전통적인 성 윤리가 문화적·법적 구조 안에서 전면적으로 거부된 상황에서, 우리는 어떻게 그것을 고수할 수 있는가? 왜 한 이성

---

2 Steven Croft, *Together in Love and Faith: Personal Reflections and Next Steps for the Church* (Bishop of Oxford, 2022), 14, https://d3hgrlq6yacptf.cloudfront.net/61f2fd86f0ee5/content/pages/documents/together-in-love-and-faith.pdf.

애 커플은 자신이 속한 영국 성공회 교구 교회에서 결혼할 법적 권리를 갖는 반면, 동성애 커플은 그것이 허용되지 않는가? 여론이 이와 같은 차별적인 상황을 더 이상 용납하지 않을 것이라는 점은 분명하지 않은가? 많은 이들은 묻는다. 원시적이고 퇴행적인 동성애 혐오보다 현대적이고 진보적인 문화 속에서 우리의 지속적인 선교에 더 큰 해를 끼칠 수 있는 것이 과연 존재하는가?

크로프트 주교의 고대 주교직 동료였던 알렉산드리아의 아타나시우스(Athanasius of Alexandria)는 정부 입법이나 여론 조사에 의해 형성된 이러한 신학을 결코 승인하지 않았을 것이다. 자신의 주장이 대중이나 권력자들의 반감을 살 수 있는 상황에서, 비록 진실을 말하는 것일지라도 사회적으로 소외당하는 위험을 피하고 싶다면, 순응이라는 선택은 어쩌면 매력적으로 보일 수 있다. 오늘날 영국 성공회에서 벌어지고 있는 상황을 이해하기 위해서는, 다수의 교회 지도자들이 기존 체제와 문화 속에 안락하게 남는 것과, 그 양쪽으로부터 고통스럽게 추방되는 것 사이에서 선택을 강요받는 현실에 충격을 받고 있다는 점을 인식할 필요가 있다.

공식 교리

그러나 앞서 언급한 내용에도 불구하고, 결혼과 성관계에 관한 영국 성공회의 교리는 공식적으로나 법적으로 여전히 변경되지 않은 상태로 유지되고 있다. 교회법(Canons) 중 B30조 "거룩한 혼인"(Holy Matrimony)에 대하여는 여전히 유효하며 다음과 같이 명시되어 있다.

1. 영국 성공회는 우리 주님의 가르침에 따라, 결혼이 본질적으로 한 남성

과 한 여성 간의 배타적인 결합으로서, 죽음이 그들을 갈라놓을 때까지 영구적이며 평생 지속되는 연합임을 확인한다. 이 결합은 좋을 때나 나쁠 때를 막론하고 유지되어야 하며, 자녀의 출산과 양육, 인간의 자연적 본능과 애정을 거룩하게 하고 올바르게 인도하기 위한 목적, 그리고 형통할 때나 고난 가운데서나 서로가 서로에게 제공해야 할 동반자적 교제, 도움, 그리고 위로를 위한 서로에 대한 의무를 변함없이 감당해야 한다.

2. 영국 성공회가 확증한 우리 주님의 가르침은 《공동 기도서》(*The Book of Common Prayer*)에 수록된 거룩한 혼인의 성례전 예식 안에 명시되어 있으며, 이를 통해 교회는 해당 교리를 표현하고 유지하고 있다.

3. 결혼 예식이 그가 사역하는 교회에서 거행되기를 원하는 신청이 있을 경우, 해당 사제는 결혼을 희망하는 두 사람에게 본 조항에 명시된 교회의 결혼 교리를 설명하고, 그들이 결혼한 자로서의 의무를 올바로 감당하기 위해서는 하나님의 은혜가 필요하다는 점을 설명할 의무가 있다.[3]

《공동 기도서》에 대한 언급은 제1대 엘리자베스 여왕(Queen Elizabeth) 치세에 승인되었고, 이전 토머스 크랜머(Thomas Cranmer) 대주교(및 기타 인물들)의 작업에 기반하여 구성된 우리 교단의 기도서 내 혼인 예식(liturgy)에 주목하게 한다. 해당 전례의 서문은 다음과 같다.

사랑하는 이들이여, 우리는 지금 하나님의 면전과 이 회중 앞에서, 이 남성과 이 여성을 거룩한 혼인으로 결합시키기 위하여 이 자리에 모였다. 이

3　"B 30: Of Holy Matrimony," Canons of the Church of England, Website Edition, updated March 2022, https://www.churchofengland.org/about/leadership-and-governance/legal-resources/canons -church-england/section-b.

혼인은 존귀한 상태로서, 인간이 아직 순결하였던 때에 하나님이 제정하신 것이며, 그리스도와 그분의 교회 사이의 신비로운 연합을 우리에게 상징적으로 보여 주는 제도다. 이 거룩한 혼인은 그리스도가 갈릴리 가나에서 행하신 첫 기적과 그분의 임재를 통해 빛나게 하셨으며, 사도 바울에 의해 모든 사람 가운데 존귀한 것으로 칭송되었다. 그러므로 이 혼인은 누구라도 경솔하게, 가볍게, 방종하게, 오직 육신의 욕망과 본능을 채우기 위해, 이해 없는 짐승처럼 시도하거나 감히 시작해서는 아니 된다. 오히려 이 혼인은 경건하게, 신중하게, 깊이 숙고하며, 절제되고 하나님의 두려우심 안에서, 그리고 혼인이 제정된 그 목적들을 마땅히 고려한 후에 이루어져야 한다.

첫째, 혼인은 자녀를 출산하기 위한 목적으로 제정되었으며, 그 자녀들은 주님을 경외하며 그분의 양육 안에서 자라나, 하나님의 거룩하신 이름을 찬양하는 삶을 살아가도록 해야 한다.

둘째, 혼인은 죄에 대한 해결책이자 음행을 피하기 위한 방편으로 제정되었으며, 절제의 은사를 받지 못한 자들이 결혼함으로써, 그리스도의 몸의 더럽혀지지 않은 지체로서 자신을 지킬 수 있도록 하기 위한 것이다.

셋째, 혼인은 형통할 때나 역경 가운데서나, 서로가 서로에게 함께함과 도움, 위로를 제공해야 할 상호적 교제의 삶을 위해 제정된 것이다. 지금 이 자리에 있는 두 사람은 바로 이 거룩한 혼인 속으로 결합되기 위해 나아오고 있다.[4]

---

4 "The Form of Solemnization of Matrimony," *The Book of Common Prayer* (The Crown's Patentee, Cambridge Univ. Press), https://www.churchofengland.org/prayer-and-worship/worship-texts-and-resources/book-common-prayer/form-solemnization-matrimony.

이 교회법과 예식은 성공회 신학과 실천에 있어서 결혼은 이성 간의 결합이며, 성행위는 결혼 안에서만 정당하다는 것(그 외의 경우는 '죄'이며 '음행'으로 간주됨)을 명확히 규정하고 있다. 이러한 입장의 근거는 (비록 구식 표현으로 되어 있으나) 명확하게 진술되어 있다. 결혼은 인간이 만들어 낸 제도가 아니라 하나님이 제정하신 것이며, 그리스도와 교회 간의 영적 연합을 나타내는 표징이라는 것이다. 결혼은 예수 그리스도와 그분의 사도 바울에 의해, 말씀과 행위를 통해 분명하게 칭찬되고 권장되었다. 결혼은 그리스도인의 자녀를 출산하고, 기독교의 성 윤리를 보호하며, 결혼 당사자인 남성과 여성의 복지를 증진하는 것을 목적으로 한다.

이처럼 변하지 않은 공식적 교리와 예식의 명확성은 오늘날 영국 성공회 내 동성 결혼 도입 시도에 대한 확고한 방어선으로 작용하고 있다. 이는 성경의 성 윤리에 헌신하는 성공회 신자들에게는 하나의 강점으로 여겨진다. 그러나 앞의 교회법과 예식은 다음과 같은 명확한 약점들도 보여 준다. 즉 독신 생활에 대한 긍정적인 신학적 설명이 결여되어 있으며(미혼자에 관한 유사한 교회법이나 예식이 존재하지 않음), 특히 결혼이라는 '해결책' 외에 성적 유혹에 대처할 현실적인 대안이 제시되지 않는다는 점이다.

"절제의 은사를 받지 못한 사람은 결혼해야 한다"라고 말할 때, 결혼은 할 수 없지만 성적인 욕구로 힘들어하는 사람들에게는 교회가 어떻게 목회적으로 응답해야 하는가? 동성 결혼 도입을 지지하는 오늘날의 가장 강력한 주장 중 하나는 《공동 기도서》에 명시된 결혼의 다양한 유익을 동성애자에게도 단순하고 관대하게 확장하자는 것이다. 크로프트와 같이 교리 해석을 새롭게 시도하는 주교들은 정치적 동향과 여론에 영향을 받고 있을 뿐만 아니라, 동성에게 성적 끌림을 느끼는 이들에 대한 더 나은 목회적 돌봄을 제공하고자 하는 순수한 바람에 의해서도 움직이고 있다.

비공식적 실천

동성에게 끌림을 느끼는 이들에게 보다 나은 목회적 돌봄을 제공하고자 하는 바람은 동성 커플을 영국 성공회의 예식과 교회 생활 안에서 목회적으로 수용하려는 다양한 비공식적, 때로는 불법적인 시도들로 이어졌다. 심지어 사회의 전반적인 분위기가 동성애에 대해 대체로 적대적이던 시기에도, 동성 커플과 그들의 성생활을 전적으로 수용한 성공회 성직자들과 교회들이 존재했다. 그리고 명칭만 제외하면 교회 결혼식과 다를 바 없는 방식으로 진행된, 동성 커플을 위한 비공식적인 축복 예식이 분명히 다수 있었다. 내가 속한 교구 대성당의 주임 사제(dean)는 자신과 그녀의 동성 파트너가 참여했던 축복 예식에 대해 공개적으로 언급한 시니어 성직자 중 한 명이며, 그 예식은 그녀의 전임 주교의 비공식적인 승인 아래 진행된 것이었다. 영국 내 일부 지역에서는 영국 성공회 성직자 중 상당수가 이미 동성 파트너십 관계에 있기 때문에, 지역 사제가 이성애자라는 사실에 놀라움을 표하는 경우조차 있다.

공식 교리와 비공식적 실천 사이에 존재하는 깊은 간극은 분명히 해를 끼치고 있다. 동성 커플인 당신이 한 성공회 교회에서는 자신의 결혼과 성생활을 축복받을 수 있으나, 길 바로 아래에 있는 다른 성공회 교회에서는 그것이 죄이자 음행이라는 말을 듣게 된다는 점은 혼란스러운(또한 고통스러운) 것이다. 주교들은 교회의 성과 결혼에 관한 공식 교리가 변하지 않았다고 주장하면서도, 동시에 자신들의 소속 성직자들이 성적 관계를 포함한 합법적 동성 결혼 관계에 있는 것을 잠재적으로 허용함으로써, 교회에 대한 신뢰를 무너뜨리고 있다. 우리 교단의 대주교들은 성관계는 더 이상 혼인에만 제한되지 않으며, 헌신적인 관계라면 어떤 형태이든 포함될 수 있고, 이것이 교회의 새로운 입장이라고 밝히고 있다. 이는 교회의 법과 예식이 여전히 변하지 않았음에도 불구하고 이루어지는 주장이다. 이러한 상황으로 인해 교회가 입은 목회적이고 명예적 손실은 막대한 수준에 달한다.

이러한 비공식적인 변화에 대한 복음주의 진영의 반대는 오랫동안 지속되어 왔지만, 효과적이지 못했다. 1987년 당시, 소위 '히그턴 결의안'(Higton Motion)은 교회의 총회에서 압도적인 지지로 통과되었다.

> … 동성 간의 성적 행위는 하나님의 이상에 미치지 못하는 것이며, 이에 대해서는 회개를 촉구하는 부름과 자비의 실천을 통해 대응해야 한다.[5]

그러나 "회개를 촉구하는 부름"은 교회 내 많은 이들(특히 주교들)에 의해 받아들여지지 않았고, "자비의 실천" 또한 대부분(특히 많은 복음주의자들에 의해) 무시되었다.[6] 그 대신, 현장 목회 수준에서는 비공식적 실천과 공식 교리가 점점 더 서로 괴리를 드러내고 있다. 그리고 지금은 국가 교회의 공식 입장이 주장하는 신앙을 고수하는 복음주의자들(및 일부 다른 이들)과, 수십 년에 걸쳐 지역 교회 목회 실천에서 사실상 이를 훼손해 온 이들 사이에 심대한 간극이 존재하고 있다. 이러한 상황은 자신들이 믿는다고 말하는 바와 실제로 행하는 바 사이의 차이를 외면할 위험에 처해 있는 다른 교회들에도 교훈을 제공한다. 만일 그러한 괴리가 지나치게 커지도록 둔다면, 교회는 어떠한 공식적인 결정 없이도 실질적으로 변화해

---

5 Tim Wyatt, "Factsheet: Sexuality Timeline in the Church of England," *Religion Media Centre*, January 11, 2022, https://religionmediacentre.org.uk/factsheets/factsheet-sexuality-timeline-in-the-church-of-england/.

6 존 스토트는 동성애 이슈에 대해 공감 있게 반응한, 예외적인 복음주의자 중 한 명이었다. 그의 저서 《현대 사회 문제와 그리스도인의 책임》(*Issues Facing Christians Today*, IVP, 2011)의 여러 판본은 동성 커플에 대한 논의에서 성경적 진리와 그리스도의 사랑을 탁월하게 결합해 보여 준다.

버렸음을 어느 순간 깨닫게 될 것이다.

최근의 변화

동성 커플에 대한 비공식적 수용의 결과로, 최근 영국 성공회의 공식적인 성 윤리 변경 제안은 단지 현실을 따라잡는 것에 불과하다고 주장하는 이들도 있다. "사랑과 신앙 안에서 살아가기"(Living in Love and Faith)라는 청취 프로젝트가 2017년에 시작되었는데, 그 결과 2023년에 교회의 최고 의결 기구인 총회(General Synod)에 제출된 권고안이 도출되었다. 그 이후 이어진 여러 차례의 논란 속 표결 끝에, 합법적 결혼을 마친 동성 커플이 정규 예배 중 함께 드릴 수 있는 기도문이 승인되었다. 이러한 예식이 '단독 행사'(stand-alone)로 거행될 수 있도록 승인 또한 이루어졌는데, 이는 동성 커플의 사랑과 합법적 결혼을 전적으로 축하하는 데 초점을 둔 예식이다. 또한 성공회 성직자들이 합법적 동성 결혼에 참여하는 것에 대한 제한을 철폐하자는 논의도 진행 중이며, 이 경우 이들은 더 이상 자신들의 관계가 성적 관계가 아님을 (그들이 속한 지역 주교에게) 확약할 필요가 없게 된다. 이 모든 변화는 교회의 결혼과 성에 대한 공식 교리가 여전히 변하지 않았다는 주장과 함께 제안되어 왔으나, 이는 주교들조차 점점 더 유지하기 어려워하는 명백한 허구다.

이 글을 작성하고 있는 현재(2024년 말), 영국 성공회는 구조적이고 관계적으로 점점 더 자신을 분열시키고 있는 불가능한 상황 속에 처해 있다. 즉 교회 내 많은 이들(복음주의자와 전통주의자)에게는 아무런 변화도 일어나지 않았다고 가장하면서, 동시에 다른 이들(자유주의 신자와 세속 사회)에게는 중대한 변화가 이루어졌다고 지속적으로 주장하고 있는 상황이다.

2024년 11월 저스틴 웰비(Justin Welby) 캔터베리 대주교의 사임은 보호 정책(safeguarding)에 대한 실패로 촉발되었지만, 그보다 더 넓은 맥락에서는 그의 리더십과 도덕적 진정성에 대한 교회 전체의 신뢰 상실이 그 배경이었다. 이러한 불신은 특히 성 윤리에 대한 그의 입장을 포함한 여러 측면에서 나타났다. 일단 신뢰가 사라지면, 리더십은 불가능해진다. 그리고 영국 성공회 내의 신뢰는 거의 소멸한 상태다.[7] 대주교들이 모든 사람에게 모든 것이 되고자 했던 열망과, 그 목표를 달성하지 못한 명백한 실패가 이와 같은 불신을 야기한 핵심 요인 중 하나임을 부인하기는 어렵다. 지도자들이 어디에 입장을 두고 있는지를 신자들이 명확히 알 수 있어야 한다는 필요성은 향후 영국 성공회와 이를 주시하는 이들에게 있어 중요한 교훈이다.

복음주의의 저항

영국 성공회의 결혼과 성에 관한 공식 교리를 믿고 실천하려는 복음주의자들과 기타 신자들은 비공식적인 관행이나 최근의 변화를 통한 교리 약화 시도로 인해 심각한 낙담을 경험하고 있다. 그러나 얼라이언스(The Alliance)[8]라는 조직을 통해 드러난, 복음주의와 전통주의 성향의 성공회 그룹 사이에서 새롭게 발전된 연대는 상당한 격려의 원천이 되고 있다. 이 단체는 영국 성공회의 교리 진술과 전 세계 성공회 중심 회의인 1998년 램버스 회의(Lambeth Conference)의 결의문 1.10 조항을 명확히 따

---

7 우리가 현재 직면한 전반적인 신뢰 부족에 대해, 영국 성공회의 자체 보고서가 이를 일정 부분 입증하고 있다. July 2024 General Synod-Papers, "Trust and Trustworthiness within The Church of England-A Preliminary Report," July 5, 2024, https://www.churchofengland.org/sites/default/files/2024-06/gs-2354-trust-and-trustworthiness-within-the-church-of-england-a-preliminary-report.pdf.

8 The Alliance, copyright 2024, https://alliancecofe.org/.

르고 있다. 이 결의문은 다음과 같다.

> … 한 남성과 한 여성 간의 일생의 결합 안에서의 혼인에 대한 신실함을 유지하며 …
> … 동성애 실천은 성경과 양립할 수 없다고 보면서도, 모든 이에게 성적 지향과 무관하게 목회적이고 세심한 돌봄을 제공할 것을 권고하며, 동성애자에 대한 비이성적인 두려움을 거부할 것을 요구한다. …[9]

2024년 10월, 얼라이언스의 이사진은 영국 성공회 주교들에게 보내는 일련의 항의 서한 중 가장 최근 서한을 게시했다. 여기에는 다음과 같은 주목할 만한 통계 자료가 포함되어 있다.

> 얼라이언스는 현재 소속 성직자 수가 2,360명에 이르며, 이들이 소속된 교회는 영국 성공회 주일 평균 예배 참석자의 42%, 그리고 18세 미만 전체 인원의 53%를 차지하고 있는 등 수적인 성장세를 지속하고 있다.[10]

이는 최근의 변화에 대한 반대이자, 영국 성공회의 전통적 입장을 지지하는 상당한 규모의 항의 운동이다. 영국 사회의 젊은 세대에게 다가가기 위해 이러한 변화가 필요하다고 보는 시각이 많은 가운데, 오히려 공식 교리에 충실한 성직자들이 이끄는 교회에 많은 젊은 세대가 속해 있다는 점은 주목할 만하다. 영국 성공회의 향후 방향은 흔히 자유주의인 것으로 인식되지만, 실제는 그와 매우 다를 수 있다. 많은 서구 국가

---

9 Lambeth Conference 1998, "Resolution I.10: Human Sexuality," Anglican Communion, https://www.anglicancommunion.org/resources/document-library/lambeth-conference/1998/section-i-called-to-full-humanity/section-i10-human-sexuality.aspx.

10 "Letters," The Alliance, October 22, 2024, https://alliancecofe.org/letters/Letter%208%20Alliance%2022%2010%2024.pdf.

들에서는 주류 문화에 반하는 진리를 지속적으로 믿고 실천하는 데 만
족하는 교회와 교단들이 성장하고 있는 반면, 여론에 큰 영향을 받은 교
회들은 가장 빠르게 쇠퇴하고 있다.[11]

리빙 아웃(Living Out)

얼라이언스의 핵심 회원 중에는 리빙 아웃[12]이라는 단체의 구성원들
도 포함되어 있다. 필자는 이 단체의 사역 디렉터이며, 이 단체는 동성
에 끌림을 경험하는 복음주의 그리스도인들로 구성되어 있다. 리빙 아
웃은 2013년 성공회 성직자들, 즉 브리스톨에서 새 성공회 교회를 이끄
는 필자, 옥스퍼드 교구의 보언 로버츠(Vaughan Roberts), 현재 성공회 신학
대학 학장을 맡고 있는 숀 도허티(Sean Doherty), 그리고 현재 북미 성공회
소속인 샘 올베리(Sam Allberry)에 의해 설립되었다. 우리는 결혼(전통적 정의
에 따른)과 독신이라는 하나님의 선하신 선물을 변호하고자 하는 노력의
일환으로, 자신의 섹슈얼리티를 공개하기로 결정했다. 우리는 공식적인
성공회 운동 단체는 아니지만, 최근 성공회 내 교회 정치에 점점 더 깊이
관여하게 되었다(우리 모두는 이전에 혹은 현재 성공회 총회의 구성원으로 활동하고 있다).

그 결과, 영국 성공회 내 동성 결혼과 성에 관한 최근 논의에서는 동
성에 끌림을 경험하는 그리스도인들이 동성 결혼과 성행위에 반대하는
관점이 지속적으로 제시되어 왔다. 이러한 논의는 교리의 변화를 추구
하는 이들에게는 불편한 경험이 되었는데, 이들은 종종 자신들이 모든

---

11 Dan Hitchens, "Inside the Fastest Growing-and Shrinking-Churches in the UK," *The Spectator*,
   September 23, 2023, https://www.spectator.co.uk/article/inside-the-fastest-growing-and-
   shrinking-churches-in-the-uk/는 이에 대한 최근 보고 사례 중 하나다.

12 Living Out, copyright 2024, https://www.livingout.org/.

성 소수자를 대표한다고 전제하지만, 리빙 아웃과 같은 단체의 입장이 정기적으로 소개되는 총회에서는 명백히 그러하지 않다. 반면, 변화를 반대하는 이들에게는 동성에 끌림을 경험하는 신자들이 교회의 가르침을 옹호하고, 결혼하지 않은 이들도 교회 공동체 안에서 충분히 성장하고 누릴 수 있음을 증언하는 목소리를 듣는 것이 큰 격려가 되었다. 심지어 이를 바라보고 있는 외부의 세속 사회조차도 예수님을 따르기 위해 결혼과 성을 포기한 이들의 반(反)문화적 선택에 깊은 관심을 보이고 있다. 2013년 당시만 해도 복음주의 교회 지도자들이 공공연히 자신의 동성에 끌림을 밝히는 데 긴장감이 있었지만, 최근 몇 년간의 교훈은 자신의 경험을 솔직히 드러낸 몇몇 사람들의 행동이 성 윤리에 관한 성경의 진리에 헌신하는 이들의 증언을 크게 강화했다는 점이다.

향후 과제

영국 교회가 한 군주의 결혼 문제를 둘러싼 갈등으로 로마 가톨릭과 결별한 지 이제 거의 500년이 되어 간다. 그러나 그 기념일이 도래할 즈음에는, 오늘날 누가 결혼할 수 있는가에 대한 이견으로 인해 영국 성공회 자체가 분열되어 있을 가능성도 있다. 전 세계 교회와 교단들은 급변하는 세상 속에서 그리스도를 닮은 방식으로 성경적 진리를 고수하는 데 있어 배워야 할 교훈과 직면해야 할 도전이 존재함을 인식해야 한다.

토론 질문

(1) 당신의 상황 가운데, 성경의 결혼관과 성 윤리는 어느 정도로 문화와 상충되는가?

⑵ 당신의 교회가 결혼과 성에 대해 취하는 입장에 영향을 미치는 주
요 요인은 무엇인가?

⑶ 당신의 국가에서 결혼과 성에 관한 입법에 영향을 미친 역사적이
고 종교적인 배경 요인은 무엇인가?

논찬

허경

요약

영국 성공회의 역사에 대한 분석과 최근 사건들에 대한 직접적인 경험(신설 교회 공동체의 지도자로서)을 바탕으로 에드 쇼(Ed Shaw)는 영국 성공회가 국교로서 설립 초기부터 *정치적 성격이 강했으며*, 동성애 논쟁 속에서 점차 쇠퇴하고 있는 현재에도 여전히 그러하다고 주장한다. 그는 "이는 단순히 성경 해석의 변화나 새로운 사회적 태도의 수용을 의미하는 것뿐만 아니라, 그들이 자신들의 권력과 권위를 유지하고, 성공회가 국가 사회에서 계속해서 일정한 지위를 유지하고자 하는 의도를 반영하는 것이기도 하다는 점을 인식할 필요가 있다"라고 말하면서, 교회가 영향력을 잃을까 두려워 불경건함에 대해 예언자적 목소리를 내지 못한 채 침묵해 왔음을 비판한다.

한편, 쇼는 2013년 영국에서 합법적인 동성 결혼 제도가 도입된 배경에는 여론의 중대한 변화가 있었음을 지적한다. 1967년, 영국이 21세 이상 성인을 대상으로 한 동성 성행위를 합법화했을 당시에는 대다수 국민이 이를 반대했지만, 50년이 지난 현재에는 영국인의 85%가 이를 지지하고 있다. 성경의 가르침에 대한 신실함은 오늘날 영국의 대중 여론과 명백히 반하며, 이 도전적인 현실은 영국 성공회 내 많은 주교들과 성직자들의 신념에 변화를 일으키는 핵심 요인으로 부상하고 있다. 그들은 원시적이고 후진적인 동성애 혐오가 현대의 공격적인 문화 속에서 자신들의 사명을 심각하게 훼손하고 있다고 여긴다. 그리고 쇼는 많은 교회 지도자들이 체제와 문화의 일원으로 안락하게 남는 것과 양쪽 모두에서 배제되는 길 사이에서 선택해야 하는 상황에 놓여 있음을 지적한다.

앞서 언급한 상황에도 불구하고, 쇼는 영국 성공회의 *교리*가 공식적으로나 법적으로 변하지 않았음을 분명히 한다. 그는 교회법이 혼인을 "한 남자와 한 여자의 결합"으로 규정하고 있으며, 이는 주님의 가르침에 따른 것임을 보여 준다. 또한《공동 기도서》역시 "남자와 여자를 거룩한 혼인으로 결합시키는 것"에 대해 언급하고 있다. 즉 교회법과 예식은 성공회 신학과 실천에 있어서 혼인이 이성 간의 결합임을 분명히 하며, 성적 행위는 혼인 안에서만 허용된다는 점을 명확히 하고 있다. 쇼에 따르면, 이러한 변함없는 공식 교리와 예식에서의 명확성은 오늘날 영국 성공회 내 동성 결혼 도입 시도에 맞서는 견고한 방벽이 되고 있다.

그러나 *비공식적인* 실천에서는, 동성 커플을 예배와 교회 생활에 포함하려는 다양한 목회적 시도가 이루어지고 있는 것 또한 사실이다. 동성 커플을 위한 유사 결혼식 형태의 축복례가 비공식적으로 시행되는 사례들이 다수 존재하며, 영국 성공회 성직자 중 이미 동성 관계에 있는 이들도 적지 않다. 쇼는 이러한 공식 교리와 비공식 실천 사이의 좁힐 수 없는 간극이 목회적 측면과 교회의 대외적 신뢰도 측면에서 심각한 손상을 초래하고 있다고 개탄한다. 영국 성공회 안의 한 교회에서는 동성 커플에게 축복을 하면서, 길 건너 다른 교회에서는 그것을 죄이자 음행이라고 규정한다면, 이는 교회에 대한 신뢰를 크게 약화시킨다.

쇼는 계속해서 *최근의 변화*를 언급한다. 동성 커플을 포용하려는 비공식적 실천의 결과로, 영국 성공회의 공식 입장을 변경하려는 여러 제안들이 제기되었고 현재 논의 중에 있다. 2023년 성공회 총회에서는 토론 끝에, 정규 예배에서 동성 커플에게 축복을 허용하는 안건이 표결에 부쳐져 통과되었다. 집필 시점(2024년 말)에, 쇼는 이러한 갈등 상황이 교회의 구조적이고 관계적인 통합을 무너뜨리고 있다고 애통해한다.

전통적인 결혼 교리를 약화시키려는 각종 시도로 인해 깊이 낙심된 복음주의자들은 다양한 복음주의와 전통적 성공회 그룹들이 연합한 얼라이언스라는 새로운 연대를 통해 큰 격려를 얻고 있다. 2024년 10월, 얼라이언스의 디렉터는 영국 성공회 주교들을 *향한* 항의 서한 중 가장 최근 서한을 게시했다. 이 단체는 현재 2,360명의 성직자를 보유하고 있으며, 이들이 소속된 교회는 영국 성공회 전체 주일 평균 예배 참석자의 42%, 18세 미만 신자의 53%를 차지하고 있으며 수적 성장세를 지속하고 있다. 쇼는 이처럼 규모 있는 항의 운동이 영국 사회 내 젊은 세대에 영향을 미치고 있으며, 많은 서구 국가들에서도 사회 여론에 순응하는 교회들은 급속히 쇠퇴하는 반면, 반(反)문화적인 성경 진리를 고수하는 교회와 교단들은 꾸준히 성장하고 있다고 주장한다.

마지막으로, 쇼는 얼라이언스의 핵심 단체 중 하나인 리빙 아웃을 소개한다. 그가 사역 디렉터로 섬기고 있는 이 단체는 동성에 끌림을 경험하지만 복음주의 신앙을 고수하는 그리스도인들로 구성되어 있다. 2013년 성공회 성직자들에 의해 설립된 이 단체는 하나님의 선물인 결혼의 선함을 지키기 위해 자신의 성적 지향을 공개하기로 결정했다. 이들은 동성 간 성적 끌림을 경험하지만, 동성 결혼과 그에 따른 성적 실천에는 반대 입장을 견지하는 그리스도인들이다. 쇼는 이 운동이 변화를 반대하는 이들에게 큰 격려가 되고 있으며, 결혼과 성을 포기하고 그리스도를 따르기로 한 이들의 반문화적 결단은 세속 사회조차 주목하고 있다고 평가한다.

함의

쇼는 영국 성공회의 500년 역사에 대해 통찰력 있는 분석을 제시하며, 동성애 관련 쟁점들을 명료하게 정리함으로써, 영국 성공회에 대한 사전 지식이 없는 독자들도 핵심 문제를 이해할 수 있도록 돕는다. 영국 성공회가 설립 당시에도 혼인 문제를 둘러싸고 씨름했으며, 현재 교단 분열의 위기 속에서도 동일한 문제를 다시 마주하고 있다는 점은 매우 흥미롭다. 그는 또한 국교로서의 영국 성공회가 정치와 여론의 영향을 깊이 받아 왔음을 날카롭게 지적한다. 아울러 그는 동성 결혼을 지지하는 교회 지도자들이 공식 교리를 따르고 있지 않음을 분명히 드러내며, 비록 현재 해당 교리가 도전을 받고 있다 하더라도 여전히 공식적인 입장으로 유지되고 있음을 지적한다. 그의 연구와 분석은 유사한 도전에 직면한 전 세계 교회들에게 의미 있는 통찰과 숙고할 과제를 제공한다.

더 나아가, 쇼는 영국 내 복음주의 교회들이 이러한 도전에 대응하기 위해 어떻게 연합했는지를 보여 주는 우수한 사례들을 제시한다. 성경적 진리를 수호하기 위한 '연합된' 운동인 얼라이언스는 매우 중요한 존재이며, 통계는 그들이 영국 사회에서의 선교와 목회적 필요에 실질적이고 긍정적인 영향을 미쳐 왔음을 보여 준다. 2023년 통계에서, 반문화적 진리를 고수하는 교회들이 성장하고 있는 반면, 여론에 순응하는 교회들이 급속히 쇠퇴하고 있다는 점은 특히 주목할 만하다. 이러한 결과는 동성애 수용이 성장보다는 오히려 수적 쇠퇴로 이어졌음을 강하게 시사한다. 이는 전 세계 교회에 매우 중요한 의미를 지니는 통계적 사실임이 분명하다.

리빙 아웃이 동성애 행위의 죄성을 정죄하거나 강조하기보다는, 자신들의 동성에 끌림을 솔직히 고백하며 교회의 성 윤리 교리를 옹호함으로써 효과적인 증언을 하고 있다는 점은 매우 인상적이다. 이것은 철저히 성경적이지만 반선교적인 전도 방식에 대한 탄탄하고 효과적인 대안으로, 신자들이 자기 부인과 공감, 그리고 이해를 바탕으로 평범한 이들에게 다가가는 증언의 방식은 오늘날 신자들이 취할 수 있는 의미 있는 접근이라 할 수 있다. 그들은 마치 시대를 향한 큰 외침처럼, 오늘날의 거대한 도전에 응답하며 새로운 길을 개척해 나가고 있다.

고찰

그러나 이 글은 보다 심층적인 탐구가 필요한 몇 가지 질문을 제기한다. 첫째, 영국 성공회의 공식 교리를 반대하며 동성 결혼을 수용하는 여러 주교들과 지도자들이 실제로 존재한다. 이들이 쇼가 주장한 바와 같이 국가 정치와 여론의 영향을 주로 받는 것인가? 내가 이해하기로는 이들 중 다수는 동성 성행위와 결혼에 대한 자신들의 해석학적 접근과 성서학에 근거하여 설교하고 주장하고 있다. 따라서 이들의 비공식적 실천에 내재한 신학적 근거와 논리를 온전히 이해하는 것은 유익할 것이다. 이러한 보다 균형 잡힌 이해가 확보된다면, 오늘날 영국 성공회를 분열시키고 있는 위기에 대해 신학적이고 교회론적인 해결책을 모색할 가능성 또한 보다 높아질 수 있지 않을까?

둘째, 쇼는 영국 내 동성애 관련 논쟁에 대해 성숙하고도 건설적인 반응을 제시하고 있다. 개인적으로는 그가 복음 증언을 위해 실제 사용한 구체적인 방법들을 좀 더 상세히 소개했더라면 매우 유익했을 것이라고 생각한다. 내가 이해하기로 영국에는 평등법 개정을 둘러싼 지속적인 운동이 존재한다. 그리고 미국의 보수적 개신교 교회들과 마찬가지로, 한국의 보수적 개신교 교회들도 이 문제를 다루는 유일한 해법으로 반동성애적 논리를 받아들이고 수용해 왔다. 이러한 대응은 일반적으로 LGBTQI 개인에 대한 혐오와 차별로 간주되고 있다. 이러한 점에서 얼라이언스와 리빙 아웃이 보여 준 메시지와 실제 사례들은 한국 교회에 중요한 통찰을 제공한다. 복음의 내용을 사회정치적, 개인적, 그리고 공동체적 차원에서 어떻게 접근하고 전달할 것인지에 대해 보다 구체적인 학습이 필요한 시점이다.

셋째이자 마지막으로, 이러한 대안들은 쇼가 매우 심각하게 받아들이는 영국 성공회 내 공식 교리와 비공식적 실천 간의 구조적 갈등에 대해 궁극적으로 효과적인 해결책을 제공하는가? 얼라이언스와 리빙 아웃이 일정 부분 긍정적인 결과를 만들어 낸 것은 사실이나, 이들이 단지 국가적 문제에 대한 임시방편적 처방에 그치는 것은 아닌지 의문을 제기할 수도 있다. 역사가 보여 주듯이, 당대의 중대한 쟁점을 해결하기 위해서는 전 교회 공의회의 소집이 반드시 필요했다. 오늘날 영국 성공회 안에서 동성 결혼과 관계에 관한 성경의 진리를 논의하는 일은 갈등과 분열의 위험을 감수하더라도, 이러한 사안들을 결정하기 위한 전 교회 공의회의 소집을 필요로 할 수 있다.

15
은혜와 진리로 섬김
: 기독교 대학의 LGBTQ 대학생에 대한 접근 방식

테드 송(Ted Song), 키스 재거(Keith Jagger)

서론

2023년에 UCLA 산하 윌리엄스연구소(Williams Institute)가 발표한 보고서에 따르면, 미국 내 18세에서 24세 사이의 개인 중 15.2%가 LGBT 로 추정되었다.[1] 이 비율은 65세 이상 인구의 추정치인 1.8%보다 현저히 높은 수치다.[2] 전 세계 각국에서는 LGBT 인구의 추세가 다를 수 있으나, 젊은 세대에 LGBT 개인의 수가 점차 증가하고 있다는 것은 분명하다.

윌리엄스연구소는 2020년에 미국 내 LGBT 성인들의 종교성에 관한 연구를 수행하였으며, 해당 보고서는 이 집단의 거의 절반이 종교적 성

---

1 본 논고에서는 주석에서 LGBT라는 용어를 사용하는 경우를 제외하고, 전반적으로 LGBTQ (레즈비언, 게이, 양성애자, 트랜스젠더, 퀴어)라는 용어를 사용한다.

2 Andrew R. Flores and Kerith J. Conron, *Adult LGBT Population in the United States* (LosAngeles: The Williams Institute, UCLA School of Law, 2023), 5, https://williamsinstitute.law.ucla.edu/ wp-content/uploads/LGBT-Adult-US-Pop-Dec-2023.pdf.

향을 가지고 있음을 나타낸다.[3] 해당 연구에서는 종교적인 LGBT 성인의 28%가 자신을 개신교인으로, 24.8%가 자신을 로마 가톨릭 신자로 인식하는 것으로 드러났다.[4] 이러한 수치는 미국의 지역 교회들이 일부 사람들이 예상하는 것보다 더 많은 수의 LGBT 성인을 교회 공동체 내에 포함하고 있을 가능성을 시사한다.

미국 내 교회들은 일반적으로 자신들이 LGBTQ 성인을 환대하는데 있어 긍정적인 태도를 지니고 있다고 인식한다. 공공 종교 연구소(Public Religion Research Institute)가 2022년에 실시한 설문 조사에 따르면, 교회 출석자의 75%는 자신이 다니는 교회가 "LGBTQ+ 인구를 포함한 모든 이들을 일반적으로 환대하고 친절하다고"[5] 믿고 있다. 다만, 이러한 수치는 지난 10년 사이 변동이 있었을 가능성을 배제할 수 없지만, 퓨리서치센터(Pew Research Center)가 2013년에 실시한 조사에 따르면, 미국 내 LGBT 성인의 29%는 "예배 장소나 종교 기관에서 환영받지 못한다고 느낀 경험이 있다"[6] 고 응답한 바 있다.

더욱이, 2024년에는 〈종교와 건강 저널〉(*Journal of Religion and Health*)에 "교회 내 LGBTQI+ 공동체 구성원들의 포용 및 차별 인식과 영적 메마름의 관련성: 독일에서 수행된 횡단 연구 결과"(Perception of Acceptance and Discrimination among the LGBTQI+ Community in Their Churches and Its Association with Spiritual Dryness: Findings from a Cross-Sectional Study in Germany)라는 제목의 논문

---

3 Kerith J. Conron et al., *Religiosity among LGBTQ Adults in the US* (Los Angeles: The Williams Institute, UCLA School of Law, 2020), 2, https://williamsinstitute.law.ucla.edu/ wp-content/ uploads/LGBT-Religiosity- Oct-2020.pdf.

4 앞의 글, 8.

5 PRRI Staff, "Opinions on LGBTQ Issues in Churches," *Public Religion Research Institute*, October 19, 2022, https://www.prri.org/spotlight/opinions-on-lgbtq-issues-in-church/.

6 "A Survey of LGBT Americans," Pew Research Center, June 13, 2013, https://www. pewresearch. org/social-trends/2013/06/13/chapter-6-religion/.

이 게재되었다. 해당 논문은 교회에서의 부정적인 경험이 "영적 메마름과 신앙의 상실이라는 측면에서 하나님과의 관계에 영향을 미쳤다"고 강조하고 있다. 그럼에도 불구하고 조사에 참여한 응답자의 96%는 "모든 사람을 존중하고 수용하며, 자신들을 있는 그대로, 그리고 그들이 느끼는 그대로 받아들이는 교회 또는 종교 공동체를 여전히 바라고 있는 것으로"[7] 나타났다. 또한 "응답자의 93%는 하나님이 자신들을 있는 그대로 사랑하고 받아들이신다는 사실을 확신하고 있다."[8]

그럼에도 불구하고 '환대'와 '비환대'라는 용어에는 뉘앙스가 존재하며, 맥락이 중요한 역할을 한다는 점을 인식하는 것이 매우 중요하다. 예를 들어, 결혼에 대한 정통 기독교 교리에 신학적으로 동의하지 않으며, 이러한 견해 차이로 인해 환영받지 못한다고 느낀 LGBTQ 성인들이 존재할 수 있다. 이는 일부가 진심으로 교회 공동체를 찾고 있다는 점에서 주목할 만하다. 한편, 전통적인 기독교의 성 윤리에 동의함에도 불구하고, 다른 교회 구성원들로부터 편견이나 오해를 경험하여 환영받지 못한다고 느낀 LGBTQ 성인들도 존재할 수 있다. 이러한 사례들은 서로 상이한 두 가지 상황을 나타내며, 기독교 지도자들은 이러한 차이를 인식하고 적절히 조율하는 방식을 배워야 한다. 예를 들어, '전통적인 성 윤리의 범위 내에서 살아가도록' 지원하는 기독교 단체인 리보이스(Revoice)의 존재 목적은 다음과 같다.

게이, 레즈비언, 양성애자 및 기타 동성에게 끌림을 느끼는 그리스도인들

---

7 Arndt Bussing et al., "Perception of Acceptance and Discrimination among the LGBTQI+ Community in Their Churches and Its Association with Spiritual Dryness: Findings from a Cross-Sectional Study in Germany," Journal of Religion and Health 63 (2024): 4397, https://doi.org/10.1007/s10943-024-02023-6.

8 앞의 글, 4411.

과 이들을 사랑하는 이들을 지원하고 격려함으로써, 교회 안의 모든 이들이 결혼과 섹슈얼리티에 대한 전통적 기독교 교리를 준수하면서 복음 안에서의 일치를 이루며 살아갈 수 있도록 힘을 실어 주는 데 그 목적이 있다.[9]

이러한 맥락에서, 본 논고는 LGBTQ 성인, 특히 대학 연령층(18- 24세)을 대상으로 한 목회 사역에 내재된 기회와 과제를 탐색한다. 특히 결혼과 섹슈얼리티에 대한 전통적 기독교 교리를 인정하지만, 그 교리를 실천하는 데 어려움을 겪는 LGBTQ 성인들의 필요를 다루고 있다.

긴장

지역 교회 공동체가 동성애 행위와 동성에 끌림(attraction) 또는 지향(orientation)을 어느 정도 구분하는지에 대한 연구는 제한적이지만, 이러한 요소들이 종종 '동성애'라는 용어 아래 하나로 묶여 다뤄지고 있다는 점은 어렵지 않게 확인할 수 있다.[10] 이처럼 동성애를 일반화하고 단순화한 정의가 가지는 한 가지 위험은 동성에 끌림이나 지향을 경험하면서도 섹슈얼리티에 대한 전통적 기독교 교리를 따름으로써 하나님을 경외하고자 하는 개인에 대한 오해가 발생할 수 있다는 점이다. 동성애 행위(behavior)와 성향(inclination)을 구분하지 않고 일괄적으로 정죄할 때, 전통적 기독교 교리를 따르고자 하는 LGBTQ 신자들이 교회 내에서 소속감을 갖기란 사실상 어렵다.

신약성경의 야고보서는 인간의 성향과 행위 사이의 구분을 이해하는

---

9 "The Revoice Story," Revoice, copyright 2025, https://www.revoice.org/about.

10 이러한 구분에 대한 유익한 논의를 위해서는 다음을 참고하라. Mark A. Yarhouse, *Homosexuality and the Christian: A Guide for Parents, Pastors, and Friends* (Minneapolis: Bethany House, 2010), 41-45.

데 중요한 통찰을 제공한다.

> 사람이 시험을 받을 때에 내가 하나님께 시험을 받는다 하지 말지니 하나
> 님은 악에게 시험을 받지도 아니하시고 친히 아무도 시험하지 아니하시느
> 니라 오직 각 사람이 시험을 받는 것은 자기 욕심에 끌려 미혹됨이니 욕심
> 이 잉태한즉 죄를 낳고 죄가 장성한즉 사망을 낳느니라 약 1:13-15

야고보는 인간 마음의 성향이 다양한 불경건한 욕망에 쉽게 기울어 진다는 점을 인식하고 있다. 이러한 성향은 인간 존재의 본질적인 일부이며, 우리 모두가 어떤 방식으로든 고통을 경험하게 되는 원인이 된다. 그러나 본 논고의 필자들은 야고보가 인간의 욕망과 행위를 명확히 구분하고 있다는 점에 주목한다. 우리 내면에서 갈등을 일으키는 욕망 그 자체는 죄로 규정되지 않는다. 욕망이 죄가 되기 위해서는, 그 욕망이 '잉태'되거나 실제 행위로 표현되어야 한다. 성향은 타락한 것이지만, 그 자체로는 아직 죄에 해당하지 않는다. 하나님은 탐욕, 교만, 언어의 오용 등 다양한 형태로 나타나는 우리의 욕망을 성화하실 수 있다. 그러나 그 욕망이 성화되기 전까지는, 우리는 모두 죄 된 행위로 끌려가지 않도록 끊임없이 저항해야 한다. 우리가 보기에, 동성에 끌림이나 지향은 성화가 필요한 복잡한 인간 욕망의 한 예다. 그러나 그 욕망이 실제로 행동으로 표현되기 전까지는, 우리는 그것을 죄로 보지 않는다.

그러나 지역 교회가 동성애 행위와 동성에 끌림을 어떻게 구분할 것인지 논의하고자 할 때, 다양한 도전에 직면하게 된다. 회중 가운데 일부는 교회가 성경의 결혼과 섹슈얼리티에 대한 전통적 이해에서 벗어났다고 여길 수 있으며, 이로 인해 교회 지도자들은 강한 반대에 직면할 수 있다. 이러한 양측의 잠재적인 갈등으로 인해, 지역 교회는 교회 안에서

자신의 자리를 찾고자 하는 동성에 끌림을 느끼는 신자들을 어떻게 섬길 것인지에 대한 논의를 회피하기로 결정할 수 있으며, 결과적으로 해당 신자들은 교회 밖에서 자신을 받아 줄 공동체를 찾게 될 수도 있다.

동성애 행위와 성향을 구분하려는 논의는 기독교 공동체 내에서 새로운 시도가 아니다. 1985년, 존 스토트(John Stott)는 〈크리스차니티 투데이〉(*Christianity Today*)에 "동성 결혼: 왜 동성 간 파트너십은 그리스도인에게 선택지가 될 수 없는가"(Homosexual Marriage: Why Same-Sex Partnerships Are Not a Christian Option)라는 제목의 글을 기고하였으며, 이 글에는 다음과 같은 내용이 포함되어 있다.

> 우리는 동성애 지향 또는 '인버전'(inversion, 책임을 지지 않는다)과 동성애 행위(책임이 따른다) 사이를 구분한다. 이 구분의 중요성은 책임의 문제를 넘어서, 죄책감의 귀속 여부에까지 영향을 미친다. 우리는 그 사람이 '어떤 존재인가'에 대해서는 비난할 수 없지만, '무엇을 행하는가'에 대해서는 비난할 수 있다. 동성애에 대한 모든 논의에서 우리는 '존재'(being)와 '행위'(doing), 즉 개인의 정체성과 행동, 성적 선호와 성적 실천, 타고난 기질과 실제 행동을 명확하게 구분하는 데 있어 엄밀해야 한다.

스토트는 이어서, 이와 관련된 사안에 있어 지역 교회가 감당할 수 있는 중요한 역할에 대해 언급한다.

> 동성애 현실의 중심에는 깊은 외로움, 상호적인 사랑에 대한 인간의 본능적 갈망, 정체성에 대한 탐색, 그리고 온전함에 대한 갈망이 자리하고 있다. 만약 동성애자들이 이러한 요소들을 지역 '교회 가족' 안에서 찾을 수 없다면, 우리는 그 표현을 사용할 자격이 없다. 우리가 선택할 수 있는 길이 반드시 동성애 성관계의 신체적 친밀감과 외로움이 주는 차가운 고통

사이에만 있는 것은 아니다. 제3의 대안이 존재한다. 즉 그것은 사랑과 이해, 수용과 지지를 기반으로 한 기독교 환경이다.[11]

표현 방식에는 차이가 있지만, 1990년대 초에 처음 발간된 《가톨릭 교리서》*(Catechism of the Catholic Church)* 역시 동성애 성향을 동성애 행위와 구별되는 것으로 인정하며, 교회가 이러한 개인들을 어떻게 수용하고 돌보아야 하는지에 대한 가르침을 포함하고 있다.

정결과 동성애

깊이 자리 잡은 동성애 경향(tendency)을 지닌 남성과 여성의 수는 결코 무시할 수 없다. 이러한 성향은 객관적으로 무질서한 것으로 여겨지며, 대다수에게 하나의 시련이 된다. 그들은 존중과 연민, 그리고 세심한 배려 속에서 받아들여져야 한다. 그들을 향한 모든 형태의 부당한 차별은 피해야 한다. 그들은 자신의 삶 안에서 하나님의 뜻을 실현하도록 부름 받았으며, 그리스도인이라면, 자신의 성향으로 인해 겪는 어려움을 주님의 십자가 희생과 연합시키도록 초대받는다.

동성애자들은 정결로 부름 받는다. 그들은 내적 자유를 가르치는 자기 절제의 덕을 통해, 때로는 사심 없는 우정의 도움을 받아, 또한 기도와 성사의 은총을 통해, 점진적이면서도 단호하게 그리스도교적 완덕을 향해 나아갈 수 있으며, 또 그렇게 해야 한다.[12]

---

11 John R. W. Stott, "Homosexual Marriage: Why Same-Sex Partnerships Are Not a Christian Option," *Christianity Today* 29, no. 17, November 22, 1985, https://www.christianitytoday.com/magazine/1985/november-22/.

12 United States Conference of Catholic Bishops, *Catechism of the Catholic Church*, 2nd ed. revised in accordance with the official Latin text promulgated by Pope John Paul II (Vatican City: Libreria Editrice Vaticana, 2019), 2358-59, https://www.usccb.org/sites/default/files/flipbooks/catechism/568/.

또한 2024년 제4차 로잔 대회는 서울 선언을 발표하며, 동성에 끌림을 가진 그리스도인들이 기독교 공동체 내에서 직면하는 여러 도전을 인지하고 있다. 이 선언문은 그들에게 사랑을 충분히 베풀지 못한 것에 대한 회개를 촉구하고, 지역 교회들이 동성에 끌림을 느끼는 개인들에게 지지와 돌봄을 제공할 것을 권면하고 있다.

우리는 교회 안팎에서 일부의 사람들이 동성에 끌림을 경험하며, 어떤 사람들에게는 이것이 유일한 또는 지배적인 끌림이라는 것을 인지한다. 그리스도인은 유혹에 저항하고 욕망과 행위 모두에서 성적 거룩함을 유지해야 한다는 성경의 주장은 동성에게 끌리는 사람과 마찬가지로 이성에 끌리는 사람에게도 동일하게 적용된다. 그러나 우리는 동성에게 끌리는 그리스도인들이 기독교 공동체에서 어려움을 겪고 있음을 인식한다. 우리는 그리스도의 몸에 속한 우리의 형제자매에 대한 사랑이 부족했음을 회개한다.
우리는 기독교 지도자들과 지역 교회들이 우리 공동체 안에 동성에 끌림을 경험하는 교인들이 존재함을 인지하며, 목회적 돌봄과 건강한 사랑과 우정의 공동체를 발전시킴으로써 제자 훈련을 지원할 것을 촉구한다.[13]

요약하자면, 그리스도인들은 수십 년에 걸쳐 동성애 행위와 성향의 차이에 대해 논의해 왔다. 그러나 일반적으로, 지역 교회들은 이러한 구분을 받아들이지 않았으며, 동성에 끌림을 경험하는 이들을 위한 환대하는 기독교 공동체를 충분히 제공하지 못한 것으로 간주된다.

이어지는 논의에서는 미국의 한 기독교 대학이 인간의 섹슈얼리티에 대한 이해를 어떻게 명확히 해 왔으며, 동성에 끌림을 경험하는 대학생

13　로잔 운동, "서울 선언", 제4차 로잔 대회 (2024), 4장 69-70항, https://lausanne.org/statement/the-seoul-statement.

들을 어떻게 목회적으로 돌보아 왔는지를 살펴볼 것이다.

한 기독교 대학의 제도적 헌신

존 브라운 대학교(John Brown University, JBU)는 1919년 미국 아칸소주 실로암 스프링스(Siloam Springs)에서 기독교 대학으로 설립되었다. 이 대학은 초교파 교육 기관으로서, 미국 39개 주와 전 세계 46개국에서 온 학생들이 재학 중이다. 최근 몇 년간 JBU는 다양성과 문화 간 교류, 창조, 정치적 중립성과 같은 다양한 주제에 대한 입장을 명확히 하기 위해 학교의 제도적 책무를 구체화해 왔다. 이러한 제도적 책임은 결혼, 우정, 그리고 인간의 섹슈얼리티에 대한 대학의 이해 또한 포괄한다.

하나님은 인간을 자신의 형상대로 남성과 여성으로 창조하셨다(창 2장). 하나님은 결혼을 한 남자와 한 여자 사이의 언약적이며 평생 지속되는 관계로 창조하셨고, 그 안에서 성적 친밀함이 나누어지고 기념되도록 하심으로써, 자기 백성을 향한 하나님의 신실하심과 희생적 사랑을 반영하게 하셨다(창 2장; 엡 5장; 계 19, 21장). 또한 하나님은 신실하고 지속적인 비연애적 우정을 창조하시고 이를 존중하셨으며, 이러한 관계를 통해 모든 사람이 관계적·영적 성숙을 이루도록 하셨다(요 15장). 이에 따라 JBU는 다음과 같은 성경의 가르침을 확언한다.

기독교의 결혼은 한 남자와 한 여자 사이의 언약적이며 평생 지속되는 관계다. 성적 친밀감은 결혼 안에서 한 남자와 한 여자 사이에서만 나누어져야 한다. 독신의 삶을 살아가는 이들은 금욕적인 삶을 살아야 한다. 인간은 하나님의 형상대로 창조된 존재로서, 깊고 지속적인 비연애적 우정을 통해 인격적·영적 성숙을 이루어야 한다. 하나님은 인간을 남성과 여성으로 창조하셨으며, 모든 사람은 자신의 성별 정체성과 생물학적 성 사이의 일치를 이루며 살아야 한다(창 2장; 마 19장; 롬 1장; 요 15장; 고전 6-7장; 히 13장). JBU는 이러한 신념들을 실천하기 위해, 직원과 학생 생활 정책 전반에 걸쳐 단일 성별 기숙사, 층 구분, 탈의실, 운동팀, 화장실 등에 관한 기준을 시행하고 있다.

JBU는 또한, 신앙의 맥락 속에서 자신의 섹슈얼리티나 젠더에 대해 질문을 갖거나, 성경의 기준에 비추어 행동 면에서 부족함이 있었던 일부 사람들이 겪는 복합적이고 도전적인 경험을 인정한다. 우리는 모든 사람이 하나님의 형상대로 창조되었으며 하나님께 사랑받는 존재로서, 사랑과 존중, 은혜와 존엄을 가지고 대우받아야 한다고 믿는다(창 2장; 요 7-8장). 이에 따라 JBU는 이 성경의 가르침을 어렵게 느끼는 이들에게 목회적 지원과 보호, 정서적·영적 돌봄을 제공하고자 하며, 동시에 그들이 하나님의 뜻에 따라 살아가도록 격려하는 한편, 학교의 성경적 가치와 정책을 함께 유지하고자 한다(갈 6장). 모든 상황에서 JBU는 우리가 어떻게 살아야 하는지에 대한 하나님의 진리와 고백·회개·회복의 과정을 통해 나타나는 하나님의 구속적 은혜를 함께 드러내고자 한다. 그리고 학교로부터의 징계 조치는 오직 JBU의 방침에 현저히 또는 지속적으로 위배되는 행동이 있을 경우에만 이루어진다.[14]

LGBTQ 제자도 그룹

JBU는 학교의 제도적 책임과, 서구 사회가 전통적 규범으로부터 빠르게 이탈하고 있는 현상 속에서 동성에 끌림, 동성애 지향, 또는 성별 불쾌감을 경험하거나, 그러한 가족 구성원과의 관계 맺음을 고민하는 학생들을 위해 어떤 형태로든 제자도 훈련의 공간을 제공해야 할 책무

---

14 JBU Board of Trustees, "Institutional Commitments: JBU's Understanding of Marriage, Friendship, and Human Sexuality," copyright 2025, https://www.jbu.edu/about/institutional-commitments/.

와 동시에 기회가 있음을 인식하게 되었다.

JBU는 독신 생활, 성적 절제와 책임, 그리고 LGBTQ 형제자매와의 관계 맺기와 같은 특정 주제를 다루기 위해 단기 소그룹을 운영해 왔으나, 핵심적인 사역은 매달 두 차례 모임을 갖는 LGBTQ 제자도 그룹을 중심으로 이루어진다.

성경을 중심에 두고 운영되는 JBU의 월 2회 모임은 학생들이 예수 그리스도를 따르는 제자도의 여정과 신앙, 섹슈얼리티, 그리고 삶 전반에 대해 성찰하고 나눌 수 있는 공간을 제공한다. 다수의 모임 구성원들은 전통적인 성 윤리를 따르며 독신의 삶을 계획하고 있지만, 이와는 달리 스스로를 '진보적'이라고 여기고, 장차 동성 결혼을 희망하는 몇몇 학생들 또한 이 모임에 참여하고 있다.

이 모임이 한편으로는 과도하게 엄격한 분위기나, 다른 한편으로는 지나치게 허용적인 분위기로 흘러가지 않고 건강하게 운영되도록 하기 위해, JBU는 목회적 돌봄의 역량을 갖추도록 훈련된 리더십 팀을 구성했다. 이 리더들은 JBU의 사명과 신념에 충실할 수 있도록 돕는 가치와 실천 원칙을 수립했다.

그룹 리더들은 정기 모임과는 별도로, 매주 한 차례 따로 모여 그룹을 위한 기도, 성찰, 훈련의 시간을 가진다. 학생 리더를 포함한 모든 리더는 JBU의 신앙 고백과 신념에 따라, 전통적인 성 윤리를 개인적으로 인정하고 이를 따를 것을 요구받는다. 리더들은 지속적인 훈련과 학습에 헌신할 뿐만 아니라(예: 전통적인 성 윤리 관점을 지닌 저자들의 저작을 읽는 등), LGBTQ 경험에 대해 배우고자 하는 개인적인 배움의 태도 역시 함께 길러야 한다.

이 리더들은 영적인 대화를 조율하고, 디모데후서 4장 2절("너는 말씀을 전파하라 때를 얻든지 못 얻든지 항상 힘쓰라 범사에 오래 참음과 가르침으로 경책하며 경계하며 권하라”)에 제시된 목회적 리더십의 모든 도구를 익히고 실천한다. 예수님도 이 세 가지 도구를 사랑과 진리의 마음으로 사용하셨다. 그분은 당대의 종교 지도자들을 경책하셨고, 사회로부터 상처받은 이들을 위로하고 격려하셨으며, 이는 “상한 갈대를 꺾지 아니하며 꺼져 가는 등불을 끄지 아니하고”(사 42:3)라는 말씀에 잘 나타나 있다.

따라서 리더가 수행해야 할 가장 중요한 역할 중 하나는 공감의 마음으로 경청하고, 기꺼이 인내와 신중한 가르침을 통해 바르게 가르치고, 책망하며, 권면할 준비가 되어 있는 것이며, 반항과 상처를 분별하는 능력을 길러, 그 각각에 적절한 목회적 적용을 제시하는 것이다. 또한 이 역할에는 학생들이 JBU의 제도적 책무와 신념에 상충될 수 있는 책이나 팟캐스트, 기사 등을 제안할 경우, 성경의 자원으로 그들의 관심을 인도할 준비가 되어 있는 것도 포함된다. 리더들은 성경적 전통 안에 담긴 풍부한 자원들을 기꺼이 소개하고 권면할 준비가 되어 있다.

훌륭한 목회 리더십에 더하여, 이 모임은 매주 JBU의 “가치와 실천”(Values and Practices) 문서를 함께 읽는다. 이는 구성원들이 서로의 경험을 경청하는 과정에서, 동성 간의 행위나 결혼을 지지하거나 긍정하는 인상을 주는 위험 없이 대화를 이어 갈 수 있도록 하기 위함이다.

JBU의 “가치와 실천” 문서는 매 모임 전에 낭독되며, 공동체의 일치, 제자도, 공감, 이해, 겸손, 비밀 유지의 가치를 강조한다. 문서의 첫 문장은 다음과 같이 시작된다. “그룹 리더들은 섹슈얼리티와 성별 정체성에 관한 대학의 신념을 개인적으로 지지하지만, 그룹 구성원들은 여기에 동의하지 않더라도 모임에 참여할 수 있다.” 이 문장은 모임의 신학적 중심을 명확히 하면서도, 성경의 환대를 실천하는 기반을 세운다. “가치와 실천” 문서의 또 다른 핵심 문구는 다음과 같다. “우리는 함께 하나님의 마음을 구하고, 긍휼을 사랑하며, 진리를 말하고, 서로를 예수님과의 더 깊은 교제로 이끄는 사람이 될 것이다." 이 문장은 제자도를 중심 가치로 삼고, 대화가 항상 편안하지만은 않을 수 있다는 인식과, 예수님이 우리의 고통에 동참하신다는 진리를 함께 확립한다. "가치와 실천"의 다른 문구들은 용기를 바탕으로 한 건강한 갈등, 깊이 있고 열린 태도로 나누는 대화, 존중을 기반으로 한 품위 있는 태도에 대한 공동체적 헌신을 강조한다.

이 모임은 성전환 치료(conversion therapy)를 위한 모임이 아니며, 동시에 일반적인 심리 치료 집단도 아니다. 또한 이 모임은 어떤 입장이나 운동을 전개하기 위한 공간이 아니며, 캠퍼스 전체를 대상으로 한 교육 프로그램을 기획하는 조직도 아니다. JBU는 학생마다 다음과 같은 서로 다른 필요들(영적 공동체에 대한 갈망, 타인에게 이해받고 기억되며 존재가 인정받는 경험, 독신의 삶에 헌신하기 위한 영적 자원, 그리고 자신의 경험과 슬픔을 성찰할 수 있는 공간 등)을 지니고 있음을 인식하고 있다. 따라서 이 모임은 이러한 필요에 응답하는 동시에, 제자도라는 분명한 방향성을 중심에 두고 운영된다.

JBU는 하나님이 성적 지향을 변화시키실 수 있으며, 어떠한 형태의 성별 불쾌감도 성화하고 치유하실 수 있다고 믿는다. 그러나 하나님은 성화를 하나님의 뜻과 시간표에 따라 이루어 가시며, 우리가 바라는 방식이나 기대하는 모습대로 변화시키거나 치유하지 않으실 수도 있다고 믿는다. 우리는 독신의 은사를 인정할 뿐만 아니라, LGBTQ 개인들이 지닌 은사 또한 인정한다. 그들은 대개 공감과 우정을 지향하며, 깊은 관계적 친밀함을 형성할 수 있는 능력을 가지고 있다. 우리는 이러한 능력이 하나님과의 친밀함으로 향하도록 이끌며, 그 은사가 캠퍼스 안에서 성경적 공동체를 세우는 데 쓰이기를 바란다.

JBU는 이 대학에서 공부하는 모든 학생이 학문적으로, 인격적으로, 그리고 영적으로 성장할 수 있도록 돕는다. 그 가운데 동성에 끌림, 동성애 지향, 또는 성별 불쾌감을 자신의 삶의 일부로 지닌 이들을 위해서는 보다 구체적인 돌봄과 지지가 필요함을 인식하고 있다. 이에 따라 JBU 는 성경이 한 남자와 한 여자 사이의 결혼이라는 비전을 제시하며, '남성과 여성'이라는 하나님의 성별 질서를 드러내고, 동성애 행위를 금지하고 있음을 확신하면서도, LGBTQ 학생들이 지닌 다양한 필요에 응답하고, 그들이 창조주 하나님과의 깊고 충만한 관계로 나아가도록 안내할 수 있다고 믿는 신념을 유지하고 있다. 또한 이들은 캠퍼스 내에 건강한 소속의 공동체망을 형성해 나가는 데 기여한다. 이러한 방식으로 우리는 학생 개개인의 고립으로부터 오는 해로운 영향에 대응하고, 그들을 그리스도 안에서의 제자도로 인도하는 영적 여정에 동참한다. 비록 눈에 띄지 않고 조용하게 이루어지는 일일지라도, 이 모임은 참여자들의 삶 속에서 실질적인 열매를 맺어 왔으며, 교회가 앞으로 행하게 될 증언을 위해서도 중요한 역할을 감당할 것으로 본다.

결론

신앙과 섹슈얼리티의 교차점은 기독교 공동체에 도전과 동시에 새로운 가능성을 제시한다. LGBTQ 개인들이 공동체 내에서 겪는 다양한 경험은 보다 섬세한 이해와 용기 있는 신념, 그리고 자비로운 돌봄의 필요성을 부각시킨다. JBU는 여러 해에 걸쳐 제자도를 위한 공간을 마련하고, LGBTQ 학생들에게 소속감과 영적 성장을 경험할 수 있는 장을 제공하고자 노력해 왔다. 동성에 끌림과 동성애 행동을 구분하고 목회적 돌봄을 강조함으로써, 기독교 기관들은 신학적 신념을 지키는 동시에 그리스도의 환대를 확장할 수 있다.

기독교 공동체 전반에 걸쳐 계속되고 있는 이 대화는 이러한 주제를 민감성과 존중의 태도로 다루어야 할 필요성을 부각시킨다. 궁극적으로 지향해야 할 바는 모든 이가 인간적인 성향과 무관하게 그리스도의 사랑을 경험하고 믿음 안에서 성장할 수 있는 환경을 조성하는 것이다. 이러한 접근은 LGBTQ 개인의 영적 복지를 도울 뿐 아니라, 전체 신앙 공동체를 더욱 풍요롭게 만든다. 향후 기독교 지도자들은 계속해서 배우고, 경청하며, 진리와 은혜를 함께 지니고 이끌어야 하며, 그들의 공동체가 하나님의 사랑과 복음의 진리를 함께 반영할 수 있도록 해야 한다.

토론 질문

(1) 동성에 끌림과 동성애 행위를 구분하는 것은 기독교 공동체가 LGBTQ 개인들을 대하는 방식에 어떤 영향을 미치는가?

(2) 기독교 기관과 지역 교회는 LGBTQ 개인들을 대상으로 사역하는 과정에서, 신학적 신념과 목회적 돌봄을 어떻게 균형 있게 조화시킬 수 있는가?

(3) 기독교 공동체는 어떻게 하면 LGBTQ 개인들이 신앙 안에서 성장하도록 격려하면서, 동시에 소속감을 느낄 수 있는 제자도의 공간을 마련할 수 있는가?

논찬

야수코 카나모리(Yasuko Kanamori),
제프리 코넬리우스 화이트(Jeffrey Cornelius-White)

송(Song)과 재거(Jagger)는 전통적인 기독교 성 윤리를 고수하는 한 대학에서 시행된 LGBTQ 제자도 프로그램에 대한 사례 연구를 제시한다. 본 논찬은 그들의 글에 응답하는 형식으로, 주요 세 부분(아래 중제목 참조)에 대해 논의함으로써, 해당 주제에 대한 더 깊은 성찰과 논의를 이끌어 내는 것을 목표로 한다.

LGBTQ 경험에 대한 이해

송과 재거가 지적했듯이, 최근의 여러 조사에 따르면 미국의 젊은 세대에서 자신을 LGBTQ로 인식하는 비율이 증가하고 있다. 이 세대를 효과적으로 제자화하기 위해, 우리 그리스도인들은 먼저 이러한 경향이 무엇을 의미하는지를 이해해야 한다. 더 많은 젊은이들이 자신을 LGBTQ로 인식한다고 해서, 그들 모두가 지속적인 동성에 끌림을 경험하거나 성별 불쾌감을 겪고 있다는 것을 의미하지는 않는다. 예를 들어, 최근의 연구들은 특히 청년과 여성의 경우, 과거에 비해 성적으로 더 유동적일 수 있음을 보여 주고 있다.[1] 성별 정체성과 관련하여, 일부 개인들은 성별 불쾌감을 경험한 결과로 트랜스젠더와 젠더 비순응자(transgender and gender nonconforming, TGNC)로 인식할 수 있지만, 다른 이들은 젠더의 고정관념과 규범에 도전하거나 이를 거부하는 방식으로 그러한 정체성을 취하기도 한다.[2] 이외에도 다양한 방식으로, LGBTQ로 인식하는 개인들의 경험은 다층적이다. 그들의 경험은 매우 다양하고 미묘하며, 종종 알코올, 약물 등 물질 남용, 자해, 자살 충동,[3] 그리고 고립감[4]과 같은 요소들을 동반한다. 이러한 미묘한 차이들은, 비록 제자도의 궁극적 목표는 동일할 수 있으나, LGBTQ 형제자매들을 대상으로 한 제자도의 접근 방식은 그들의 다양한 경험에 따라 조정될 필요가 있음을 시사한다. 따라서 진행자들이 각자의 구체적인 삶의 경험 속에서 하나님의 지혜를 제시할 수 있도록 하기 위해서는 그들의 삶의 이야기를 경청하고 이해하는 일이 필수적이다.

---

1 Joel Mittleman, "Sexual Fluidity: Implications for Population Research," *Demography* 60, no. 4 (2023): 1271, https://doi.org/10.1215/00703370-10898916.

2 Chassitty Fiani and Heather Han, "Navigating Identity: Experiences of Binary and Non-Binary Transgender and Gender Non-Conforming (TGNC) Adults," *International Journal of Transgenderism* 20, nos. 2-3 (2019): 187, https://doi.org/10.1080/15532739.2018.1426074.

3 미국정신의학회(American Psychiatric Association)는 "suicidality"를 "자살의 위험을 의미하며, 일반적으로 자살 사고나 자살 의도로 나타나고, 특히 구체적으로 정교화된 자살 계획의 존재를 통해 분명히 드러나는 상태"로 정의한다(*APA Dictionary of Psychology*, s.v. "suicidality," updated on April 19, 2018, https://dictionary.apa.org/suicidality).

4 Mattia Marchi et al., "Self-Harm and Suicidality among LGBTIQ People: A Systematic Review and Meta-Analysis," *International Review of Psychiatry* 34, nos. 3-4 (2022): 240, https://doi.org/10.1080/09540261.2022.2053070.

성경적 관점에서 동성애 지향, 동성에 끌림, 그리고 동성애 행위에 대한 이해

경청하고 배우는 태도와 더불어, 동성에 끌림을 느끼는 형제자매들의 경험을 성경의 틀 안에서 이해하고 말할 수 있는 역량을 갖추는 것은 제자도에서 매우 중요하다. 그러한 목적을 위해, 동성애 지향(orientation), 동성에 끌림(attraction), 그리고 동성애 행위(behavior)를 구분하는 일은 필수적이다. 우리 저자들은 송과 재거의 이러한 접근에 대해 긍정적으로 평가하며, 그들이 인용한 자료들로부터 얻은 통찰 역시 가치 있는 것으로 본다. 그러나 그들의 글에서 성향(inclination)과 욕망(desire)의 구분이 명확하지 않다는 점과 존재(being)와 행위(doing)의 구분과 같은 정체성 언어의 사용은 의도치 않은 오해를 불러일으킬 수 있다고 생각한다. 이에 대해, 동성에 끌림을 느끼는 목회자이자 신학자인 샘 올베리(Sam Allberry)는 이 논의에 유익한 틀을 제시한다.[5]

올베리에 따르면, 성경은 욕망과 행위를, 그리고 유혹과 죄를 구별하고 있다. 서로 연관되어 있으나 구별되는 이러한 인간 경험의 측면들은 동성에 끌림을 느끼는 형제자매들이 겪는 현실을 더 명확하게 이해하는 데 도움을 줄 수 있다. 첫째, 전통적인 기독교 세계관 안에서는, 인간이 하나님의 계시된 뜻에 반하는 방식으로 행동할 경우 그것은 죄라는 데 일반적인 합의가 있다. 따라서 동성 성행위는 죄로 간주된다. 그러나 올베리는 마태복음 5장 27-28절을 인용하며, 인간은 욕망의 차원에서도 죄를 지을 수 있다고 명확히 밝힌다. 그는 "욕망을 실제로 행동으로 옮

---

5 Sam Allberry, *Is God Anti-Gay? And Other Questions about Jesus, the Bible, and Same-Sex Sexuality* (Charlotte, NC: Good Book, 2023), 59-61.

기지만 않는다면 죄가 아니라고 말하는 것으로는 충분하지 않다"[6]라고 말한다. 따라서 동성의 성적 죄는 단지 행위의 차원에서뿐만 아니라, 욕망의 차원에서도 이해되어야 한다.

둘째, 올베리는 유혹과 죄를 유익하게 구분한다. 그는 야고보서 1장 13-14절을 인용하면서, 사람들이 경험하는 유혹은 그들이 타고난 타락한 본성에 기인한다고 먼저 설명한다. 동시에 그는 "유혹이 존재한다는 사실 자체가 회개해야 할 죄라는 의미는 아니다"[7]라고 명확히 밝힌다. 이 논의의 맥락에서, 비자발적인 동성애 지향(orientation)과 동성에 끌림(attraction)은 때로는 성향(inclination), 충동(impulse), 그리고 경향(proclivity)과 같은 개념들과 혼용되기도 하는데, 타락의 결과로 일부 사람들이 겪는 유혹의 한 형태로 이해될 수 있다(이는 비자발적인 질투나 탐식에 대한 성향/경향과 유사하다). 그러나 그것들은 죄 그 자체와 동일한 것이 아니며, 존 스토트가 암시하는 것처럼 한 사람의 정체성을 규정하는 요소도 아니다.[8]

요약하면, 동성애 지향과 동성에 끌림은 일부 사람들이 타락의 결과로 겪는, 스스로 선택하지 않은 유혹의 한 형태로 이해될 수 있다. 이러한 유혹이 존재한다는 사실 자체는 죄가 아니다. 그러나 하나님은 욕망과 행위 모두에서 성적 거룩함을 요구하신다. 따라서 동성에 끌림을 느끼는 그리스도인 역시 모든 그리스도인과 마찬가지로, 자신의 동성에 끌림과 욕망, 그리고 행위를 하나님의 말씀에 비추어 평가하고, 그 말씀에 맞추어 바로잡으며 살아가도록 부름 받고 있다.

---

6 앞의 글, 59.

7 앞의 글, 60.

8 Stott, "Homosexual Marriage."

제자도에 있어 고려해야 할 핵심 요소들

JBU에서 시행된 LGBTQ 제자도 프로그램은 진리와 은혜를 함께 갖춘 방식으로 LGBTQ 학생들을 섬기는 데 초점을 두고 있다. 아래에서는 송과 재거가 제시한 사려 깊은 접근을 기반으로, 여러 출처에서 통합한 몇 가지 제자도 관련 고려 사항을 제안하고자 한다. 이러한 제안은 제자도가 단지 대학 캠퍼스 내에서만이 아니라, 그보다 더 본질적으로는 교회 안에서 이루어져야 한다는 관점에서 제시된다.

우리 저자들은 교회의 회개가 제자도 논의에 있어 반드시 선행되어야 할 기초적 단계라고 믿는다.[9] 역사적으로 많은 교회들은 동성애 *이슈*에 지나치게 집중해 온 나머지, 정작 그 이슈를 겪는 *사람*들을 제대로 바라보지 못한 경우가 많았다. 또한 교회는 동성에 끌림을 느끼는 그리스도인들과 그들이 겪는 내적 갈등을 다른 그리스도인들의 삶의 고투와는 본질적으로 다른 부류로 취급해 온 경향이 있으며,[10] 이러한 인식은 오해와 부당한 대우로 이어져 왔다. 따라서 교회는 이 부분을 검토해야 한다.

이러한 역사적 배경을 고려할 때, 모든 제자도 사역은 무엇보다도 먼저 그 신앙 여정이 모든 신자에게 공통된 길임을 인식해야 하며, 그다음으로 모든 신자를 위한 제자도에 있어 상호성을 강조하는 데서 출발해야 한다고 우리는 믿는다. 이는 곧 그리스도인으로서 우리는 모두 하나님 앞에 동일한 존재로 서 있으며, 모두 죄인이자 구원이 필요한 자들이며, 그리스도를 닮아 가기 위한 여정을 함께하고 있다는 사실을 먼저 자

---

9 서울 선언(The Seoul Statement)은 또한 동성에게 끌림을 느끼는 신자들에 대해 사랑을 충분히 실천하지 못해 온 점에 대해, 기독교 지도자들과 교회가 회개할 것을 촉구한다(Song and Jagger, 주석 13 참고).

10 Yarhouse, *Homosexuality and the Christian*, 169.

각해야 함을 의미한다. 이러한 공통성에 집중함으로써 우리는 '우리 대 그들'(us versus them)이라는 이분법적 사고를 피할 수 있으며, 이러한 시각은 이성애의 죄와 동성애의 죄를 동일한 위치에 놓는 데에도 도움을 준다. 바로 이 공통성의 토대 위에서, 우리는 동성에 끌림을 느끼는 형제자매들과 상호적인 제자도를 함께 세워 갈 수 있다. 이를 위해, 우리 그리스도인과 교회는 다음과 같은 실천을 감당해야 한다.

첫째, 삶의 어려움과 내적 갈등에 대해 자유롭게 나눌 수 있는 *개방적인 문화를 조성해야 한다.* 교회는 성도들이 자신이 직면한 도전과 고통을 솔직하게 드러낼 수 있는 공간이어야 한다.[11] 동성의 섹슈얼리티에만 과도하게 집중함으로써, 그 외의 다양한 삶의 문제들이 배제되거나 간과되는 일이 없도록 주의해야 한다. 왜냐하면 섹슈얼리티의 문제는 당사자에게 있어 유일하거나 가장 큰 고투가 아닐 수 있기 때문이다.[12]

둘째, 동성에 끌림의 경험을 이야기하는 이들이 자신의 질문과 고민을 정리해 나갈 수 있도록 *공간을 제공해야 한다.*[13] 하나님께는 그들의 경험이나 질문이 낯선 일이 아니며, 그러한 내면의 정리는 시간이 필요한 과정임을 기억해야 한다. 동료 신앙인으로서 우리는 그들의 이야기를 경청하고, 그 상처를 경청할 수 있다. 또한 동성에 끌림이라는 경험이 실제일 수는 있지만, 그것이 곧 그들의 정체성을 규정짓는 전부가 아니라는 점을 함께 인식하도록 도울 수 있다. 무엇보다도 우리의 정체성과 공동체 삶의 중심이 그리스도와의 연합에 있다는 사실을 함께 바라

---

11 Allberry, *Is God Anti-Gay?*, 73.

12 Allberry, 73; Yarhouse, *Homosexuality and the Christian*, 172.

13 Yarhouse, 195-96.

보도록 이끌 수 있다.[14]

셋째, *더욱 견고한 독신의 신학을 발전시켜야 한다.*[15] 우리는 오직 결혼과 혈연 가족 안에서만 인생의 충만함을 찾을 수 있다는 잘못된 관점을 거부해야 한다. 그 대신, 독신의 형제자매들 또한 하나님의 사랑의 충만함을 드러내는 데 필수적인 존재임을 믿고, 가르치며, 그렇게 살아가야 한다.[16]

넷째, *교회 가족 공동체가 된다는 것이 어떤 의미인지 이해하는 우리의 시각을 더욱 확장해야 한다.* 하나님은 교회 가족 공동체를, 깊고 친밀한 관계가 실제로 경험되는 장소로 의도하셨다. 우리는 특히 독신의 형제자매들에게 이러한 가족이 되어 주어야 한다. "교회는 우리 모두가 필요로 하는 친밀함과 신체적 접촉을 안전하게 경험할 수 있는 공간이어야 한다."[17]

끝으로, 동성에 끌림을 경험하는 형제자매들이 신앙 공동체에 전하는 *간증과 지혜를 소중히 여겨야 한다.* 우리 저자들은 이 맥락에서 이루어지는 제자도에 대한 논의에서 자주 간과되는 요소가 그 상호적 성격, 곧 제자도가 서로를 제자로 세우는 과정이라는 점이라고 본다. 동성에 끌림을 경험하는 형제자매들은 깊은 갈망 속에서도 예수님을 신뢰하며 따르는 여정 가운데 깊이 있는 통찰과 지혜를 지니고 있으며, 그것을 공동체와 나눌 수 있는 귀중한 자원이다.[18] 우리 모두는 그리스도를 닮아 가

---

14 Rachel Gilson, *Born Again This Way: Coming Out, Coming to Faith, and What Comes Next* (Charlotte, NC: Good Book, 2020), 135; Yarhouse, *Homosexuality and the Christian*, 172, 189.

15 Allberry, *Is God Anti-Gay?*, 73.

16 Mark A. Yarhouse, *How Should We Think about Homosexuality?*, ed. D. A. Carson (Bellingham, WA: Lexham Press, 2022), 83.

17 Gilson, *Born Again This Way*, 76.

18 Yarhouse, *Homosexuality and the Christian*, 175.

는 이 여정을 함께 걸어가는 존재로서, 서로가 서로에게 꼭 필요한 동역
자임을 잊지 말아야 한다.

16
패널 1: 교회 사역

진행자 | 이정숙
패 널 | 조효승, 아일린 최(Aileen Choi), 김정환, 스테판 반 데르 바트(Stéphan van der Watt),
피터슨 왕곰베(Peterson Wangombe), 마크 야하우스(Mark Yarhouse)
한국어·영어 통역 | 정미연

* 참여자들의 약력은 기고자와 참가자 목록을 참고하기 바란다.

이정숙　KGMLF 2025년 오늘 패널은 교회 사역을 주제로 한다. 오늘날 교회 내에서는 성경의 가르침에 대한 신실함이 지속적으로 강조되고 있다. 동시에, 동성에게 끌림을 지닌 이들을 향한 그리스도의 사랑 역시 중요한 담론으로 다루어지고 있다. 이 두 측면 간의 조화를 어떻게 이룰 것인가 하는 문제가 핵심 과제로 제기된다.

패널리스트들을 환영한다. 먼저 각자의 소속과 직책을 소개하고, 섹슈얼리티와 관련하여 자신이 수행하고 있는 역할 및 수행하지 않는 역할에 대해서도 설명해 주기 바란다.

아일린 최　　나는 한국계 미국인으로 미국에 위치한 칼빈대학교에서 사회학을 전공하고 졸업한 후, 한국으로 돌아와 목회학 석사(Master of Divinity)를 졸업했다. 신학대학원에 재학 중 약 2년간 온누리 영어 예배에서 청소년부 사역을 담당했다. 주로 고등학생들과 함께 사역했으며, 일부 중학생들과도 함께한 경험이 있다.

나는 청소년 제자 훈련에 있어 보다 의도적인 접근을 하고자 했다. 그래서 '이를 어떻게 실현할 수 있을까? 어떤 콘텍스트 가운데로 들어가야 할까?'라는 고민을 하게 되었다. 목회학 석사 과정을 밟는 동시에 교사 자격증도 취득했고, 이후 교사로 지원했다. 경상북도 포항시에 있는 한동기독교 국제학교에서 3년간 재직했다. 해당 학교에서 성경과 영어를 가르쳤으며, 주로 성경 교사로 일했다. 그 후 4년 동안은 홍콩에 거주하며, 또 다른 기독교 국제학교에서 근무했다. 이처럼 지난 10년간 청소년, 특히 중고등학생과 학부모들과 함께하는 사역의 경험을 쌓아 왔다. 홍콩에 있는 동안 담임 교사로도 근무했다. 중학교 2학년 학생들을 담당하면서 성교육도 함께 진행해야 했다. 나는 목회학 석사 학위는 소지하고 있으나, 안수를 받지는 않았다. 그러나 제자 훈련에 있어 중요한 세축, 즉 교회, 가정, 학교라는 이른바 '세 발의 의자' 개념이 있다고 할 때, 나는 그중 학교의 역할에 대해 말할 수 있다고 생각한다. 그리고 그것이 여기 있는 여러 목회자들의 사역과도 관련이 있을 것이라 여기면서 도움이 되었으면 하는 바람이다. 초대해 주어 감사하다.

마크 야하우스　　나는 C&MA(Christian and Missionary Alliance, 기독교선교연맹) 교단 소속 교회에서 장로로 섬겼다. 교회 내 LGBTQ 지체들을 위한 소그룹(home group)을 인도했는데, 그중 절반의 사람들은 교회에 출석하지는 않았지만, 소식을 듣고 참여하고자 한 이들이었다. 나는 섹슈얼리티와 성별 정체성에 관한 기독교 교육을 제공해 왔다. 또한 우리 교회를 포함한 여러 교회에서 스태프 및 당회 장로들을 위한 훈련도 진행했다. 이와 함께, 섹슈얼리티와 성별 정체성의 문제를 탐색 중인 학생들을 대상으로 매달 식사와 교제를 겸한 테이블 모임을 인도해 왔다.

스테판 반 데르 바트　　　나는 남아프리카공화국에서 성장했고, 네덜란드개혁교회(Dutch Reformed Church, DRC) 소속으로 사역했다. 안수를 받은 이후에는 전통적인 교회 사역에 참여하면서, 교회 공동체를 세워 가는 일과 특히 내가 전문성을 가진 목회적 돌봄에 집중해야 한다고 생각했다. 목회적 돌봄은 내가 스텔렌보쉬 대학교(Stellenbosch University)에서 박사 과정을 밟으며 집중한 연구 분야이기도 했다. 나는 그곳에서 젠더 문제, 특히 남성성과 남성의 섹슈얼리티에 관한 주제를 중심으로 연구를 진행했다. 이러한 학문적 배경은 내가 해당 이슈에 관심을 가지는 계기가 되었고, 동시에 그러한 문제로 어려움을 겪는 이들이 내게 찾아오는 계기도 열어 주었다고 생각한다.

남아공의 DRC에서 안수를 받고 전임 사역에 들어가기 전, 나는 동성애자나 동성애 성향의 자녀를 둔 부모들을 위한 여러 지원 모임에 참여했다. 그러한 활동을 통해 나는 이 문제를 실존적인 차원에서 직접 겪고 있는 사람들의 실제 경험을 보다 깊이 이해할 수 있게 되었다. 그 후 나는 16년 전 일본에 선교사로 파송되었고, 일본개혁교회(Japanese Reformed Church, JRC) 안에서 안수받은 목회자이자 선교 동역자로 사역했다. 이 사역지는 남아공과는 전혀 다른 환경이었다. 남아공의 DRC는 이와 같은 섹슈얼리티 관련 이슈에 대해 훨씬 깊이 있는 갈등과 논의를 겪어 왔으며, 교회 내에서 다수의 게이 인권 운동가들이 전면에 나서는 상황도 경험했다.

그 문제는 모두의 눈앞에 놓인 실제적인 사안이었고, 회의 자리에서 단지 동성애자에 대해 말하는 것이 아니라, 동성애 지향을 지닌 당사자들이 직접 참여해 함께 논의하고 영향을 미치는 방식으로 다루어졌다. 나는 이것을 남아공에서 매우 직접적으로 경험했는데, 반면, 일본은 정반대의 문화 환경이었다. 체면과 수치(honor-shame) 문화가 강하게 작용하는 일본에서는 이러한 주제가 공개적으로 논의되지 않았고, 금기시되는 사안들은 거의 다루어지지 않았다. 나는 JRC 안에서 선교 동역자로 사역해 왔으며, 특히 지난 10년간은 신학교에서 목회자들과 교회 지도자들을 양성하는 한편, 교회 사역의 일환으로 세미나와 수련회에서 강연을 지속적으로 진행해 왔다. 이러한 사역을 통해 나는 일본 교회 내에서 젠더와 섹슈얼리티 이슈를 더 이상 외면할 수 없다는 인식이 점차 확산되고 있음을 목격했다. 전반적인 교회 사역의 맥락 속에서도 이러한 이슈들을 더 이상 외면할 수 없다는 인식이 점차 확산되었다. 결국 이 문제들은 현재 교회 담론의 전면으로 떠오르고 있다.

예를 들어, JRC 총회 차원에서도 이제는 이 이슈를 보다 직접적으로 다루어야 한다는 인식이 형성되기 시작했다. 나는 2025년 초부터 이 사안과 관련해 총회 차원에서 논의를 위한 자료를 준비하는 작업에 참여해 왔다. 나는 이 사안을 다루는 교단 내 작업 그룹에 참여하여, 총회 차원의 논의를 위한 자료를 공동으로 작성했다. 과거에는 이러한 이슈들이 주로 성희롱 문제에 국한되어 다루어졌고, 이는 실질적인 핵심 사안을 가리는 일종의 우회적 접근이었다. 그러나 이제는 성적 지향과 LGBTQ+ 관련 이슈 자체가 보다 분명하게 논의의 중심 주제로 다뤄지고 있다. 이 사안은 점차 수면 위로 떠오르고 있으며, 나는 현재 이 논의를 시작하기 위한 성경적이고 신학적인 방향 제시에 참여하고 있다.

김정환 나의 사역 콘텍스트에서 동성에 끌림이나 이와 관련된 주제를 다루는 특정한 사역 프로그램을 따로 운영하지 않았었다. 그러나 내 교회가 속한 연합감리교회(UMC)의 정책 변화와 그에 따른 목회적 대응의 일환으로, 교회 공동체에서 이 문제를 어떻게 다뤄야 할지를 고민하는 과정에서 관련 사역이 비롯되었다. 예를 들어, 나는 동성에게 끌림과 동성 결혼을 주제로 한 일련의 설교 시리즈를 진행했다. 그리고 교인들과 함께, 하나님이 우리를 왜 성적인 존재(sexual being)로 창조하셨는지, 그리고 이에 대한 하나님의 뜻은 무엇인지를 함께 탐구했다. 그러한 탐구 가운데 나는 인간의 섹슈얼리티에 관한 다양한 책들을 읽었고, 동시에 우리 교회가 소속 교단을 떠날 것인지에 대한 공동의 의사 결정 과정을 밟아 나갔다.

그 과정에서 나는 교회 교인들을 여섯 개의 소그룹으로 나누었고, 이들 그룹 안에서 심도 있는 대화를 진행하도록 했다.

조효승 나는 전형적인 젊은 한국인 목회자의 관점을 나누기 위해 이 자리에 부름 받았다고 믿는다. 나는 기독교 가정에서 성장했다. 가족 구성원 모두가 목회 사역에 참여하고 있다. 그로 인해 나는 학부 과정과 대학원 과정, 그리고 박사 과정을 한국에서 이수했으며, 이후 로스앤젤레스에서 안수를 받았다. 나는 지난 1월에 서울에서 교회를 개척했으며, 현재 독립 교회로 운영되고 있다. 나는 선교사로 훈련을 받았고, 선교 훈련은 하와이에 위치한 예수전도단(YWAM)에서 이수했다.

나의 박사학위 논문은 젊은 한국인 인구 집단을 연구하여 이들을 선교사로 동원하는 데 초점을 두었다. 이 점을 언급하는 이유는 내가 주로 접하는 대상이 대부분 20대에서 40대에 이르는 연령층이기 때문이다. 나는 서울 강남 지역에서 약 10년간 부목사로 사역했다. 내가 사역하던 지역은 사회적 문제와 다양한 이슈에 직면한 젊은 인구가 많이 거주하는 곳으로 잘 알려져 있었다. 또한 나는 로잔 Young Leaders Group의 일원으로 활동하고 있다. 더불어 메이크 웨이브(Make Wave)라는 단체를 공동 설립했으며, 이 단체는 젊은 세대를 선교적으로 동원하는 것을 목표로 한다. 우리는 영국을 비롯한 여러 국가를 방문하며 거리 전도 사역을 활발히 진행해 왔다.

현재 내가 담임하고 있는 교회에서는 그동안 젠더 이슈를 특정 주제로 다룰 충분한 시간이 없었다. 그러나 교회 구성원의 연령대가 비교적 젊고, 지속적으로 관계하고 사역하는 젊은 인구 집단이 많다 보니, 젠더와 관련된 문제가 사역 현장에서 자주 제기되었다. 따라서 나는 주로 일상의 경험과 실제 상황을 바탕으로 이 주제에 대해 나누고자 한다.

피터슨 왕곰베　　나는 사람들이 서로를 향해 "주님을 찬양합니다"라고 인사하면, 상대는 "아멘"이라고 응답하는 곳에서 왔다. 우리도 한번 그렇게 인사해 보자. ("주님을 찬양합니다." "아멘.") 나는 케냐 나이로비 출신이다. 이 자리에 아내인 앤(Ann)과 함께 참석했다. 우리는 딜리버런스교회(Deliverance Church)를 섬기고 있으며, 그중에서도 하우스오브프레이즈(House of Praise)라는 지교회(branch church)를 인도하고 있다. 나의 초기 전공은 나이로비 대학교에서 이수한 수의학이었다. 이후 정부 기관에서 약 2년간 수의사로 근무했으며, 도시에서 멀리 떨어진 지역에서 미전도 종족들 가운데서 일했다. 그 후 케냐의 대학과 전문대학에 재학 중인 청년들을 섬기는 단체에서 사역하도록 초청받았다. 해당 단체는 FOCUS Kenya(Fellowship of Christian Unions)로, 국제복음주의학생연합(IFES)에 소속된 기관이었다. 나는 그곳에서 약 12년간 사역했다.

그 이후 FOCUS 사역에서 지역 교회 사역으로 전환하는 과정에서, 나

는 데이스타 대학교(Daystar University)의 연구 부서에서 약 2년간 근무했
다. 그곳에 재직하는 동안 커뮤니케이션 전공으로 석사 학위를 취득했
다. 이후 현재 사역하고 있는 지역 교회로 자리를 옮겼다. 나는 그 교회
에서 목회자로서 22년간 사역해 왔으며, 그 기간 중 칼빈 신학교(Calvin
Theological Seminary)에서 석사 과정을 마쳤다.

내가 학생 리더이자 학생 사역자로 활동하던 시기에는 동성애 관계와
관련된 이슈가 지금처럼 두드러지지 않았기 때문에, 우리는 그러한 문
제들이 주로 다른 나라에서만 발생하는 것으로 여겼다. 이후 교회 사역
에 참여하게 되었을 때에도, 이러한 사안들을 본격적으로 다루어야 할
필요는 거의 없었다. 그러나 약 5-10년 전부터 레즈비언과 동성애와 관
련된 문제들이 나타나고 있다는 이야기를 듣기 시작했다. 다만, 이러
한 논의의 대부분은 비공식적인 방식으로, 이른바 수면 아래에서 다뤄
졌다. 이에 대해 공개적으로 많이 이야기하지는 않았다. 최근에 이르러
서야 이러한 문제가 점차 드러나기 시작했으며, 특히 기숙형 고등학교
에 재학 중인 학생들 사이에서 이러한 사례들이 많이 보고되고 있다. 따
라서 이러한 문제는 비교적 최근에야 가시화되기 시작했으며, 아직까
지는 설교단에서 공식적으로 다루어지는 사안에까지는 이르지 않았다.
현재 우리가 하고 있는 사역은 특별히 젊은 세대를 중심으로 소그룹 성
경 공부를 진행하는 것이다. 반면 연장자들 사이에서는 이러한 문제에
대해 '그럴 리 없다', '일어나서는 안 된다'는 인식이 강할 뿐, 실제적인
대화나 참여는 거의 이루어지지 않는다. 이것이 지금 우리가 처해 있는
현실이다.

이정숙　　교회에서 건강한 사역을 하기 위해서는 무엇보다도 목회자의
역할이 중요하다고 생각한다. 그렇다면 교회 안에서 섹슈얼리티와 관

련된 영역을 다루기 위해, 목회자들은 스스로를 어떻게 준비해야 한다고 생각하는가?

피터슨 나는 그 출발점이 경청이라고 생각한다. 질문은 "목회자들이 어떻게 자신을 준비해야 하는가?"인데, 그에 대한 첫 번째 답 역시 경청이라고 본다. 내가 속한 문화적 콘텍스트에서는 이 주제가 공개적으로 논의되어서는 안 되는 것으로 여겨지기 때문에, 실제로 경청하는 일은 매우 어렵다. 이러한 문제가 조금이라도 언급되면, 연장자들은 곧바로 대화를 차단하는 경우가 많다. 그러나 나는 경청이 매우 중요하다고 생각한다. 이는 젊은 사람들의 이야기를 듣는 것이며, 아동들의 이야기를 듣는 것이고, 더 나아가 이 문제에 대해 매우 강한 견해를 지닌 연장자들의 이야기와 그들이 왜 그러한 입장을 갖게 되었는지를 듣는 것을 의미한다.

특히 아동들의 이야기를 경청하는 것이 중요한데, 우리는 지난 5년 정도에 걸쳐, 우리 학교의 교육 과정 개발자들이 학부모와의 협의 없이 성교육과 관련된 내용을 교육 과정에 실제로, 그리고 은밀하게 포함시켜 왔다는 사실을 인지해 왔다. 그리고 기독교 교육자들 역시 그것이 우리가 바라는 방식으로 가르쳐지지 않고 있다는 점을 인지해 왔다. 이에 대해 기독교 교육자들은 그 내용과 방식이 우리가 바라는 성교육의 방향과는 다르다는 점을 지적해 왔다. 이러한 교육 과정은 재정적 지원을 동반한 외부 주체들에 의해 제안되는 경우도 있었으며, 이들은 우리가 교육 과정을 지원하려면 이러한 내용을 가르쳐야 한다는 조건을 제시하기도 했다. 이제 이러한 사안들이 본격적으로 논의되기 시작했으며, 그로 인해 우리는 아이들이 학교에서 무엇을 배우고 집으로 돌아오는지를 더욱 주의 깊게 듣고 살펴볼 필요가 있다.

또 하나의 준비는 일종의 조사 작업이라고 생각한다. 다시 말해, 현재 어떤 태도들이 존재하는지, 실제로 무슨 일이 일어나고 있는지를 파악하기 위한 사회학적 연구가 필요하다고 본다. 그다음으로 필요한 준비는 성경 연구다. 이 주제에 대해 성경은 무엇을 말하고 있는가를 묻는 작업이다. 그다음 단계는 교육 과정 개발과 자료 마련이라고 생각한다. 이는 지역 교회 차원에서 자료를 개발하는 일이 될 수도 있고, 충분한 시간과 여건을 가진 기독교 학자들이나 목회자들이 집필에 참여하는 방식이 될 수도 있다. 왜냐하면 세속적인 교육 과정 개발자들이 성교육 관련 내용을 은밀히 포함시키고 있다면, 이에 대응하기 위해서는 대안을 제시할 수 있는 토대가 필요하기 때문이다. 그러나 현실적으로 우리는 이 문제 전반에 대해 충분히 고민해 오지 않았기 때문에, 그러한 대안조차 갖추지 못한 경우가 많다.

그에 더해, 나는 훈련의 필요성을 강조하고 싶다. 목회자들은 훈련을 받아야 하며, 그들이 주일학교 교사들을 훈련해야 한다고 본다. 또한 집사들과 장로들, 그리고 교회 안에서 어떤 형태로든 교육적 내용을 제공하는 모든 이들 역시 훈련의 대상이 되어야 한다. 여기까지 말하겠다.

이정숙　당신이 말한 경청의 중요성에 관한 지적은 나에게 매우 의미 있게 다가왔다. 솔직히 말하면, 나는 아프리카가 한국, 그것도 과거의 한국과 유사한 문화적 맥락을 지니고 있다는 사실을 미처 알지 못했다.

피터슨　다른 사람들이 발언할 수 있도록 두 가지만 덧붙이겠다. 우리는 담대해야 한다. 목회자들은 자신이 무엇을 믿고 있는지, 무엇을 읽고 연구하고 있는지에 대해 담대해야 하며, 그것을 말할 수 있어야 한다. 그다음으로 그들은 연민을 가지고 사랑할 수 있어야 한다.

마크 　내가 사역을 시작했을 때, 두 분의 게이 심리학자들이 발표하는 자리에 참석한 적이 있었다. 그들은 '게이 커뮤니티를 떠나 기독교 사역으로 가는 게이 크리스천들'에 대해 이야기하면서 그렇게 하는 것이 그들(게이 크리스천들)에게 해롭다고 말했다. 그중 한 동성애자 심리학자는 청중에게 우리는 우리 공동체를 제대로 돌보지 못하고 있다고 말했다. 이는 동성애자 그리스도인들이 가진 영적이고 종교적인 필요를 충족시키지 못하고 있다는 의미였다. 그 결과로 그들은 동성애자 공동체를 떠나, 그 심리학자의 관점에서는 해롭다고 여겨지는 기독교 사역으로 향했다는 것이다. 나는 그의 발언에 큰 충격을 받았다. 그는 그리스도인이라는 정체성보다 동성애자라는 정체성을 기준으로, 동성애자 그리스도인들이 그리스도인인 나보다 오히려 동성애자인 자신과 더 많은 공통점을 지닌다고 생각하고 있었기 때문이었다.

이후 나는 그 세션을 돌아보며 곱씹게 되었고, 그 과정에서 한 가지 사실을 깨달았다. 나는 지금까지 설교단에서 목회자가 "우리는 우리 공동체 사람들을 제대로 돌보지 못하고 있습니다"라고 말하는 것을 들어 본 적이 없었다는 점이었다. 만약 그런 발언이 있었다면, 그것은 곧 교회가 사람들의 정체성과 공동체에 대한 근본적인 필요를 제대로 충족시키지 못해 왔다는 사실을 인정하는 말이었을 것이다. 그 결과 사람들은 교회를 떠나, 그 필요를 동성애자 공동체 안에서 찾게 된다. 실제로 동성애자 공동체는 그 구성원들에 의해 흔히 '가족'이라고 불린다. 그러나 나는 자신이 자라 온 교회를 돌아보며 그 교회를 그렇게 애정 어린 언어로 부르는 그리스도인을 본 적이 거의 없다. 이는 교회 안에서 이 문제가 어떻게 이야기되어 왔는지, 혹은 아예 이야기되지 않았는지와도 깊이 관련되어 있다. 물론, 어떤 주제에 대해 말하지 않는 것 역시 그 자체로 사람들에게 매우 분명하고도 어려운 메시지를 전달하게 된다. 그렇지 않은가?

그래서 나는 준비의 중요한 한 부분은 우리가 실수를 해 왔다는 사실을 인식하는 것이라고 생각한다. 우리는 정체성과 공동체에 대한 필요를 충분히 충족시키지 못해 왔다. 그런데 이러한 필요들은 인간에게 매우 근본적인 것이며, 특히 청소년기에는 더욱 결정적인 의미를 갖는다. 정체성에 대한 탐색, 곧 "나는 누구인가?", "나는 어떤 공동체에 속해 있는가?"라는 질문은 청소년기와 초기 성인기에 강력한 추동력이 된다.

따라서 목회자는 주류 동성애 문화 안에 젊은 세대가 강하게 끌리는 매우 설득력 있는 요소가 존재한다는 사실을 인식할 필요가 있다. 이와 관련해 에드 쇼는 "당신은 무엇에 대해 '예'라고 말하고 있는가?"라는 질문을 제기했다. 다시 말해, 자신의 섹슈얼리티나 젠더 경험에 있어 하나님 앞에서 신실하게 살아가고자 하는 사람에게, 번영과 온전한 삶에 대한 긍정적인 비전을 제시할 수 있느냐는 것이다. 그러한 비전을 제시할 수 있는지가, 내가 강조하고 싶은 중요한 지점 가운데 하나다.

내가 덧붙이고 싶은 마지막 한 가지는, 잠시 선교학적 관점에서 사고해 보라는 것이다. 우리는 이미 서로 다른 문화에 대해 선교적으로 접근하고, 복음을 다양한 문화적 맥락 속으로 가져가는 데 필요한 역량을 갖추고 있다.

그런 의미에서 LGBTQ 공동체를 하나의 새롭게 형성되고 있는 문화로 이해해 볼 수 있다. 필요한 기술은 이미 우리에게 있다.

그러므로 '게이', '트랜스젠더', '퀴어'와 같은 언어에 과도하게 즉각적으로 반응할 필요는 없다. 그 이면에 존재하는 인간의 깊은 갈망, 곧 궁극적으로 하나님 안에서, 하나님과의 관계 속에서 목적을 발견하게 될 갈망이 무엇인지를 생각해 보아야 한다. 이미 우리가 지닌 선교적 역량을 활용해 새롭게 등장하고 있는 문화 속에서 복음을 상황화하되, 현재의 상황에 맞게 보완하고 다듬어 나가야 한다.

김정환　　나는 모든 목회자가 동성애자를 대상으로 사역할 준비가 되어 있거나, 그것에 필요한 역량을 갖추고 있다고 생각하지 않는다. 물론 우리는 열린 마음과 태도를 가지고, 그들에게 다가가며 그들이 누구인지에 대해 배우려는 자세를 지녀야 한다.

헨리 나우웬(Henri Nouwen)이 저술한 《상처 입은 치유자》(두란노, 2022)라는 책이 있다. 나는 동성에게 끌림을 경험했거나 그와 관련된 다양한 경험을 지닌 목회자와 사역자들이 적지 않다고 믿는다. 내가 동성에게 끌린, 동성애 사람들을 대상으로 사역하는 한 가지 방식은 모든 것을 혼자 감당하려 하기보다는, 이 사역의 현장에서 잘 감당하고 있는 사람들, 곧 비슷한 감정과 유사한 경험을 지닌 이들에게 그들을 연결해 주는 것이라고 생각한다.

조효승　　나는 한국적 맥락에 대해 나누고자 한다. 앞서 언급된 내용에 덧붙이자면, 내가 사역해 온 환경에서도 같은 문제를 지니고 있고, 같은 어려움으로 씨름하는 사람들이 매우 많았다. 나는 교회 지도자 가정의 자녀들인 젊은이들을 여러 명 만났다. 한 그리스도인 자매가 있었는데, 그녀는 동성애자였다. 내가 이 사실을 알게 된 계기는, 그녀의 여동생이 언니의 문자 메시지를 보게 되었고, 그 후 매우 급하게 나를 찾아왔기 때문이다. 아마도 언니가 보안 설정이나 잠금 방식 등을 제대로 사용하지 않았던 것 같은데, 그래서 내용이 비교적 쉽게 드러났던 것으로 기억한다. 사실, 언니에 대해 염려하며 나를 찾아온 그 여동생은 신학생이었다. 그 동성애자 여성의 삼촌은 필리핀 선교사였고, 그 자매의 아버지는 교회의 장로였다. 나는 사역자이기도 한 내 아내와 함께 이 문제를 즉각적으로 다루지 않기로 결정했다. 우리는 그녀의 섹슈얼리티를 정면으로 다루지 않기로 했고, 대신 장기적인 성경 공부를 통해 상황이 자연스럽게 드러나도록 지켜본 뒤, 떠오르는 문제들을 다루기로 했다.

내가 말하고 싶은 것은, 경청이 중요하지만 동시에 적절한 때를 기다리는 것 역시 중요하다는 점이다. 사실, 내가 새로운 교회를 개척하게 된 이유도 여기에 있다. 한국 교회의 구조 안에서는 사람들이 스스로 깨어나고 자신을 직면할 수 있는 지점에 이를 때까지 기다리는 것이 거의 불가능하다고 느꼈기 때문이다.

서구적 맥락에서는 사람들이 자신의 섹슈얼리티에 대해 비교적 더 개방적으로 이야기할 수 있을지도 모르겠다. 그러나 한국 교회의 맥락에서는 그것이 결코 쉽지 않다고 생각한다. 문제는 분명히 존재하지만, 교회는 이 주제를 보다 안전한 환경에서 열어 놓고 이야기할 수 있는 상태가 되지 못하고 있다. 그리고 교회가 이 문제를 외면하거나 이야기하기를 거부하는 이유의 상당 부분은 두려움에 있다고 생각한다.

나는 이 분야의 전문가라고 말할 수는 없지만 나는 그들을 사랑한다. 그리고 그 자매를 위한 사역 경험을 돌아보면, 나는 그 자매와 많은 시간을 함께 보냈다. 커피를 마시고, 차를 나누고, 식사를 함께 했다. 그러한 장기적인 관계 속에서, 그 자매는 스스로 그 삶의 방식에서 벗어나게 되었다.

이 경험은 내가 이전 교회에서 부목사로 사역하던 시기에 일어난 일이었다. 그래서 내가 교회를 떠나 새 교회를 개척한 이후, 그 자매가 이 문제에 대해 나눌 수 있는 동반자 하나를 잃게 되었다는 사실이 나를 매우 안타깝게 했다. 지난주에 나는 그 자매로부터, 한 대형 교회로 옮겼다는 소식을 들었다.

물론 한국의 목회자들이 섹슈얼리티와 동성 간 관계에 대해 공부하는 것은 중요하다. 그러나 그에 못지않게 중요한 것은, 그들이 스스로 깨닫고 정리할 수 있도록 여지를 주고, 시간을 들여 기다려 주는 태도라고 생각한다.

아일린　　지금까지 모두가 나눈 이야기를 들으면서 (동성애자였다가 회심한 이 야기를 다룬) 크리스토퍼 위안(Christopher Yuan)의 책이 떠오른다. 그는 중국 계 미국인인데, 그가 했던 말 가운데 특히 기억해야 할 중요한 지점이 있 다. 하나님은 성경에서 "이성애자가 되라"고 말씀하신 적은 없고, "거룩 하라"고 말씀하셨다는 점이다. 이 점은 우리가 종교 지도자이든, 목회 자이든, 어떤 사역의 영역에 있든 매우 중요하다고 생각한다. 내가 특히 성적 지향과 성별 정체성을 다루는 단원을 가르칠 때 스스로에게 요구 했던 한 가지는 나 자신의 경향이 무엇인지를 인식하고 그것에 대해 정 직해지는 것이었다. 솔직히 말하면, 우리 모두에게는 각자의 경향과 선 입견이 있다고 생각한다.

그래서 무엇이 성경적인 것인지, 무엇이 내가 성장 과정에서 문화나 가 정으로부터 습득한 것인지를 분별하는 일은 매우 중요하다고 본다. 이 러한 구분은 우리가 성경에 뿌리를 내리고 있을 때 더욱 중요해진다. 이 와 관련해 덧붙이고 싶은 것은, 우리가 다른 사람들에게 복음을 전하는 동시에, 우리 자신에게도 복음을 전할 필요가 있다는 점이다. 동성에게 끌린다거나 그에 수반되는 삶의 현실을 곧바로 신앙의 본질이나 구원 의 문제로 환원하여 판단하지 않도록 신중함이 요구된다. 따라서 우리 가 사람들을 인도하는 위치에 있을 때, 주님 앞에서 겸손한 태도를 지니 고, 동시에 우리 자신과 하나님 앞에서 정직해지는 자세를 유지하는 것 이 중요하다고 말하고 싶다. 주님 앞에서 겸손해지고, 우리 자신과 하나 님 앞에서 정직해지며, 동시에 사람들을 인도하는 태도를 유지하는 것 이 중요하다.

또 한 가지 덧붙이자면, 경청이 매우 중요하지만, 그와 더불어 관심을 갖는 것도 중요하다. LGBTQ 공동체가 사용하는 언어를 배우는 것이 필요하다. 그들은 각각의 단어를 매우 의도적으로 사용한다. 따라서 지도자들에게도 그들의 언어를 배우는 일은 중요하며, 그것은 사랑으로 다가가기 위한 우리의 방식이기도 하다. 언어는 매우 중요하고, 그 언어 아래에 무엇이 담겨 있는지를 이해하는 것 역시 중요하다. 마크 야하우스가 말했듯이, 그 언어 안에는 갈망이 존재한다. 그래서 그들의 언어와 삶에 대해 호기심을 가지고, 그들을 알아 가는 일은 중요하다고 생각한다.

이정숙　감사하다. 우리는 우리가 만나고 있는 사람이 누구인지에 관해 호기심을 가질 필요가 있다. 정리하자면, 우리가 반드시 회복하고 새롭게 해야 할 중요한 덕목들이 있다. 그것은 경청, 기다림, 담대함, 그리고 거룩한 섹슈얼리티다. 또 하나 중요한 것은 거룩한 호기심이다. 곧 우리가 만나고 있는 사람들, 우리가 복음을 전하고 있는 사람들에 대해 가지는 호기심이다.

마크 야하우스, 당신은 이것을 문화로 이해해야 한다고 말했다. 곧 LGBTQA+는 단순한 범주를 넘어, 하나의 문화이며, 교회 안과 사회 안에 존재하는 하나의 공동체이자 문화라는 것이다. 이는 우리가 필요로 하는 관점의 전환, 즉 프레임의 전환을 의미한다고 생각한다. 이 점에 대해 여러분은 어떻게 생각하는가? 이것을 하나의 문화로 이해하는 것이 타당하다고 보는가? 그렇게 말하는 것이 공정하다고 생각하는가? 스테판, 이 부분에 대해 의견을 나눠 주겠는가?

마크　분명히 하고 싶은 것은, 나는 그것이 교회 안의 하나의 문화라고 말한 것은 아니다. 내가 말하고자 한 것은, 그것이 사회 안에서 하나의 문화로 형성되어 왔다는 점이다. 내 생각에, 이 점은 부인하기 어렵다고 보는데, 그것은 분명히 사회적 차원에서 하나의 문화로 부상했다. 물론 이에 대해 사람들마다 의견이 다를 수는 있다.

스테판　감사하다. 나 역시 여러 이유로 볼 때, 이 문제는 전 세계적으로 분명한 현실로 드러나 있다고 생각한다. 이는 교회가 반드시 다루어야 할 사안이며, 어떤 방식으로든 외면하거나 회피하거나 건설적이고 적극적으로 다루지 않을 수 없는 문제다. 나는 조금 전에 에드 쇼가 발제에서 제시한 방식이 매우 인상적이었다. 그는 우리가 "무엇에 대해 '예'라고 말하고 있는가를 질문해야 한다"고 했다. 다시 말해, '예스 신학'(yes theology), 곧 하나님의 긍정적인 메시지, 섹슈얼리티와 인간의 섹슈얼리티에 관한 복음, 선한 소식이 무엇인지를 분명히 제시해야 한다는 것이다. 이는 단지 섹슈얼리티의 문제에 국한되지 않고, 인간이란 무엇인가라는 더 넓은 질문과도 연결된다. 그 안에서 성적 정체성은 분명히 핵심적인 요소를 이룬다. 더 나아가, 결혼과 독신에 대한 신학, 그리고 그 밖의 다양한 주제들 역시 하나님이 성경을 통해 우리가 이해하기를 원하시는 포괄적인 성경의 메시지 안에 포함된다. 이러한 틀 안에서, 오늘날 새롭게 부상하고 있는 여러 이슈들을 어떻게 다루어야 할지 고민해야 한다고 생각한다.

가능하다면, 앞선 질문과 응답의 흐름에 조금 연결해서 말하고 싶다. 이 질문에 답하기에 앞서 먼저 말해야 할 중요한 점이 하나 있다. 개인적으로 지난 10-15년 동안, 좋은 의미에서 이 문제들에 대해 보다 전통적인 입장으로 돌아오게 되었다고 생각한다. 내가 일본에서 사역하고 있다는 점을 고려하면 어느 정도 짐작할 수도 있겠지만, 그 사실이 겉으로 분명히 보이는 것은 아니다.

나는 남아공에서 이러한 이슈들이 다루어졌던 방식 속에서 사역을 시작했고, 약 20년 전 DRC에서 안수를 받은 목회자로 사역하던 당시에도 나름의 입장을 가지고 있었다. 그리고 지난 16-17년 동안 일본에서 선교 동역자로 사역하면서, 이 문제에 대한 나의 관점은 변화했다. 나는 여러 이유로 인해, 이러한 이슈들에 대해 이전보다 덜 진보적인 입장, 곧 보다 전통적인 입장으로 돌아온 것이 오히려 긍정적인 변화였다고 생각한다. 그 부분을 지금 여기서 자세히 설명할 필요는 없을 것 같다. 다만 내가 연결하고 싶은 질문은, 교회 안에 인간의 섹슈얼리티와 관련된 특정한 사역이 필요한가 하는 점이다. 이에 대한 나의 대답은 분명하다. 그렇다! 그리고 그러한 사역은 반드시 능동적인 것이어야 한다.

우리는 사람들이 우리에게 다가올 수 있도록 소속감과 신뢰의 분위기를 형성해야 한다. 그래야만 우리가 반드시 필요로 하는 용기 있는 대화를 나눌 수 있다. 이러한 대화를 위해서는 성령의 인도하심이 절대적으로 필요하다. 성령의 도우심 속에서, 우리는 우리가 확신하는 진리를 사랑으로, 명확하게, 그리고 연민을 가지고 말할 수 있어야 한다.

나는 올해 초, 한 캠프에서 이 문제를 비교적 제한된 방식으로, 또 다른 사례에서 이 문제를 직접 마주하게 되었다. 그 캠프에서 나는 약 100명의 청년들을 대상으로 "Yes for Life"라는 주제로 인도하고 있었다. 이 제목은 일본어로는 약간의 언어적 유희가 가능한데, "Jesus for Life"와 "Yes for Life"를 거의 같은 방식으로 표현할 수 있다. 즉 예수님이 우리에게 충만한 생명을 주신다는 의미와 우리가 그 충만한 생명에 "예"라고 응답한다는 의미가 함께 담겨 있었다. 나는 이 주제를 중심으로, 내가 준비해야 했던 약 두 시간 반 분량의 강의와 나눔 속에 이 내용을 녹여 진행하고 있었다.

캠프가 시작되기 전날 저녁, 이미 캠프 현장에 와 있던 상황에서, 이 캠프를 준비하던 한 목회자가 나에게 다가와 지금 한 가지 문제가 있는데,

그것은 우리 가운데 LGBTQ+ 정체성을 지닌 한 사람이 있다는 것이었다. 그는 내가 준비한 원고를 검토했다고 말하면서, 그 안에 결혼이라는 선물에 대해 비교적 일반적으로 언급한 부분, 그리고 독신 문제에 대해서도 함께 짧게 언급했다. 그러면서 그는 그 문장을 주제에서 빼는 것이 좋지 않겠느냐고 물었다. 그는 매우 조심스럽고 정중한 태도로 그 이야기를 꺼냈다.

나는 그에게 "좋다, 이 문제에 대해 이야기해 보자"고 답했고, 다만 이 캠프를 준비한 모든 목회자와 함께 논의하는 것이 좋겠다고 제안했다. 그래서 대여섯 명 정도가 함께 모여 이 문제를 논의했다. 모두가 내가 다루려 했던 해당 부분을 다시 읽어 보았고, 그 결과 이 자리에 있는 그 사람의 존재를 고려하더라도, 이 내용을 말하는 것이 중요하다는 판단에 이르렀다. 그때 논의의 핵심 질문은 이것이었다. "늦은 등록으로 참여하게 된 단 한 사람 때문에, 우리가 전체 내용을 바꿔야 하는가, 아니면 이 주제에 대해 담대하게 말하고, 이후에 그 사람과도 대화를 이어 가야 하는가?"라는 문제였다.

결국 캠프가 진행되는 이틀 동안 나는 LGBTQ+ 공동체에서 온 그 한 사람과 더 많은 대화를 나누게 되었다. 그녀는 트랜스젠더 정체성을 지닌 젊은 여성이었다. 그녀는 상당히 복잡하고 상처 많은 배경에서 자라났다. 그녀는 생물학적 전환을 감당할 만한 경제적 여건은 되지 않았지만, 그렇게 되기를 강하게 바라고 있었다. 그녀는 그렇게 해야만 한다고 믿고 있었다. 그녀는 자신의 성별 정체성에 대해 극심한 혼란과 상처를 안고 있었고, 그래서 우리는 그 문제에 대해 대화를 시작할 수 있었다. 나는 사랑을 가지고 그 주제에 대해 계속해서 말했고, 그녀는 그 이후에 매우 열정적으로 나와 대화를 이어 갔다. 우리는 지금까지 계속 연락을 유지하고 있으며, 현재도 대화를 이어 가고 있다. 그녀는 우리 교회에 출석하고 있으며, 교회를 향해 "나는 여기 있다. 나를 없는 존재처럼 취급할 수는 없다. 우리에 대해 이야기하자. 이러한 이슈들에 대해 이야기하자"고 끊임없이 문제를 제기하는 사람들 가운데 한 명이다. 나는 그녀의 존재에 대해 기쁘게 생각한다. 그리고 적어도 그 구체적인 상황만 놓고 보면, 현재까지는 비교적 긍정적으로 흘러가고 있다.

어쩌면 다른 한 가지 접근 방식을 다시 언급하며 이 발언을 마무리할 수 있을 것 같다. 예를 들어 남아공의 DRC 안에서 있었던 한 사례를 들고자 한다. 그 교단에서는 2015년에 동성 결혼을 적극적으로 지지하고 이를 수용하는 총회 결정을 내렸으며, 더 나아가 동성애 지향을 지닌 사람들을 교회의 직분자로 안수하는 결정까지 이루어졌다. 그러한 결정들이 비교적 빠르게 이루어질 수 있었던 이유 가운데 하나는, 당시 활동가들이 존재했기 때문이었다. 그들은 동성애자였고, 숫자로는 약 7명에서 8명 정도에 불과했지만, 전체 교인 수가 100만 명이 넘는 교단 안에서 분명한 목소리를 내며 이렇게 주장했다. 그들은 이 문제를, 그들에 *대해* 말할 것이 아니라, 반드시 그들과 *함께* 논의해야 한다는 점을 강하게 주장했다.

우리는 그들에게 말을 걸어야 하며, 그것은 옳고 정당한 일이다. 그러나 초기 결정이 내려진 이후, 그리고 그 결정이 뒤집히는 과정에서 그들이 교회를 상대로 최고 사법 기관까지 소송을 제기한 이후, 그들 가운데 많은 이들은 이후 몇 년에 걸쳐 사실상 교회를 떠나 사라지게 되었다. 이 대목에서 나는 에드 쇼가 현재 성공회 안에서 샘 올베리, 보언 로버츠 등과 함께 자신의 실제적인 존재와 삶으로 증언하고 있는 모습을 언급했을 때를 떠올리게 되었다. 동성애자인 사람들이 자신의 성적 지향과 가치, 그리고 자신의 섹슈얼리티에 대한 관점을 직접 말하고, 적극적으로 발언하며, 무엇이 가능한지를 삶으로 보여 주는 신뢰할 만한 증인이 존재하는 것이 얼마나 중요한지를 다시금 깨닫게 되었다. 남아공에서는 다른 일이 벌어졌고, 나는 그것이 안타까운 결과였다고 생각한다. 결국 우리는 우리 앞에 놓인 현실을 직면해야 한다. 그리고 상황이 현실화되는 순간, 성령으로부터 지혜를 얻게 된다고 생각한다.

이정숙 감사하다. 마지막 질문은 조금 더 구체적인 내용이 될 것이다. 여러분은 각기 다른 지역에서, 서로 다른 사역을 대표하고 있다. 따라서 예를 들면, 설교나 설교 시리즈, 강의나 세미나, 훈련 자료, 교회 안에서의 특정한 예배 형태, 혹은 (아일린 최의 경우처럼) 학교 교육 과정과 같은 사례들이 있을 것이다. 그와 관련해, 실제로 사용해 보았고 추천할 만하다고 생각하는 것, 혹은 반대로 사용해 보았지만 효과가 없어서 더 이상 추천하고 싶지 않은 것이 있다면 나눠 줄 수 있겠는가?
그 주제에 대해 좀 더 살펴보고, 관련된 당신의 경험을 나눠 줄 수 있는가? 김정환과 피터슨의 경우, 이제는 그동안 무엇을 해 왔고, 현재 무엇을 하고 있는지에 대해 좀 더 구체적으로 이야기해 주어도 좋겠다.

피터슨 내가 자문 위원으로 관여하고 있는 기독교대학생연합(Fellowship of Christian Unions)에서는 최근 이와 관련해 성경 공부 교재를 개발하여 막 출간했다. 이 교재는 LGBTQ+ 전반을 다루는 내용으로, 약 다섯 개에서 여섯 개의 공부로 구성되어 있으며, 아마도 앞으로 한두 달 안에 실제로 이 공부를 시작하게 될 것이다. 아직 온라인에 공개되지는 않았지만, 내가 훑어본 바로는 매우 잘 구성된, 학습용으로 좋은 자료라고 생각한다. 이 성경 공부는 소그룹 형태로 진행될 예정이다. 예를 들어 5명에서 6명, 많게는 8명 정도의 학생들이 한 그룹을 이루어, 서로 대화를 나누고 질문을 주고받을 수 있도록 구성되어 있다.

그 밖에도, 그들은 매년 한 차례, 주말을 활용해 캠페인을 진행해 왔다. 이 캠페인은 LGBTQ+를 직접적으로 다루는 것은 아니고, 절제(abstinence)를 주제로 한다. 이들은 관련 자료와 홍보물을 제작해, 대학 기숙사 주변을 돌며 캠페인을 펼치고, 학생들에게 절제의 가치를 권면한다. 이처럼 공개적으로 대화를 나눌 수 있는 장을 마련하는 것은 매우 긍정적인 일이라고 생각한다. 이러한 시도들은 앞으로도 계속 발전시켜 나갈 수 있는 토대가 된다고 본다.

김정환　내 경우를 예로 들자면, 우리 교회는 전문가 한 사람을 초청해 세미나를 진행했다. 그 전문가는 동성애에 대한 철학적 배경을 가진 사람이었다. 그 결과, 성인부터 청년, 그리고 청소년에 이르기까지 교회 구성원들 사이에서 이 문제에 대한 지식과 인식의 수준에 분명한 변화와 전환이 일어났다.

이 일은 내 막내아들이 중학생이었을 때 일어났다. 그로부터 약 2년 전, 내 아들은 성령 세례를 경험했다. 아들에게는 자신의 정체성에 대해 혼란을 겪다가, 결국 스스로를 동성애자라고 밝힌 친구가 있었다. 아들은 친구와 장기간에 걸쳐 대화를 이어 갔고, 그 과정에서 친구는 점차 아들을 신뢰하게 되었다. 이때 아들은 교회에서 진행된 세미나를 통해 들었던 여러 내용들을 친구와 나누었다. 그러다 어느 시점에서 아들은 이렇게 말했다. "내가 너를 위해 기도해도 괜찮겠니?" 그러자 친구는 "기도해 줘"라고 응답했다. 앞서 말했듯이, 내 아들은 성령 세례를 경험한 상태였고, 두 사람 사이에는 이미 신뢰의 관계가 형성되어 있었다. 아들은 친구를 위해 기도했고, 친구는 자신의 마음에 평안을 갖게 되었다고 말했다. 그리고 친구는 더 이상 자신의 성별 정체성에 대해 혼란을 느끼지 않는다고 말했다. 나는 이 이야기를 우리 교회에서 진행했던 그 세미나의 열매 가운데 하나로 나눌 수 있다고 생각한다.

마크　　몇 가지를 덧붙이고자 한다. 나는 현재 휘튼대학교에서 성적·성별정체성연구소(Sexual and Gender Identity Institute)의 책임자로 있다. 우리의 자료 대부분은 임상가들, 곧 상담을 수행하는 전문가들을 위한 것이다. 이 자료들은 주로 다운로드 가능한 PDF 형식으로 제공되며, 동성의 섹슈얼리티와 종교적 신앙을 함께 다루는 방법, 성별 정체성과 종교적 신앙의 관계, 혹은 부부 관계 안에서 한 사람이 이러한 섹슈얼리티나 젠더 이슈를 겪고 있을 때 그 배우자가 경험하는 현실이 무엇인지를 다루는 데 도움을 준다. 실제로 남편이나 아내가 이러한 섹슈얼리티나 젠더 혼란을 겪고 있을 경우, 배우자들은 이 영역에서 필요한 지원을 충분히 제공받지 못하는 경우가 많다.

또한 우리는 부모를 위한 도서도 출간했다. 기독교 부모들 역시 이러한 대화의 장에서 충분한 지원을 제공받지 못한 채, 종종 침묵 속에서 고통을 겪는다. 나는 자녀가 커밍아웃한 그리스도인 부모들을 위한 어떤 형태의 사역을 제공하는 것이 필요하다고 생각한다. 많은 기독교 공동체 안에서는 요한복음 9장의 이야기, 곧 "이 사람이 맹인으로 태어난 것이 이 사람의 죄 때문인가, 아니면 부모의 죄 때문인가?"라는 질문으로 다시 돌아가곤 한다. 우리는 종종 자녀가 이러한 경험을 겪을 때 부모에게 책임을 돌리는 경향이 있다. 그러므로 부모 지원 그룹은 매우 유익할 수 있다. 교회 차원에서 보자면, 에드 쇼가 언급한 리빙 아웃은 매우 좋은 자료들을 제공하고 있다. 또한 프레스턴 스프링클(Preston Sprinkle)이 이끄는 신앙·섹슈얼리티·젠더센터(Center for Faith, Sexuality, and Gender) 역시 유익한 영상 자료와 다운로드 가능한 PDF 자료들을 제공한다. 우리는 앞서 웨슬리 힐과 그의 책에 대해서도 이야기했다. 매년 열리는 리보이스

(Revoice)라는 콘퍼런스도 있는데, 이곳 역시 다양한 자료들을 제공한다. 힐은 그 콘퍼런스에서 여러 차례 발언한 바 있다. 이와 같은 여러 기관들은 다른 교회들에게도 실제로 도움이 되어 온 자료들을 생산해 왔다고 생각한다.

아일린 나의 경우를 말하자면, 나는 홍콩의 국제기독교학교에서 8학년의 성경 교사이자 담임 교사로서 성교육을 진행해야 했다. 그 이유는 학생들이 6학년 때 매우 기초적인 수준의 내용만 배우고, 이후 고등학교에 진학해 체육·보건 과목을 선택하기 전까지는 아무런 교육도 받지 못했기 때문이다. 그런데 그 과목을 선택하는 시점은 고등학교 1학년일 수도 있고 고등학교 졸업반인 4학년일 수도 있어, 그 사이에 상당히 큰 공백이 존재했다. 그래서 우리는 8학년에, 이 학생들을 고등학교로 보내기 전에 의도적으로 성교육을 실시하기로 결정했다. 그 이유는 학생들이 이 시기에 자신들이 가진 질문에 대해 답변을 들을 필요가 있다고 보았기 때문이다. 더 정확히 말하자면 우리는 학생들이 반드시 자신들의 질문에 대해 답변을 들어야 하는 시점에 와 있다고 판단했다.

내가 개발에 참여한 교육 과정 역시 어떤 의미에서도 완벽하다고 말할 수는 없다. 다만, 내가 실제로 무엇을 했는지, 그리고 그 과정에서 무엇을 배웠는지는 나눌 수 있다. 먼저 염두에 두어야 할 점은, 이 학생들이 13세에서 14세라는 사실이다. 그래서 우리는 기초적인 설명을 많이 제공해야 했고, 우리가 설정한 기본 규범들에 대해서도 반복해서 충분히 설명해야 했다. 우리는 대략 여덟 가지 규범을 정해 두었다. 예를 들면, "개인적인 경험은 공유하지 않는다", "신뢰할 수 있는 어른과 대화한다" 등과 같은 규범들이다. 우리는 이 규범들을 매 수업 시간마다 반복해서 확인했고, 아이들이 지루해할 정도로 계속해서 상기시켰다. 그 이유는 이 공간에 있는 모든 사람이 안전하다고 느끼는 것이 무엇보다 중요하다는 점을 분명히 하기 위해서였다. 우리는 학생들에게 이렇게 강조했다. "여러분의 질문은 중요하다. 그 질문은 어리석은 것이 아니며, 부끄러워할 필요도 없다." 이 점은 특히 중요했다. 왜냐하면 홍콩이라는 동아시아 문화권은 이미 수치심의 문화, 체면 문화가 매우 강하게 작동하고 있기 때문이다.

내가 보기에 이 연습이 학생들에게 유익했던 점이 있다. 물론 이것은 시간이 필요한 작업이었고, 지금 돌이켜보아도 우리가 이를 완벽하게 해냈다고 생각하지는 않는다. 여전히 홍콩 사회 전반에는 성(sex)에 대해 이야기하는 것 자체에 대한 낙인이 상당히 강하게 존재한다고 느낀다. 그래서 우리는 무엇보다도 먼저 정상화하는 작업이 필요했다. 즉 "이런 질문은 좋은 질문이다", "너희가 던지는 질문들은 충분히 대답을 들을 가치가 있다"는 점을 계속해서 강조했다. 우리는 이 메시지를 반복해서 전달했다. 그래서 나는 그 자리에 함께 있는 어른들이, 다시 말해 학생들과 함께 있는 지도자들이, 교인들과 학생들에게 계속해서 이 메시지를 말해 주는 것이 매우 중요하다고 생각한다. 그래서 우리에게는 일정한 순서가 있었다. 필요하다면 그 진행 순서를 하나씩 설명할 수도 있다. 우리가 진행했던 많은 수업들은 성별에 따라 분리된 형태로 이루어졌는데, 이것 역시 매우 중요한 요소였다. 특히 청소년들은, 예를 들어 여학생들의 경우, 교실 안에 남학생이 있는 상황에서는 생리와 같은 주제조차 이야기하기를 매우 부끄러워한다는 점이 분명했기 때문이다.

그리고 이 교육 과정은 총 세 달 과정이었다. 그러나 내 개인적인 견해로는, 최소한 여섯 달은 되어야 한다고 생각한다. 그런 의미에서 이 과정은 다소 짧았다고 본다. 우리는 먼저 기초 단계로 우정에 대해 이야기하는 것부터 시작했다. 즉 "우정을 어떻게 맺고 유지하는가?", "동성 간 우정과 이성 간 우정을 어떻게 건강하게 형성할 수 있는가?", 그리고 "좋은 친구란 무엇인가?"와 같은 질문들을 다루었다. 그다음으로는 그리스도 안에서의 정체성을 강조했다. 그것이 어떤 모습인지, 우리는 누구 안에 자신을 뿌리내려야 하는지를 함께 살폈다. 이는 우리가 학생들이 반드시 붙들기를 원했던 핵심 질문이자 핵심 진리였기 때문이다.

또한 우리는 모든 학생을 대상으로 익명의 설문 조사를 실시했다. 이 설문은 매우 구체적인 질문들로 구성되었다. 예를 들어, 성적으로 노골적인 콘텐츠에 노출된 경험이 있는가, 그것이 책을 통해서인가, 친구를 통해서인가를 물었다. '부모'라는 응답은 거의 나오지 않았고, 대신 유튜브와 같은 매체들이 주로 언급되었다. 다시 말해, "학생들이 성에 관한 정보를 어디에서 얻고 있는가?"라는 질문은 매우 중요한 질문이었다. 여기서 흥미로운 점 하나를 덧붙이자면, 여학생들의 경우에는 주로 읽는 자료를 통해 노출되는 경우가 많았고, 남학생들의 경우에는 대체로 포르노그래피와 같은 시각적 자료를 통해 노출되는 경우가 많았다. 이는 부차적인 관찰이지만, 동시에 학생들이 어떤 지점에 서 있는지를 드러내 주는 중요한 단서라고 생각한다. 또 하나 중요한 점은, 이 설문을 익명으로 진행했다는 사실이다. 이를 통해 모든 학생이 안전하다고 느낄 수 있도록 했다.

우리는 이 설문을 한 번으로 끝내지 않고 계속해서 반복적으로 실시했다. 새로운 주제를 가르칠 때마다 학생들에게 "이 링크에 접속해 집에서 설문에 응답하고, 새로운 질문을 남겨 달라. 그러면 우리가 답하겠다"라고 안내했다. 그리고 우리는 반드시 그 질문들에 응답했다. 이러한 과정은 교육 과정을 구성하는 데 있어 매우 중요하고도 기초적인 핵심 요소였다.

학생들이 청소년이었기 때문에, 우리는 먼저 청소년기에 대해 이야기했다. 즉 신체적으로 어떤 변화가 일어나는지를 다루었지만, 그것이 단지 신체적 변화에만 국한되는 것은 아니라는 점을 강조했다. 우리는 학생들에게 인간은 영적인 존재이자, 정서적·사회적 존재이기도 하다는 점을 상기시켰다. 그렇다면 그 모든 차원에서 무슨 일이 일어나고 있는지를 함께 살펴보았다. 이어서 젠더 역할, 사춘기, 성과 생식, 그리고 데이트에 대해 다루었다. 특히 데이트는 항상 큰 단원으로 다루었는데, 학생들이 던지는 질문들이 많았고, 수업 분위기도 비교적 활발했다. 또한 개인의 경계(boundary)에 대해서도 이야기했다. 어떻게 하면 건강한 경계를 세울 수 있는지, 그리고 자신이 유해한 관계나 우정 안에 있다고 느낄 때, 어떻게 스스로를 보호하고 자신의 입장을 분명히 할 수 있는지에 대해서도 함께 고민했다. 그 다음으로 성별 정체성과 성적 지향을 다루었고, 물론 성에 대해서도 이야기했다. 이 주제는 의도적으로 과정의 후반부에 배치했다. 학생들이 그 시점에는 이미 충분히 준비되어 있었고, 이러한 주제에 대해서도 어느 정도 익숙해져 있었기 때문이다. 그래서 이 단원을 마지막에 가깝게 두었다. 또한 우리는 포르노그래피와 자위행위에 대해서도 다루었다. 이 점은 여러분에게 놀라울 수도 있고, 혹은 청소년들과 함께 일해 본 경험이 있다면 전혀 놀랍지 않을 수도 있는데, 요즘에는 섹스팅(sexting)이 하나의 새로운 현상으로 나타나고 있다. 혹시 섹스팅이 무엇인지 잘 알지 못한다면, 이는 기본적으로 문자 메시지를 통해 성적으로 노골적인 메시지나 이미지들을 주고받는 행위를 의미한다. 그래서 오늘날 많은 학생들, 곧 다음 세대의 상당수는, 특히 Z세대와 알파 세대의 경우 스마트폰이 거의 자기 자신을 확장한 존재와도 같기 때문에, 관계를 맺고 소통하는 방식 또한 그 매체를 통해 이루어진다. 앞서 에드 쇼가 Z세대가 실제 성적 행위에 덜 참여하고 있다는 점을 언급했던 것으로 기억한다. 나는 그 관점이 타당하다고 생각한다.

이에 대해 또 하나의 관점이 있는데, 오늘날 Z세대와 알파 세대 학생들은 대부분의 시간을 화면 뒤에서 보내고 있다는 점이다. 모든 학생이 그렇다고 할 수는 없지만, 상당수는 바로 그 디지털 환경 속에서 성과 관련된 경험과 참여를 하고 있다. 이는 이전 세대와는 전혀 다른, 새로운 콘텍스트라고 할 수 있다.

그래서 나는 이 또한 우리가 처해 있는 하나의 현실로서 우리가 이야기해야 한다고 생각한다. 다시 말해, 학생들이 어떻게 선택하고, 어디에서 정보를 얻으며, 어떤 방식으로 관계에 참여하고 있는지가 이전 세대와는 매우 다르다는 점이다. 이러한 차이는 분명한 현실이며, 우리는 이 주제에 대해서도 충분한 시간을 들여 반복적으로 이야기했다.

그리고 전체 과정을 마무리하는 단계에서, 우리는 패널 형식의 시간을 마련했다. 남자 교사들과 여자 교사들이 각각 참여했고, 성별에 따라 분리된 상태에서 학생들의 질문에 답하는 패널을 진행했다. 이때 우리는 학생들이 실제로 가지고 있던 질문들에 반드시 응답하는 것을 목표로 삼았다. 또한 경우에 따라서는 이를 역으로 구성하기도 했다. 즉 남학생들이 여교사들의 이야기를 들을 수 있도록 하거나, 여학생들이 남교사들의 이야기를 들을 수 있도록 하는 방식이었다. 이것이 바로 8학년 팀으로서 우리가 실제로 진행했던 방식이다.

이정숙 감사하다. 아일린은 교육 과정의 중요성을 언급했지만, 동시에 학생들과의 대화 역시 중요하다는 점을 강조했다고 생각한다. 나는 특히 진정한 대화와 상호 소통, 곧 질의 응답의 시간이 중요하다고 본다. 이를 통해 학생들의 목소리가 실제로 들려질 수 있고, 또한 그 질문들에 응답이 이루어질 수 있기 때문이다. 아일린이 교사였던 이 학교는 기독교 학교이기는 하지만, 부모와 학생들이 반드시 그리스도인인 것은 아니다. 홍콩에서는 경제적으로 여유 있는 많은 가정들이 반드시 기독교 교육을 기대해서라기보다는 더 나은 교육 환경을 이유로 자녀를 기독교 학교에 보내는 경우가 많다. 그래서 이런 학교에서 이루어지는 기독교 교육이나 성경 수업은 일반적인 기독교 학교에서의 교육과는 성격이 많이 다르다. 그러므로 그것은 복음 전도이자 동시에 성경을 가르치는 하나의 방식이 된다.

아일린　한 가지 사소하지만 중요하다고 생각하는 점을 덧붙이고 싶다. 우리는 이 단원을 가르치기 전에, 모든 학부모에게 미리 이메일을 보냈다. 우리는 이메일에서 자녀가 이러한 내용들을 배우게 될 것이라고 안내했고, 구체적으로 어떤 내용을 다루는지도 명확히 설명했다. 또한 우리는 수업에 사용한 모든 슬라이드 자료를 학부모들이 열람할 수 있도록 게시하겠다고 알렸다. 다만 학생들이 수업 중에 던진 질문들까지는 공개하지 않겠다고 분명히 했는데, 이는 학생들이 안전하다고 느끼길 원하기 때문이었다. 이러한 사전 소통 역시, 내가 보기에 매우 중요한 또 하나의 요소였다.

조효승　내가 청년들을 대상으로 섹슈얼리티에 대해 강의할 때에는, 내가 이 주제의 전문가는 아니기 때문에 전문가를 초청한다. 다만 누구를 초청할 것인지는 내가 선택할 수 있는 권한을 가지고 있다. 그래서 나는 항상 세 가지 주제, 곧 섹슈얼리티, 중독, 그리고 복음을 함께 결합하려고 한다.

우리는 이 세 가지 주제를 함께 다룬다. 그 이유는 앞서 말했듯이, 내가 사역하고 있는 지역에서는 이 모든 요소가 뒤섞여 나타나는 현실을 목격하기 때문이다. 이는 어쩌면 한국 사회의 특정한 맥락일 수도 있다.

이 지역은 많은 청년들이 모여 사는 곳으로, 대체로 소형 1인 주거 공간에서 생활하며 입시 준비, 취업 준비, 그리고 그 밖의 여러 준비를 위해 머무르는 지역이다. 그러한 환경 속에서 약물 문화와 성적 활동이 상당히 활발하게 나타나고 있다. 따라서 이 교회에 출석하는 사람들 역시 그러한 문화에 노출되어 있거나, 바로 그 문화적 배경 속에서 살아온 이들이라고 할 수 있다.

그래서 나는 이 세 가지 이슈를 각각 따로 다루기보다는 함께 묶어 다루는 것이 훨씬 더 효과적임을 경험했다. 이들은 매우 작은 칸막이 형태의 협소한 주거 공간에서 생활하고 있다. 그런데 아이러니하게도, 이렇게 비좁은 공간에 밀집해 살아가면서도, 사람들은 강한 고독감을 겪고 있다는 사실을 알게 되었다. 그 과정에서 나는 많은 이들이 섹슈얼리티에 대해 일종의 왜곡되거나 건강하지 않은 이해, 그리고 성적 관계에 대한 왜곡된(여기서 적절한 영어 표현을 찾기가 쉽지 않은데, 'perverted'[변태적인]라는 표현은 지나치고, 'unhealthy'[건강하지 않은]라는 표현은 다소 약한 느낌이다. 한국어에서 말한 의미는 그 중간쯤에 해당한다고 이해하면 될 것이다 - 역자 주) 경험 방식을 가지고 있다는 점을 인식하게 되었다.

그래서 우리는 모든 내용을 복음의 은혜라는 맥락 안에서 하나로 엮으려 한다. 그리고 그로부터 나오는 함의들을 함께 숙고한다. 그러나 그에 앞서, 나는 무엇보다도 청년들이 와서 이러한 주제들에 대해 이야기할 수 있을 만큼 충분히 안전하다고 느끼는 분위기를 조성하는 것이 중요하다고 생각한다. 놀랍게도, 나는 그들의 어려움이 공동체 안에서의 경험을 통해 점차 해소되는 모습을 보아 왔다. 우리는 이 과정을 함께 통과한다.

나는 디지털 세대에 속해 있다. 그렇기 때문에 이 주제와 관련해 사람들이 정보를 접하고 수집할 수 있는 충분히 많은 디지털 플랫폼들이 존재한다는 사실을 인식하고 있다. 그중에는 목회자로서 강단에서는 직접 다루기 어려운 민감한 주제들을 다루는 특정 플랫폼도 있다. 우리는 그러한 자료를 함께 시청한 뒤, 그 이후에 토론의 시간을 갖는다.

내가 목회자로서 매우 유익하다고 느낀 점은, 문제의 한가운데에 내가 직접 개입하기보다는 한 발짝 물러서서 전문가들을 초청하고, 그들이 이러한 주제들에 대해 자유롭게 말할 수 있는 분위기를 조성하는 것이다. 한 가지 덧붙이자면, 결혼과 독신이라는 두 주제에 관한 세미나는 아내와 내가 반드시 직접 가르친다. 그리고 이것을 단 한 번으로 끝내지 않고, 약 여섯 달 동안 후속 모임을 이어 간다. 나는 이것이 오랜 사역의 경험을 통해 얻게 된 지혜의 한 부분이라고 생각한다. 다시 말해, 어디에 집중할 것인지, 어디에 에너지를 쏟을 것인지, 그리고 우리를 대신해서 어떤 부분을 다른 이들에게 맡길 것인지를 분별해 결정하는 통찰이다.

스테판　감사하다. 간단히만 말하겠다. 이미 많은 이야기가 나왔기 때문에 내가 덧붙일 내용은 많지 않다. 다만, 몇 가지 자료에 대해 생각해 보게 되었다. 예를 들어, 로잔 운동의 젠더와 섹슈얼리티 관련 자료가 있다. 마크, 당신도 이 작업에 참여하고 있는 것으로 알고 있는데, 그 안에는 건설적이고 균형 잡힌 자료들이 마련되어 있어 충분히 활용할 수 있다고 생각한다. 또한 세계복음주의연맹(World Evangelical Alliance)에도 유익한 자료들이 있다. 특히 하나님의 나라 안에서 남성과 여성이 동역자로서 함께 사역한다는 주제, 곧 남성과 여성이 협력하는 문제를 다룬 자료들이 있으며, 관련 PDF 자료와 다양한 콘텐츠도 제공되고 있다. 이러한 자료들 역시 참고할 만하다고 생각한다.

그리고 존더반(Zondervan) 출판사의 '카운터포인츠 시리즈'(Counterpoints Series) 전체도 개인적으로 매우 유익했고 큰 도움이 되었다. 이 시리즈의

Two Views on Homosexuality, the Bible and the Church(동성애, 성경, 그리고 교회에 대한 두가지 견해)이다. 나는 어떤 사안에 대해 최소한 두 가지 관점이 존재한다면, 적어도 그 두 관점을 모두 분명히 제시하며 대화를 나누는 것이 중요하다고 생각한다.

이 책은 총 네 명의 저자가 참여했는데, 그중 두 명은 긍정적 입장을, 두 명은 전통적 입장을 대표한다. 각 저자가 먼저 자신의 입장을 제시하고, 이후 다른 저자들이 그에 대해 응답하는 형식으로 논의가 진행된다. 그리고 마지막에는, 앞서 언급했던 프레스턴 스프링클이 이 책을 편집했다. 나는 이러한 유형의 자료들이 매우 건설적이며, 우리가 다루어야 할 성경적·신학적 토대와 그 이면에 흐르는 핵심 쟁점들을 균형 있는 시각을 가지고 이해하는 데 큰 도움을 준다고 생각한다.

17

패널 3: 선교 기관

진행자 | 넬슨 제닝스(J. Nelson Jennings)
패널 | 조코 최(Joko Choi), 김홍주, 레디나 콜라네시(Redina Kolaneci), 선교사,
선교 행정 담당자 2명, 선교사 부모 2명, 왕윤성, 윤석원
한국어·영어 통역 | 정미연

* 참여자들의 약력은 기고자와 참가자 목록을 참고하기 바란다.

넬슨 제닝스　　첫 번째 질문이다. 각자는 2분 정도로 자신을 소개하고, 선교 기관에서의 사역 경험을 말하면 된다. 그리고 그 경험 속에서 인간의 섹슈얼리티와 관련된 사안이 어떤 방식으로든지 포함된 적이 있었는지도 함께 나누어 주기 바란다.

선교사 부모(아버지)　　우리 부부는 중앙아시아 카자흐스탄에서 8년 동안 사역했다. 그 이후 귀국해 현재까지 같은 선교 단체와 함께 사역을 이어 오고 있다. 우리는 트랜스젠더 이슈를 겪고 있는 두 자녀를 두고 있다. 또한 현장 사역 중이었을 때나, 현장을 떠난 이후에도, 커밍아웃을 하고

서로 다른 삶의 방식을 선택한 사람들과 가까이에서 함께 지내는 경험을 해 왔다. 그러한 변화는 조직 내에 여러 문제를 일으켰으며, 그들과 함께 사역하던 동역자들에게도, 또 그렇지 않은 이들에게도 큰 어려움이 되었다. 현재 아내는 선교사 파송을 담당하는 선교단체 가운데 한 곳에서 사역하며 선교사 자녀(MK)들과 그 가족들을 담당하고 있다. 동시에 그 선교단체의 리더십 팀의 일원으로 섬기고 있다. 나는 좀 더 국제적인 차원의 보안 및 위기 관리 분야에서 역할을 맡고 있으며, 이 부분은 이후의 논의에서 다시 언급될 수도 있을 것이다.

윤석원　나는 태국에서 사역하는 선교사다. 먼저, 이 자리에 패널로 참여하게 된 것을 진심으로 영광스럽게 생각한다. 특히 이곳에 함께한 많은 존경받는 선교사들과 지도자들 앞에서 더욱 그렇다. 또한 솔직히 말하자면, 나의 지식과 경험은 제한적이다. 특히 인간의 섹슈얼리티와 같이 민감한 주제를 다룰 때에는 더욱 그렇다. 나는 이 주제에 대해 여전히 배우고 준비해 가는 입장이다.

간단히 나의 배경을 소개하겠다. 나는 WEC 국제선교회와 함께 카자흐스탄에서 11년, 태국에서 10년 동안 사역했다. 현재는 WEC 리더십의 허락을 받아, 아시아 교회의 선교 운동을 지원하는 EWC(East-West Center for Missions Research and Development)의 사무총장으로 섬기고 있다. 나의 학문적 배경은 영국, 한국, 미국에서의 수학 과정을 포함한다.

비록 태국에 거주하고 있지만, 나의 사역은 한 나라에만 국한되어 있지 않다. 나는 아시아 교회들과 함께 사역하고 있다. 이는 내가 단일한 국가의 문화나 신념에만 묶여 있을 수 없다는 뜻이다. 우리의 선교 단체에는 보다 폭넓은 전략과 정책이 필요하다. 따라서 나는 인간의 섹슈얼리티와 같이 민감한 주제를 획일적인 조직 정책으로 강제하는 것은 아시아의 다양한 맥락과 문화, 그리고 많은 보수적인 교회들과의 협력과 동역에 문제로 작용할 수 있다는 점을 알고 있다.

김홍주 나는 약 10년 동안 인도네시아에서 선교사로 사역했고, 이후 4년 동안 한국에서 인도네시아 이주민들을 섬겼다. 그리고 지난 12년 동안은 온누리교회 2000선교본부의 본부장으로 사역하고 있다.

나의 사역을 돌아보면, 동성애라는 이슈나 동성애자를 직접적으로 접한 적이 없다고 생각했다. 그러나 다시 생각해 보니, 약 26년 전, 내가 섬겼던 인도네시아 회중 가운데 한 사람이 나를 찾아와 자신이 동성애자임을 털어놓은 적이 있었다는 사실을 떠올리게 되었다. 그 당시 나에게는 이 문제에 대한 지식이나 정보가 전혀 없었기 때문에, 나는 그 사안을 상당히 단순하게 접근했던 것 같다. 그는 이후에도 우리와 함께 교회에 나와 예배를 드렸지만, 교회 공동체의 다른 사람들에게는 자신을 숨기고 있었던 것으로 짐작된다.

한국의 선교 단체 안에서는 지금까지 이 젠더 이슈가 중심적인 논제로 다루어진 적은 없었다. 그러나 나는 이 문제가 이제는 거대한 파도처럼 밀려오고 있다고 느낀다. 지금까지는 핵심 사안이 아니었지만, 앞으로 이 젠더 이슈가 선교 단체뿐 아니라 교회 안에서도 강하게 부딪혀 올 분기점에 서 있다고 생각한다. 이것이 나의 전망이다. 그래서 나는 이 문제에 대해 많은 대화가 필요하다고 생각하며, 물론 나 자신을 포함해 우리 모두가 이에 대비해야 한다고 본다.

조코 최 나는 글로벌선교회(Global Mission Society, GMS)를 대표하여 이 자리에 참석했다. 따라서 개인적인 소개보다는 소속 선교 단체에 대해 소개하고자 한다. 나는 현재 GMS 산하 선교연구전략연구개발(Institute of

Development Research Center)의 원장이다.

GMS는 대한예수교장로회 총회(General Assembly of Presbyterian Church in Korea, GAPCK)의 선교 기관이다. GAPCK는 칼빈주의 개혁신학을 신앙의 기초로 삼고 있으며, 웨스트민스터 신앙고백서와 대·소요리문답을 채택하고 있다. 교리적 기준에 있어 GAPCK는 장로교회의 원리와 정치 체제를 따르며, 교회의 전통과 권위, 그리고 질서를 중시한다. 내가 속한 선교 단체인 GMS는 GAPCK로부터 선교 사역을 위임받은 선교 기관으로, 한국에서는 흔히 '합동'이라고 부른다. 현재 우리는 97개국에서 사역하고 있으며, 2,589명의 선교사와 110개의 지부를 두고 있다.

내가 속한 교단의 총회 동성애 대책위원회는 2014년에 동성애를 성경의 죄로 규정하고, 교회 안에서 이를 수용하는 것을 금지했으며, 이에 대한 반대 운동을 강화했다. 2015년에는 특히 동성애 문제와 관련하여 타 종교와의 연대를 거부했다. 그리고 지난해에는 동성애와 여성 안수에 대한 반대 입장을 다시 한 번 재확인했다. 나의 교단은 여성 안수 또한 허용하지 않을 정도로 매우 보수적인 입장이다.

그래서 지난해 GAPCK 제109회 총회는 동성애와 저출산 문제에 대한 입장을 공식적으로 밝혔다. 이는 나의 교단이 한국 사회의 저출산 문제에 더 큰 관심을 두고 있기 때문이다. 제109회 총회는 사회적 책무와 시대적 사명을 감당하기 위한 첫 단계로서, 동성애 반대와 차별금지법에 대한 반대, 그리고 출산을 장려하는 운동을 통해 저출산 문제에 대응하는 사명과 관련하여 다음과 같은 열 가지 입장을 선언했다.

우리는 2024년 7월 대법원이 동성 파트너에게 부양 관계에 따른 권리를 인정한 판결 등 최근 한국 사회에서 나타난 변화들을 고려하여 우리의 입장을 선언했다. 또한 제4차 로잔 대회 서울 선언에는 동성애와 관련해 모호한 표현들이 포함되어 있다고 본다. 이에 대해 우리는 우려를 표명하며, 동성애와 차별금지법에 대한 반대 입장을 다음과 같이 선언한다.

· 본 총회는 동성애가 타락한 동기와 학습된 행동에서 비롯되어 하나님의 창조 질서를 훼손하는, 성경에 반하는 비윤리적 현상임을 엄숙히 선언한다.
· 본 총회는 동성 동반자에게 부양 관계에 따른 권리를 인정한 대법원의 판결이 헌법을 위반한 불법적 결정임을 선언하며, 그 판결이 시정될 때까지 거룩한 투쟁을 계속할 것이다.
· 본 총회는 성평등에 기초한 올바른 젠더 질서와 혼인 질서를 지키는 것이 성경이 우리에게 부여한 거룩한 사명임을 선언한다.
· 본 총회는 국민의 기본권(양심·사상·표현·학문의 자유 및 종교의 자유)을 침해하는 포괄적 차별금지법에 대해 강력히 반대한다.
· 본 총회는 동성애를 인권으로 가르치는 근거가 되는 학생인권조례에 대해 깊은 우려를 표명하며, 이에 강력히 반대한다.

출산은 선택이 아니라 의무이자 축복이며, 하나님의 나라가 문화 명령을 통해 실현되는 방식이다. 이는 하나님의 통치를 구현하는 하나님의 방법이다. 이러한 거룩한 부르심과 사명에 응답하여, 우리는 다음과 같이 출산 장려 선교 운동을 적극적으로 추진할 것임을 선언한다.

· 출산 장려 선교는 오직 성경에 근거한 개혁신앙 운동이며, 말씀을 실천하는 운동이다.
· 출산 장려 선교는 결혼과 출산을 성경적 관점에서 바라보는 하나님의 나라 확장 운동이다.
· 출산 장려 선교는 교회의 언약 공동체가 생명 존중과 사랑을 실천하는 교회 세움 운동이다.
· 출산 장려 선교는 교회의 가장 기초적인 단위인 가정을 더욱 굳건히 세

우는 가정 세움 운동이다.

- 출산 장려 선교는 하나님 사랑과 이웃 사랑을 통해 나라와 민족을 세우는 애국 운동이다.

이러한 전제 아래에서, GMS의 최우선 과제는 복음의 온전성을 강화하는 것이다. 이를 통해 우리는 혼란한 사회 속에서 빛과 소금의 역할을 감당하고자 한다. 실제로 우리는 위원회, 멤버 케어 팀, 위기 대응 팀, 선임 연구 팀 등을 두고 있지만, 우리 선교 단체의 모든 사역은 궁극적으로 온전성의 회복에 초점을 맞추고 있다.

선교사　샬롬. 나는 70여 개국에서 사역하는 한 선교 단체에서 국가 디렉터로 섬기고 있다. 우리 단체의 사역자들은 여섯 개 대륙 모두에서 사역하고 있다. 약 10년 전부터, 우리는 자원과 시간 모두를 투자하여 연구와 학습 카페(learning café)를 진행해 왔다. 이는 사역자들이 현재의 상황을 다루는 데 도움을 주기 위함이다. 많은 사역자들이 동성애나 LGBTQ에 우호적인 국가, 혹은 덜 우호적이거나 심지어 매우 적대적인 국가들에서 사역하고 있기 때문이다. 따라서 우리 사역자들은 사회 변화와 자신들이 살아가고 있는 새로운 문화에 어떻게 대응하고 마주해야 하는지를 알 필요가 있다.

이러한 이유로, 동성애와 인간의 섹슈얼리티는 우리 선교 단체가 매우 진지하게 다루어 온 주제다. 우리는 특히 앞으로의 시간 속에서 다른 이들로부터 더 많이 배우기를 원하며, 이를 통해 적절한 정책을 수립하고, 그것을 실제로 적용하며, 또한 문서로 발행할 수 있기를 기대한다.

포럼 참가자　조코 최에게 간단히 질문하겠다. 서울 선언과 관련해, 단체에서 우려했던 지점은 무엇이었는가?

조코　　유감스럽게도, 나는 아직 교단을 대표하는 입장에서 그 질문에 대해 명확한 답변을 할 준비가 되어 있지 않다. 현재 우리는 이 사안 전체를 칼빈주의 신학의 관점에서 검토하는 과정에 있기 때문이다. 이 문제에 대해 일부는 보다 긍정적으로 보고 있는 반면, 다른 이들은 우려를 표하고 있다. 현재는 한국 사회가 직면한 매우 낮은 출산율 문제와 건강 문제에 더 집중하고 있다.

왕윤성　　샬롬. 나는 선교사이며, 바울선교회(Paul Mission Agency)에 소속되어 있다. 우리 선교회는 약 90여 개국에 파송된 약 500명의 선교사들을 두고 있다. 나는 2008년부터 2020년까지 13년 동안 이스라엘에서 선교사로 사역했다. 그리고 2021년부터 2025년 2월까지, 아내와 함께 선교회 내 멤버 케어 사역을 담당해 왔다.
우리 선교회에는 동성애와 관련된 공식적인 문서화된 정책은 없다. 따라서 나는 이 문제를 두 가지 방향에서 나누고자 한다.
우선, 우리 멤버 케어 사역의 목적은 선교사 가정들이 회복을 경험하고, 사랑 안에서 새로워지도록 돕는 데 있다. 우리는 이른바 '영적 삼종 경기'(spiritual triathlon)라 부르는 프로그램을 두 차례 운영하고 있다. 이는 전 세계에 흩어져 있는 모든 선교사들과 그 자녀들이 함께 모이는 자리다. 이 모임의 목표는 선교사 가정의 회복이며, 매년 1월과 8월에 진행된다. 우리는 모든 선교사 자녀들이 참여하여 상담 서비스를 이용할 수 있도록 초청한다. 이 센터의 이름은 마인드 헬스(Mind Health)이며 현재 전임 상담사 10명이 사역하고 있다.
내가 보기에, 대부분의 선교사들에게 가장 큰 아픔은 다른 나라에서 복음을 전하고 있는 동안 자신의 가족 가운데 아직 신앙을 갖지 않은 이들이 있다는 사실이다. 우리는 이러한 선교사들의 비신자 부모들이 있는 약 50가정을 직접 방문했으며, 그 결과 이들 가운데 약 70-80%가 그리스도인이 되었다.

지금까지 우리의 초점은 (물론 동성애에 대한 대화도 없지는 않았지만) 선교사 가정들을 섬기는 데 있었다. 즉 그들 가족 관계의 안전함 안에서, 그들의 자녀들과 모든 가족 구성원들이 건강한 가정의 삶으로 인도되고, 동성애 삶의 방식으로 나아가지 않도록 돕는 데 초점을 두어 왔다.

이제 이스라엘에 대해 간단히 나누고자 한다. 1988년, 이스라엘은 동성 결혼을 허용하는 법을 통과시켰다. 그러나 이스라엘은 각 도시마다 그 환경이 매우 다르다. 내가 살았던 예루살렘은 매우 전통적이고 정통 유대교적 성향이 강한 지역이다. 따라서 그곳에서는 동성애적 삶의 방식을 실천하는 사람들을 거의 찾아보기 어렵다.

그러나 텔아비브와 같은 국제적인 도시로 가면 상황은 다르다. 매년 6월, 그곳에서는 게이 프라이드 퍼레이드가 열리며, 2019년에는 25만 명이 이에 참여했다. 또한 이스라엘 국회의 의장은 동성애자다. 나는 오늘날의 이스라엘을 바라보며, 성경에 나오는 사사 시대를 보고 있는 듯한 느낌을 받는다.

레디나 콜라네시 　 나는 어떤 사역 단체나 선교 기관을 대표하여 이 자리에 온 것은 아니다. 나는 실제로 영국과 유럽, 때로는 그보다 더 넓은 지역에서 활동하는 기독교 단체들의 컨설턴트로 일하고 있다. 나는 이 단체들을 위해 모금, 커뮤니케이션, 마케팅과 관련된 자문을 제공하며, 그들이 복음을 전하고자 하는 사람들과 어떻게 관계를 맺고 다가갈 수 있을지, 또 후원자들과 공유할 수 있는 이야기들을 어떻게 수집할 수 있을지를 돕고 있다. 이 분야와 관련한 나의 경험은 주로 조직과 교회들이 직면하는 거버넌스와 관련된 이슈들에 집중되어 있다.

영국과 같은 곳에서는 (그리고 한국도 비슷하다고 확신하는데) 기독교 단체들과 교회들이 건전한 정책들을 갖추고 있어야 한다. 여기에는 고용 정책, 협력 기관과의 파트너십 정책, 재정 정책, 평판 및 위험 관리 정책, 그리고 아동과 함께 일하는 사람들, 곧 아동을 섬기는 사역자들이나 다양한 상황에서 사역하는 선교사들을 보호하기 위한 보호 정책 등이 포함된다. 나는 이러한 단체들의 정책들을 점검하고 평가하는 일을 자주 수행한다. 그 목적은 해당 정책들이 영국 정부의 요구 사항과 부합하는지, 그리고 이 단체들이 재정을 지원받아야 하는 자선 기관, 기업, 또는 재단들의 기준과도 일치하는지를 확인하기 위함이다.

나의 경험에 비추어 볼 때, 동성애와 관련된 이슈에 대해 특정한 입장을 취함으로써 재정적인 측면에서 큰 어려움을 겪은 단체들과 사역들이 실제로 있었다. 몇 년 전, 나는 핀란드의 한 루터교 신학대학과 함께 일한 적이 있는데, 이 기관은 동성 결혼 문제에 대해 입장을 분명히 밝힌 이후, 루터교 교단 소속 교회들로부터 받던 재정 지원의 60%를 상실했고, 그들은 잃어버린 후원자들을 어떻게 대체할 것인지에 대해 충분히 준비하지 못한 상태였다. 그래서 이러한 사역 현장에 있는 이들이, 지금은 재정적으로 여유가 있고 잘 운영되고 있으니 무엇이든 말할 수 있다고 생각하고 있다면, 자신이 믿는 바를 분명히 말할 수는 있다. 그러나 동시에, 그로 인해 뒤따를 수 있는 일정한 결과들에 대해서도 준비가 되어 있어야 한다.

또한 나는 영국에서, 사역 지도자들이나 현장 사역자들이 성적 비행으로 유죄 판결을 받은 이후, 해당 사역의 평판 문제를 다루는 데 있어 다른 기독교 단체들을 도운 경험도 있다. 그런 일이 발생하면, 그 사역을 지지해 온 모든 후원자는 상처를 받게 되고, 주요 후원자들은 어떻게 대응해야 할지 알지 못하는 상황에 놓이게 된다. 그 결과, 그 사역 단체에는 이러한 문제들을 어떻게 소통할 것인지, 그리고 손상된 연결과 관계들을 어떻게 회복할 것인지를 함께 고민하고 도와줄 누군가가 필요하게 된다. 이런 점에서 이 문제는 매우 중요하다.

이 자리에서는 신학과 건전한 신학적 토대에 대해 많은 논의를 하고 있다는 점을 알고 있다. 그러나 우리가 어느 나라에 살고 있든, 또 어느 나라에서 사역하고 있든, 그 나라의 법을 이해하는 것 또한 반드시 필요하다. 우리는 건전한 정책을 수립하는 데 도움을 줄 수 있는 법률가들, 특히 기독교적 관점을 지닌 변호사들과 대표자들과 긴밀히 협력해야 한다. 우리는 단순한 개인이 아니라 조직이며, 동시에 선교 단체다. 따라서 우리는 그 나라의 법을 성실히 준수해야 하며, 또한 위험 요소에 대한 평가를 이미 마쳐 두고, 상황이 발생했을 때 어떻게 대응할 것인지 알고 있어야 한다. 왜냐하면 이러한 상황에 대한 대응은 매우 신속해야 하기 때문이다. 그러나 나는 종종 사역 단체들이 어려운 상황에 신속하게 대응할 준비가 되어 있지 않은 경우를 발견한다.

선교 행정 담당자(아내)　　　우리는 현재까지 29년 동안 이 선교 단체와 함께 사역해 왔다. 이 단체는 국제 선교 단체다. 우리는 처음에 간호사로 훈련을 받았고, 선교 사역의 첫 경험은 중앙아시아에서 시작되었다. 그곳에서 세 자녀를 양육하며, 전문 직업을 가지고 12년 동안 거주하며 사역했다. 그 이후, 우리는 선교 단체의 요청을 받아 뉴질랜드로 이동해 선교사를 훈련하는 책임을 맡게 되었다. 이 과정에서 신학, 리더십, 그리고 멤버 케어 분야에서 추가적인 자격 과정을 이수했다. 멤버 케어란 타 문화권 선교 사역에 참여하는 사람들을 위한 목회적 돌봄을 의미한다. 우리는 뉴질랜드에서 12년 동안 선교사 전문훈련대학을 담당했으며, 그 기간 동안 목회적 돌봄을 가르쳤고, 그 주제들 가운데 하나가 섹슈얼리티였다.

뉴질랜드에서 함께했던 학생들 중 매우 큰 비율이 한국 출신이었다. 우리가 뉴질랜드에 머무는 동안, 많은 선교사 자녀들이 14세나 15세 무렵에 뉴질랜드로 돌아와 고등학교 과정을 마치거나, 이후 전문대학이나 대학교에 진학한다는 사실을 알게 되었다. 우리는 그들을 위한 캠프가 필요하다는 점을 인식하게 되었다. 그래서 11년 전부터, 우리는 선교사 자녀들과 선교사 가정에서 자란 제3문화권 아이들(TCK)을 위한 여름 캠프를 시작했다. 이 캠프는 매년 계속 진행되고 있다. 이 캠프는 한 번만 참여하고 끝나는 프로그램이 아니라, 원하는 만큼 여러 차례 다시 참여할 수 있는 캠프다.

이 캠프의 취지는 소속감을 형성하는 공동체를 만드는 것이었다. 이는 단지 우리 부부만의 인식이 아니라, 선교 훈련 대학에서 함께 일하던 스태프들 또한 동일하게 인식하고 있던 부분이었다. 우리는 많은 젊은이들이 자신의 국가로 돌아오지만, 그곳이 자신의 고향처럼 느껴지지 않는다는 사실을 깨닫게 되었다. 그 나라는 부모의 고향이자 법적으로는 자신의 국적 국가이지만, 정작 본인에게는 집처럼 느껴지지 않는 곳이었다. 그 결과, 그들은 자신이 속할 자리를 찾는 데 큰 어려움을 겪게 되었고, 종종 대학이나 전문대학 안의 소수 집단 속에서 소속감을 찾게 되는 경우가 많았다. 그래서 우리의 생각은, 의도적으로 소속감을 제공하는 공동체를 만들어야 한다는 것이었다. 결국 정체성의 문제와 관련해 말하자면, 그것은 단지 우리 선교사 자녀들에게 어떤 지원이 필요한지를 인식하게 된 것이었다.

우리는 현재 태국 치앙마이에 거주하고 있으며, 우리 선교 단체의 국제 부디렉터로 섬기고 있다. 우리 선교 단체의 국제 대표들은 한국인이며, 전 세계에 2천 명의 사역자들이 있다. 우리 조직의 25%는 한국인으로 구성되어 있으며, 우리는 그동안 한국의 형제자매들로부터 많은 은혜를 받아 왔다. 우리는 계속해서 선교 현장에 있는 젊은이들과 선교사 가정들을 어떻게 지원할 것인지, 그리고 정체성과 소속감의 문제로 어려움을 겪고 있는 사람들을 어떻게 도울 것인지에 대해 살펴보고 있다.

포럼 참가자　이 질문은 콜라네시 여사께 드리는 것이다. 당신의 경험에 비추어 볼 때, 동성애에 반대하는 입장을 분명히 취하면서도 재정적 지원을 유지하는 데 성공한 조직을 접한 적이 있는가? 만약 그것이 가능했다면, 그 조직은 어떻게 그렇게 할 수 있었는가?

레디나　내가 보기에는, 적어도 영국의 콘텍스트에서 단체들은 신앙 고백서를 가지고 있다. 그리고 그 신앙 고백서는 성경에 근거해 작성된다. 이러한 신앙 고백서는 단체의 웹사이트나 여러 공식 문서에 공개되어 있으며, 후원자들과도 '이것이 우리가 믿는 바다'라는 취지로 공유된다. 그 안에는 하나님이 누구신지, 삼위일체, 결혼의 거룩함, 그리고 예수님의 복음을 다른 이들과 나누는 일이 왜 중요한지에 대한 내용이 담겨 있다. 또한 영국의 고용법에는 직무상 요건 조항이 있다. 이 조항에 따라, 영국의 기독교 사역 단체들은 법적으로 동일한 신앙과 신념, 가치관을 공유하는 사람들을 고용할 수 있다. 그래서 복음주의 사역 단체들은 복음주의 신앙을 가진 사람들, 곧 복음주의 사역자들을 고용하고 있다. 여기에 한 가지를 덧붙이고 싶다. 영국 의회 안에 있는 그리스도인 의원들이, 이러한 조항이 기독교 사역 단체들과 교회들을 위해 유지되도록 매우 치열하게 싸워 왔다는 점이다. 왜냐하면 정치권에서는 기독교 자선 단체와 기독교 교회가 공공의 이익을 제공하는 존재인가에 대한 논쟁이 수시로 제기되기 때문이다. 그리고 그러한 논쟁은 언젠가 한국에서도 일어날 수 있다. 다종교 사회이고, 무엇이든 믿을 수 있으며, 무엇보다 개인의 감정과 인식이 중요하다고 여겨지는 사회에서, "하나님 앞에 나아오려면 이렇게 살아야 한다", "이런 삶의 방식은 살아서는 안 된다", "이런 선택은 해서는 안 된다"고 말하는 교회가 과연 어떤 공공의 유익을 제공하는가라는 질문이 제기될 수 있다. 그 결과, 교회는 자선 단체로서의 지위에서 쉽게 배제될 수 있으며, 이는 세금 문제와 법적 문제로도 이어질 수 있다.

그러나 기독교 정치인들, 그리고 이른바 유대·기독교 가치관을 지지하는 다른 사람들이 실제로 이러한 제도를 지지해 왔고, 또 그것이 유지되도록 힘써 왔다. 따라서 우리는 이 자리가 정치의 영역은 아니지만, 우리 각 나라에서 정치의 최고 의사결정 영역에 더 많은 그리스도인들이 참여하도록 기도해야 한다. 또한 정치인들이 비록 신자가 아닐지라도, 하나님이 그들의 마음을 어떤 방식으로든 그분께 가까이 붙들어 주시도록 기도해야 한다. 이러한 맥락에서, 우리는 사람들을 고용할 수 있고, 정직성과 지혜를 가지고 사역할 수 있다. 여기서 나는 앞서 언급된 한 가지로 다시 돌아가고 싶다. 곧 영국에서 사역하는 그리스도인들은 함정에 빠지지 않도록 매우 조심하고 있다는 점이다. 특히 아동이나 청소년과 관련된 상황에서, 그들은 무엇을 말하는지, 어떤 방식으로 사역하는지에 대해 매우 신중하다. 심지어 자신의 성별 정체성을 유동적으로 인식하는 사람들을 대할 때에도 마찬가지다.

따라서 사람을 한쪽 구석으로 몰아넣는 정죄의 잣대를 들이대는 방식이 아니라, 하나님의 은혜와 하나님의 사랑을 보여 주는 것이 중요하다. 그리고 사람들이 자신의 삶에 대해 이야기할 수 있는 안전한 환경을 조성하는 것이 필요하다. 그리고 사역 단체에서 일하는 사람들을 이야기할 때, 그 안에 있는 독신자들이 정결을 지키고 있는지, 혹은 성적 관계를 맺고 있는지, 사역에 종사하는 기혼자들은 외도를 하고 있는 것은 아닌지와 같은 문제들에 대해서도 함께 점검하고 격려할 필요가 있다. 이러한 의미에서, 사역의 현장 안에서도 팀을 돌보는 사역이 필요하다. 곧 서로를 격려하고 지지하며, 서로에게 책임을 묻는 관계를 형성함으로써, 우리 스스로가 실패하지 않도록 하는 것이 중요하다.

김홍주　나는 영국의 상황에 대해 잘 알지 못하기 때문에 다소 조심스럽게 말하고자 한다. 온누리교회는 현재 약 900명의 선교사를 파송하고 있으며, 이들은 70개국에 흩어져 사역하고 있다. 우리는 이들로부터 많은 서신을 받고 있다. 그런데 젠더 이슈와 섹슈얼리티 문제로 어려움을 겪고 있다며 기도 편지를 보내오는 선교사는 영국에 있는 한 사례뿐이다. 그 선교사는 매우 보수적인 신앙을 가진 사람이며, 자신의 보수적인 관점에 따라 자녀들을 가르치고 있는 것으로 보인다. 그러나 그의 자녀들은 학교에서 전혀 다른 내용을 배우고 있다. 그 결과, 그 자녀들은 학교에서 따돌림을 당했고, 선교사 부모로부터 배운 전통적인 성경적 섹슈얼리티 가치관을 표현했다는 이유로 많은 어려움을 겪었다. 그 선교사의 자녀들은 또래 학생들뿐 아니라 교사들로부터도 주의를 받았다. 물론 나는 선교사의 입장에서 전해 들은 이야기만 알고 있을 뿐, 학교 측의 입장은 알지 못한다. 그럼에도 불구하고 우리가 우려하는 것은 그러한 환경에서 성장하는 아이들은 자연스럽게 교사와 학교의 입장을 받아들이게 될 가능성이 크다는 점이다. 이와 같은 일은 한국에서도 충분히 일어날 수 있다. 따라서 우리는 우리 자녀들이 사회적 규범이나 문화적 환경을 어느 정도까지 수용하도록 허용할 것인지, 그리고 어느 지점까지는 이에 저항하도록 가르치거나, 이러한 문제들에 대해 다른 선택지와 대안을 제시해야 할지를 깊이 고민하고 정리할 필요가 있다.

넬슨　이 질문은 네 번째 질문으로 자연스럽게 이어진다. 질문을 읽겠다. 이 가운데 한두 분이 이 질문에 대해 답해 주셔도 좋겠다. 선교사들과 선교 단체들은 자신들이 속한 콘텍스트의 가치와 기준보다 더 전통적이거나 혹은 더 자유로운 가치관과 법적 기준을 지닌 콘텍스트에서 사역하게 될 때, 그러한 상황에 대비하여 어떻게 가장 잘 준비할 수 있겠는가?

선교사 부모(아버지)　나는 세 가지 실제 사례를 통해 의견을 나누고자 한다. 이 이야기들 가운데 처음부터 동성에 끌림이 있는 것으로 알려진 사람은 아무도 없었다. 선교 단체들은 그저 그들이 그러한 사람들과 함께 사역하고 있다고만 생각하고 있었다. 첫 번째 사례는 우리가 카자흐스탄에 있을 때의 일이다. 우리는 학생 사역을 담당하던 한 팀과 함께 사역하고 있었는데, 시간이 지나면서 그중 한 사람이 이러한 문제로 어려움을 겪고 있다는 사실을 서서히 드러내기 시작했다. 그는 여자 친구를 사귀려고도 했지만, 어느 시점에 이르러서는 "아니, 나는 이것을 더 살펴보고 실제로 그렇게 살아 보고 싶다"고 말하게 되었다. 이 상황은 그 선교 단체에 두 가지 측면에서 매우 어려운 문제였다. 하나는 그 선택이 선교 단체의 입장에서 수용할 수 없는 것이었고, 동시에 카자흐스탄이라는 현지 콘텍스트에서 그 사람은 선교적 증언을 완전히 상실하게 되었을 것이다. 이 사례는 우리가 어떤 사람을 보냈는지 알고 있다고 생각하지만, 실제로는 그렇지 않을 수 있음을 보여 준다.

두 번째 사례는 보다 보수적인 배경에서 출발한다. 한 가정이 어린 두 자녀와 함께 캐나다로 파송되었다. 캐나다는 그들이 익숙했던 환경보다 훨씬 더 개방적인 사회였기에, 남편이 스스로 동성에 끌림을 느끼고 있음을 드러내게 되었고, 결국 가정을 떠났다. 이 사례 역시, 처음에는 드러나지 않았던 문제가 보다 자유로운 환경 속에서 표면화된 경우라고 할 수 있다.

세 번째 사례는 영국 출신의 한 젊은 남성에 관한 것이다. 그 역시 우리와 함께 사역했다. 우리는 그가 동성에 끌린다는 것을 알고 있었고, 그는 단기 사역으로 섬길 예정이었지만, 이후 장기 사역으로 이어질 가능성도 있었다. 그는 금욕을 지키겠다고 우리에게 약속했고, 이 사실을 선교 단체에는 알리지 않았다. 그는 중동의 한 나라에서 사역하는 동안 매우 큰 어려움을 겪었다. 실제로 문제가 발생한 적은 없었던 것으로 보이지만, 그는 결국 본인이 선교 현장에서 사역할 수 없다는 사실을 스스로 인식하게 되어 귀국했다.

이러한 모든 상황 속에서 우리가 보지 못하는 부분들이 있을 수 있다고 생각한다. 그 사람은 겉으로는 매우 평범한 청년이거나 가정적인 사람처럼 보였을 수도 있다. 그러나 이러한 문제들은 드러날 수 있으며, 그렇기 때문에 우리 공동체의 사람들과 대화를 나누고 신뢰를 형성해야 한다. 그래야 어떤 것들이 나타나기 시작할 때 이를 조기에 포착할 수 있고, 목회적인 인도를 받을 수 있다. 그들이 선교 단체로부터 매우 부당하게 대우받았다고 느낄 경우, 상황은 법적 문제로까지 이어질 가능성도 있다. 또는 다른 방식으로 관계가 완전히 붕괴되고, 이러한 상황들로 인해 사람들이 신앙을 잃게 되는 경우도 발생한다.

넬슨　네 번째 질문에 대해 더 나누실 분 있는가?

선교사 앞서 언급했듯이, 약 10년 전부터 우리는 선교지로 파송될 선교 사들과 사역자들을 준비시키기 위해 많은 자원을 투입하기 시작했다. 우리는 사역자들이 우리의 자산이라는 확신을 가지고 있다. 따라서 사 역자들 자신이나 그들의 가족 구성원들이 선교지의 희생자가 되지 않도 록 사역자들을 매우 세심하게 돌보고 있다. 그래서 지난 10년 동안 우리 는 특별한 줌 수업과 학습 카페를 통해 그들을 준비시키기 시작했다. 이 는 부모와 자녀를 함께 준비시키기 위한 것이며, 선교사 자녀들이 앞으 로 마주하게 될 새로운 환경에 대비하도록 돕기 위한 것이다. 그 환경이 더 긴장이 높은 환경이든, 혹은 보다 우호적인 환경이든, 이는 그들이 어 디에서 왔는지에 따라 달라진다.

우리 기관은 국제적인 기관이며, 서로 다른 문화권에서 온 선교사들이 있고, 인간의 섹슈얼리티 문제에 대해 서로 다른 기준이나 개방성을 가 지고 있다. 따라서 선교사들에게는 이것이 결코 쉬운 일이 아니다. 그렇 기 때문에 10년이 지난 지금도 우리는 여전히 서로에게서 배우고 있으 며, 서구권 동료들이 어떻게 생각하는지를 이해하려고 노력하고 있다. 이는 동아시아권 구성원들이 생각하는 바와는 다를 수 있다. 우리는 인 간의 섹슈얼리티에 대해 하나의 합의된 입장에 이르기는 어려울 것이 다. 이는 학습의 과정이다. 그러나 우리는 선교사 자녀를 위해 우리가 할 수 있는 일을 하고 있다. 우리는 특히 사역자가 아시아 콘텍스트에서 온 경우, 자녀가 가정에서 매우 중요하다고 믿는다. 우리는 자녀들이 고 향으로 여기는 나라 또는 여권상 국적 국가로 돌아가 학업을 계속하거 나, 혹은 제3국에서 학업을 이어 가기 전에, 자녀들이 잘 지내고 있는지 를 확인하기 위해 많은 에너지와 시간, 그리고 재정을 투입해 왔다. 지 난 며칠 동안 우리는 그들이 보다 LGBT 친화적인 국가들로 이동하면서 많은 도전에 노출되고 있다는 이야기를 읽고 또 들어 왔다. 그래서 우리는 가족이 모두 함께 참여하는 이러한 형태의 학습 카페와 학습 워크숍을 통해 그들을 준비시키고 있다.

개별 사역자들을 준비시키는 데 있어 또 하나의 요소가 있다. 이는 내가 지금까지도 해 오고는 있었지만, 사실 그것을 잘 표현하지는 못했다고 말하고 싶다. 그런데 방금 토의 중에 마크 야하우스가 언급해 준 덕분에 그것이 무엇인지가 더 분명해졌다. 이는 그들이 새로운 문화를 마주하도록 준비시키는 것에 관한 것이다. 우리는 흔히 타 문화 선교에 대해 이야기해 왔지만, 그것을 마크가 표현한 방식처럼 분명하게 말하지는 못했다. 그 점에서 나는 마크에게 감사하고 싶다. 사실 우리는 이미 그 일을 해 오고 있었지만, 우리가 마주하고 있는 것을 '새로운 문화'라는 표현으로 말하지 않았을 뿐이다. 그래서 우리는 그들을 준비시키고, 지난 며칠 동안 우리가 배운 것들을 가르치며, 이 새로운 문화가 그들이 반드시 직면해야 하고 배워야 할 대상이라는 점을 알게 해야 한다. 사역자들이 무슬림 국가로 갈 때 미리 준비하고, 언어와 문화를 익히며, 음식 문화와 그들의 생활 방식을 이해하도록 가르치는 것과 마찬가지다. 그러므로 이러한 새로운 도전들, 새로운 문화들, 즉 LGBT 친화적인 문화들을 마주하기 위해서도 우리는 그들을 준비시켜야 한다. 그것이 바로 우리가 하고 있는 일이다.

넬슨　　감사하다. 이제 우리는 사역을 위한 준비에 대해 이야기하려고 한다.

선교 행정 담당자(남편)　　서로 다른 가치관과 법적 기준을 가진 콘텍스트에서의 사역에 대한 질문은 솔직히 말하면 거의 모든 사역자에게 해당된다. 그들은 한 문화에서 다른 문화로 이동하는 과정에 있다. 새로운 문화적 체계와 규범, 그리고 법적 체계를 배워야 하는 상황에 놓여 있다. 어느 누구라도 자신의 문화를 처음으로 벗어나서, 본격적으로 타 문화 사고에 참여하게 되는 사람에게 이것은 상당히 큰 어려움이 될 수 있다. 그래서 우리는 사람들이 단일 문화 환경이 아니라 다문화 환경 안에서 훈련을 받는 것이 중요하다고 강하게 권고한다. 왜냐하면 단일 문화 환경은 본국 문화의 규범을 강화할 뿐, 실제로 낯선 것과 다른 것에 대비하도록 돕지는 못하기 때문이다. 다른 문화권 사람들과 함께 배우는 과정은 대화를 탐색할 수 있는 기회를 제공하고, 그러한 공간으로 들어갈 준비를 더 잘 갖추도록 돕는다. 마찬가지로, 사역자들이 가족을 데리고 다시 본국 문화, 즉 익숙한 문화로 돌아올 때에도, 그 자녀들은 또 다른 전혀 새로운 상황을 헤쳐 나가야 한다. 이 모든 것을 포괄하는 멤버 케어가 필요하다. 그러나 나는 훈련이 단순히 본국 문화에서 외국 문화로 이동하는 방식이 아니라, 다른 문화들과의 실제적인 상호 작용을 포함해야 한다고 적극적으로 주장한다.

넬슨 그렇다면 훈련과 준비 과정에 차이의 문제와 관련하여 섹슈얼리티와 젠더의 사안들도 포함시키겠는가?

선교 행정 담당자(남편) 나는 이것이 반드시 훈련의 일부가 되어야 한다고 생각한다. 또한 이것은 선교사와 선교 단체 사이에 이루어지는 합의의 일부가 되어야 한다. 그 합의는 도덕적 틀에 대해 명확하게 규정되어야 하며, 분명하게 문서화되어야 한다. 그래야 우리가 앞서 들었던 몇 가지 사례들이 발생할 때, 그것이 하나의 (너무 법적인 표현을 쓰고 싶지는 않지만) 계약 위반으로 이해될 수 있다. 여기에는 일정한 계약의 수준이 있다. 나는 선교사로서 이러한 특정한 방식으로 행동하겠다는 계약에 들어가는 것이다. 만약 내가 그러한 방식으로 행동하지 않을 때엔, 나는 선교의 일원이 되는 것에서 스스로를 배제하는 것이다. 그리고 그들은 자신이 그러한 조건에 동의하고 참여하고 있다는 사실을 알게 되는데, 이는 그들에게 책무성을 부여하고, 우리 모두가 대화를 나눌 수 있는 토대를 제공한다. 따라서 여기에는 서로 다른 콘텍스트 속에서 성적 행위와 성적 순결이 분명히 포함된다. 그리고 어떤 콘텍스트에서, 사실상은 모든 콘텍스트에서, 이는 복음 증거의 본질적인 부분이며, 그 증언을 심각하게 훼손할 수 있다.

레디나　　또한 나는 선교 리더십이나 교회 리더십에 참여하고 있는 우리가 세상을 LGBT 친화적인 국가들과 그렇지 않은 국가들로만 나누어 생각하지 않는 것이 중요하다고 생각한다. 왜냐하면 LGBT 친화성이 사방에 존재하는 세계가 있기 때문이다. 그것은 바로 디지털 세계다. 그러므로 당신이 가나에 살든, 한국에 살든, 알바니아, 영국, 네덜란드, 호주에 살든 상관없이, 아이들과 청소년들은 유튜브, 틱톡, 인스타그램, 각종 스트리밍 서비스를 보고 있다. 부모가 자녀의 휴대전화에 부모 통제를 설정해 두었더라도, 그들은 친구들의 휴대전화를 통해서도 콘텐츠를 본다. 그렇기 때문에 그들은 이미 사람들이 서로 다르게 생각하는 환경, 무엇이 거룩한지 그렇지 않은지에 대한 우선순위가 매우 다른 환경에 노출되어 있다.

그래서 내 생각에 선교 단체들이 직면한 문제는 40대의 부모와 두 자녀로 이루어진 가족이 이 문화 안에 들어간다는 것에만 국한되지 않는다. 이 선교사들은 매우 성인 중심적인 방식으로 사고하고 있기 때문이다. 문제는 우리가 어떻게 문화를 주제로 하는 대화를 시작할 수 있는가, 그리고 일반적으로 문화를 이해하는 법, 특히 우리 삶 모두에 존재하는 디지털 문화를 어떻게 이해할 것인가에 있다. 또한 영국에 있는 아이든지, 선교사 자녀든지, 아이들이 자신들이 보고 있는 것들 속에서 사랑에 대한 이야기, 소속감에 대한 이야기, 희망에 대한 이야기, 성취에 대한 이야기가 무엇인지 분별할 수 있도록 실제로 도움이 되는 대화를 어떻게 나눌 수 있는가의 문제다. 그리고 그들이 이러한 서로 다른 환경 속에서 접하는 이야기들이 성경의 이야기와 어떻게 연결되는가도 중요하다. 우리에게 있어 판단의 기준점은 성경의 이야기다.

그러나 오늘날 우리가 사는 세상에서는 단순히 "이것이 내가 믿는 것이다"라는 말로 시작할 수는 없다. 왜냐하면 맞은편에 있는 사람은 "나는 그것을 믿지 않고, 이것을 믿는다. 그래서 어쩌라는 것인가?"라고 반응할 것이기 때문이다. 그렇게 되면 우리는 더 이상의 논의도, 더 이상의 상호 작용도 없는 지점에 이르게 된다.

그래서 나는 교회 공동체 안에서 가정을 어떻게 훈련할 것인가, 그리고 새로운 신자들, 새로운 제자들을 문화와 어떻게 관계 맺도록 훈련할 것인가에 대한 방식 자체를 바꿀 필요가 있다고 생각한다. 이는 성경의 렌즈를 통해 문화를 매우 다른 방식으로 대면하도록 훈련하는 것이어야 한다. 그러나 해석학이나 여러 개의 박사 학위 뒤에 숨어서 회피하는 방식이어서는 안 된다.

여러분의 박사 학위가 여러분을 구원해 주지도 않을 것이고, 교회를 더 크게 만들어 주지도 않을 것이며, 이러한 문제들을 사라지게 해 주지도 않을 것이다. 중요한 것은 여러분이 가진 지식과 이미 받은 도구들을 어떻게 사용하여 문화의 이야기들을 실제로 탐구하고, 아이들과 청소년들, 그리고 가정들을 건조하고 억압적인 방식이 아니라, 흥미롭고 즐거운 방식으로 하나님의 이야기 안으로 이끌어 가는가다. 과연 누가 그렇게 경직되어 있고 기쁨이 없는 삶을 원하겠는가? 사람들이 이러한 다양한 선택지들을 탐색하는 이유는 충만함을 찾고 있기 때문이다. 그렇다면 우리는 그들이 그 충만함을 그리스도 안에서 발견하도록 어떻게 격려할 수 있는가? 그것은 먼저 우리가 개인으로서, 가정으로서, 친구로서 어떻게 살아가는가에서 시작된다.

넬슨　디지털 세계로 논의를 이끌어 주신 점에 대해 특별히 감사드린다. 이는 매우 중요한 사안이다. 이제 논의를 선교 단체와 정책의 문제로 옮기고자 한다. 여러분 앞에 제시된 두 번째 질문인데, 이 질문은 한두 분이 답해 주셔도 좋겠다. 여러분이 알고 있기에, 섹슈얼리티에 관한 정책을 가지고 있는 선교 단체는 얼마나 되는가? 또한 선교 단체들은 섹슈얼리티와 관련하여 어떤 형태의 정책을 마련하는 것을 고려할 수 있겠는가?

GMS와 같은 기관들은 교단과의 연관성 때문에 사실상 특정한 정책을 가지고 있다. 이러한 사례는 다수 존재한다. 이번 포럼을 준비하며 조사하는 과정에서, 나는 섹슈얼리티에 관한 정책을 가지고 있는 세 곳을 발견했다. 그중 두 곳은 특정 교단 기관과 연결되어 있지 않은 선교 단체였고, 한 곳은 선교 지향적인 기독교 교육 기관으로서 선교 정책을 가지고 있었다. 여기에서 언급하는 두 기관은 익명을 유지하기를 원했다. 이들의 정책은 공개되어 있지 않다. 그중 한 곳은 서구에 위치한 교육 기관이지만, 비서구 지역에서 온 학생들이 다수 재학하고 있다. 이 기관의 정책에 따르면, 우리는 근본적으로 남성과 여성 사이의, 한 남자와 한 여자 사이의 결혼 안에서 이루어지는 성적 관계라는 전통적인 섹슈얼리티 이해를 기본 원칙으로 삼는다고 명시되어 있다. 동시에, 교육과 공동체의 목적을 위해, 섹슈얼리티와 관련하여 다른 가치관과 실천을 가진 사람들과도 관계를 맺고 그들을 환영한다. 그러나 동시에, 이 기관에 오는 많은 학생들이 그러한 비전통적인 실천을 상상조차 하기 어려운 지역 출신이라는 점을 고려할 때, 이 기관은 전통적인 기준을 분명하게 유지하고 있다. 이것이 그들이 자신들의 상황을 조율해 나가는 방식이다. 유럽에서 사역하는 한 선교 단체는 매우 길고 신중하게 작성된 성명서를 가지고 있다. 그들은 이러한 성명서를 갖는 것이 시기상조라고 생각하는 사람들이 있을 수 있다는 점을 언급한다. 그러나 가능한 모든 법적 고려 사항과 재정적 영향을 사전에 차단하기 위해, 이와 같은 장문의 성명서를 마련했다. 그러면 이 두 번째 질문, 즉 섹슈얼리티에 관한 정책을 가지고 있는 선교 단체들에 대해 답해 주실 분이 있는가?

선교사 부모(어머니)　　영국에는 차별과 관련하여 무엇을 말할 수 있고 무엇을 말할 수 없는지에 대해 상당히 엄격한 법률이 있다. 그래서 우리 선교 단체의 영국 지부에서는 고용 전문 변호사와 협력하여, 채용 과정과 면접 질문 등이 그러한 법률을 위반하지 않도록 하고 있다. 그러나 그 범위 안에서, 우리는 기독교 단체로서 누구를 고용할 것인지에 대한 선호를 가질 수 있는데, 우리는 명문화된 정책을 따로 두기보다는, 우리가 섹슈얼리티와 관련하여 상당히 신중하게 구성된 행동 강령을 가지고 있다고 생각한다. 이 행동 강령은 면접 과정의 일부로 다루어지며, 우리는 지원자들에게 그 내용이 무엇인지 설명한다. 그 내용에는 남성과 여성, 결혼 등에 관한 전통적인 입장들이 담겨 있으며, 지원자들은 그 행동 강령에 동의하고 서명해야 한다.

나는 행동 강령에 대해 괜찮다고 말하며 지원한 사람들이 이후의 대화 과정에서, 실제로는 우리가 바람직하지 않다고 여기는 삶의 방식을 살고 있음이 드러난 사례들도 알고 있다. 그러나 선교 단체로서 우리는 상당히 긴 과정을 거친다. 우리는 단기와 장기로 선교지에 나갈 사람들을 받아들이고 있으며, 앞서 언급되었던 것들, 즉 타 문화 훈련 등을 포함한 10주간의 훈련 과정을 진행한다. 그 과정의 일부에는 섹슈얼리티와 관련된 묵상과 교육도 포함되어 있다. 따라서 그 모든 과정을 마칠 즈음에, 우리는 그 사람을 충분히 알고 있어야 하며, 그 사람이 자신이 동의하고 서명한 내용들을 실제로 수용하고 있다는 점을 확인할 수 있어야 한다. 그래서 나는 우리 기관이 모든 것을 문서로 명문화하기보다는, 행동 강령 안에서 기준을 설정하는 방식의 접근을 취해 왔다고 생각한다. 왜냐하면 모든 것을 문서로 적어 두는 순간, 우리는 법적 문제에 직면하게 될 것이기 때문이다. 그래서 그것이 우리가 택해 온 방식이라고 생각한다. 또한 나는 캠프를 운영하고 있는데, 매년 캠프의 리더로 지원하는 청년들이 있다. 지난해에는 스무 살의 멋진 제3문화권 자녀 한 명이 캠프를 돕기 위해 다시 오고 싶다고 지원했다. 그 아이는 어릴 때 이 캠프에 참가했던 경험이 있었다. 그러나 그 지원자는 자신이 퀴어라고 말했다. 그래서 우리는 섹슈얼리티에 대해 상당히 분명한 정책을 가지고 있었기 때문에, 다시 한 번 이렇게 물었다. "우리는 결혼은 한 남자와 한 여자 사이의 것이며, 성관계는 오직 한 남자와 한 여자 사이의 결혼 안에서만 이루어져야 한다고 믿고 있는데, 이 캠프의 행동 강령에 동의하고 서명할 수 있는가?"라고 말이다. 그 지원자는 "아니요"라고 답했다. 만일 그렇다면 우리는 함께할 수 없다고 말했다. 이것이 우리가 이 문제를 다뤄 온 방식이다. 왜냐하면 (이번 주 동안 몇 차례 언급되었던 것처럼) 누군가가 동성애자인지 아닌지에 대해서만 이야기하는 것은 실제로는 이성애자 역시 선교 현장에서 높은 수준의 섹슈얼리티 기준, 곧 성적 행위의 기준을 지켜야 한다는 사실을 놓치게 만들기 때문이다. 이것이 우리가 원하는 바다. 우리는 모든 사람이 거룩한 삶의 방식을 살아가기를 원하며, 그러한 헌신을 할 준비가 되어 있지 않다면 해외로 파송되기를 원하지 않는다.

선교사 내가 이해하기로, 섹슈얼리티에 관한 정책을 가지고 있는 선교 단체는 얼마나 되는가라는 질문을 받았다. 나는 왜 이러한 질문이 제기되는지 궁금해졌다. 그래서 약간 검색을 해 보았다. 약 열 곳 정도의 선교 단체 웹사이트를 살펴보았다. 내가 한 것과 같은 방식으로 찾아본다면, 공식 웹사이트에서는 섹슈얼리티 정책에 관한 내용을 거의 찾을 수 없을 것이다. 일부 상황을 어떻게 다루는지에 대한 기사나 소식은 있을 수 있지만, 우리가 신앙 고백서에 매우 분명하게 명시하듯이, 공식적인 정책 표명은 찾아보기 어렵다. 그래서 나는 한편으로는, 우리 선교 단체가 웹사이트에 그러한 정책을 아직 명시하지 않고 있다는 사실이 오히려 나에게는 위로가 된다고 느꼈다. 이는 우리가 그 정책을 이미 확정해 놓은 것이 아니라, 여전히 형성해 가는 과정에 있기 때문이다.

특히 앞서 말했듯이, 우리 선교 단체에는 서로 다른 배경을 가진 구성원들과 리더들이 있고, 문화적 배경과 민족적 배경 또한 다양하다. 우리에게는 여러 한계가 있으며, 그들이 감안해야 할 여러 고려 사항들도 있다. 섹슈얼리티와 같은 정책을 통과시키기 위해서는 여러 단계를 거쳐야 하며, 최종적으로는 국제 운영 이사회, 즉 국제 거버넌스 이사회의 승인을 받아야 한다. 그래야 다른 이사회들도 이를 확인하고 지지하며 승인할 수 있다. 그런 과정을 거친 이후에야 비로소 나와 같은 국가 책임자들이 현장에서 이를 집행하고 실행할 수 있다. 따라서 이것은 상당히 긴 과정이다. 때로는 정식 정책이 수립되기를 기다리기보다, 그 이전에라도 대응이 필요할 때가 있다.

그러한 이유로, 우리 기관은 2018년에 세 편의 문서를 발간했다. 첫 번째 문서는 성별 정체성에 관한 것이었고, 두 번째 문서는 목회적 돌봄과 성별 정체성에 관한 것이었으며, 세 번째 문서는 성별 정체성에 대한 선교학적 접근에 관한 것이었다. 2018년에 이 세 문서를 발간한 이유는 사실상 하나였다. 그것은 우리가 직면하고 있는 이 새로운 문화를 두고, 우리 구성원들과 사역자들, 그리고 이사회 구성원들 모두가 무엇이 문제인지, 그리고 우리가 무엇을 해야 하는지를 이해하도록 준비시키기 위함이었다. 그리고 나는 우리가 이에 대해 계속해서 대화를 이어 오고 있고, 논의하며, 반응을 구하고 또 받아 왔다고 생각한다. 나는 우리가 여전히 그 내용을 형성해 가는 과정에 있다고 말할 수 있겠다.

그리고 이 정책을 수립하는 과정에서 우리가 다루어 온 또 다른 쟁점은 우리 기관의 사역과 지원이 현지 교회들, 곧 협력 교회들에 의존하고 있다는 점이다. 이 사안은 민감한 문제다. 우리가 어떤 입장에 대해 찬성하거나 반대하는 쪽으로 보일 경우, 지역 파트너들이나 지역 교회들로부터 어려움이나 도전에 직면할 수 있다. 그래서 이러한 요소들 역시 우리가 여전히 살펴보고 고려해야 할 사안들이다.

윤석원　　　나는 태국의 콘텍스트 안에서 살아온 사람의 관점에서 말하고 있다. 태국의 여러 선교 단체들과 교회 지도자들을 대상으로 LGBTQ+ 관련 정책에 대해 협의하는 과정에서, 나는 하나의 뚜렷한 긴장을 관찰하게 되었다. 많은 지도자들이 LGBTQ+ 개인들이 하나님을 알게 되도록 진정성 있게 사역하고자 하는 바람을 가지고 있음에도 불구하고, 성경의 권위에 대한 확고한 헌신 때문에 정책 차원에서는 LGBTQ+를 공식적으로 인정하거나 지지할 수 없다는 점이다.

현재 태국 사회와 정부는 LGBTQ+ 이슈에 대해 매우 개방적인 태도를 보이고 있다. 이러한 사회적 환경 속에서 많은 태국 교회들과 선교 단체들은 자신들의 신학적 입장을 공개적으로 표명하는 데 어려움을 겪고 있다. 그러므로 이 맥락에서 태국의 교회들과 기관들이 단지 배타적으로 행동하고 있는 것으로만 이해하지 않도록 유의할 필요가 있다. 오히려 우리는 이들이 복잡한 사회적 틀 안에서 사역을 수행하면서도 복음의 온전성을 지켜 내기 위해 고군분투하고 있다는 점을 고려해야 한다. 나는 우리의 대화가 더 건설적인 방향으로 확장되기를 바란다. 곧 성경적 진리에 굳게 근거한 정책을 유지하는 동시에, LGBTQ+ 공동체를 향해 자비롭게 다가가며 복음을 전하는 실제적인 사역을 함께 발전시켜 가는 방향이다. 궁극적으로는 그들이 예수 그리스도를 알게 되도록 돕는 것이 목적이다.

왕윤성 우리(바울 선교회)는 현재 공식적으로 제정된 정책을 가지고 있지는 않다. 그러나 이 사안과 관련하여 우리는 분명히 어떤 방식으로든 대응이 필요하다고 생각한다. 우리는 24시간 중보기도 라인을 운영하고 있는데, 거기서는 세 가지에 초점을 두고 있다. 첫째는 스스로를 동성애자라고 정체화하는 사람들의 확산을 예방하는 것이다. 둘째는 그들을 사랑하고 돌보며, 그들을 그리스도께로 인도하는 것이다. 셋째는 차별금지법에 반대하는 것이다. 이 법은 정부의 정책에 동의하지 않는 사람들을 더욱 자극하고 있으며, 우리는 그 차별금지법이 통과되지 않도록 하는 데 목적을 두고 있다. 또한 나는 매주 월요일마다 북부의 한 특정 주(州)로 가서 기도 모임에 참여하고 있으며, 이 기도 모임은 25년 동안 계속되어 오고 있다.

우리는 동성애에 관한 문서화된 정책을 가지고 있지 않기 때문에 설문조사를 실시하였고, 100명의 선교사들에게 설문 문항을 발송했다. 그 가운데 50명의 선교사들이 매우 진지한 응답을 보내왔다. 우리는 그들의 요청을 세 가지 영역으로 정리할 수 있었다.

첫째는 성경에 근거한 섹슈얼리티에 관한 원칙, 곧 성경의 원칙을 마련해 달라는 것이었다. 이에 따라 그들은 섹슈얼리티가 하나님이 처음 우리를 창조하신 방식, 곧 하나님의 창조 질서에 부합해야 한다고 진술했다.

둘째로, 그들은 두 가지가 동시에 이루어져야 한다고 표현했다. 하나는 윤리적이고 도덕적인 관심이며, 다른 하나는 돌봄이다. 그리고 우리의 윤리는 정죄 중심이 아니라 회복 중심이어야 한다고 했다. 만일 어떤 선교사가 자신의 섹슈얼리티에 대해 혼란을 겪고 있거나 윤리적 기준에서 벗어난 경우, 우리가 해야 할 일은 그 사람을 회복으로 이끌어 돕는 것이라고 했다.

셋째로, 그들은 현재 일어나고 있는 상황에 대해 현실적이고 깊이 있는 통찰을 제공할 수 있는 윤리 매뉴얼, 곧 윤리 지침서가 필요하다고 지적했다. 마지막으로, 공동체로서 투명한 방식으로 합의를 표현하는 성명이 있어야 한다고 했다. 따라서 섹슈얼리티나 성적 이슈와 관련된 어떠한 정책도 공동체 전체의 합의에 근거해야 하며, 문서로 작성되어야 하고, 공동체 전체에 투명하게 공유되어야 한다고 했다.

그래서 우리는 우리 기관의 섹슈얼리티 정책과 관련하여 무엇을 발표하든지 간에, 그것은 전적으로 하나님 앞에서 합당해야 하며 회복을 지향해야 한다는 결론에 이르렀다. 그리고 앞으로의 우리의 논의 또한 이러한 목표를 이루는 방향을 향하기를 바란다.

넬슨　감사하다. 이제 남은 시간이 조금밖에 없지만, 몇 가지를 더 다루고자 한다. 이분들은 질문에 대한 답변을 준비해 왔는데, 그중 몇 가지는 법적 고려 사항과 선교 현장에서 섹슈얼리티와 관련된 가치에 동의하지 않을 수도 있는 다른 기관이나 교회와의 협력 문제를 다루고 있다. 이 질문에 대해 준비한 답변이 있어서 우리 모두와 나누고 싶은 분이 있는가?

선교 행정 담당자(남편)　　현재 우리는 78개국에서 온 2천 명의 사역자들을 두고 있다. 우리는 삶과 사역의 여러 측면을 규정하는 비교적 잘 정비된 실천 문서를 가지고 있으며, 그 문서는 재정 문제 등 다양한 사항들을 다루고 있다. 그리고 그 문서와 그 틀 안에는 섹슈얼리티와 성별 정체성을 다루는 행동 강령이 포함되어 있으며, 이는 매우 단순하고 명확하게 명시되어 있다. 성별 정체성과 관련하여 우리는 하나님이 인간을 자신의 형상대로, 두 개의 분명히 구별된 성으로 창조하셨다고 믿는다. 결혼과 성적 행위 등 이러한 모든 사안은 비교적 정통적인 입장을 따르고 있다. 그러나 그 문서 안에는 우리는 완전하지 않으며, 어떤 사람들은 어려움을 겪을 수 있다는 점에 대한 인정도 포함되어 있다. 어려움을 겪는다고 해서 그 사람이 곧바로 조직에서 배제되는 것은 아니다. 그에 따르는 회복의 과정이 있다. 선교에 참여하기 위한 지원 과정과 합숙 프로그램 과정 중에 어떤 문제나 사안이 드러날 경우, 그것이 중대한 사안이라면, 그 사람이 파송될 사역 지부의 책임자에게 공유되어야 한다. 그래야 그 사람이 가게 될 곳의 책임자가 그러한 사안들을 알고 있을 수 있다. 이러한 모든 점은 우리에게 매우 중요하다. 우리는 선교에 참여하기 위해 반드시 완전해야 한다고 말하고 있는 것이 아니다. 그렇게 요구하는 것은 우리 모두를 실패로 몰아넣는 것이기 때문이다. 우리는 누군가가 어려움을 겪고 있을 때 지원을 받을 수 있는 과정을 갖추어야 한다. 또한 어느 시점에서 한계를 넘어선 것으로 판단되는지에 대한 기준이 마련되어 있다. 만약 회복의 과정을 거칠 의지가 없거나, 멘토링 관계를 받아들일 의지가 없다면, 장기적인 선교 참여에서 제외된다.

그러나 이러한 것들은 모두 선교사의 안녕을 보장하기 위한 과정의 일부다. 선교사들은 극심한 압박 속에 놓이게 된다. 우리의 약점은 압박이 가해질 때 갈라짐으로 드러나는 미세한 균열이다. 그러므로 우리는 사람들이 어려움을 겪게 될 것을 예상해야 하며, 그러한 상황들을 통과하도록 돕기 위한 과정을 마련해 두어야 한다.

조코   GMS 소속 선교사들의 대부분은 목회자다. 따라서 한 명의 선교사를 파송하기 위해, 우리 교단은 그 사람이 목회 교육을 받도록 여러 해에 걸쳐 준비한다. 우리는 한 명의 선교사를 파송함으로써, 건강한 교회와 건강한 신학교가 세워질 것을 기대하고 있다.

이러한 맥락에서 내가 나누고 싶은 것은 "그들은 사역자로서, 목회자로서 건강한가?"라는 질문이다. 그것은 우리가 준비를 통해 돕고 있는 부분이다. 그러나 그들은 특히 동성애 관련 이슈를 가진 사람들을 대상으로 건강한 방식으로 사역할 수 있도록 준비되어 있는가? 그러므로 나는 우리가 좋은 기준을 세우고, 올바른 이해를 갖추며, 건강한 방향의 실천과 사역을 장려해야 한다고 믿는다.

제5부

간증

18
인간의 섹슈얼리티에 대한
하나님의 계획 이해하기

무명의 선교사

형제들아 너희가 자유를 위하여 부르심을 입었으나 그러나 그 자유로 육체의 기회를 삼지 말고 오직 사랑으로 서로 종노릇하라 갈 5:13

우리는 "만약 당신이 사역자가 아니었다면, 무슨 일을 하고 있을 것 같습니까?"라는 질문을 전임 사역자에게 거의 묻지 않는다. 그것은 아마도 하나님의 부르심은 절대 변하지 않는 것이라고 생각하기 때문일 것이다. 하지만 요즘 나는 하나님이 나의 섹슈얼리티와 존재의 목적에 대해 어떻게 계획하셨는지를 발견해 온 여정을 뒤돌아보며, 이 질문을 스스로에게 던지고 있다.

재미있는 이야기가 있다. 만약 하나님이 나의 삶에 개입하지 않으셨다면 분명히 나는 지금쯤 엉뚱한 패션 디자이너가 되어서, 사람들의 시선을 끌며, 누가 봐도 '황당한' 삶을 살고 있을 것이다. 말도 안 되는 이야기로 들릴 것이다. 겉보기엔 뜬금없는 진로이지만 나의 이야기를 알게 되면 오히려 그것이 가장 잘 맞는 길이라고 생각할 수 있을 것이다. 내가 하나님의 섹슈얼리티에 대한 설계를 발견해 온 여정을 나눌 때 당신도 자신의 길을 한번 돌아보기 바란다. 때로는 가장 예상치 못한 길이 우리가 마땅히 서 있어야 할 자리로 이끈다.

나의 부모님은 일제 강점기의 그늘 속에서 성인이 되었고, 그 시기는 모든 가정이 굶주림과 고난을 겪던 때였다. 그 또래의 아이들이라면 교실에 앉아 있거나 마당에서 놀고 있어야 했지만, 대부분은 그저 살아남으려고 애썼다. 꿈과 진로에 대한 포부는 물음표로 남아 있었다. 그런 것들은 극소수만이 누릴 수 있는 사치였다. 그러나 부모님은 환경이 자신의 미래를 규정하도록 두지 않겠다고 결심했다. 아버지는 목재 거래를 독학했고, 청년을 갓 벗어났을 무렵 완전히 맨몸으로 사업을 일궜다. 어머니의 손가락은 천과 실에서 삶의 목적을 찾았고, 또래의 다른 소녀들이 아직 기초 학업을 배우던 때에 이미 재단과 재봉을 숙달했다. 두 분에게는 또 다른 공통점이 있었다. 두 분 모두 가족 중에서 개척자였으며, 대도시의 화려한 불빛과 불확실한 약속을 향해 고향을 뒤로하고 떠날 용기를 처음으로 냈다. 그 모든 것을 부모님은 자녀를 위해, 그리고 함께 세우고자 꿈꾸었던 가정을 위해 했다.

나의 성별 정체성에 대한 최초의 자각은 유년기에 찾아왔고, 내가 다섯 살이나 여섯 살 때쯤이었다. 그 무렵 부모님은 도시에서 어머니와 함께 일하던 나이 많은 여자 사촌 몇 명을 초대해 우리 집에 함께 살게 했다. 나는 그들에게 매료되었던 기억이 있고, 그것은 여성의 아름다움과 여성의 형체를 처음으로 실제로 인식한 순간이었다. 더 중요하게도, 바로 그때 나는 내 몸과 정체성이 다른 길을 따르게 되리라는 사실을 놀라울 만큼 분명하게 처음 이해했다. 이 깨달음은 나의 성별 정체성과 섹슈얼리티에 관한 매우 개인적인 자기 발견의 여정을 촉발했다. 그러나 나는 그 여정을 홀로 헤쳐 나가야 했다. 전통적 가치가 짙게 배어 있던 아시아 가정에서는 이러한 주제들이 엄격히 금기시되었다. 내 주변의 어른들은 문화적 규범과 불편함에 얽매어 아이들에게 이런 주제를 결코 꺼내지 않았다. 전통적 유교 가르침은 섹슈얼리티를 금기로 여겼고, 결혼 안에서만, 그것도 주로 출산의 맥락에서만 인정될 수 있는 것으로 보았다.

6년 동안 나는 중국어를 사용하는 초등학교에서 공부했는데, 그곳에서 젠더의 역할은 권고가 아니라 철칙이었다. 여자아이들은 한쪽으로 갔고, 남자아이들은 다른 쪽으로 갔다. 그 분할은 우리 놀이에서도, 우리 걸음에서도, 심지어 말하는 방식에서도, 어디에나 있었다. 학교는 때때로 여자아이들만 따로 모아 비공개 특별 집회를 열었고, 우리 남자아이들은 그 문 뒤에서 어떤 비밀이 오가는지 궁금해하며 남겨졌다. 불문율은 너무도 분명했다. '남자답게' 행동하라. 그렇지 않으면 그에 따른 대가를 치르게 되어 있었다. 선을 넘거나 그들이 '여성적'이라고 여겨지는 기색을 조금이라도 보이면, 곧바로 남자답지 못하다는 낙인이 찍혔고, 사회적 무리의 변두리로 밀려났으며, 모든 행동이 비웃음과 수군거림에 맞닥뜨렸다. 내가 섹슈얼리티에 대해 어렴풋이 이해한 것들은 파편처럼 흩어진 조각들이었고, 운동장에서 오간 이야기와 신문 상담란, 잡지 기사에서 건져 올릴 수 있었던 것들을 주워 모은 것이었다.

그러고 나서 중학교 시절이 찾아왔다. 나는 남학생들만 있는 환경에 놓이게 되었고, 바로 그곳에서 비로소 섹슈얼리티에 관한 진짜 배움이 시작되었다. 사춘기 또래의 동급생들은 양성에게 느끼는 성적 끌림에 대해 거리낌 없이 이야기했지만, 나는 우리 남학교 공동체 안에 존재하던 성적 정체성의 복잡한 현실을 받아들일 준비가 되어 있지 않았다. 다양한 배경을 가진 학생들이 각자 자신만의 방식으로 자신의 섹슈얼리티를 표현했고, 그 모습들은 내가 품고 있던 순진한 전제와 생각들을 완전히 뒤흔들어 놓았다.

보이스카우트 활동에 참여하면서 나는 팀워크를 통해 귀중한 규율과 생존 기술을 배웠다. 그 프로그램은 본래 개인의 성장을 위한 안전한 공간이 되어야 했다. 그러나 현실은 달랐다. 몇몇 선배 대원들이 나와 동료들에게 지속적인 성희롱을 가하면서, 그것은 오히려 트라우마의 근원이 되었다. 상황은 점점 견딜 수 없을 정도로 악화되었다. 계속되는 성적 접근을 더 이상 버터 내지 못한 몇몇 동료들은 자신의 성별 정체성에 대해 의문을 품기 시작했다. 나를 포함한 다른 몇몇은 표적이 되는 상황에서 벗어나기 위해 아예 그 프로그램을 완전히 떠나기로 결정했다. 이처럼 남성이 남성을 대상으로 한 성희롱을 어린 나이에 겪은 경험은 나의 시각에 깊은 영향을 미쳤다. 그 후 여러 해 동안 나는 사회적 관계 속에서 과도하게 동성애 혐오적인 태도를 보이곤 했다. 그것은 타고난 편견이나 신앙적 신념 때문이 아니라, 바로 그 초기의 트라우마 경험에서 비롯된 방어적 반응이었다.

열다섯 살이 되던 해, 나는 중국계 남녀 공학 중등학교로 전학을 갔다. 그 무렵 나는 나의 정체성과 어느 정도 화해하고 있었다. 감정적으로나 신체적으로 여성에게 끌릴 수 있다는 사실을 스스로 인정하게 된 것이다. 몇몇 반 친구들 역시 조용히 자신의 섹슈얼리티를 탐색하고 있었지만, 이런 대화가 공개적으로 이루어지는 일은 거의 없었다. 학교의 문화는 유교, 도교, 불교적 가치관에 깊이 뿌리내리고 있었으며, 개인의 표현보다는 내면의 덕성과 도덕적 순결, 공동체의 조화를 더 중시했다. LGBTQ+ 관련 주제는 특히 민감하게 여겨졌으며, 논의되더라도 소곤거림 속에서 이루어지는 경우가 대부분이었다. 졸업 후 여러 해가 지난 뒤, 나는 과거에 동성에게 끌리는 모습을 보였던 몇몇 친구들이 여전히 커밍아웃하지 못한 채 사회적 압력에 굴복한 상태로 지내고 있다는 사실을 알게 되었다.

나의 영적인 여정은 새로운 학교에서의 첫해, 한 반 친구가 건네준 시편과 잠언이 포함된 기드온 신약성경을 통해 기대치 않게 시작되었다. 특히 성적 유혹이 만연한 세상을 살아가는 젊은이들을 향한 잠언의 고대 지혜는 내 마음을 사로잡았다. 이 무렵 한 그리스도인 교사가 내 영적 상태에 관심을 갖기 시작했다. 그는 3년 동안 내가 끊임없이 던지는 성경과 기독교에 대한 질문에 인내심 있게 답해 주었고, 나의 의심을 공감으로 받아들이며 복음의 메시지를 조심스럽게 전해 주었다. 어느 날 전환점이 된 대화를 나누던 중, 내 죄의 무게가 참을 수 없을 만큼 분명하게 다가왔다. 내가 간절히 찾고 있던 영원한 생명은 오직 예수님의 십자가 희생만이 줄 수 있다는 사실을 깨달았다. 선생님의 인도에 따라, 나는 죄인의 기도를 드리고 그리스도를 나의 구세주로 영접했다. 그런데 그다음 일이 나를 완전히 놀라게 했다. 선생님이 나에게 전임 사역을 진지하게 고려해 보라고 권한 것이다. 나는 그저 놀라 침묵한 채 선생님을 바라볼 수밖에 없었다. 생각해 보면, 바로 조금 전 죄인의 기도를 내 입술로 고백했기 때문이다.

나의 패션 여정은 어머니의 작업실에서 시작되었다. 어머니는 자신의 분야에서 탁월한 장인이었으며, 전문 디자이너들조차 탐낼 정도의 패턴을 만들어 냈다. 나는 어머니의 작업을 지켜보며, 패션 잡지를 탐독하고, 런웨이 쇼를 꿈꾸며 수많은 시간을 보냈다. 내게 패션은 단순한 옷이 아니었다. 그것은 예술이자, 사람들이 자기 자신을 바라보는 방식을 재구성하는 수단이었다. 그러나 어머니는 다른 생각을 갖고 있었다. 내가 어머니의 뒤를 잇고 싶다는 의사를 밝히자, 강하게 반대했다. 이상한 일이었다. 어머니는 늘 딸들이 자신의 일을 이어받지 않으려는 이유를 궁금해했지만, 막상 아들인 내가 관심을 보이자 가르치기를 거부했다. 어머니는 내가 남성복만 다루도록 허락했고, 나는 나와 형제들을 위한 옷을 만들었다. 처음에는 재봉틀과 마네킹 사이에 둘러싸인 소년으로서 그 상황이 어색하게 느껴졌다. 친구들은 나를 "여자애 같다"고 놀렸지만, 나는 신경 쓰지 않았다. 나는 그 일을 몇 년간 꾸준히 이어 갔고, 마침내 어머니는 여성복 제작에 참여하는 것을 허락해 주었다.

패션에 대한 나의 열정은 더욱 깊어져만 갔다. 그러한 열정은 나를 프랑스로 이끌었다. 세계 패션의 중심지에서, 내가 존경하던 위대한 디자이너들과 같은 공기를 마시며 살아 보고 싶었다. 1980년대는 전환점이었다. 전 세계 런웨이에서 디자이너들이 LGBTQ+ 정체성을 대담하게 기념하며 표현하기 시작한 시기였다. 1987년 프랑스에 도착했을 때, 나는 이 변화를 직접 목격했다. 신앙이 깊어지고 성경이 말하는 인간의 섹슈얼리티에 대한 가르침을 공부하면서, 나는 하나의 기로에 서게 되었다. LGBTQ+ 문화의 영향을 강하게 받은 이 업계를 떠나야 할까? 아니면 이 두 세계를 연결하라는 부름을 받은 것일까?

나의 신앙 여정에서 결정적인 순간은, 나를 그리스도께 인도했던 바로 그 그리스도인 멘토가 커밍아웃을 했을 때 찾아왔다. 신앙을 막 받아들인 새신자로서, 이 일은 신앙과 섹슈얼리티에 대한 나의 이해를 근본적으로 흔들어 놓았다. 처음에는 이 사실을 나의 기독교적 신념과 가치관과 어떻게든 조화시키려고 고심했고, 그의 생각을 바꿔 보려는 마음에 도서관에서 관련 자료들을 찾아보기도 했다. 그의 여정을 완전히 이해할 수는 없었지만, 나는 그의 결정을 존중했고, 내 영적 삶에 끼친 그의 영향에 여전히 감사했다. 무엇보다도 전임 사역을 해 보라던 그의 격려는 내 마음속에 깊이 남아 있었다. 회심한 지 10년 후, 나는 하나님의 부르심에 응답하여 신학 훈련과 전임 사역에 헌신하게 되었다.

1990년대, 아시아에 위치한 한 복음주의 신학교에서의 신학 교육은 목회와 교회 내 리더십을 위한 포괄적인 훈련을 제공해 주었다. 그러나 성경과 문화의 관점을 아우르는 섹슈얼리티에 대한 본격적인 논의는 결여되어 있었다. 이러한 공백은 당시 아시아 교회들의 문화적 상황을 반영하는 것이었다. 서구 사회에서는 이미 활발히 진행되고 있었던 LGBTQ+ 관련 담론을, 아시아 교회들은 아직 본격적으로 마주하지 않았던 것이다.

호주에서 유학 중이던 2001년, 네덜란드가 세계 최초로 동성 결혼을 합법화하면서 관련 담론의 지형이 급격히 변화하기 시작했다. 이러한 역사적 전환점은 교회 공동체 내에서 수많은 토론, 세미나, 그리고 신학 논문을 촉발시켰다. 당시에는 대중과 교회 모두 대체로 동성 결합에 반대하는 입장이었으나, 그 이후로 태도는 상당히 변화해 왔다. 호주는 2017년 동성 결혼을 합법화하고 강력한 차별 금지 제도를 마련함으로써, LGBTQ+ 포용성을 지닌 국가로 알려지게 되었다. 아시아 교회와 호주 교회가 LGBTQ+ 이슈에 접근하는 방식의 차이를 직접 경험한 것은 기독교 공동체가 이러한 복잡한 담론을 어떻게 다루는지를 이해하는 데 있어 소중한 통찰을 안겨 주었다.

아시아 전역에서 동성 결혼은 여전히 대부분 불법이며, 합법화를 향해 실질적인 조치를 취한 국가는 대만, 태국, 네팔 정도에 불과하다. 말레이시아와 같은 일부 국가에서는 LGBTQ+ 개인들이 심각한 어려움에 직면해 있으며, 동성 관계에 대해 최대 20년의 징역형, 태형, 고액의 벌금이 부과되는 법적 처벌을 받기도 한다. 이러한 범죄화 조치와 광범위한 종교적 반대 분위기 속에서, 많은 LGBTQ+ 개인들은 차별과 처벌에 대한 두려움으로 커밍아웃하지 않기를 선택한다. 그러나 최근 몇 년 사이, 아시아 지역 사회 내부에서는 점진적인 변화가 감지되고 있으며,

거절당할 위험에도 불구하고 커밍아웃을 선택하는 이들이 늘고 있다.

아시아의 한 주요 수도에서 교회를 개척하던 시절, 나는 도시의 영적 지형과 다양한 공동체를, 특히 LGBTQ+ 구성원들을 이해하고자 밤낮으로 거리를 누비곤 했다. 그 인구 200만의 도시는 전국 각지에서 온 LGBTQ+ 개인들에게 상대적인 익명성, 안전, 그리고 일자리 기회를 제공하며 일종의 피난처 역할을 하고 있었다. 그 도시에서 사역 협력처를 찾던 중, 나는 LGBTQ+ 구성원들을 수용하는 교회를 한 곳 찾을 수 있었다.

전 세계적으로 LGBTQ+ 권리에 대한 지지가 점차 확대되고 있음에도 불구하고, 많은 그리스도인들은 LGBTQ+ 구성원들을 교회 공동체 안에 어떻게 통합할 것인가라는 질문 앞에서 여전히 고민하고 있다. 이러한 우려는 단일한 원인에서 나오기보다, 문화적 배경에 따른 이해의 차이와 함께, 신학적이고 윤리적 신념이 복합적으로 작용한 결과라고 볼 수 있다. 이러한 우려들을 다루는 일은 하나님과 모든 이웃을 사랑하는 삶의 책무를 소중히 여기는 교회들에게 중요하며, 특히 기독교 선교와 인간의 섹슈얼리티가 만나는 지점을 신중하게 이해하고자 할 때 더욱 그러하다.

인간의 섹슈얼리티는 하나님의 원래 계획에 대한 이해와 분리될 경우, 그 의미와 경계가 유동적이고 복합적으로 보일 수 있다. 이 사역에 참여하고 있는 그리스도인으로서, 우리는 LGBTQ+ 개인들에게 진정성을 가지고 다가가지만, 동시에 그리스도 안에서 우리의 정체성은 성별 정체성과 성적 지향을 넘어선다는 사실을 이해하도록 돕는 지속적인 과제에 직면해 있다. 이러한 이해는 우리의 섹슈얼리티를 하나님의 창조 목적에 맞추어 갈 때 비로소 형성된다.

나의 관점은 기독교 사역과 섹슈얼리티라는 두 영역에서의 개인적 경험에 뿌리를 두고 있지만, 그 중심에는 성, 젠더, 그리고 결혼에 대한 성경의 가르침이 있다. 내가 섹슈얼리티에 관한 하나님의 계획을 발견하고 이를 받아들인 여정은 나의 삶에 깊은 변화를 가져왔으며, 하나님 안에서 주어진 성별 정체성을 이해하고 성숙하게 살아가는 자유함으로 이끌었다. 나의 기도는 다른 이들 또한 각자의 성적·영적 발견의 여정 속에서 이와 같은 자유와 희망을 발견하게 되기를 바라는 것이다.

19
섭리, 공감, 수용, 그리고 변화

이한영

섭리

나는 한국에서 태어났고, 아홉 살 때 부모님을 따라 브라질로 이주하면서 한국을 떠났다. 그로부터 벌써 55년이 흘렀다. 초등학교 1학년부터 대학 시절까지, 나의 성장기는 모두 그곳 브라질에서 보냈다. 그러니 아내가 종종 "당신은 태어난 건 한국이지만, 마음은 브라질 사람 같아요"라고 말하는 것도 무리는 아니다. 하지만 나는 한 번도 완전히 브라질 사람이라고 느낀 적도, 온전히 한국 사람이라고 느낀 적도 없었다.

이후 미국에서 면역유전학과 신학 분야의 박사 후 연구를 수행하였으며, 그곳에서 약 10년간 거주했다. 그 후 남아공에서 5년, 독일에서 1년, 캄보디아에서 1년을 보낸 뒤, 지난 20년 동안은 한국에서 생활해 오고 있다. 나의 문화 정체성을 과연 공정하게 규정할 수 있는 사람이 있을지 모르겠다. 나는 나 자신이 문화의 용광로도, 모자이크도 아니라고 느낀다. 어쩌면 한국식 비빔밥이라는 표현이 더 적절할지도 모르겠다.

정체성의 위기를 겪으며 성장하고 다민족·다언어 환경 속에서 생활한 경험은 나로 하여금 타자와의 관계 속에서 독특한 관점을 형성하게했다. 이러한 관점은 신앙적 차원에서 하나님이 부여하신 은혜로 이해될 수 있다. 비록 그 이해와 실천이 완전하지 않더라도, 나는 나이가 들수록 '다름'이 반드시 '결함'을 의미하지 않음을 점차 깨닫게 된다. 궁극적으로 인간은 본질적으로 서로 다른 존재임을 인식하게 되는 것이다.

KGMLF의 넬슨 제닝스와 김진봉으로부터 신앙적 경험을 나누어 달라는 초청을 받았을 때, 나는 잠시 주저했다. 사실상 나는 자발적으로수락한 것은 아니었으며, 다소 완곡한 형태의 권유라고 표현할 수 있는상황에서 동의하게 되었다. 그러나 진정한 고민은 그다음에 찾아왔다. 어떤 이야기를 전해야 할지 깊이 생각하게 된 것이다. 나 자신의 변화를이야기해야 할까? 한때 신앙에 비판적이던 사람이 적어도 겉으로는 경건한 신학자가 되어 가는 과정을 말해야 할까? 아니면 스무 살 무렵 중병에 걸러 세상을 떠나기 전까지 27년 동안 끊임없는 고통을 견뎌야 했던 누이의 이야기를 나누어야 할까? 혹은 폭력적이고 불성실한 남편의학대 속에서 10년을 견딘 끝에 이혼을 통해 비로소 '자유'를 얻게 된 또다른 누이의 이야기를 전해야 할까?

결국, 나는 2024년 한국에서 열린 로잔 대회에서 커피를 마시며 무심코 나눴던 이야기를 다시 전하게 되었다. 다시금 나를 자극한 것은 늘 그랬듯 끈질긴 내면의 충동이었다. 그 이야기는 예기치 않게 내 교회 사무실에 찾아온, 한 마사지 업소 여주인에 관한 것이었다. 그 만남은 뭉클하면서, 예기치 않았던 것이었고, 내 삶과 사역이 상징하게 된 많은 것들(섭리, 공감, 수용, 변화)을 그대로 보여 주는 순간이었다. 개인 정보를 보호하기 위해 이름과 구체적인 날짜와 장소는 밝히지 않겠다.

몇 해 전, 설교를 준비하던 중 한 여성이 내 교회 사무실 문 앞에 불쑥 나타났다. 그녀는 긴 머리에 진한 화장을 하고 있었고, 불편해 보이는 미니스커트를 입고 있었다. 그녀는 말없이 문간에 서 있었다. 나는 순간 당황했지만, 그녀를 안으로 들였다.

그녀는 자리에 앉더니… 갑자기 울음을 터뜨렸다. 크고 참을 수 없는 흐느낌이었다. 나는 그녀가 깊은 고통 속에 있다는 것을 단번에 알 수 있었다. 그녀는 마음속 모든 것을 쏟아 내고 싶어 했지만, 그걸 받아 줄 사람이 아무도 없어 보였다. 그래서 나는 그녀가 울도록 조용히 기다렸다.

결국 나는 조심스럽게 말을 건넸다. "실례합니다, 아주머니. 저희 누님을 닮으셨어요…." 거리감을 좁히려는, 한국식의 어설픈 말 한마디였다. "… 제 이름은 이한영입니다. 이 교회의 목사지요. 이곳에 오신 이유를 여쭤봐도 될까요?" 잠시 침묵이 흐른 뒤, 그녀는 자신의 인생 이야기를 꺼내기 시작했다. 내가 물어본 것은 아니었지만, 오랫동안 아픔과 수치심 속에 묻어 두었던 이야기였다.

그녀의 어머니는 한국에 주둔한 미군들을 상대로 성매매를 하며 생계를 이어 갔다. 그녀는 얼굴조차 모르는 한국인 아버지 밑에서 태어났다. 안타깝게도 그녀 역시 어머니와 비슷한 삶의 길을 걷게 되었고, 미군 부대 근처의 술집에서 일했다.

그녀는 미국에서 더 나은 삶을 꿈꾸며 미군 병사와 결혼했다. 하지만 현실은 달랐다. 남편은 그녀를 신체적, 언어적으로 학대했고, 심지어 자주 야구 방망이로 때리기까지 했다. 결국 더는 견딜 수 없었던 그녀는 그곳에서 도망쳤다.

외롭고 절망적인 상태에서 그녀는 마사지 업소에서 일을 시작했다. 그녀는 남자를 증오했고 그보다 더 자기 자신을 미워했다.

그녀는 수 차례의 자살 시도에서도 끝내 살아남았다. 시간이 흐르며 그녀는 교외의 한 주택을 개조해 운영되는 불법 마사지 업소의 업주가 되었다. 그곳은 내가 섬기던 교회에서 불과 몇 걸음 떨어진 곳에 있었다.

그 당시, 우리 교회는 오래된 건물의 리모델링 공사를 막 마친 참이었다. 그녀는 일터로 향하는 길에 매일 그 교회 앞을 지나쳤고, 그 한국 교회를 보는 것만으로도 죄책감과 짜증이 뒤섞인 감정이 몰려왔다. 심지어 그녀는 그 교회 건물을 향해 여러 번 욕설을 퍼부은 적이 있다고 털어놓았다. 하지만 그녀 안에서는 뭔가가 조금씩 꿈틀거리기 시작했다.

그녀는 어린 시절 주일학교에 다녔다. 비록 수십 년 동안 교회와는 멀어져 있었지만 한 번도 그녀 마음속에 자리하신 예수님은 완전히 사라진 적이 없었다. 심지어 그녀는 만화 이미지로 된 예수님의 그림 한 장을 옷장 안 깊숙이 숨겨 두고 있었다. 예수님을 똑바로 마주하기에는 자신이 너무 부끄럽다고 느꼈기 때문이다.

나는 그녀의 솔직함에 깊은 충격을 받았다. 예고도 없이 내 사무실에 찾아온 이 여인은 자기 내면의 가장 아프고 연약한 상처들을 숨김없이 드러내고 있었다. 그 순간, 나는 하나님의 섭리와 긍휼이 우리 둘 위에 조용히, 그러나 분명히 임하고 있다는 깊은 울림을 느꼈다.

공감

그녀의 이야기를 들으며, 나는 오직 깊은 공감만을 느꼈다. 그건 내가 원래부터 따뜻한 사람이어서가 아니었다. 오히려 나 또한 연약한 죄인이며, 언제나 하나님의 은혜 없이는 살 수 없는 존재임을 알고 있었기 때문이다.

고통과 소외, 그리고 죄의 흔적이 짙게 남아 있는 그녀의 인생 이야기는 내 마음 깊은 곳까지 울림을 주었다. 그녀의 고통은 나 자신의 삶의 여정과 정체성, 영적인 위기의 일면을 비추고 있었고, 다만 그 정도는 덜

했지만 내 누이들의 삶과도 겹쳐 있었다. "저는 죄인이에요…." 그녀는 눈물을 흘리며 그 말을 몇 번이고 되뇌었다.

나는 조용히 말했다. "아주머니를 보니, 삶의 고통과 지혜로 단련된 제 누님이 생각납니다. 혼자가 아니란 걸 기억해 주세요. 교회는 죄인만 들어올 수 있는 곳이거든요. 저 역시 마찬가지입니다." 나는 자연스럽게 복음을 전했다. 십자가를 통해 드러난, 하나님의 헤아릴 수 없는 은혜. 그 은혜는 단지 죄를 용서할 뿐만 아니라, 우리의 영혼을 새롭게 하는 은혜다. 하나님은 우리를 있는 그대로 받아 주신다. 나는 그녀에게 주일예배에 와 보지 않겠느냐고 조심스레 권했다. 그녀는 그 초대를 받아들였다.

수용

그녀는 예배에 오긴 했지만, 늘 10분쯤 늦게 도착했다. 강단에서 바라보니, 그녀는 맨 뒷자리에 조용히 앉아 있었다. 다른 사람들에게 들키지 않으려는 듯, 그녀는 축도가 시작되면 조용히 자리를 떴다. 그것이 그녀의 매주 반복되는 모습이었다. 늦게 도착하고, 축도 전에 조용히 떠나며, 언제나 눈물을 흘렸다.

얼마 지나지 않아, 그녀는 일터로 가는 길에 내 사무실에 들르기 시작했다. 그렇게 우리는 친구가 되었다. 아내와 나는 그녀를 집으로 초대해 함께 저녁 식사를 하고 커피도 나눴다. 서서히 성도들도 그녀의 존재를 알아차리기 시작했다. 놀랍게도, 성도들은 그녀를 따뜻함과 존중으로 맞이했다. 아무것도 캐묻지 않고, 그저 조용히 품어 주었다. 이런 일은 한국 문화에서는 좀처럼 보기 드문 일이다.

어느 날, 그녀가 다시 내 사무실을 찾았는데, 이번에는 눈물을 흘리고 있었다. "목사님, 오늘 제가 교회 건물 주변을 한 바퀴 돌았는데, 이 건물을 세운 분들을 생각하니 마음이 아팠어요. 저는 우리 같은 한국 이민자들이 얼마나 열심히 일하고, 얼마나 많은 것을 희생하며 살아가는지 잘 알아요. 그런데도 저는 이 모든 은혜를 아무 대가 없이 받고만 있어요."

그녀는 잠시 말을 멈추더니 조심스럽게 덧붙였다. "교회에 첨탑이 없는 걸 봤어요. 그 첨탑을 위해 헌금을 하고 싶어요."

그녀의 말은 큰 감동을 주었다. 하지만 내면에서는 말로 다 표현하지 못한 망설임과 갈등이 일고 있었다.

불과 일주일 전, 부유한 사업가였던 한 집사님이 첨탑을 위해 5천 달러를 헌금하겠다고 약속했고, 나는 이미 첨탑을 주문한 상태였다. 그러나 솔직히 말하면, 내가 망설였던 진짜 이유는 그게 아니었다. 내 마음 속에서는 조용한 반감이 일고 있었다. '안 돼. 당신의 돈은 부정해. 그 돈으로 하나님의 거룩한 집에 첨탑을 세울 수는 없어.'

나는 겉으로는 정중하게 말했다. "정말 감사하지만, 이미 헌금 약속이 되어 있습니다." 그러나 하나님은 내 마음 깊은 곳에 묻어 두었던 그 정죄의 소리를 들으셨다.

그녀는 눈에 띄게 낙담한 모습으로 자리를 떴다. 바로 그 순간, 하나님이 내게 말씀하시는 듯했다. "한영아, 네 지갑 속에 있는 돈 중 부정하지 않은 돈이 단 한 장이라도 있느냐?" 그 책망의 말씀이 집으로 돌아가는 내내 내 귀에 메아리쳤다. 양심의 찔림이 가슴 깊이 파고들었다. 나는 참으로 부끄러웠다. 나는 하나님의 집에서 스스로를 거룩한 재판관이라 여겼다. 그 집의 진정한 주인이 누구신지를 잊은 채 말이다.

몇 주가 지난 어느 날, 첨탑 시공업체로부터 전화가 걸려 왔다. 첨탑이 이틀 뒤에 도착할 예정인데, 대금은 물건을 받는 즉시 지불해야 한다는 것이었다.

나는 즉시 첨탑 공사를 위해 헌금을 약정하셨던 집사님께 전화를 했다. 그런데 뜻밖에도, 그분은 교회를 떠나기로 결심했으며, 더 이상 그 약정을 이행하지 않겠다고 말했다.

(나중에야 알게 되었는데 그동안 그분의 자녀가 약물 문제와 청소년부 내에서의 관계 갈등으로 큰 어려움을 겪고 있었고, 그것이 결국 그분과 다른 성도들 사이에 깊은 긴장과 갈등을 일으킨 아픈 현실이 있었다.)

나는 그 자리에서 얼어붙었다. 교회 리모델링을 마친 지 겨우 몇 달밖에 되지 않았고, 통장에는 잔액이 한 푼도 남아 있지 않았다. 당시 기준으로 5천 달러는 결코 적은 금액이 아니었다. 게다가 그날은 수요일이었고, 첨탑은 금요일이면 도착하기로 되어 있었다.

수요예배를 마친 후, 나는 교회 회계 집사님을 찾아보았지만 이미 집에 가신 뒤였다. 나는 그분께 전화를 걸기 위해 교회 사무실로 향했다. 그런데 그때, 형편이 그리 넉넉하지 않으신 연로한 권사님 한 분이 조용히 다가오셨다. "목사님….." 그분은 부드럽게 말씀하셨다. "제가 모아 둔 돈이 조금 있는데, 마음에 감동이 와서 드리고 싶었습니다. 필요하신 대로 사용하세요." 그러면서 봉투 하나를 내미셨다. 열어 보니 놀랍게도 그 안에는 2,500달러가 들어 있었다. 그 순간, 나는 하나님의 분명한 손길이 역사하고 있음을 느끼기 시작했다.

아직 전액이 채워지지 않아 회계 집사님께 전화를 드렸는데, 뜻밖의 또 다른 놀라운 소식을 듣게 되었다. 지난 주일, 익명으로 2,500달러가 헌금되었다는 것이었다. 하지만 내 마음은 이미 그 헌금이 누구의 것인지 알고 있었다. 나는 곧바로 그분께 전화를 드렸다. 그리고 그분은 조용히 본인이 맞다고 하셨다.

나는 감정이 북받쳐 올라 말을 잇지 못했다. 마음 깊은 곳까지 낮아지는 것을 느꼈다. 하나님은 부유한 자의 헌금은 물리치셨고, 오히려 내가 한때 속으로 무시하고 가볍게 여겼던 두 여인의 겸손하고 희생적인 헌물을 귀히 여기셨다.

변화

그 만남을 통해, 하나님이 변화시키고자 하신 이는 그녀가 아니라 바로 나였다는 사실을 깨달았다. 하나님은 그녀를 통해 내 마음을 만지셨고, 겸손과 긍휼, 그리고 그리스도의 은혜를 배우게 하셨다.

그녀는 결국 마사지 업소를 정리하고, 작은 세탁물 접수소를 열었다. 시간이 지나면서, 그녀는 당당하고 신실한 그리스도인으로 피어났다.

몇 해가 지난 후, 내가 한국으로 돌아온 뒤였는데, 그때 그 권사님이 나를 찾아오셨고, 무려 10만 달러라는 헌금을 가지고 오셨다! 하나님이 그동안 그녀에게 풍성한 은혜를 베풀어 주셨고, 그녀는 그 돈을 경건한 목적을 위해 나에게 맡기고 싶다는 마음의 인도를 받았다고 하셨다. 그 헌금으로 우리는 시골 기도원을 새롭게 보수할 수 있었다.

얼마 지나지 않아, 또 한 명의 뜻밖의 손님이 찾아왔다. 한때 교회를 떠났던 바로 그 집사님이었다. 그분은 한국에 있는 내 학교를 찾아와, 그때 자신이 겪었던 힘든 시절에 대해 나누셨고, 우리 학생들을 위한 장학금을 약정하셨다.

모든 것을 합력하여 선을 이루시며, 그분의 언약을 지키시고, 가장 작은 자 하나도 외면하지 않으시는 하나님, 그분은 참으로 신실하시고 놀라우신 분이다.

이렇게 해서 나는 섭리와 공감, 수용, 그리고 변화로 이어진 나의 이야기와 신앙의 증언을 마무리하고자 한다. 내가 변화에 대해 말할 때, 분명히 하고 싶은 것이 있다. 그 변화의 대상은 언제나 1인칭, 곧 나 자신이다. 변화된 이는 다른 누구도 아닌 바로 나다.

감사드린다. 주님이 내게 베푸신 은혜처럼, 여러분 모두에게도 은혜와 복이 함께하기를 바란다.

신이다. 변화된 이는 다른 누구도 아닌 바로 나다.

감사드린다. 주님이 내게 베푸신 은혜처럼, 여러분 모두에게도 은혜와 복이 함께하기를 바란다.

20
기독교 선교와 인간의 섹슈얼리티

피터슨 왕곰베(Peterson Wangombe)

"뭐라고요?" 어머니는 물었다. "내 아들이 죽었다고요? 아니에요….
내 아들이 그럴 리가 없어요." 그녀는 울음을 멈추지 못한 채 통곡했다.
사람들이 집 안으로 몰려들며 그녀를 진정시키려 했지만, 존(John)의 집
대문은 강제로 열려 있었고, 그의 어머니는 안으로 들어갈 수 없었다. 이
제는 뭔가 심상치 않다는 것이 분명해졌다.[1]

교회에서 2년간 인턴 사역을 마친 존은 다른 나라에서 1년간 선교사
로 더 섬겨 달라는 요청을 받았다. 그때쯤 그는 제인(Jane)과의 약혼 사실
을 공개했다. 두 사람은 그해에 결혼을 계획하고 있었지만, 존은 그 사
명을 감당하기 위해 결혼을 미루는 것도 기꺼이 감수했다. 그는 실제로
그 요청을 수락했고, 선교 사역을 마친 뒤 현재는 결혼을 준비하며 교회
에서 목회 보조 사역을 하고 있었다.

---

1 이름은 변경되었으며, 신원과 장소는 사생활 보호를 위해 익명 처리되었다.

위기의 전개

존이 속한 교회는 결혼을 준비하는 커플들에게 HIV 검사를 받고 그 결과를 상호 공유할 것을 권장하는 관행을 가지고 있었다. 그러나 이 문제가 결혼 예비 교육 과정 중에 언급될 때마다, 존은 늘 소극적인 태도를 보였다. 결혼식을 사흘 앞두고, 약혼녀는 두 사람이 함께 검사를 받자고 강하게 요청했다.

검사를 받은 결과, 존은 HIV 양성, 제인은 음성으로 나타났다. 존은 이 사실을 그 누구에게도 알리지 말자고 강하게 주장하며, 결혼 계획을 예정대로 진행해야 한다고 고집했다. 그러나 제인은 이 사실을 혼자 감당할 수 없어 그들의 들러리 커플에게 결과를 털어놓았고, 그들은 이 정보가 그들만 알고 있기에는 너무 중대한 사안이라고 판단했다. 주례 목사는 이 사실을 알 필요가 있었다. 존은 이를 강하게 거부했다. 그를 설득하기 위해, 목사에게 말하는 것과 어머니에게 알리는 것 중 하나를 선택하라는 요구가 제시되었다. 결국 존은 마지못해 목사에게 알리는 것에 동의했다.

그 주 목요일, 목사 부부와 들러리 커플, 예비 부부는 밤늦도록 대화를 이어 갔다. 마침내 자정을 앞둔 시각에, 존은 제인이 HIV 양성인 자신과 함께 살아가는 문제를 신중히 고민할 수 있도록, 결혼식을 몇 주간 연기하는 데 마지못해 동의했다. 결혼 연기에 대한 공식 입장문은 존이 작성하기로 했다. 한편, 다음 날 오전 9시에 교회에서 양가 부모, 들러리 커플, 목사 부부가 참석하는 회의가 열릴 예정이었다. 이 자리에서 존과 제인은 그들의 결정을 부모에게 직접 설명할 계획이었다.

기도 후 모임을 마쳤다. 혼자 운전해 귀가하던 존을 들러리 커플이 동행해 주었다. 그들은 존이 집 마당에 무사히 들어가 문을 잠근 것을 확인한 뒤 돌아갔다. 시간이 늦었고, 들러리 커플은 존이 자해할 가능성에 대해 우려하고 있었다. 이어 그들은 곧바로 집으로 돌아가 제인을 하룻밤 머물게 했다. 존은 결혼식 연기 문구를 작성하여 들러리 커플 중 남자에게 보냈다. 그는 최종 검토와 게시를 위해 그 메시지를 목사에게 전달할 것을 요청했다. 그러나 존은 그 메시지를 결코 보내지 않았다.

금요일 아침, 팀은 교회에서 모여 존을 기다렸으나 그는 나타나지 않았다. 존의 어머니와 누이는 존의 집 창문 하나가 열려 있는 것을 보았으나, 문을 두드려 보아도 아무런 응답이 없었다. 출입문은 안쪽에서 잠겨 있었고, 그의 휴대전화 또한 연결되지 않았다. 그의 차는 여전히 집 마당에 주차된 상태였다. 그들은 존이 다른 방식으로 교회로 갔을 것이라 추정하고 모임을 예정대로 진행하기로 했다. 그러나 그들이 교회에 도착했을 때 존을 찾을 수 없자 우려가 커졌다. 이에 존 없이 모임을 진행할 수 없다는 결론에 따라, 그들은 존의 집으로 직접 가서 확인해 보기로 했다. 그곳에 도착했을 때, 존의 형제들은 이미 심각한 불안을 느끼고 있는 상태였다. 그들은 지역 책임자와 경찰에 연락했고, 경찰은 집에 진입하기 위해 문을 강제로 열었다. 그 결과 최악의 상황이 발생했음이 확인되었다.

존은 침대에 누운 채 사망한 상태로 발견되었다. 입가에는 거품 흔적이 있었고, 그의 방 안에서는 살충제 사용의 징후가 포착되었다. 존은 결혼식을 하루 앞둔 금요일 새벽, 서른 살의 나이로 스스로 목숨을 끊은 것으로 확인되었다. 충격과 혼란이 집 안을 뒤덮었다. 존의 어머니와 약혼녀는 참을 수 없는 비통함 속에 무너져 내렸다. 집은 즉시 수사 개시가 되면서 범죄 현장으로 지정되었다. 경찰은 여러 증거물 중 존의 휴대전화도 압수해 갔다.

소문들

소식이 퍼지기 시작하자, 입소문과 소셜 미디어를 통해 각종 추측이 난무하기 시작했다. 일부는 존이 다른 장소에서 살해된 뒤 집에 옮겨진 것이라고 주장했다. 또한, 전날 밤 존을 배웅했던 베스트맨(들러리 커플 중 남자)이 사건의 배후일 것이라는 의혹도 제기되었다. 다른 이들은 존의 약혼녀를 비난했다. 더 나아가, 존이 마지막으로 방문한 곳이 목사의 집이었다는 이유로, 목사 역시 사건과 관련이 있을 것이라고 주장하는 이들도 있었다. 일부 언론 또한 이 사건에 관심을 보이기 시작했다.

추가적으로 밝혀진 사실들

토요일 아침, 원래 결혼식이 예정되어 있었던 그날, 약혼녀, 목사, 그리고 들러리 커플은 경찰 조사를 위해 경찰서에 소환되었다. 놀랍게도, 진술서를 작성하는 것 외에도 경찰이 전달할 정보가 있는 것으로 드러났다. 경찰은 존의 휴대전화를 분석한 결과, 일부 초기 결론에 도달한 상태였다.

경찰은 존이 금요일 새벽 시간에 독성 물질을 음용하여 스스로 목숨을 끊은 사실을 확인했다고 밝혔다. 그러나 그 이전에, 그는 여동생에게 휴대전화와 은행 카드의 비밀번호뿐 아니라, 장례를 어떻게 치러야 하는지에 대한 여러 지시 사항이 포함된 문자 메시지들을 보낸 것으로 드러났다. 그는 공적 부고를 내지 말 것, 인쇄된 장례식 순서지를 제작하지 말 것, 그리고 찬송을 부르지 말 것 등을 명시했다. 이상하게도, 그의 여동생은 아직 그 메시지들을 읽지 못한 상태였다.

그러나 경찰은 목사에게 보다 충격적인 정보를 추가로 전달했다. "목사님, 당신이 이 사람의 영적 지도자였기에 몇 가지 사실은 알고 계셔야 할 것 같습니다. 저희는 이 남성이 다른 남성들과의 관계를 통해 바이러스에 감염되었을 것이라 생각합니다. 그는 게이였습니다." 이 말에 목사는 큰 충격을 받았다.

"게이라니? 그럴 리가⋯." 이 청년은 거듭났으며, 분명히 초등학생 시절부터 교회에서 자라났다. 그가 어려웠던 시기에는 교회가 학비까지 지원해 줄 정도로 돌보았으며, 설교까지 맡아 왔던 교회 지도자로서 또래들 사이에서 영향력 있는 인물이었다. 또한 그는 인접 국가에서 1년간 선교사로 사역한 경험이 있었고, 결혼 이후에는 장기적인 교회 사역에 투입될 예정이기도 했다. 이 모든 사실이 목사의 머릿속을 빠르게 스쳐 지나갔다.

경찰은 존의 휴대전화에서 동성 성관계로 추정되는 사진과 영상을 다수 확인하였으며, 여러 명의 성적 파트너 가능성이 있는 인물들의 연락처도 발견했다고 설명했다. 한 경찰관은 목사에게 사진을 직접 보고 싶은지 여부를 물었다. 그러나 목사가 대답하기도 전에, 한 여성 경찰관이 해당 사진들은 목사가 보기에는 지나치게 노골적일 것이라며 제지했다.

약혼녀인 제인에게 사진들을 보여 주었을 때, 그녀는 엄청난 충격을 받았다. "믿을 수가 없어요." 그녀는 깊은 절망 속에서 이렇게 말했다. 지난 48시간 동안의 사건들은 제인의 삶을 급격하게 뒤흔들어 놓았다. 결혼 준비는 완전히 무너졌고, 약혼자는 갑작스럽게 세상을 떠났으며, 일부 사람들은 그녀에게 의혹의 시선을 보내고 있었다. 그녀는 어디에 숨을 수 있단 말인가?

그녀는 자신의 감정을 이해하지도 못했다. 그녀는 하루 뒤면 자신의 남편이 될, 자신이 깊이 사랑하던 사람의 갑작스러운 죽음에 대해 슬픔을 느꼈다. 이제 그녀는 자신이 사랑하고 신뢰하게 된, 하나님의 종이라는 인물에 의해 심각한 배신을 당했다고 느끼며 혼란에 빠졌다. 그는 하나님의 종이었지만, 자기 삶의 어두운 면을 그녀에게 숨기기로 선택한 위선적인 사람이었다. 그러나 죄책감에 가까운 감정을 느끼면서도, 그녀는 방금 자신이 피하게 된 일에 대해 하나님께 감사했다. 그녀는 게이이면서 HIV 양성이기도 한 남편과의 결혼 생활이 어떠했을지 상상할 수 없었다.

경찰은 목사에게 부모를 만나 오해를 풀 것을 요청했다. 그들은 왜 금요일 아침 모임이 소집되었는지(결혼식을 연기하기 위해), 그리고 그 이유가 무엇이었는지(존의 HIV 감염 사실)에 대한 진실을 알 필요가 있었기 때문이다. 이와 같은 비교적 기밀에 속하는 정보는 존의 사망이 타인에 의해 조작되었다는 당시의 소문에 대응하기 위해 가족에게 중요한 것이었다. 만약 추가적인 정보가 필요할 경우, 그들은 경찰을 통해 더 알아볼 수 있었다.

상담

그 이후로 제인과 가족, 그리고 교회 구성원들(특히 청년들과 부모들)을 대상으로 한 긴 디브리핑 과정이 이어졌다. 존이 지도해 오던 교회의 청소년들을 그가 어떤 방식으로든 연루시켰는지에 관한 우려가 있었다. 이는 매우 신중하게 수행되어야 했다. 자살 사건은 이미 공개된 사실이었지만, 지도부는 그의 HIV 감염 상태와 게이 생활 방식을 공개함으로써 존과 그의 가족의 이름을 훼손하는 것을 원하지 않았다. 그럼에도 불구하고 교회와 그가 선교사로 사역했던 선교지의 청년과 아동 가운데 잠재적 피해자가 있을 가능성에 대해 아무런 조치를 취하지 않는 것은 책임 있는 행동이 아니라는 인식이 있었다.

교회 내에서 존과 함께 일하던 동료들 또한 디브리핑이 필요했다. 갑작스러운 충격적인 사건들로 인해 그들이 큰 타격을 받은 것은 분명했지만, 그와 유사한 생활 방식에 관여된 다른 직원이 있는지에 대한 우려도 제기되었다.

얻은 교훈들

이 위기 상황을 통해 교회 지도자들은 몇 가지 교훈을 얻게 되었다.

1. 그들은 동성애가 외국의 먼 나라에서만 발생하는 일이라고 늘 생각해 왔다. 그들의 잘못된 인식이었다. 이 문제는 현실이었다. 단지 국가 내에만 있는 것이 아니라, 교회 안에도 존재하고 있었다.

2. 존이 생을 마감한 이유는 아마도 자신의 HIV 감염 사실에 대한 수치심과 그것이 어떻게 감염되었는지에 대한 추측을 감당하지 못했기 때문일 것이다. 그는 자신의 이미지에 대해 염려했을 가능성이 있다. 아마도 이러한 주제에 대한 보다 개방적인 교육이 있었다면, 그 오명(stigma)은 줄어들었을지도 모른다.

3. 교회 직원 채용 시 더욱 신중해야 할 필요성을 깨닫게 되었다.

간과되었던 몇 가지 사항들

1. 존은 그의 동료들이 감당할 수 없는 화려한 생활 방식을 가지고 있었으며, 그것은 그의 급여만으로는 설명될 수 없는 것이었다. 그는 자가용 차량과 임대 주택을 보유하고 있었는데, 이것은 그의 손위 형제들조

차 갖지 못한 것이었다. 그의 친척들은 생계를 유지하기 위해 고군분투하고 있었다. 그는 최신형 노트북 컴퓨터, 휴대전화와 같은 고가의 전자 기기를 소유하고 있었다. 교회 지도부는 그 자금의 출처에 대해 의문을 가졌어야 했다.

2. 그는 또래들과는 잘 어울리지 못했다. 대신 그의 사역은 자신보다 어린 소년들이나 자신보다 훨씬 연령대가 높은 이들에게 치우쳐 있었다.

3. 그는 매우 화려한 색상의 옷을 입곤 했는데, 그것은 주로 그 지역의 여성들이 선호하는 복장이었다. 그의 말투 또한 변화한 것으로 보였으며, 때때로 소녀처럼 말하곤 했다.

4. 그의 제자 훈련에서의 일탈은 간과되었다. 지도자들은 그의 사후에야, 그가 도시의 다른 지역에서 비밀리에 술집을 운영하고 있었다는 사실을 알게 되었다. 그는 또한 게이들에 대해 호의적이었으며, 여러 논의에서 그들을 옹호하는 모습을 보이기도 했다.

국가와 교회의 상황

그의 국가에 있는 교회는 일반적으로 동성애를 죄로 간주하지만, 점점 더 커져 가는 도전에 직면하고 있다. 지난 약 10년 동안 성소수자 운동(the rainbow movement)은 더욱 대담해졌다. 한 기독교 지도자는 다음과 같이 지적했다. "내가 이 문제에 대해 이야기하는 사람들 대부분은 기독교 지도자 중 누군가가, 혹은 그들의 친구 중 누군가가 게이 혹은 레즈비언일 것이라는 의심을 받고 있다." 한 청년 사역자는 불행하게도, "교회는 이 문제를 이해하는 것에서 매우 멀리 떨어져 있고, 이를 다루는 데 있어서는 말할 것도 없다"라고 말했다. 일부 청년들은 이 문제를 심각하게 여기지 않는다. 한 청년은 "그것은 다른 문제와 다를 바 없다. 그래서 일부는 그것을 실험해 보고 있다"라고 말했다. 한 기독교 지도자는 결혼식을 2주 앞두고 한 목사로부터 전화를 받았다고 한다. "목사님, 저는 이 결혼에 대해 복잡한 감정을 가지고 있습니다. 저는 현재 동성애 관계를 맺고 있는 사람입니다"라고 말했다.

결론

비록 교회는 어려운 시간들을 거쳐 갔지만, 이 경험은 교회 지도자들에게 기독교 사역에서 항상 깨어 있고 기도하는 자세의 중요성에 대해 많은 것을 가르쳐 주었다. 또 하나의 교훈은, 교회는 진공 상태 속에 존재하지 않는다는 점이다. 교회 역시 사회의 사회학적 변화에 영향을 받으며, 이러한 현대의 흐름들을 성경적 관점에서 지속적으로 연구하고 대응해야 할 필요가 있다는 점이 인식되었다.

21
중동 국가에서의
동성애 현실에 대한 간증

공도근

서론-개인적인 배경

필자는 2005년부터 2015년까지 중동 지역의 한 국가에서 사업가로 일하면서 우리 주 예수 그리스도의 복음을 전했다. 현재는 한국에 거주하면서, 아랍 디아스포라 공동체와 난민들을 대상으로 그리스도의 사랑을 전하는 사역을 하고 있다.

해당 국가에 대한 개요

필자는 해당 지역에서 동성애 문제와 그 이면에 존재하는 영적 실상에 대해 직접 목격한 바를 나누고자 한다.

겉으로 보기에, 이 나라는 엄격한 종교적 규범에 둘러싸인 국가였다. 섹슈얼리티와 관련된 주제는 공개적인 논의가 금지되어 있었으며, 이를 위반할 경우 심각한 처벌이 따랐다. 남녀 간의 관계, 음주, 혼전 성관계, 간통, 동성애, 그리고 매춘은 모두 철저히 금기시되었다. 그러나 그 땅에서 실제로 살아 보니, 그 이면에는 매우 다른 영적 현실이 존재하고 있음을 발견하게 되었다. 경건의 외형은 유지되고 있었지만, 깊은 내면에는 공허함과 죄의 사슬이 자리하고 있었다. 어떤 것이 금지될수록, 그것은 오히려 왜곡된 형태로 은밀한 공간 속에서 더욱 강하게 나타났다.

심지어 라마단 기간 중에도 금식은 주로 형식적으로 이루어졌으며, 그 이면에서는 음주와 성적 타락이 은밀히 확산되고 있었다. 거룩함의 이면에는 깊은 부패가 만연해 있었는데, 그것이 바로 그 사회의 실체였다.

동성애의 현실

필자를 가장 충격에 빠뜨린 것은 동성애의 확산 정도였다. 청년들 사이에서 동성애는 거의 오락의 한 형태처럼 여겨지고 있었으며, 캠퍼스 내외에서 공공연히 행해지고 있었다. 학생 간의 관계는 물론, 교수와 학생 간의 관계, 심지어 교수들 간의 관계도 매우 흔한 일이었다.

현지 대학에서 영어를 가르치던 필자의 동료들에 따르면, 미혼 교수의 절반 이상이 동성애자였다고 보고했다. 필자는 이 사실을 처음 들었을 때 깊은 충격을 받았다. 그 지역에서의 동성애는 단순한 애정 표현의 수준을 넘어서 있었다. 성적인 대가, 학점 거래, 그리고 금전적 이득을 목적으로 이용되기도 했다. 현지인들은 외국인을 파트너로 선호하는 경향이 있었는데, 이는 적발과 처벌을 피하기가 더 용이하기 때문이었다.

필자는 또한 현지 동성애자들이 외국인 노동자들(예를 들면 상점 점원, 주유소 직원, 식당 종업원)에게 접근하는 모습을 직접 목격했다. 필자가 운영하던 한 쇼핑몰에서는 의류 매장에서 일하던 공개적인 게이 직원 두 명을 알게 되었는데, 그들은 성실한 근로자였기 때문에 필자는 그들을 부당하게 대우한 적은 없었다. 그러나 오늘날까지도 그들과 복음을 더 깊이 나눌 기회를 갖지 못한 것을 아쉽게 생각하고 있다.

가장 가슴 아픈 순간 중 하나는, 가까이 지내던 외국인 그리스도인 형제가 필자에게 마음을 털어놓았을 때였다. 그는 병을 앓고 있었고, 본국으로 돌아가야 했으나 새 삶을 시작하기에는 재정이 부족한 상황이었다. 생존을 위해 어쩔 수 없이 매춘에 의존해야 할지도 모른다는 절박한 선택 앞에서, 그는 양심과 물질적 필요 사이에서 극심한 내적 갈등을 겪고 있었다. 그는 이 감당할 수 없는 짐을 그 누구에게도 말하지 못하고 혼자 감추어 왔으며, 이를 고백하면서 흘렸던 눈물이 지금도 필자의 기억 속에 선명하게 남아 있다.

필자 역시 한 현지 동성애자로부터 노골적인 접근을 받은 적이 있었다. 필자는 단순한 호의로 그에게 차량 탑승을 제안하였으나, 차량에 탄 후 그는 내리기를 거부하고 나를 유혹하려 들었다. 하나님의 은혜로 필자는 아무런 해를 입지 않고 그 상황에서 벗어날 수 있었다. 그러나 그 순간, 필자는 그 사회 전반에 드리워진 영적 어둠을 실질적으로 체감할 수 있었다. 일부 개인들은 오로지 성적 쾌락을 추구하기 위한 목적만으로 특정 국가를 방문하기도 했다.

얻은 교훈들

필자는 이러한 경험들을 통해 몇 가지 귀중한 교훈을 얻게 되었다.

첫째, 인간의 죄 된 욕망은 어떤 인간의 제도(법, 종교, 혹은 문화적 관습)에 의해서도 근본적으로 억제될 수 없다는 점이다. 가장 '거룩'하다고 여겨지는 종교적 성지 중 하나에서 가장 부정한 행위들이 만연하였다는 사실은 우리 모두에게 심각한 영적 경고로 작용한다.

둘째, 필자가 목격한 광범위한 동성애 현상은 단순한 성적 타락의 문제가 아니었다. 그것은 생명과 기쁨의 건전한 발현 경로가 부재한 데서 비롯된, 훨씬 더 깊은 왜곡을 반영하고 있었다. 억압과 금지만으로는 인간의 욕구를 제거할 수 없다. 문화와 예술, 그리고 건강한 공동체적 삶이 억눌린 사회에서는 욕망이 왜곡된 형태로 분출될 수밖에 없다.

복음을 전함에 있어서 우리의 자세

필자는 이 모든 것을 목격하면서, 복음을 전하는 자로서 우리는 동성애에 얽매인 이들을 어떻게 바라보아야 할지에 대해 신중히 고민해야 함을 깨닫게 되었다. 우리는 간음하다 붙잡힌 여인에게 하신 예수님의 말씀, "나도 너를 정죄하지 아니하노니 가서 다시는 죄를 범하지 말라"(요 8:11)를 기억해야 한다. 우리의 접근 방식은 정죄가 아닌, 깊은 긍휼의 마음에서 나와야 한다. 우리는 그리스도의 마음을 겸손히 전달해야 한다. 왜냐하면 하나님의 눈앞에서 우리 역시 그분의 은혜만으로 구속받은 죄인이기 때문이다.

동성애에 얽매여 있는 많은 사람들은 단지 정체성의 문제 때문에 그 자리에 있는 것이 아니다. 그들은 종종 진정한 기쁨과 사랑을 갈망하지만, 그것이 충족되지 못한 삶을 살아왔다. 무엇보다도 그들은 아직 참된 자유와 지속적인 기쁨을 주실 수 있는 분이신 예수 그리스도를 만나지 못한 상태다.

결론

그 땅을 바라보며, 그리고 오늘날 우리의 세상을 바라보며, 필자는 다시금 다음과 같은 사실을 상기하게 되었다. *밤이 깊을수록 복음의 빛이 더욱 절실히 요구된다는 것이다.* 우리가 정죄함과 자기 의를 내려놓고, 그리스도의 마음을 품어 한 영혼씩 사랑하고 다가간다면, 주님의 빛은 가장 어두운 곳에서도 반드시 비치게 될 것이다.

이는 필자의 기도이기도 하다. 그 땅을 위하여, 그리고 우리가 섬기는 모든 사역지들을 위하여. 그분의 사랑과 은혜가 거센 강물처럼 흘러가기를. 복음의 진리와 사랑으로 또 한 사람을 품고 다가설 수 있기를.

22
어느 가족의 간증

선교사 부모

나와 남편은 선교사다. 우리는 카자흐스탄에서 사역하였고, 현재는 파송 선교 단체와 함께 영국에서 사역하고 있다. 나는 초등학교 교사로 훈련을 받았다. 현재 나는 우리 선교 단체에서 제3문화권 자녀(TCK) 및 가정 사역 코디네이터로 섬기고 있다.

우리에게는 세 자녀가 있다. 그들은 각각 스물두 살인 조슈아(Joshua), 스무 살인 한나(Hannah), 그리고 열일곱 살인 에스더(Esther)다. 우리는 이중 문화 가정으로서, 그리고 제3문화권 자녀로서 겪을 수 있는 많은 문제들에 대비해 왔으나, 그 이후에 이어질 일들에 대해서는 준비하지 못했다.[1]

우리의 여정은 열두 살이던 한나가 자신이 동성애자라고 문자 메시지로 알려 오면서 시작되었다. 이후 몇 년에 걸쳐 그는 자신을 논바이너리

---

1 가족의 사생활 보호를 위해 자녀들의 이름은 변경되었으며, 지명 또한 비공개 처리했다. '한나/알렉스'와 '에스더/조'를 지칭하는 대명사는 실제 삶에서 그들이 대명사를 변경했던 시점과 방식에 따라 사용했다.

(non-binary), 그리고 이어서 트랜스젠더(transgender)라고 밝히게 되었다. 그는 현재 남성으로서의 정체성으로 살아가고 있으며, 의학적 성전환 과정을 진행 중이다.

막내인 에스더는 열 살이었을 때 자신이 양성애자(bisexual)라고 밝히기도 했다. 이는 한나가 자신이 동성애자임을 커밍아웃한 직후의 일이었다. 이후 몇 년 동안 에스더는 데미걸(demigirl), 논바이너리, 젠더-플루이드(gender-fluid), 범성애자(pansexual), 무성애자(asexual), 무로맨틱(aromantic), 트랜스젠더, 동성애자, 폴리아모러스(polyamorous) 등 다양한 정체성 용어를 사용했다. 이러한 용어들이 익숙하지 않더라도 염려할 필요는 없다. 우리 역시 그러했기 때문이다.

한나가 자신이 동성애자임을 밝혔을 때, 우리는 우리가 얼마나 고립된 상태에 놓여 있는지를 깨닫게 되었다. 한나는 우리에게는 이 사실을 알리긴 했지만, 교회 안의 어느 누구도 이 사실을 알게 되기를 원하지 않았다. 우리는 한나의 성적 지향을 둘러싼 우리의 감정, 어떻게 반응해야 할지, 그리고 한나를 어떻게 지지해야 할지를 놓고 깊이 갈등하게 되었으나, 이러한 고민을 누구와도 나누거나 우리 자신을 위한 도움을 구할 수 없었다. 우리는 교회 지도자들에게 그 아이의 비밀을 말할 수 없다고 느꼈다. 교회는 본래 가족과 같은 공동체여야 한다. 우리 소그룹 안에서의 정직함과 개방성은 핵심적인 부분이다. 그러나 그와 같은 중대한 일이 우리의 삶에서 벌어지고 있었음에도 불구하고, 우리는 누구와도 그것을 이야기할 수 없었고, 기도를 요청할 수도 없었다.

청소년 사역자들은 친절했으나, 사고방식은 지나치게 흑백 논리적이었다. 나는 만약 한나가 그들에게 자신이 동성애자임을 밝힌다면, 그들은 설교하듯 말할 것임을 알고 있었다. 내가 바랐던 것은 "너는 이 교회에서 사랑받고 있어. 너는 이곳에서 환영받아. 하나님은 너를 사랑하시며, 예수님은 너를 위해 죽으셨어. 우리는 네가 상담사를 찾는 데 도움을 줄 수 있어"라는 말들이었다. 우리는 지인을 통해, 십 대 동성애자에 대해 교회가 어떤 반응을 보일 것인지 간접적으로 문의했다. 교회의 답변은, 해당 십 대는 장로들과 면담해야 할 것이라는 것이었다. 이 점을 한번 생각해 보라. 18세 미만의 청소년이, 그가 남성이든 여성이든, 자신의 섹슈얼리티에 대해 중년 남성들과 대화를 해야 한다는 것이다. 이보다 더 부적절한 상황은 상상하기 어렵다.

코로나19 기간 동안 한나는 자신이 논바이너리라고 강하게 주장했다. 한나는 자신의 이름을 바꾸고, 대명사로 '그들'(they/them)을 사용하기 원했다. 우리는 이름에 대해, 그리고 왜 우리가 그의 이름을 한나 알렉산드라(Hannah Alexandra)로 지었는지에 대해 오랜 대화를 나누었다. 결국 그는 자신의 중간 이름에서 따온 '알렉스'(Alex)라는 이름을 선택했다. 하나님이 그에게 주셨다고 믿어 온 이름이 사라져 가는 것을 지켜보는 일은 나에게 매우 큰 고통이었다.

알렉스는 열여섯 살에 자신의 이름을 법적으로 변경하기로 결정했다. 우리는 그 결정에 대해 재고하도록 설득하며, 좀 더 기다려 보기를 권했다. 그러나 열여섯 살이 되면 그러한 결정을 내릴 법적 권리가 그에게 있었다.

코로나19 기간 동안 에스더 역시 학교 생활과 정신 건강 문제로 심각한 어려움을 겪고 있었다. 에스더 또한 자신의 이름을 바꾸고, 대명사로 '그'(he/him)를 사용하겠다고 요구했다. 이 시점에서 나는 성전환과 관련된 통계와 그 영향, 사춘기 억제제(puberty blockers), 그리고 반대 성호르몬(opposite-sex hormones)에 대해 *광범위한* 조사를 해야 했다. 나는 스스로 준비되어 있어야 했다. 당시 두 아이 모두 하나님에 대해 강하게 거부감을 보이고 있었으며, 하나님이나 성경에 근거한 어떤 논증도 전혀 효과가 없었다. 나는 세속적 논거가 필요했다. 조사 과정에서 나는 트랜스젠더 아동과 청소년의 자살률이 비(非)트랜스젠더 또래보다 더 높다는 사실을 알게 되었다. 그러나 성전환 과정이 그들의 자살 위험을 감소시키지는 않는다. 2011년부터 2021년 사이에 자신을 트랜스젠더라고 주장하는 어린 십 대 소녀들의 비율은 5,000% 증가했다.[2] 그러나 이들이 열여덟 살에 이르렀을 때, 그중 오직 20%만이 여전히 자신을 트랜스젠더로 인식하고 있었다. 일부는 동성애자였고, 나머지는 그러한 정체성 주장을 완전히 중단했다. 또한 성별 정체성에 대해 질문하는 소녀들 가운데 자폐 스펙트럼 비율이 매우 높다는 사실도 드러났다. 우리는 이전부터 에스더가 자폐 성향이 있을 수 있다고 생각해 왔었기에, 이 모든 것이 이해되었다. 우리는 열두 살의 나이에 대명사를 변경하는 것은 허용하지 않겠다고 에스더에게 분명히 말했다. 그러나 특히 힘든 시기를 겪은 이후, 우리는 성별 중립적인 별명인 '조'(Joe)로 이름을 바꾸는 것에는 동의했다.

우리는 영국에서 정신 건강 지원을 받는 데 상당한 어려움을 겪었다. 당시는 코로나19 시기였고, 관련 서비스들은 과부하 상태에 놓여 있었으며 종종 접근 자체가 불가능했다. 어렵게 지원을 받을 수 있었을 때에도, 대부분의 상담사들은 즉각적으로 에스더를 '남자아이'로 규정하고 이름과 대명사를 변경하여 사용하는 태도를 보였다. 그 과정에서, 한 십 대 아이가 왜 자신의 몸과 이러한 괴리감을 느끼게 되었는지를 탐색할 여지는 존재하지 않았다.

---

2 "Likely 50-fold Rise in Prevalence of Gender Related Distress from 2011-21 in England," *Archives of Disease in Childhood*, BMJ Group, January 24, 2025, https://bmjgroup.com/likely-50-fold-rise-in-prevalence-of-gender-related-distress-from-2011-21-in-england/#:~:text=8.3%20in%202012.-,Analysis%20of%20the%20data%20showed%20that%20between%202011%20and%202021,8.3%20per%2010%2C000%20in%202021.

열여섯 살이 되었을 때 알렉스는 자신이 더 이상 논바이너리가 아니라 트랜스젠더이며, 대명사를 '그'(he/him)로 전환하고 싶다고 우리에게 말했다. 열일곱 살에는 사설 의료 기관을 찾아 테스토스테론을 맞겠다고 우리에게 알렸다. 그동안 우리의 모든 논의와 대화에서는, 사춘기가 완전히 지난 이후인 스물한 살 이전에는 어떠한 영구적인 변화도 시도하지 않기로 합의해 왔었다. 그러나 알렉스는 그때까지 기다릴 수 없다고 말했다. 더 노골적으로 말하자면, 그는 스물한 살이 되기 전에 스스로 생을 마감할 것이라고까지 표현했다. 열일곱 살이 되면 법적으로 자신의 의료적 결정을 내릴 수 있었고, 우리는 이를 막을 수 없었다. 그는 온라인을 통해 의사와 두 차례, 각각 20분 정도의 상담을 진행한 뒤 테스토스테론을 처방받았다. 그는 온라인 진료와 처방 비용을 감당하기 위해 토요일마다 아르바이트를 하며 열심히 일했다. 얼마 지나지 않아 그의 신체는 빠르게 변화하기 시작했고, 현재 그는 외형과 음성 모두에서 남성처럼 보이고, 그렇게 들린다.

이 모든 시간 동안 우리가 대화를 나눌 수 있었던 사람들은 극히 소수에 불과했다. 교회 안에 있으면서도 우리가 겪고 있던 고통을 나눌 수 없다는 외로움은 감당하기 힘들 정도였다. 나는 완전히 단절되고 고립된 느낌이었다. 아이들이 이름을 바꾸고 나서야 비로소 조금씩 이야기를 나누기 시작했고, 그들의 이야기는 점차 주변에 알려지게 되었다. 지난 8년 동안 정말 놀라울 만큼 큰 힘이 되어 준 사람은 한두 명 있었던 반면, 매우 많은 그리스도인들로부터 깊이 상처가 되는 반응들을 경험하기도 했다.

우리는 수많은 부정적인 말과 조언의 대상이 되어 왔다. 그중 일부는 우리에게 직접적으로 전달된 것이어서, 우리는 그에 대해 문제를 제기하고 대응할 수 있었다. 그러나 다른 일부는 보다 일반적인 맥락에서 언급되거나 강단에서 설교의 형태로 선포되었음에도, 우리를 정조준한 것처럼 느껴졌다. 예컨대, 우리가 자녀들을 홈스쿨링했더라면 이러한 나쁜 영향으로부터 보호할 수 있었을 것이라는 말, 우리 동네의 작고 좋은 기독교 학교에 보냈더라면 결혼에 대해 올바르게 배웠을 것이라는 말, 그 형편없는 공립학교에 보내지만 않았어도 아이들이 동성애자가 되지는 않았을 것이라는 주장이 그러했다. 또한 우리가 성경을 더 잘 가르쳤더라면, 더 나은 그리스도인 부모였더라면, 아이들이 동성애자라는 사실이 드러났을 때 더 강하게 설교했더라면 상황이 달라졌을 것이라는 말들도 있었다. 나아가, 우리가 자녀를 자리에 앉히고 동성애가 하나님의 계획에 어긋난다는 점을 분명히 설명했더라면, 그들은 그러한 생각 자체를 포기했을 것이라는 암묵적이고 명시적인 주장도 반복적으로 제시되었다.

한 담임목사는 우리 아이들이 교회에 다니고 있던 동안 이 문제를 반복해서 설교 주제로 삼았다. 아마도 우리가 아이들을 제대로 가르치지 못했다고 여겼기 때문일 것이다. 그러나 아이들이 더 이상 그 교회에 출석하지 않게 된 이후로는, 그는 해당 주제를 다시는 다루지 않았다.

우리는 동성애자라는 것은 귀신 들린 상태를 의미한다고 믿는 사람들을 접하기도 했다.

더불어 많은 그리스도인들은 우리 아이들이 선택한 새로운 이름과 대명사를 사용하는 데 어려움을 겪어 왔다. 일부는 그것이 '진실이 아니며' 또는 '진짜 이름이 아니다'라고 주장한다. 그러나 우리는 누군가를 별명으로 부르는 데에는 아무런 어려움도 느끼지 않는다. 혹은 존경하는 연장 여성을 지칭할 때 대명사 대신 '이모'(Auntie)라는 호칭을 사용하는 데에도 문제가 없다. 이러한 표현들 역시 문자 그대로의 '진실'은 아니지만, 대화의 상대를 존중하는 방식이다. 누군가를 있는 그대로 받아들인다는 것은 그가 사용하는 이름과 대명사까지 포함하는 일이다.

사람들은 알렉스가 어느 정도까지 성전환을 진행했는지에 대해 질문해 왔으며, 그의 개인적인 의료 이력은 물론 심지어 그의 생식기에 대해서까지 묻기도 했다. 이러한 질문들은 명백히 부적절하다.

일부 사람들은 우리와 신학적 논쟁을 하고자 한다. 그러나 우리는 그러한 논쟁을 원하지 않는다. 우리는 이미 그 신학을 알고 있으며, 우리 아이들 또한 그것을 알고 있다. 우리가 씨름하고 있는 것은 신학이 아니라, 고통이다.

처음부터 우리는 부모로서 앞으로 나아갈 수 있는 유일한 길은 자녀들을 지지하는 것임을 알고 있었다. 만일 그것이 자녀들이 자신이 누구인지를 이해해 가는 과정에서 그들을 더 관용적으로 받아들이는 다른 교회를 찾아야 함을 의미한다면, 우리는 그렇게 할 준비가 되어 있었다. 남편은 이 점을 분명히 해 왔다. 무엇보다도 우선되어야 할 것은 예수 그리스도라는 것이다. 그것이 당시에도, 그리고 지금도 우리에게 최우선이다. 처음부터 우리의 가장 큰 관심은 자녀들이 예수님과 관계를 갖는 것이었다. 가장 어두운 시간 속에서 우리는 바로 이 한 가지를 붙들었다. 자녀들에게는 예수님이 필요하며, 그분을 알기 전에는 그 무엇도 근본적으로 변화될 수 없다고 확신했다. 그 관심은 우리의 기도의 중심에 자리해 왔으며, 모든 자녀와의 관계 전반에 깊이 스며들어 왔다.

코로나19가 끝난 직후, 한 친구가 내가 며칠간 홀로 시간을 보낼 수 있도록 비용을 지원해 주었다. 그 시간 동안 하나님은 나에게 매우 분명하게 말씀하셨다. 나의 역할은 설교하는 것이 아니라, 그들을 사랑하는 것이었다. 물론 가르쳐야 할 책임도 있었지만, 솔직히 말하자면 그들은 이미 성경이 무엇을 말하는지 알고 있었다. 나의 역할은 하나님이 그들을 사랑하시는 것처럼 그들을 사랑하는 것이었다. 언제나 그들에게 열려 있는 안전한 집을 제공하고, 그들뿐 아니라 그들의 모든 친구까지도 무조건적이며 넘치는 하나님의 사랑으로 환영하는 것, 우리가 하는 모든 일을 통해 계속해서 예수님을 보여 주는 것이었다. 그렇게 함으로써, 우리의 세 자녀는 지금까지도 우리와 가까운 관계를 유지하고 있다.

지난 8년이 얼마나 힘겨운 시간이었는지를 말로 다 표현하기는 어렵다. 극심한 슬픔과 상실감을 경험한 순간들이 있었고, 우리가 자녀들을 제대로 돌보고 있는지에 대한 끊임없는 질문 속에 살아왔다. "우리가 아이들을 잘못 키운 걸까? 다른 방식으로 했어야 했던 것은 아닐까?" 알렉스가 테스토스테론을 복용하기 시작했을 즈음, 나는 탈진 상태에 이르렀고, 몇 달 동안 감당하기 어려운 압도감과 극심한 피로 속에서 지내며 나 자신을 위해 상담을 받아야 했다. 그 이유는 내가 하나님께 깊이 분노하고 있었기 때문이다. 우리는 우리의 삶을 하나님의 사역에 드려 왔다. 모든 것을 내려놓고, 자녀들을 데리고 해외로 나갔으며, 믿음으로 살아왔다. 그리고 29년이 지난 지금까지도 여전히 믿음으로 살아가며 그분을 섬기고 있다. 그럼에도 불구하고 자녀들을 위한 우리의 기도는 단 하나도 응답받지 못했다. 세 자녀 모두 하나님을 거부했다. 한 명은 트랜스젠더였으며, 한 명은 양성애자였다. 하나님은 어디에 계신 걸까? 나는 매년 제3문화권 자녀들을 위한 캠프를 운영하는데 거기엔 훌륭한 젊은 리더들이 도우러 온다. 그런데 왜 내 자녀들은 그들과 같지 않은 것일까?

이 8년의 여정의 끝에서 우리는 어느 정도의 평안에 이르게 되었다. 우리는 자녀들을 하나님께 맡긴다. 그리고 놀랍게도, 조(Joe)는 이제 삶이 완전히 바뀌는 경험을 통해 그리스도인이 되었다.

조는 열일곱 살인 지금, 성경이 동성애에 대해 무엇을 말하는지를 탐구할 준비가 아직 되지 않았다고 말한다. 그 문제에는 관심이 없다고 한다. 조는 이렇게 말한다. "지금은 그냥 예수님을 더 알고 싶고, 그분과 더 가까워지고 싶어요. 그분이 제 삶의 주인이 되시도록 맡기고 싶어요. 저는 아직 열일곱이에요. 성관계에 대해서도 관심이 없어요. 하나님과 더 깊은 관계로 나아가고 싶을 뿐이에요. LGBTQ 관련 문제나 신학적인 논의는 나중에 천천히 살펴볼래요."

그렇다면 교회인 우리는 그런 시간을 허락할 수 있는 은혜와 인내를 가지고 있을까? 조가 다니는 교회는 그렇게 했다. 그들은 조의 분명하고도 명확한 회개와 예수님께로의 돌이킴을 근거로 세례를 허락했다. 조의 삶은 변화되었고, 하나님은 날마다 그녀 안에서 놀라운 일들을 행하고 계신다. 하지만 조는 여전히 성경과 동성애 문제에 대해서는 분명한 입장을 정하지 않은 채 경계선 위에 서 있다. 그럼에도 불구하고 조는 여러 명의 트랜스젠더 친구들을 교회로 데려왔고, 그중 한 명은 그리스도인이 되었다.

그들은 십 대 청소년들이다. 그들에게는 많은 질문들이 있고, 아직 스스로 정리하지 못한 것들도 많다. 그러나 그들은 예수님을 원하며, 그분을 따르고 그분에 대해 듣고자 한다. 그들은 지금 당장 모든 신학적 문제를 다 정리해야 한다고 느끼고 싶어 하지 않는다. 그들은 그저 예수님을 알아 가고 싶어 한다. 그들이 젊은 그리스도인으로서 성장할 수 있도록 공간을 허락하고 모든 것이 완벽히 정리되어야 한다는 부담을 지우지 말라.

조는 이러한 십 대들을 포용하기로 결정한 한 교회에 출석하고 있다. 그 교회의 한 장로는 나에게, 이 세대에서는 신경다양성(neurodiversity), 정신 건강, 그리고 젠더 이슈가 마치 완벽한 폭풍과 같이 겹쳐 나타나고 있다고 말한 바 있다. 이러한 아이들에게는 받아들여지는 것과 사랑이 필요하며, 예수 그리스도를 보여 주는 것이 필요하다. 그들이 예수님을 알

게 될 때, 그분이 그들을 치유하기 시작하시고, 그분 안에서 자신의 정체
성을 발견하도록 도우실 것이다.

제6부

종합과 결론

23
종합과 결론

넬슨 제닝스(J. Nelson Jennings)

기독교 선교 그리고 인간의 섹슈얼리티.

각 용어는 미묘한 뉘앙스를 내포하고 있으며, 다양한 해석을 가능하게 한다. 예컨대, '그리고'(and)라는 단어만 보아도 그렇다. '기독교 선교'라는 표현이 여러 방식으로 이해될 수 있듯이, '인간의 섹슈얼리티' 또한 수많은 의미를 내포하고 있다. 그렇다면 이 둘은 '그리고'라는 단어를 매개로 어떻게 연결될 수 있을까?

이 복합어는 법적, 정치적, 해석학적, 목회적, 관계적, 그리고 개인의 내면 깊은 차원에 이르기까지 다양한 영역에서 첨예한 논쟁을 불러일으키는 주제다. 여기에 각 단어와 전체 문구가 다른 언어에서는 어떻게 표현되는지를 고려하게 되면, 아무리 선한 의도와 진정성을 지녔다 하더라도, "기독교 선교와 인간의 섹슈얼리티"라는 KGMLF 2025의 다면적인 주제를 이해하려는 노력은 단숨에 복합성과 혼란의 안개 속에 휩싸일 수 있다.

이 주제가 지닌 복합성을 고려할 때, 포럼 발표 논고들은 필연적으로 다양한 주제를 다룰 수밖에 없다. 논고 발표자들 역시 매우 다양한 문화적 배경을 대표하고 있으며, 그 문화적 맥락들 또한 복합적이고, 변화하며, 제각기 다르다. 따라서 일관된 논조를 지닌 연구 모음집을 구성하는 일은 불가능한 것은 아니지만, 결코 간단한 일이 아니다.

그렇다면 이 자료집의 포괄성은 어떠한가? 현실적으로 보았을 때, 방대함이 우리가 기대할 수 있는 최대치일 것이다. 실제로 본서에서 논고들은 매우 다양한 분야를 아우른다. 주제는 사회학적, 성서적, 경험적, 국제적, 종교적, 법적, 역사적, 문화적, 교육적, 목회적, 교회론적, 과학적, 유전학적, 심리학적, 그리고 영적 부분까지 포함한다. 그럼에도 불구하고 더 많은 역사적 연구들이 포함될 수 있었고, 젠더 이론의 전개, 세대 간 역동성, 소셜미디어(와 미디어 일반)에 대한 논의 역시 포함될 수 있었을 것이다. 또한 다양한 교회 사례들과 선교 기관의 실제 사례들도 더 고려될 필요가 있다. 그 가능성은 사실상 무한하다.

논문 요약

KGMLF 2025 포럼 발표 논문들을 요약하기 위해, 여기서는 이를 네 가지 범주(성경의 가르침, 경험, 맥락, 그리고 과학)로 구분하여 간략히 소개한다. 이러한 범주는 서로 밀폐된 독립적인 영역을 의미하는 것이 아니다. 실제로 다수의 논고들이 명확히 복수의 영역에 걸쳐 있으며, 사실상 모든 연구와 연구자들은 이 네 가지 범주 중 하나 이상, 혹은 모두의 영향을 받아 형성되었다고 볼 수 있다. 아울러 본 논고들을 성경의 가르침, 경험, 맥락, 과학이라는 주제 아래 분류한 것은 각 논문의 내용으로부터 자연스럽게 도출된 것으로 보다 일관된 개요를 제공하는 것에 도움이 된다.

성경의 가르침

KGMLF 포럼의 제1부는 해당 포럼을 위해 특별히 선정된 성경 강사에 의해 인도되는 성경 강해로 구성되며, 총 세 차례 진행된다. KGMLF는 어떤 주제를 다루든지 성경을 논의의 기초로 삼기 때문에, 성경 강사는 각 포럼에서 특별하고도 막중한 책무를 맡게 된다.

다니엘 R. 패터슨의 세 번의 성경 강해는 남녀 간의 결혼 내 성관계에 대한 전통적인 성경적 이해를 단순히 입증하기 위한 익숙한 본문들을 제시하는 데 그치지 않는다. 패터슨은 이러한 전통적 입장에 서 있으면서도 부끄러움, 사망, 그리고 배제의 몸을 지닌 채로 살아가는 인류의 타락한 조건을 진지하게 다루며, 하나님의 은혜를 통해 어떻게 생명을 발견하게 되는지를 조명한다. 또한 젠더 이론에 대한 패터슨의 집중적인 연구는 그로 하여금 성경 본문을 그 본래적 의도에 충실하게 전달함과 동시에, 성적 규범의 대전환을 겪은 현대 세계, 특히 서구 사회의 문화적 상황 속에서도 적실성 있게 소통할 수 있는 감수성을 갖게 했다. 각 성경 강해는 성적으로 상처 입은 사람들(그리스도인이든지, 비그리스도인이든지)을 향한 하나님의 깊이 있는 자비와 사랑을 경험하고 그것을 전하는 데 있어 도전과 격려를 함께 제공한다.

크리스토퍼 라이트와 월터 모벌리 간의 '대화'는 성경 본문의 원래 의미와 그 지속적 적용 가능성에 대해 겸손하고 성실하며 단호하게 씨름하는 모범적인 사례를 제공한다. 두 구약학자 간의 존중 어린 상호 작용과, 결론에 있어 서로 견해가 다름에도 불구하고 유지된 우정은 해석학적 과제를 놓고 그리스도인이 함께 씨름할 때 어떠한 자세를 가져야 하는지를 잘 보여 주는 본보기라 할 수 있다. 성경의 가르침은 다음에서 서로 다른 제목으로 논의될 다른 여러 논문들에서도 명시적인 토대가 되고 있다.

다른 모든 KGMLF 포럼과 출판물과 마찬가지로, 이번 포럼의 논문들 또한 "기독교 선교와 인간의 섹슈얼리티"라는 주제에 관한 성경의 가르침에 부합하려는 노력을 지향하고 있다. 아울러 포럼의 부제인 "하나님과 모든 사람을 사랑하기 위한 선교와 그리스도인의 책무"를 함께 고찰함에 있어서도, 각 발표와 토론의 근본적인 지침으로 성경이 사용되고 있다.

경험

하나님은 그분의 권위 있는 말씀을 진공 상태 속에 말씀하시지 않는다. 하나님은 영감을 받은 대언자들을 통해 말씀을 전하셨으며, 신실한 서기관들에 의해 그 말씀이 보존되도록 하셨고, 오늘날에도 전 세계 수천 개 언어로 번역되어 가는 과정을 계속해서 인도하고 계신다. 하나님은 성경을, 그것을 받아들이고 이해하며 그 가르침에 응답해야 할 구체적인 인간 존재들에게 주셨다.

여러 편의 논고는 개인의 경험, 특히 그리스도인의 경험에 초점을 맞추고 있다. 섹슈얼리티와 관련된 문제들 중 개인과 공동체는 어떻게 하나님과 모든 사람을 사랑해 왔는가? 다섯 편의 간증 논고는 개인적이고 내면적인 것이든, 공동체적이고 심지어 공적인 것이든, 구체적인 인간 경험이 섹슈얼리티에 관한 성경의 본문을 실천하는 데 있어 그리스도인들이 맡게 되는 특정한 역할을 어떻게 형성하는지를 보여 주는 명확한 사례들이다. 이러한 수행은 종종 예측할 수 없는 상황의 판단을 따른다.

한 명의 선교사는 자신이 살아온 다양한 환경들, 그가 경험한 섹슈얼리티에 관한 변화하는 법적·사회적 환경들, 그리고 젠더와 성적 이슈들과의 대담한 씨름을 묘사한다. 이 여정은 결국 성경의 가르침에 뿌리를 내리게 된다. 이한영은 하나님이 사용하실 것이라고는 전혀 예상하지 못했던 사람들(그중에는 성적 트라우마의 배경을 가진 이들도 포함된다)과의 섭리적 만남을 통해 하나님이 자신의 마음을 변화시키신 경험에 대해 증언한다. 피터슨 왕곰베는 이중적인 성생활과 그와 관련하여 발생된 조기 사망으로 인해 가족과 교회 공동체가 충격을 받고 해답을 찾아 방황하게 만든, 한 유망한 인턴 사역자의 가슴 아픈 이야기를 회상한다. 공도근은 자신이 중동의 한 국가에서 그리스도인 사업가로 10년간 일하며 겪은 경험을 서술한다. 그 나라는 겉으로 보기에는 경건해 보이지만, 실제로는 공식적으로 금지되고 비도덕적으로 간주되는 여러 행위들(특히 놀라울 정도로 광범위한 동성애)이 만연해 있었다. 한 선교사 부부는 자녀들이 비전통적인 성별 정체성과 섹슈얼리티로 살아가는 과정을 겪으며 긴장과 고통, 외로움을 경험했고, 그 가운데 하나님과 그분의 말씀을 더 깊이 추구하게 되었다.

이 다섯 편의 간증에서 전달된 강렬한 경험들은 그 개인들과 그들이 속한 공동체가 급속히 변화하는 인간의 섹슈얼리티의 영역에서 하나님의 선교에 어떻게 참여할지를 바라보는 방식에 영향을 미쳤다. 특히 이러한 경험들은 하나님과 모든 사람을 사랑한다는 것이 무엇을 의미하는지에 대해 새롭고 구체적인 숙고를 불러일으켰다. 더 나아가, 그러한 재고의 과정은 서로 다른 신념과 감정, 그리고 경험들이 공존하는 기독교 공동체들 안에서 이루어져 왔다.

에드 쇼의 논고는 영국 국교회가 정치적 존중성을 유지하는 동시에, 사실상 역문화적 성격을 띠게 된 결혼과 섹슈얼리티에 관한 전통적 기준을 지켜 내기 위해 겪어 온 투쟁을 연대기적으로 서술한다. 쇼와 다른 이들이 경험한 동성애 끌림에 관한 개인적 경험은 "리빙 아웃"(Living Out)이라는 인상적인 이름의 단체를 통해 전통적인 성경의 기준에 공개적으로 헌신해 온 태도와 결합되어, 영국 국교회 내부뿐만 아니라 더 넓은 영국 사회를 향해서도 공동의 결단과 진정성 있는 증언을 형성해 왔다. 더 나아가, 쇼가 자신의 개인적 경험에 대해 전달한 메시지들이 어떻게 받아들여졌는가는 그의 특정한 사회적, 교회적, 그리고 국가적 맥락을 반영하고 있다.

맥락

전체적으로 볼 때, 이 포럼의 논고들은 맥락이 인간의 섹슈얼리티에 대한 이해, 감정, 그리고 태도 형성에 있어 토대의 역할을 수행한다는 사실을 보여 준다. 맥락이 형성에 영향을 주는 유일한 요소는 아니지만, 기본적이고 피할 수 없는 영향 요인 중 하나다. 각 포럼 논문의 접근 방식, 어조, 그리고 내용은 저자가 살아왔던 경험, 주도적 탐구 과정, 그리고 주변 환경(즉 맥락)을 반영하고 있다.

에이미 아담칙의 의미 있는 통찰을 제공하는 국가 간 비교 조사는 각 국의 종교 전통, 민주주의 수준, 경제 발전도의 '맥락'이 동성 관계에 대한 여론과 입법에 어떤 영향을 미치는지를 중심적으로 다룬다. 발 크리슈나 샤르마는 네팔 교회들이 다종교적 전통과 끊임없이 변화하는 법적, 사회적 현실이라는 복합적인 환경을 헤쳐 나가는 과정에서 직면하게 되는 도전과 기회를 상세히 설명한다. 테드 송과 키스 재거는 전통적인 보수 성향의 기독교 대학 존 브라운 대학교(미국 아칸소 북서부, 사회적으로 보수적이지만 인구학적으로 변화하고 있는 지역에 위치)에 재직하고 있는데, LGBTQ로 정체화하거나 그러한 가족 구성원을 둔 학생들을 위한 제자도 훈련 공간을 마련하고자 한 학교의 시도를 민감하게 설명한다. 세 논고의 저자들과 그 주제가 놓여 있는 맥락은 인간의 섹슈얼리티와 관련하여 모든 사람을 사랑한다는 것이 앞으로의 시간 속에서 무엇을 요구하게 될지에 대해 일정한 수준의 개방성과 불확실성을 고려할 필요가 있음을 보여 준다.

이에 반해, 최소한 세 편의 다른 논문은 전통적인 성 규범에 대한 확고하고 변함없는 헌신과 그에 대한 옹호를, 각각의 맥락을 통해 뒷받침하고 있다. 한국을 기반으로 한 이은경은 하나님의 창조 질서에 따른 섹슈얼리티에 대해 그리스도인들이 빛과 진리를 능동적으로 전해야 한다고 독려하며, 제4차 로잔 대회 서울 선언을 인용하면서, 한국의 입법, 사법이 직면한 도전들을 분석한다. 김정환과 그의 교회의 성경적 섹슈얼리티에 대한 확고한 입장은 사회적, 정치적으로 비교적 자유주의적인 뉴잉글랜드 지역에서, 긴밀하게 결속된 한인 공동체라는 직접적인 맥락 속에서 형성된다. 데이비드 오모나는 우간다의 종교적, 역사적, 사회적, 정치적, 법률적, 그리고 문화적 현실을 설명하며, 자국의 성적 규범에 대한 입장을 바꾸기를 요구하는 외부 인사들에게 자국의 현실에 대한 이해를 호소한다.

포럼 논고들에 대한 몇몇 논찬들도 맥락이 어떻게 성적 규범을 형성하는지를 보여 주는 사례로 인용될 수 있다. 인간의 섹슈얼리티와 관련된 여러 사건이나 맥락 속에서 드러나는 본능적 반응, 관계 속 불편함 또는 편안함, 그리고 무비판적으로 받아들여진 전제들은 모두 그 안에 있는 사람들조차 명확히 인식하거나 분석하기 어려운 복잡한 맥락 속에서 형성된다. 물론 각 논고의 접근 방식을 설명하는 유일한 근거로 맥락만을 내세워서는 안 되지만, 동시에 맥락이 지니는 강력한 영향력을 과소평가해서도 안 된다.

과학

두 편의 논문은 과학의 여러 분야에 명시적으로 근거하여 논의를 전개한다. 민성길은 동성애에 대한 유전학과 심리사회적 연구의 발전 과정을 추적한다. 그는 소위 '게이 유전자'가 과학적으로 입증되지 않았으며, 동성애(와 기타 비이성애적 성향)는 '선천성'(nature)이 아니라 '후천적 요인'(nurture)에 의해 발생한다고 결론짓는다. 또한 그는 과학적 증거가 성경의 가르침에 기초한 전통적 성 규범을 지지한다고 주장한다. 마크 야하우스와 유하나는 성별 불쾌감(gender dysphoria)을 중심 주제로 다룬다. 이들은 다양한 과학적 관점을 제시하며, 여기에는 동성애 원인으로 선천성보다는 후천적 요인을 강조한 민성길의 결론과는 달리, 대부분의 전문가들은 오히려 전자인 선천성을 더 설득력 있는 설명으로 지지한다는 관찰도 포함된다. 이와 함께, 야하우스와 유하나는 성별 정체성과 생물학적 지표 사이의 불일치라는 경험을 이해하고 조율할 수 있도록 돕는 삼중 구조의 분석 틀을 제시한다. 야하우스와 유하나의 논문은 두 개의 사례 연구를 통해, 자녀가 성별 불쾌감의 징후를 보일 때, 특히 가족이 겪을 수 있는 어려움을 보여 준다.

어떤 종류의 과학 분야가 어느 정도의 권위를 지니는가에 대한 논의는 이 요약 논고의 범위를 벗어나는 주제다. 이른바 '경성'(hard)과 '연성'(soft) 과학의 구분(전자는 적어도 이론적으로는 통제된 실험 환경에서 수집된 수학적으로 엄밀한 정량적 자료에 더 많이 의존한다) 역시 이 글에서 의도적으로 다루는 주제는 아니다. 과학과 종교 간의 관계에 관한 보다 일반적인 논의는 이 글이 아닌 다른 자료에서 참고할 수 있다.

여기에서는 포럼 논고들을 개괄적으로 조망한 네 가지 영역(성경의 가르침, 경험, 맥락, 과학)이 어느 정도 상호 연관되어 있다는 점만 다시 언급하는 것으로 충분할 것이다. 각 영역의 하위 분야들 또한 마찬가지다. 예컨대 과학 영역에는 아담칙의 연구에 두드러지게 나타난 사회학, 민성길이 다룬 유전학, 야하우스와 유하나가 언급한 발생학(embryology)이 포함된다. 각 논고의 기여를 "기독교 선교와 인간의 섹슈얼리티"라는 주제와 관련하여, "하나님과 모든 사람을 사랑하는 방법"이라는 하나의 포괄적 질문으로만 국한하기보다는, 이처럼 네 가지 영역으로 분류하는 것은 복합적이고 다층적인 주제를 간결하게 정리하기 위한 하나의 실용적 방안이다.

논의하기 vs 선언하기

KGMLF는 각 포럼 주제에 대해 확정적인 선언을 내리는 것을 목표로 삼은 적이 없다. 오히려 목적은 해당 주제와 관련된 쟁점과 질문을 더욱 명확히 하는 데 있다. 책무(accountability)가 KGMLF의 지속적인 관심사였다는 점에서, 포럼 논고와 토론, 그리고 그 결과물인 저작물은 모두 참여자와 독자로 하여금 예수 그리스도의 복음을 더욱 확장시키는 방향으로 삶을 살아가고, 봉사하며, 타인을 훈련시키도록 도전해 왔다.

그러나 명시적인 입장을 선언하지 않는다고 해서, KGMLF가 '무엇이든 허용된다'거나 신학적으로 방향성을 상실한 것이라는 의미는 아니다. 앞서 언급했듯이, 성경은 KGMLF 논의의 기초다. 더불어, 이번 포럼을 위해 조직위원회는 발표자 선정과 주제 설정에 있어 다음과 같은 고려 지침을 마련했다.

- 교회, 선교 단체, 그리고 그리스도인 개인은 모든 인간을 향해, 그들의 성적 지향, 성별 정체성, 또는 젠더 표현에 상관없이, 사랑으로 복음을 전하고 섬겨야 한다.
- 하나님이 인간을 남성과 여성으로 창조하신 것은 인간의 정체성, 가족 관계, 사회적 기능, 그리고 인류의 번식에 있어 근본적인 토대다.
- 하나님이 남성과 여성 간의 결혼 안에서 주신 성적 친밀감이라는 선한

선물은 자녀 출산과 함께 소중히 여기고 기뻐해야 할 것이다.

- 이성애자이며 젠더를 이분법적으로 이해하는 그리스도인들 역시, 다른 성적 지향이나 성별 정체성, 또는 젠더 표현을 지닌 이들과의 차이점보다 공통점이 더 많다.
- 교회, 선교 단체, 그리고 그리스도인 개인은 공적 영역과 사적 삶 모두에서 나타나는 동시대의 섹슈얼리티와 젠더 관련 경향에 대해 정당한 우려를 가질 수 있으며, 이에 효과적으로 대응할 수 있도록 준비되어야 한다.
- 하나님은 섹슈얼리티나 젠더에 대해 자신을 다르게 인식하는 사람들과의 교류를 통해, 교회와 선교 지도자, 선교사, 그리고 일반 그리스도인을 가르치시고 성숙하게 하실 수 있다.

놀라운 점은, 여러 주에 걸친 신중한 논의를 거쳐 2023년 12월에 최종 확정된 이 지침들이 약 18개월에 걸쳐 다양한 발표자들과 그들의 논고를 모아 내는 과정 전반에 걸쳐 유효하게 유지되었다는 것이다. 한 가지 핵심적인 바람은 복음주의 교회들이 성경에 근거하면서도 창의적으로 사역에 참여하며 선교 현장에서 실제적인 변화를 만들어 온 방식에 대해, 전 세계 각지의 사례 연구들을 체계적으로 축적하는 기반을 마련하는 것이다.

사례 연구

우간다와 네팔에 대한 국가별 연구, 그리고 가나, 브라질, 그리스, 대한민국을 중심으로 한 다국적 설문 조사는 전 세계의 상황을 반영하는 국가 단위의 사례 연구를 제공한다. 성공회와 코네티컷중앙글로벌감리교회의 사례(특히 후자의 연합감리교회로부터의 탈퇴 과정)는 다양한 교단들이 섹슈얼리티 이슈를 어떻게 다루고 있는지를 보여 주는 예라 할 수 있다. 대한민국의 복잡한 법적 상황, 미국 내 한 기독교 대학의 접근 방식, 그리고 유전학 연구에 대한 보고서는 섹슈얼리티 문제에 대해 명확한 해답을 제시하지는 않지만, 오늘날 전 세계 사회가 직면한 인간의 섹슈얼리티 이슈의 복합성을 보다 깊이 이해하는 데 기여하는 또 다른 사례들이다.

여기에 성별 불쾌감을 다룬 논고에서 소개된 두 가정의 사례와 개인적, 가정적, 교회적, 그리고 사회적 상황에 관한 다섯 편의 간증도 포함된다.

이들 사례 연구를 종합해 보면, 오늘날의 섹슈얼리티 이슈가 지닌 복합성, 강도, 그리고 광범위한 범위가 더욱 분명하게 드러난다.

토론 질문들

포럼 논문들의 말미에는 추가 논의를 위한 세 가지 질문이 포함되어 있다. 이 질문들은 개방성과 구체성의 정도에 따라 다양하며, 각 연구가 지닌 학문적, 실천적 함의를 포럼 참가자들과 독자들이 보다 깊고 다면적으로 탐구할 수 있도록 돕는 것을 목적으로 한다.

기독교 선교

기독교 선교는 KGMLF 존재 목적의 핵심에 있다. 기독교 선교가 인간의 섹슈얼리티와 어떻게 연결되는지를 다시 살펴보면, 이 질문이 포럼 조직위원회의 초기 논의 단계에서 이미 제기되었다는 점은 주목할 만하다. 결과적으로, 타 문화권 선교사 파송에 초점을 맞춘 좁은 의미의 복음주의 선교 이해와, 모든 하나님의 백성이 각자의 삶의 현장으로 파송되었다고 보는 '선교적 교회'(missional church)의 넓은 개념을 함께 포괄하려는 접근 방식이 형성되었다.

따라서 한 선교사 부부가 자신들의 가정이 겪은 특별한 어려움에 대해 증언한 내용은 주목할 필요가 있다. 중동 국가에서 사역했던 재외 그리스도인 공도근의 우려 또한 중요하게 고려되어야 한다. 여러 타 문화권 선교사들 또한 논찬자로서 국제적 시각을 논문에 반영했다.

전반적으로, 이번 포럼의 논고들은 우리가 살아가는 삶의 자리에서 '하나님과 모든 사람을 사랑하는' 선교적 의미를 담아내고 있다. 이러한 삶의 자리는 많은 경우 국가적 차원에 놓여 있는데, 예를 들어, 한국의 그리스도인들은 성경의 법과 사회적 성 규범이 그들의 국가 안에 세워지기를 기도하며 힘써 일하고 있다. 네팔의 교회들은 다양한 가치와 종교 전통이 얽힌 네팔의 복잡한 상황 속에서 이를 잘 헤쳐 나가고 있다. 또한 우간다의 그리스도인들은 우간다 국민이자 신앙인으로서, 전통적 성 규범을 지지하고 있다. 한편, 어떤 삶의 자리는 보다 교회적인 성격을 지닌다. 예컨대 미국 내 한 감리교회 회중은 교단 소속을 변경했고, 영국 성공회에서는 성직자들과 평신도들이 문화적, 정치적 균형을 꾀하는 교단 내에서 성경의 가르침을 고수하고 있다. 모든 논고가 다루는 맥락(더 나아가 모든 기독교 공동체의 맥락)은 개인과 가족들이 어떤 방식으로든 성적 유혹, 죄, 혼란, 충족, 배제, 혹은 고통의 문제에 직면하고 있음을 전제로 한다.

전체적으로 볼 때, 아담칙의 국가 간 비교 조사 논문을 필두로, 이번 논고집은 인간의 섹슈얼리티와 관련된 사안들에 있어 교회, 선교 단체, 그리고 그리스도인 개인이 하나님과 모든 사람을 사랑해야 한다는 공동의 사명을 지니고 있음을 국제적 범위를 통해 보여 준다. 맥락은 각기 매우 상이하며, 다양한 논고들은 각기 다른 맥락에 놓인 그리스도인들이 사람을 사랑한다는 것이 무엇을 의미하는지 드러낸다(이에 대해서는 다음에서 더 다룬다). 우리가 살아가는 각기 다른 상황 속으로 파송된 친구로서 서로의 이야기에 귀 기울이는 자세는 KGMLF의 중심 정신이라 할 수 있다.

책무성의 고취

그렇다면 "그리스도인의 책무"라는 포럼의 부제는 KGMLF 2025에서 어떻게 구체화되는가? "인간의 섹슈얼리티"에 관한 성경 연구, 논고, 간증을 작성하고, 이에 응답하며, 함께 논의하는 과정 속에서 이루어지는 철이 철을 날카롭게 하는 상호 작용은 포럼 참가자들과 독자들이 부제의 다른 구절인 "하나님과 모든 사람을 사랑"하는 것을 실천하는 데 어떠한 도움을 줄 수 있는가?

책무성의 일부는 포럼 참가자들 간의 상호 작용 그 자체에서 비롯된다. 사흘이 넘는 포럼 일정 동안 새로운 우정이 형성되기도 하고, 기존의 관계가 새롭게 회복되거나 더 깊어지기도 한다. 참가자들은 신뢰하는 동료들로부터 받은 격려와 도전을 기억하게 될 것이며, 이후 이어지는 소통이나 협력이 서로에게 그 결심을 실천에 옮기도록 책무를 묻는 역할을 하게 된다. 비록 포럼 참가자들과 직접 교류하지는 않더라도, 이 책을 읽는 독자들 또한 자신이 접한 내용을 어떻게 받아들이고 적용하느냐에 있어 책무가 따른다.

책무성은 포럼 참가자 개인뿐만 아니라, 그들이 속한 공동체와 다양한 네트워크에도 확장된다. KGMLF 참가자들은 포럼 이후 가족, 교회, 사역 공동체, 직장, 그리고 삶의 다른 영역으로 돌아가게 된다. 이때 참가자들은 포럼에서 성찰하고 논의한 내용들을 타인에게 어떻게 전달할 것인가? 그리고 그 전달은 수신자들에 의해 어떻게 받아들여질 것인가? 실천 과제가 어떻게 도출될 수 있을 것인가? 민감한 견해 차이는 어떻게 다루어질 것인가? 관계상의 긴장은 어떻게 조율될 수 있을 것인가? 나아가 이러한 질문들은 6개월 후, 혹은 1년 이상 지난 이후에도 어떠한 방식으로 재검토되고 응답될 수 있을 것인가?

책무성이 이루어질 관계와 방식과 더불어, 포럼 참가자들, 그들이 속한 네트워크, 그리고 이 책의 독자들이 하나님과 모든 사람을 사랑하는 태도와 관련하여 책무를 가져야 할 최소한 세 가지 영역이 존재한다.

성경

나사렛 예수는 인간의 책무에 관한 성경의 메시지를 두 가지 명령으로 요약했다. 곧 마음과 뜻과 힘을 다하여 하나님을 사랑하는 것과, 이웃을 자신과 같이 사랑하는 것이다. 인간의 섹슈얼리티와 관련하여, 예수님의 제자인 우리는 하나님과 이웃을 사랑하는 것이 무엇인지를 근본적으로 성경을 통해 배우게 된다.

특별히 성경과 동성애 문제를 고려할 때, 가장 일반적인 기독교의 이해와 태도는 창세기 19장, 레위기 18장 22절, 레위기 20장 13절, 로마서 1장 26-27절, 고린도전서 6장 9-10절, 그리고 디모데전서 1장 10절과 같은 핵심 본문들을 근거로 제시되었다. 월터 모벌리와 크리스토퍼 라이트는 이러한 본문들을 "성경과 동성 관계"에 대한 논의에 포함시키지만, 본문을 그 즉각적인 문맥이나 더 넓은 성경적 맥락에서 분리하여 단편적으로 인용하는 방식을 의도적으로 피한다. 라이트는 먼저 창세기 1장과 2장에서 남자와 여자로 창조된 인간을 포함한 하나님의 선한 창조로부터 논의를 시작한다. 또한 그는 성경이 동성애 관계를 특정하여 언급하는 경우보다, 이성애적 일탈을 훨씬 더 자주 정죄하고 있다는 점을 지적한다. 모벌리는 성경 본문들의 원래 의미를 완전히 이해하는 데 따르는 해석학적 어려움과 성경이 기록된 시대적, 사회적 맥락과 오늘날의 상황 사이의 차이를 모두 강조한다. 그는 지금까지 동성애를 금지하는 것으로 이해되어 온 성경의 규정들은 사랑과 헌신에 기초한 동성 관계에는 적용되지 않는다고 제안한다. 이에 대해 라이트는 동성애에 관한 성경 본문들을 성급하게 무효화해서는 안 된다고 반박하며, 결국 그는 겸손한 태도를 유지하면서도, 남성과 여성 간의 결혼에 대한 전통적인 성경의 가르침을 옹호하며, 이에 대한 대안적 형태들에 대해서는 성경의 금지 규정이 유효하다는 입장을 분명히 한다.

모벌리와 라이트 간의 상호 논의는 서로의 통찰과 학문적 기여를 존중하고 평가하는 방식으로 이루어졌다는 점에서 모범적이며, 다행히도 이러한 사례는 유일한 것은 아니다. 전통적 입장과 진보적/수용적(affirming) 입장 간의 건설적이고 신중한 상호 작용의 또 다른 최근 사례로는 마크 야하우스와 캐시 킨(Kathy Keen) 간의 논의를 들 수 있다. 이들의 논의에서 하나의 중요한 쟁점만을 강조하자면, 야하우스는 킨이 '전통적 입장과 수용적 입장 간 논쟁의 핵심 쟁점, 곧 결혼의 정의'를 정확히 식별하고 있다는 점을 긍정적으로 평가한다. 그러나 야하우스는 킨이 결혼의 기초로서 '언약의 충실성'(covenant fidelity)을 주장하면서도, 동일하게 기초적 요소(창 2:23-24)인 '성의 차이'(sex difference)를 정당한 이유 없이 배제하고 있다고 지적한다.[1]

인간의 섹슈얼리티에 관한 성경의 가르침을 따르는 것은 하나님 앞에서 책무를 지는 삶의 기본 요소다. 이러한 성경의 가르침을 따르기 위해서는 신중하고 공동적인 연구 또한 필수적인 기본 요건이다.

다니엘 R. 패터슨의 세 편의 성경 강해는 개인이 지니고 있는 '혼란을 겪는 섹슈얼리티'(troubled sexuality)의 유형과 무관하게, 연약한 죄인들을 향한 성경의 회복 능력을 새롭게 인식하게 하며 동시에 깊은 내적 성찰을 요구하는 탐구다. 패터슨은 복음이 사람들의 삶 속에서 어떻게 작동

---

1 Mark Yarhouse, "Scripture, Ethics, and the Possibility of Same-Sex Relationships," *The Center for Faith, Sexuality & Gender* (blog), December 14, 2018, https://www.centerforfaith.com/blog/scripture-ethics-and-the-possibility-of-same-sex-relationships.

하는지를 부각시키는 것으로 논의를 시작하는데, 이는 단지 율법적 행위의 준수에 국한되는 것이 아니라 치유와 변화를 이루시는 하나님의 은혜를 강조한 것이다.

> 기독교 섹슈얼리티란 *무엇인가*라는 정의에 집중하기보다는, 사망의 몸 안에서 고통받는 이들의 삶에 기독교 메시지는 *어떻게* 실제적인 변화를 일으키는지를 함께 깊이 이해해 보고자 한다. 혼란을 겪는 섹슈얼리티에 빛을 비추는 성경 속 기독교 복음만의 독특한 메시지는 과연 무엇인가? … 이는 장소와 상황을 불문하고 모든 사람이 생명을 주는 기독교 메시지를 필요로 함을 분명히 하기 때문이다.

창세기 2장 25절부터 3장 11절에 기초한 "부끄러움의 몸에서 발견되는 생명", 요한복음 8장 2-11절에 기초한 "죄책감의 몸에서 발견되는 생명," 그리고 구약과 신약의 여러 본문에 근거한 "배제의 몸에서 발견되는 생명"으로 구성된 패터슨의 연구들은 특정 입장을 뒷받침하기 위한 증명 구절(prooftexting)에 그치는 것이 결코 아니다. 오히려 이 연구들은 특히 '혼란을 겪는 섹슈얼리티'를 다루는 데 있어, 예수 그리스도의 생명을 주는 복음을 통해 하나님과 이웃을 사랑하는 방향을 제시한다.

탐구할 가치가 있는 인간의 섹슈얼리티를 주제로 한 주해적 연구들이 점차 증가하고 있다. 하나님과 모든 사람을 사랑하는 삶은 지속적이며 성실하고 성령의 인도하심에 따른 성경 연구를 요구한다.

'선진', '진보', 그리고 '발전'

책무성과 관련된 또 하나의 중요한 영역은 한 사회가 다른 사회보다 더 '선진적'(advanced), '진보적'(progressive) 혹은 '발전적'(developed) 상태에 있다는 잠재적 전제에 관한 것이다. 앞서 사용된 이러한 언어는 일부 국가가 다른 국가에 비해 '뒤처져 있거나' 낙후되어 있다는, 통상적으로는 명시되지 않는 관점을 드러낸다. 적어도 이러한 전제는 인식되고 인정될 필요가 있다. 그다음 단계는 이에 대한 검토와 평가다.

이 지점에서 데이비드 오모나의 우간다에 관한 논문이 중요하게 부각된다. 오모나는 인간의 섹슈얼리티에 대한 우간다의 입장과 관련된 종교적, 역사적, 사회적, 정치적, 법률적, 그리고 문화적 현실을 신중하고 체계적으로 설명한다. 그가 외부인들에게(특히 우간다와 그 국민들에게 정치적, 경제적, 사회적, 종교적 영향력을 행사할 책무와 권리가 자신들에게 있다고 전제하는 이들에게) 전하는 호소이자 권면은 우간다를 외부의 기준이 아니라 우간다 자체의 조건과 맥락 속에서 존중하며 이해하려는 노력을 기울이라는 것이다. 오모나의 설명을 통해 도출되는 여러 중요한 논점 중 하나는 우간다의 동성애에 대한 입장이 우간다의 전통적 가치를 이해하거나 존중하지 않는 외부인들에 의해 '혐오적'이거나 '반(反)동성애적'인 것으로 규정되어 왔다는 점이다. 더 나아가 오모나는 우간다의 '공식' 입장이 '모더니티'(modernity)를 시작으로 해당 지역에 유입된 외부 요인들에 의해 형성되어 왔음을 설명한다. 치누아 아체베(Chinua Achebe)는 1958년에 발표한 《모든 것이 산산이 부서지다》[2](*Things Fall Apart*)에서, 나이지리아 남부 이그보(Igbo) 공동체 가운데 나타난 영국의 개입이 초래한 여러 효과들을 분석했는데, 그의 이러한 기념비적 분석은 이 지점에서 중요한 유비를 제공한다. 그렇다면 유럽 세력의 아프리카 진출은 과연 발전을 가져왔는가? 진보를 이루었는가? 개발을 촉진했는가? 만약 그렇다면, 그것은 어떤 방식에서 그러했는가? 보다 구체적으로 말해, 1894년부터 1962

---

2 Chinua Achebe, *Things Fall Apart* (London: Heinemann, 1958).

년까지 존속했던 영국의 우간다 보호령을 계승한 오늘날의 우간다공화국 사회는 1894년 이전에 존재했던 이 지역의 여러 왕국들과 공동체들에 비해(인간의 섹슈얼리티에 관한 이해를 포함하여) 더 '발전된' 사회라고 말할 수 있는가?

그렇다면 대한민국의 경우는 어떠한가? 모더니티가 유입된 시점은 우간다에서 나타난 양상과 유사하다. 아담칙의 국가 간 비교 조사에 따르면, 가나(그리고 우간다와 다수의 다른 국가들)의 경우와 마찬가지로 한국 사회의 "전통 규범에 대한 고수는 강하게 유지되고 있다". 또한 한국을 비롯한 여러 국가들에서 "특히 복음주의 개신교는 LGBTQ+ 권리에 강력히 반대하며, 종종 동성 관계를 사회적 조화와 가족 가치에 대한 도덕적 위협으로 규정하는 경우가 있다". 이에 따라 이은경의 논문은 섹슈얼리티와 관련된 전통적 기독교 가치들을 보호하기 위해 법적, 사법적 차원의 경계와 주의가 필요하다고 호소한다. 또한 민성길은 유전학의 연구들 역시 이러한 가치와 일치하며 이를 지지한다는 결론에 이른다. 이와 유사하게, 김정환은 자신의 한인 이민 교회가 성경적 성의 가치를 수호하기 위해 교단 소속을 희생적으로 변경하기에 이르기까지 한 입장을 서술한다. 아울러 김정환의 교회 공동체는 "우리는 동성애자들을 배제하지 않고 그들의 인권을 증진시키기 위해 노력할 것이다"라고 선언한다.

모든 사람을 사랑한다는 것이 무엇을 의미하는지는 '선진적', '진보적' 혹은 '발전적' 정도가 서로 다른 사회를 대표하는 교회, 선교 기관, 그리고 개별 그리스도인 사이에서 구체적으로 숙고되고 조율될 필요가 있다. 포럼 논고들이 전반적으로 보여 주듯이, 이른바 '전통적' 맥락에서 산출된 연구들은 전통적이며 성경적인 규범을 보호하는 데 강한 열의를 보이며, 이에 대해서는 어떠한 유보도 두지 않는다. 이러한 규범으로부터의 일탈은 동성애를 시작으로 하여 고려의 대상이 되지 않는다(다만, 그러한 일탈의 형태들이 비전통적, 특히 서구 국가들로부터 어떻게 침투를 시도하는지를 분석하는 경우는 예외로 한다). 동성애자에 대해 어떻게 사랑을 실천할 것인가에 관해, 전통적 입장에서는 기도와 회개의 중요성을 선포하는 방식이 하나의 방안으로 나타난다. 모더니티(그리고 포스트-모더니티)가 강조하는 개인의 권리는 논의의 중심에 놓이지 않는다. 중심에 놓이는 것은 사회 전체와 그 사회를 다스리시는 주권자 하나님이시다.

이에 반해, 이른바 '비전통적', 즉 '선진적', '진보적' 혹은 '발전적' 환경에서 산출된 연구들은 대체로 다음 두 가지 과제와 씨름하고 있다. (1) 현재의 사회적, 법적 상황을 어떻게 수용하고 이해할 것인가의 문제이며, (2) 일부 담론에서 포괄적 용어로 사용되는 '성적 소수자들'이 겪어온 고통을 어떠한 방식으로든 치유하고 바로잡을 것인가의 문제다. 이러한 고통은 종종 그리스도인들에 의한 부당한 대우라는 주장과 연결되어 제시된다. 이러한 '비전통적' 맥락의 연구들이 전달하는 바에 따르면, '비이성애적'(nonstraight) 혹은 '퀴어'(queer)로 지칭되는 사람들(역시 포괄적 용어로 사용됨)과의 관계를 이해하고 형성하는 일이 필요하며, 더 나아가 그러한 노력이 모든 맥락에 있는 모든 그리스도인에 의해 적어도 일정 정도는 추구되어야 한다는 전제가 암묵적으로 깔려 있다. 또한 '전통적' 맥락에 있는 그리스도인들이 일정한 '성장'이나 '진보'의 단계를 거치게 되면, 그들은 타인을 이해하려 노력하고 동등한 인간으로서 관계 맺는 과정을 통해, 결국 모든 사람을 사랑하는 방향으로 나아가게 될 것이라는 기대가 전제되어 있다.

KGMLF는 이러한 전제들에 대해 건설적인 상호 작용과 상호 학습이 이루어질 수 있는 장(場)에 해당한다. 사회가 '전통적' 혹은 '선진적'이라는 것이 무엇을 의미하는지에 대해서는 개인적이고 공동체적/신앙적 질서 각각에 부여되는 상대적 중요성을 포함하여, 신중한 고찰이 요구된다. 그리스도인과 모든 사람을 사랑하는 것이 무엇을 포함하는지에 대한 그들의 확신은 이러한 상이한 유형의 사회에 의해 형성된다.

복합성

KGMLF 2025 주제의 복합성에 직면하는 일은 분석 마비로 이어질 수 있다. 반대로, 해당 주제를 지나치게 단순화할 경우, 관계적, 사역적, 선교학적, 학문적, 사회적, 개인적, 영적 차원을 포함한 다양한 형태의 문제들을 초래할 수 있다. 여기에서 특별히 보완되어야 할 복합성의 두 가지 영역은 이 주제가 지니는 주제의 *다층적*(multifaceted)이고 *대인관계적*(interpersonal) 특성이다.

포럼 논고들에서 다루어졌거나 다루어지지 않은 주제의 수많은 측면들을 이 자리에서 다시 반복할 필요는 없다. 이 요약 논고에서 언급되었거나 생략된 다른 여러 측면들 또한 존재한다. 더 나아가, 예를 들어 성경 해석학, 발생학, 경제적 계층, 국가의 역사와 같은 영역들 안에는 수많은 하위 요소들 역시 포함되어 있다. 포럼 논고들에서 명시적으로 다루어지지는 않았지만, 다양한 그리스도인들이 LGBTQ 사안에 접근하는 방식과 직접적으로 연관된 하나의 중요한 복합성은 이른바 "사이드"(Sides) 구도, 즉 A, B, Y, X다.[3] 요컨대 "브로큰 섹슈얼리티: 하나님과 모든 사람을 사랑하기 위한 선교와 그리스도인의 책무"라는 주제는 방대한 복합성을 지니고 있으며, 이는 혼란을 초래할 수 있을 정도이지만 반드시 분석 마비로 이어질 필요는 없다.

포럼에서 제시된 증언들은 인간의 섹슈얼리티를 다루는 그리스도인들의 대인관계적 차원에 대해 직접적으로 말해 준다. 그 기초에는 공동

3　Josh Proctor, "Four Christian Views on Sexuality," The Life on Side B Podcast, Train of Thoughts, updated October 17, 2024, https://www.lifeonsideb.com/foursides.

체적 실체(예컨대 한 교회 공동체) 혹은 개인이 하나님과 맺고 있는 관계가 놓여 있다. 그다음으로는 가족, 지역 교회, 친구 관계, 직장, 학교, 이웃 공동체, 국제적 네트워크, 혹은 단순한 지인 관계나 우연한 만남에 이르기까지 다양한 관계들이 존재한다. 이러한 관계들을 형성하고 유지해 나가는 과정에서 '사랑'과 '진리'에 대한 헌신을 어떻게 함께 붙들 것인가는 결정적으로 중요하면서도 복합적인 문제이며, 대개 그 해법은 분명하게 드러나 있지 않다.

결론: 성장의 필요성

하나님은 신실하시다. 최근 세대에 나타난 인간의 섹슈얼리티의 급격한 변화가 하나님께 예기치 못한 사태였다고 볼 수는 없다. 성경이 'LGBTQIA+'와 같은 언어·개념적 범주를 사용하지는 않지만, 그렇다고 해서 하나님이 어떤 상황에서도(아무리 그 상황이 복잡해 보일지라도) 자기 백성을 인도하실 수 없게 되셨다거나, 예기치 않게 대비하지 못한 상태에 놓이셨다고 이해해서는 안 된다.

많은 사람들은 그들이 그리스도인이든 아니든, 인간의 섹슈얼리티와 관련된 사안에 대해 본능적이고 강한 반응을 보인다. 이러한 반응은 겉으로 드러나지 않은 신념과 정서에서 비롯되며, 개인적이고 국가적인 정체성, 어린 시절의 경험, 충분한 연구를 거쳐 형성된 신념, 그리고 성령의 인도에 따른 헌신과 연결될 수 있다. 하나님은 인간을 존재의 핵심에서부터 성적 존재로 창조하셨다. 따라서 이러한 문제와 관련된 질문과 불확실성, 고통과 불편함을 헤쳐 나가는 일은 결코 쉽지 않다.

어떤 사람이 얼마나 탁월한 전문성을 지니고 있든지 간에, 배워야 할 것은 여전히 많다. 또한 자신이 성적으로 얼마나 안정되고 확고하다고 여기든지 간에, 성장의 여지는 언제나 존재한다. 우리 모두는 여전히 부끄러움, 죄책감, 그리고 배제의 상태에서 아직 구속받지 못한 몸으로 살아가고 있다. 사도 바울의 고백이 점점 더 많은 이들의 고백으로 울려 퍼지기를 바란다. "오호라 나는 곤고한 사람이로다 이 사망의 몸에서 누가 나를 건져 내랴 우리 주 예수 그리스도로 말미암아 하나님께 감사하리로다"(롬 7:24-25).

에이미 아담칙 Amy Adamczyk

존 제이 형사사법대학교(John Jay College of Criminal Justice) 사회학 교수이자 뉴욕 시립대학교 대학원(The Graduate Center, City University of New York)의 형사 사법 및 사회학 박사 과정 교수로 재직하고 있다. 그녀의 연구는 국가적 맥락, 지역 사회, 대인 관계 네트워크, 그리고 개인의 종교적 신념이 사람들의 일탈, 범죄, 건강 관련 태도와 행동을 어떻게 형성하는지 탐구하는 데 초점을 두고 있다.

그녀는《태아의 자세: 낙태에 대한 국가 간 여론 이해》(*Fetal Positions: Understanding Cross-National Public Opinion about Abortion*)의 저자로, 이 책은 2025년 스티븐 F. 메스너 최우수 도서상을 공동 수상했다. 또한《신앙 전수》(*Handing Down the Faith*)의 공저자로 참여했으며, 이 책은〈크리스차니티투데이〉2022년 올해의 책(결혼 및 가족 부문) 최종 후보에 올랐다. 더불어《동성애에 대한 국가 간 여론》(*Cross-National Public Opinion about Homosexuality*)을 저술하여 2018년 국제형사사법학회 최우수 도서상을 수상했다.

아담칙 박사는 지금까지 60편이 넘는 동료 심사를 거친 학술지 논문을 발표했으며, 그녀의 연구는 CNN, BBC, NPR, ABC,〈워싱턴 포스트〉,〈로스앤젤레스 타임스〉등 다양한 주요 언론 매체에서 다루어졌다.

정승현 Seung-hyun [Nathan] Chung

장로회신학대학원에서 목회학 석사(M.Div.)를, 풀러신학대학원(Fuller Theological Seminary)에서 선교학 석사(M.A.)와 박사 학위(Ph. D.)를 취득했다.

그는 2008년부터 2011년까지 인도네시아 자카르타 신학교(STFT Jakarta)에서 교수로 재직하며 신학 교육에 헌신했다. 이후 인천 주안대학원대학교에서 선교학 교수로 부임해 현재까지 교육과 연구를 이어 오고 있다. 그는 《무슬림을 향한 증인의 삶》(2019), 《하나님의 선교와 20세기 선교학자》(이상 주안대학원대학교출판부, 2014) 등 두 권의 저서를 출간했으며, 《열매에서 추수로》(좋은씨앗, 2024), 《세계 기독교 동향》(2020), 《선교적 교회: 북미 교회의 파송을 위한 비전》(이상 주안대학원대학교출판부, 2013), 《선교 현장의 교회》(한국연합선교회, 2012) 등을 번역했다. 또한 KGMLF 2025 도서인 《브로큰 섹슈얼리티》(*Broken Sexuality*)의 번역자이기도 하다.

제프리 H. D. 코넬리우스-화이트　Jeffrey H. D. Cornelius-White

30년에 걸친 임상, 교육, 연구 경력을 지닌 상담학 교수다. 그의 연구는 치유와 발달을 이해하기 위해 관계적, 다문화적, 학제적 접근을 통합하는 데 초점을 두고 있다. 그는 아내와 함께 지난 4년 동안 캠퍼스 사역, 특히 유학생들을 위한 돌봄과 지원 사역에 적극적으로 참여해 왔다. 제프리는 40년 동안 교회 찬양대에서 활동하며 트럼펫 연주자로도 섬기고 있다. 또한 조지 맥도널드(George MacDonald)와 C. S. 루이스(C. S. Lewis)의 작품을 깊이 탐구하며 신앙과 학문을 잇는 사유를 발전시켜 왔다.

허경　Kyung Hur

서울대학교 법학과를 졸업한 후 총신대학교신학대학원에서 목회학 석사(M.Div.) 학위를, 영국 브리스톨 트리니티 칼리지(Trinity College)에서 석사(M.A.) 학위를 취득했다. 이어 영국 글로스터셔 대학교(University of Gloucestershire) 박사 과정에서 3년간 구약학을 연구하며 학문적 기반을 다졌다. 그는 총신대학교신학대학원에서 5년 동안 교목으로 섬기며 학생들의 영적 성장을 돕는 사역을 감당했다. 이후 영국으로 사역지를 옮겨 8년 동안 상수한인교회와 런던 갈보리한인교회에서 목회자로 섬겼으며, 현재는 뉴몰든한인교회 담임목사로 사역하고 있다.

키스 재거 Keith Jagger

2021년 아칸소주 실로암 스프링스에 위치한 존 브라운 대학교(John Brown University)에 부임해 총장 산하 교목이자 기독교 교육 학장으로 재직하고 있다. 그는 채플 프로그램을 총괄하고, 학생과 교직원을 위한 목회적 돌봄을 제공하며, 기독교 교육 사무실을 중심으로 캠퍼스 전반의 영적 형성 프로그램을 이끌고 있다. 또한 기독교대학협의회(CCCU)에서 캠퍼스 사역 책임자 위원회와 복음전도 위원회 위원으로 활동하며 기독교 고등 교육 분야의 협력과 발전에도 기여하고 있다. 존 브라운 대학교에 합류하기 전에는 캐나다 온타리오주 선더베이에 위치한 그래스루츠 교회(Grassroots Church)에서 담임목사와 교육목사로 섬기며 지역 교회 사역에 헌신했다.

넬슨 제닝스 J. Nelson Jennings

글로벌 선교지도자 포럼(GMLF) 이사장으로 섬기고 있으며, 〈*Global Missiology*〉(글로벌 선교학)의 편집자이자 온라인 아시아 기독교 인물 사전(Dictionary of Christian Biography in Asia)의 동아시아 코디네이터로 활동하고 있다. 그는 1986년부터 1999년까지 일본에서 교회 개척과 신학 교육 사역을 감당했으며, 이후 12년 동안 미국 커버넌트 신학대학원(Covenant Theological Seminary)에서 세계 선교를 가르쳤다.

미국의 해외선교연구센터(OMSC) 대표로 사역한 후에는 서울 온누리교회에서 선교 컨설턴트로 활동하며 글로벌 선교 리더십과 연구에 기여해

왔다. 그의 주요 저서로는《일본의 신학: 다카쿠라 도쿠타로(1885-1934)》
(*Theology in Japan: Takakura Tokutaro [1885-1934]*)와《진정한 초강력자이신 하나
님: 선교에서의 우리의 역할 재고》(*God the Real Superpower: Rethinking Our Role
in Missions*)가 있다.

카나모리 야스코 Yasuko Kanamori

상담심리학을 전공한 교수로 미국에서 지난 8년 동안 학부와 대학원 과
정에서 연구 방법론과 통계학을 가르쳐 왔다. 그녀의 주요 연구 관심사
는 신앙 공동체, 의료계, 그리고 다양한 사회 공동체 안에서 트랜스젠
더 관련 이슈에 대한 인식과 태도가 어떻게 변화하고 있는지를 탐구하
는 데 있다. 이러한 연구의 일환으로 그녀는 트랜스젠더 태도와 신념 척
도(Transgender Attitudes and Belief Scale, TABS)를 개발했으며, 이 척도는 한국어
를 포함한 여러 언어로 번역되어 활용되고 있다. 그녀는 30년 동안 주
일학교 교사와 성경 공부 인도자로 섬겨 왔으며, 남편과 함께 지역 교
회의 여러 위원회, 찬양대, 그리고 다양한 교회 사역에 적극적으로 참
여하고 있다.

김한성 Hansung Kim

한국 아신대학교(ACTS)에서 선교학을 가르치는 교수로, 미국 바이올라
대학교(Biola University)에서 선교학 박사 학위를 받았다. 그는 OM 소속 선
교사로 남아시아에서 사역한 경험이 있으며, 선교 분야에서 여러 권의
저서와 논문을 발표해 왔다. 최근 저서로는《한국 교회의 네팔 선교 개
척자들》(세움북스, 2022),《네팔에서 네팔 선교로》(*From Nepal to Mission Nepal*,
2022),《성경 속의 다문화 가정》(나무와열매, 2024)이 있다. 그의 주된 연구
관심사는 세계 주요 교회의 선교 동향, 한국 교회의 다문화 선교 역사,

그리고 네팔 선교 사역이다. 김한성 교수는 캐나다인 아내 버지니아
(Virginia)와 세 아들과 함께 세종시에 거주하고 있다.

김정환 Jeonghwan Kim

2010년 1월부터 코네티컷중앙연합감리교회 담임목사로 섬기며 16년째
지역 교회를 이끌고 있다. 미국 연합감리교회(UMC)는 2019년 특별 총회
에서 동성 결혼과 LGBTQ+ 성직자 안수를 금지하는 헌법 조항을 채택
했으나, 여러 감독과 지방 감독들은 이를 따르지 않고 LGBTQ+ 성직자
안수를 허용하거나, 성경적 가르침을 지지한 목회자들에게 징계와 해임
을 단행하는 등 혼란이 이어졌다. 이러한 지도부의 비일관적이고 부적
절한 조치들을 목격한 김정환 목사와 그 교회 교인들은 깊은 논의 끝에
UMC를 탈퇴하기로 결정했다. 2023년 7월, 그의 교회는 글로벌감리교
회(Global Methodist Church)에 공식 합류하여 현재 코네티컷중앙글로벌감리
교회로 새로운 사역을 이어 가고 있다.

김진봉 Jinbong Kim

오랫동안 고민해 온 과제인 서구 선교사와 한국 선교사 간의 상호 이해
를 높이기 위한 새로운 국제 선교 포럼 모델인 KGMLF를 2008년에 제안
한 인물이며 KGMLF 코디네이터이자 상위 조직인 글로벌 선교 지도자
포럼(Global Mission Leadership Forum, GMLF)의 대표로 섬기고 있다. 그는 1990
년 서아프리카 무슬림 지역 선교사로 가기 전 총신대학교 신학대학원
과 선교대학원에서 신학과 선교학을 공부했으며 1994년 GMS에, 1998
년 WEC 국제선교회(WEC International)에 아내와 함께 가입했다. 그 후 영
국 올 네이션스 크리스천 칼리지(All Nations Christian College)에서 연구와 프
랑스에서 언어 과정과 교회 인턴 사역 후 기니의 풀라니 무슬림 사역

을 감당했다. 그는 2006년 가족과 함께 미국 해외선교연구센터(OMSC)
에서 안식년을 보내던 중 채용되어 8년간 호스트 및 국제 교회 관계
(International Church Relations) 대표로 섬겼다. 2016년 OMSC를 떠나 봉크, 제
닝스, 베이커 박사의 적극적인 도움으로 GMLF라는 단체를 설립해 계속
해서 KGMLF 사역을 감당하고 있다.

김종우 Jongwoo [Paul] Kim

대한예수교장로회(통합)에서 은퇴한 선교사다. 그는 장로교신학대학원
에서 목회학 석사(M.Div.) 학위를 받았고, 기독교 교육학 석사(M.A.) 학위
도 취득했다. 1997년부터 2012년까지 그는 주로 우간다에서 신학 교육
사역을 했다. 주말과 방학 기간에는 르완다, 탄자니아, 콩고민주공화
국, 부룬디를 방문하여 현지 교회 지도자들을 위한 전도 및 리더십 훈
련에 참여했다. 2013년부터는 남수단에서 사역을 해 왔다. 그러나 내전
으로 인해 2015년 우간다로 이주하여 교회 지도자 훈련, 청년 모임 조
직, 그리고 우간다에 있는 남수단 난민들을 대상으로 한 교도소 전도 사
역을 했다.

공도근 Do-keun Kong

세무대학과 서강대학교 경영대학원을 졸업한 후, 한국 정부 공무원과
이랜드에서 약 15년간 근무했다. 그는 고등학교 2학년 때 부흥 집회에
서 선교 비전을 품었고, 1997년 교회의 제자 훈련을 통해 선교사로의 부
르심을 확신했다. 이후 여러 준비 과정을 거쳐 1999년 WEC 국제선교회
(WEC International)에 가입했다. 그는 약 10년 동안 중동 지역에서 BAM 사
역자로 활동했으며, 2015년 예상치 못한 사정으로 귀국했다. 2017년부
터는 중동과 아랍권 출신 난민들을 섬기는 사역에 헌신하고 있다. 그는

그리스도의 사랑으로 이 땅의 낯선 이들을 돌보고, 복음의 은혜와 능력
으로 무슬림 형제자매들을 주님의 제자로 세우는 일에 집중하고 있다.

이은경　Eun-kyung Lee

변호사인 이은경은 산지법률사무소 대표이사이자 건전한 법률 및 공공
정책 증진을 위해 노력하는 크레도(CREDO)의 최고경영자다. 그녀는 이
전에 11년간 판사로 재직한 후 변호사로 전향했다. 법조계 경력 동안 한
국여성변호사회 회장, 국가인권위원회 위원, 무역위원회 위원 등 다수
의 리더십 및 공직 역할을 수행했다. 소송, 정책 및 기관 거버넌스에 걸
쳐 폭넓은 경험을 바탕으로 원칙에 입각한 리더십과 법치주의에 헌신
하고 있다.

이한영　Han Young Lee

브라질에서 성장한 이한영 교수는 현재 아신대학교에서 구약학 교수이
자 부총장으로 재직하며 성서신학 분야에서 탁월한 리더십과 학문적
성취로 널리 알려져 있다. 한국복음주의구약신학회 회장과 한국 GFM
이사를 역임했으며, 미국 비블리칼 신학교(Biblical Theological Seminary)에서
목회학(M.Div.), 신약학(M.A.), 구약학(S.T.M.) 학위를 받은 뒤 남아프리카
공화국 포체프스트룸의 노스웨스트 대학교(North-West University)에서 박사
학위를 취득했다. 목회와 학계에 들어서기 전에는 브라질리아 대학교
(University of Brasília)에서 의학박사 학위를 받고, 메모리얼 슬론 케터링 암
센터(Memorial Sloan Kettering Cancer Center)에서 박사 후 연구를 수행했다. 주
요 저서로는 《역사에서 이야기로》(From History to Narrative), 《오경 메시지》
(크리스챤출판사, 2008), 《구약 어떻게 읽을 것인가?》(성서유니온, 2014), 《광야에
서의 실패와 소망》(한국성서학연구소, 2009) 등이 있다.

이재훈 Jae Hoon Lee

이재훈 목사는 2011년부터 서울 온누리교회의 위임목사로 사역하고 있으며, 그 이전에는 뉴저지 초대교회에서 4년간 목회를 담당했다. 그는 소셜 미디어, 예술, 출판 등 다양한 영역을 활용해 한국 교회와 사회 전반에 창의적이고 폭넓은 영향력을 발휘하는 복음 전도자로 알려져 있다. 그는 2012년 한국 국회의사당 앞에서 차별금지법 반대 1인 시위를 하며 한국 사회에 큰 반향을 일으켰고, 2024년 서울-인천 제4차 로잔 대회 공동 의장으로 섬기며 서울 선언(Seoul Statement)에서 성경적 성 윤리에 대한 보수적 입장을 제시하는 데 기여했다. 또한 그는 2012년부터 글로벌 선교지도자 포럼(GMLF) 이사로 지속적으로 섬기고 있다.

이정숙 Jung-Sook Lee

이정숙 박사(프린스턴 신학대학원)는 한국에서 태어나 자랐으며, 한국에서 교회사 교수로 재직했다. 이후 횃불트리니티신학대학원대학교에서 제5대 총장(2015-2019)을 맡아 학교를 이끌었고 2024년에 은퇴했다. 현재는 MAP 글로벌(MAP Global)의 회장과 아시아신학협회(Asia Theological Association) 부의장으로 활동하고 있으며, GMLF, 옥스퍼드 선교 연구 센터, 글로벌 성경 번역 선교회 이사로 섬기고 있다. 그녀는 장로교 목사이자 조직신학자인 최두열(조셉) 목사와 결혼해 두 명의 자녀를 두고 있다.

이명수 Myung-Soo Lee

한국계 미국인 법학자로서 국제공법, 분쟁 해결, 협상 분야를 전문적으로 연구하고 있는 이명수 박사는 고려대학교에서 법학사(LL.B.)와 법학석사(LL.M.) 학위를, 하버드 로스쿨(Harvard Law School)에서 법학석사(LL.M.)와 법학박사(S.J.D.) 학위를 취득했다. 이후 하버드 로스쿨 동아시아법연구소에서 부소장을 역임하기도 했다.

현재는 뉴욕 대학교 로스쿨(NYU School of Law) 산하 미국-아시아 법률연구소(US-Asia Law Institute)의 선임연구원으로 활동하며, 한국평화협력위원회(KCPC) 이사와 MAP Global 집행위원회 위원으로도 참여하고 있다. 서울에 거주하면서 한반도 문제와 한미 관계와 관련된 회의 및 민간 외교 활동에 적극적으로 참여하고 있으며, 기독교 교육과 다문화 선교 활동에도 힘쓰고 있다.

민성길 Sung Kil Min

민성길 박사는 정신과 전문의로서 33년간 정신과 교수로 재직한 뒤, 2009년 연세대학교 의과대학 명예교수로 임명되었다. 그는 대한정신약물학회 회장, 대한신경정신의학회 회장, 김대중 대통령 및 가족의 의료자문위원, 대한의학회 종신회원 등 다양한 직책을 맡아 한국 정신의학 발전에 중요한 역할을 해 왔다. 퇴임 후에는 서울 은평병원 원장과 용인 효자병원 원장을 역임하며 공공 의료와 정신 건강 분야에 기여했다. 또한 그는 정신약물학 연구의 공로를 인정받아 국제신경정신약물학회로부터 선구자상 등 여러 상을 수상했으며, 한국어로 된 정신의학 교재와 전문 서적을 다수 집필했다. 또한 한국 문화와 관련된 분노 증후군인 '화병', 그리고 한국 사회에 정착한 북한 이탈 주민의 적응 문제에 관한 연구 논문도 발표했다. 최근에는 기독교 과학자의 관점에서 반(反)LGBT 운동에도 적극적으로 참여하고 있다.

무명의 선교 행정가

아일랜드 출신 무명의 선교 행정가는 성인 간호학을 전공한 뒤 종양학, 외상 치료, 중환자실 등에서 임상 경험을 쌓았다. 이후 중앙아시아로 건너가 10년 이상 여러 선교 단체와 교파가 연합한 기독교 NGO에서 활동하며 개발, 보건, 위기관리, 조직 리더십 분야에서 폭넓은 실무 경험을 축적했으며, 그 후 뉴질랜드로 옮겨 기숙형 국제 선교 대학을 이끌며 차세대 선교 리더 양성에 힘쓰기도 했다. 현재는 동남아시아를 거점으로 국제 선교 행정가로 활동하며 다양한 지역의 선교 네트워크와 협력하고 있다.

무명의 선교사

국제 선교 단체에서 리더십 역할을 맡고 있다. 싱가포르와 호주에서 신학 교육을 받았으며, 교회들을 동원하고 복음 사역자들을 모집하여 하나님의 선교에 전 세계적으로 참여하도록 격려하는 일에 열정을 가지고 있다. 모든 그리스도인은 섬김으로 부름 받았다는 믿음을 갖고 있으며, 이러한 확신은 각 개인이 가진 고유한 재능과 전문적 경험, 그리고 자원을 활용하여 하나님의 나라를 위해 타 문화 선교에 참여할 수 있는 기회를 연구하고 만들어 가도록 이끌고 있다. 그는 결혼하여 20대의 두 아들을 두고 있다. 여가 시간에는 미술 활동을 즐기며, 기업가정신과 인류학 관련 서적을 읽는 것을 좋아한다.

무명의 선교사 부부

무명의 선교사 부부는 초등학교 교사 자격증을 갖추고 영국과 동남아시아의 여러 학교에서 학생들을 가르쳤다. 배우자와는 성경 대학에서 만나 함께 8년 동안 해외에서 선교사로 섬겼으며, 영국으로 돌아온 이후에도 선교 단체에서 지속적으로 봉사하고 있다. 이들 부부는 해외 선교를 준비하는 가족과 자녀들을 지원하고, 선교지에서 그들이 안정적으로 정착할 수 있도록 돕는 사역에 힘쓰고 있다. 또한 영국으로 귀국하는 제3문화권 자녀(TCK)들을 위한 캠프를 운영하며, 세 자녀 모두를 성인으로 성장시킨 부모로서의 경험을 바탕으로 가족 상담 활동에도 참여하고 있다.

월터 모벌리 Walter [R. W. L.] Moberly

월터 모벌리는 더럼 대학교(Durham University) 신학 및 종교학과의 명예교수이자 영국 성공회 사제다. 그의 연구는 오늘날의 기독교 신앙과 삶, 사상, 영성 속에서 성경을 책임감 있게 이해하고 적용하는 문제에 깊이 초점을 맞추고 있다.

주된 전문 분야는 구약학이지만, 그는 구약과 다른 신학, 인문학 분야 사이에 존재해 온 학문적 경계를 허물고자 꾸준히 노력하고 있다. 이러한 학제적 접근은 그의 저술 전반에 반영되어 있으며, 다수의 저서 가운데에는《성경이 식어 가는 시대에: 기독교 신앙의 지속적인 가능성》(*The Bible in a Disenchanted Age: The Enduring Possibility of Christian Faith*, 2018)과 같은 중요한 저작이 포함된다.

앤드류 데이비드 오모나 Andrew David Omona

앤드류 데이비드 오모나 박사는 우간다 성공회 소속 성직자이자 우간다 기독교 대학교(UCU)의 윤리 및 국제 관계 부교수이며, UCU-아프리카 정책 센터(UCU-Africa Policy Centre) 소장으로 활동하고 있다. 그의 연구는 윤리, 거버넌스, 평화 구축, 국제 정세를 포괄하며, 이 분야에서 다수의 저서를 출판해 학문적 기여를 이어 가고 있다. 또한 그는 지식의 발전과 사회적 변혁을 추구하는 학자, 선교사, 목회자들과의 협력을 중요하게 여기며, 엄격한 연구와 실천적 참여를 통해 지역과 세계의 공공선 증진에 헌신하고 있다.

다니엘 R. 패터슨 Daniel R. Patterson

다니엘 R. 패터슨은 기독교 윤리학자이자 조직신학자로, 불가리아에서 15년 동안 다문화 사역을 하며 아내 케이티(Katie)와 두 딸과 함께 사역 경험을 쌓았다. 그의 박사 연구는 젠더 이론가 주디스 버틀러(Judith Butler)의 사상에 초점을 두고 있으며, 젠더 이론과 신학의 교차점을 탐구하는 데 학문적 관심을 두고 있다. 현재 그는 불가리아 소피아의 성 트리벨리우스 신학대학(Saint Trivelius Institute)에서 학장을 맡아 조직신학을 가르치고 있으며, 호주 퍼스의 셰리던 고등 교육 기관(Sheridan Institute of Higher Education)에서 겸임 강사로도 활동하고 있다. 활발한 연구자이자 저술가로서 여러 장(chapters)과 논문을 발표했으며,《젠더 신학의 개혁》(*Reforming a Theology of Gender*, 2022)의 저자이자 《기독교 윤리학 실천법》(*How to Do Christian Ethics*, 2025)의 공동 편집자이기도 하다.

발 크리슈나 샤르마 Bal Krishna Sharma

1981년부터 네팔 카트만두의 네팔 신학대학(Nepal Theological College) 학장으로 재직해 오고 있는 발 크리슈나 샤르마 교수는 여러 교육 기관에서 수학했으며, 옥스퍼드 선교 연구 센터(Oxford Centre for Mission Studies)를 통해 간문화(intercultura) 박사 학위를 취득했다. 2010년에는 학문적 성취를 인정받아 네팔 초대 대통령으로부터 메달과 증서를 수여받았고, 2011년에는 네팔 박사 협회(Nepal PhD Association) 종신회원으로 선정되었다. 그는 네팔 성서공회(Nepal Bible Society) 회장을 역임했으며, 현재 네팔 아시아신학대학원(Asia Graduate School of Theology) 회장으로 활동하고 있다. 또한 타종교 단체들과 협력하며 세 권의 저서를 출간했고, 한 권의 신간이 곧 출간될 예정이다. 여러 학술지에 논문을 발표하고 다양한 책에 장(chapters)을 기고하는 등 활발한 연구 활동을 이어 가고 있는 그는 인도 벵갈루루의 남아시아 기독교 고등 연구소(South Asia Institute of Advanced Christian Studies)에서 방문 교수로 강의하고 있으며, 네팔 내 여러 신학대학에서도 강의를 맡고 있다. 사누마이야 샤르마(Sanumaiya Sharma)와 결혼해 세 자녀와 일곱 명의 손주를 두고 있으며, 가족 모두 네팔에 거주하며 사역하고 있다.

에드 쇼 Ed Shaw

영국 브리스톨의 임마누엘시티센터교회(Emmanuel City Centre Church) 담임 목사로 섬기며, 리빙 아웃(Living Out) 팀을 이끌고 있는 에드 쇼는 《타당성 문제》(The Plausibility Problem), 《목적 있는 성생활》(Purposeful Sexuality), 《친밀감 결핍》(The Intimacy Deficit) 등 세 권의 저서를 통해 현대 사회에서의 기독교적 성 윤리와 공동체의 역할을 깊이 있게 다루어 왔다. 영국 성공회 총회에서 평신도 위원으로 활동했으며, 대주교 사목 자문 그룹에도 참여해 교회 내 윤리적, 목회적 논의에 기여한 그는 가족과 친구, 교회와 도시, 섬과 시, 음악과 책을 사랑하는 목회자로 알려져 있기도 하다.

테드 송 Ted Song

테드 송 교수는 한국계 미국인 고등 교육 지도자로, 기독교 고등 교육을 통해 모든 민족을 제자 삼는 것을 사명으로 삼고 있다. 그는 2012년 아칸소주 실로암 스프링스에 위치한 존 브라운 대학교(John Brown University)에 교수로 부임했으며, 현재 총장 내각에서 문화 교류 최고 책임자(Chief Cultural Exchange Officer)와 혁신 최고 책임자(Chief Innovation Officer)로 재직하고 있다. 기독교 고등 교육 리더십 분야에서 활발히 활동하고 있는 그는 기독교 대학 협의회(CCCU), 다양성 및 포용 위원회(Commission on Diversity and Inclusion) 위원장을 맡고 있으며, 2023년에는 초대 CCCU 대통령 펠로우로 선정되었다. 아내와 함께 실로암 스프링스 성경교회(복음주의자유

교회)에 출석하며, 그곳에서 대학생 사역을 이끌고 장로로 섬기고 있다.

스테판 반 데르 바트 Stéphan van der Watt

스테판 반 데르 바트는 고베 개혁신학대학원(Kobe Reformed Theological Seminary)에서 선교학, 목회 신학과 돌봄을 가르치며, 일본인과 한국인 학생들을 일본어로 교육하고 훈련하고 있다. 그는 2009년 일본에 선교 동역자로 오기 전까지는 남아프리카공화국 하란 개혁교회에서 목회자로 섬겼다. 목회 사역 이전에는 스텔렌보스 대학교(Stellenbosch University) 신학부 코무니타스 연구소(Communitas Research Institute)에서 연구원으로 활동했으며, 남아프리카 선교적 교회 연합(Southern African Partnership of Missional Churches)에서 프로젝트 관리 보조 역할을 맡아 실무 경험을 쌓았다. 그는 여러 편의 논문과 저서를 발표했으며, 특히 섹슈얼리티와 젠더 문제(그 중에서도 미디어 속 남성성)를 주제로 한 연구를 진행해 왔다. 최근에는 옥스퍼드 선교 연구센터(Oxford Centre for Mission Studies)에서 3년간의 연구 과정을 마쳤으며(2025), 학문적 탐구와 선교적 실천을 계속 이어 가고 있는 그는 아내 카리나(Carina)와 결혼해 네 자녀를 두고 있다.

피터슨 왕곰베 Peterson Wangombe

피터슨 왕곰베는 케냐 나이로비 외곽에 위치한 하우스오브프레이즈교회(House of Praise Churc)의 담임목사다. 이전에는 기독교 연합회(FOCUS)와 레조네이트 글로벌 미션(Resonate Global Mission)에서 사역하며 캠퍼스 사역과 선교 동원에 참여했던 그는 수의학, 커뮤니케이션, 신학을 두루 공부한 폭넓은 학문적 배경을 가지고 있다. 그는 선교적 지도자 양성, 선교적 교회 성장, 교회의 전인적 선교 참여에 깊은 열정을 가지고 있으며, 건전한 성경적 설교, 선교 연구, 타문화 선교 참여를 위한 동원에도

큰 관심을 기울이고 있다. 그는 아내 앤(Ann)과 결혼해 세 자녀와 두 손
주를 두고 있다.

크리스토퍼 J. H. 라이트   Christopher J. H. Wright

1947년 북아일랜드 벨파스트에서 선교사 부모 사이에서 태어난 라이트
박사는 대학 졸업 후 교사로 재직하다가 케임브리지 대학교에서 구약
경제 윤리학으로 박사 학위를 취득했으며, 1977년 영국 성공회에서 목
사 안수를 받았다.

1983년에는 가족과 함께 인도로 건너가 푸네의 유니온 성서신학교(Union
Biblical Seminary)에서 5년간 가르친 후 1988년 영국으로 돌아와 올 네이
션스 크리스천 칼리지(All Nations Christian College)에서 학장으로 재직했고,
1993년에는 총장으로 섬겼다. 2001년에는 존 스토트(John Stott)가 설립
한 단체 랭햄 파트너십 인터내셔널(Langham Partnership International)의 글로
벌 대사로 임명되었으며, 현재도 그곳에서 글로벌 대사로 활동하고 있
다. 2010년 케이프타운에서 열린 제3차 로잔 대회, 로잔 신학 작업 그룹
(Lausanne Theology Working Group)의 의장으로도 섬겼던 그는 다수의 저서를
집필했으며, 그중에서도 널리 호평받는《하나님의 선교: 성경의 위대한
이야기를 풀어 내다》(*The Mission of God: Unlocking the Bible's Grand Narrative*)가 대
표작으로 꼽히고 있다.

마크 야하우스   Mark A. Yarhouse

마크 야하우스 교수는 일리노이주 휘튼에 위치한 휘튼 칼리지(Wheaton
College)의 아서 P. 레흐 & 진 메이 레흐 기념 심리학 교수이며, 성과 젠
더 정체 연구소(Sexual & Gender Identity Institute) 소장으로 활동하고 있다. 그
는 25년 동안 심리학 교수로 재직해 왔으며, 지난 20년간 성과 젠더 연

구소를 이끌고 있다. 그는 현재 휘튼 지역의 C&MA 교회에서 장로로 섬기고 있다.

유하나 Hana Yoo

유하나 교수는 미국 일리노이주에 위치한 휘튼칼리지(Wheaton College)에서 결혼 및 가족 치료 프로그램 부교수로 재직하고 있다. 오하이오주 콜럼버스의 오하이오 주립대학교(Ohio State University)에서 인간 발달 및 가족 과학(부부 및 가족 치료 전공) 박사 학위를 취득했으며, 일리노이주 공인 결혼과 가족 치료사(LMFT) 자격을 갖추고 있다. 또한 미국 결혼 및 가족 치료 협회(AAMFT)에서 승인한 슈퍼바이저로 활동하고 있는 그녀의 주요 연구 관심사는 아동 학대, 임상 감독, 부부 치료, 그리고 기독교 정신 건강 교육 및 훈련에서의 신앙 통합 문제에 초점을 두고 있다.

에이미 아담칙(Dr. Adamczyk, Amy)
Professor of Sociology,
John Jay College of Criminal Justice
and The Graduate Center
New York, USA

스티븐 S. H. 장
(Rev. Dr. Chang, Steven S. H.)
Professor of New Testament,
Torch Trinity Graduate University
Yongin, Gyeonggi-do, Korea

조효승(Rev. Cho, Hyo Seung)
Senior Pastor, Beyond Church, Seoul
Secretary & CP Leader of YL Gen.
Representative of Make Wave
Seoul, Korea

아일린 최(Ms. Choi, Aileen)
Secondary Bible Teacher,
Onnuri Church
Yongin, Gyeonggi-do, Korea

조코 최(Dr. Choi, Joko)
Director for Mission Research and
Development, GMS
Hwaseong, Gyeonggi-do, Korea

최두열(Rev. Dr. Choi, Joseph Duyol)
Senior Pastor, Saemaeun Church
Yongin, Gyeonggi-do Korea

최민재(Mr. Choi, Minjae)
Managing Director, KANAPH
London, UK

정미연(Dr. Chung, Miyon)
Torch Trinity Graduate Scool of
Theology, Faculty (2002-2013)
Moring College, Faculty (2014-2019)
Onnuri Church, Global Collaboration
and Consultation for Missions

정승현(Dr. Chung, Seung-hyun [Nathan])
Professor of Missiology,
Juan International University
Incheon, Korea

제프리 H. D. 코넬리우스-화이트
(Dr. Cornelius-White, Jeffrey H. D.)
Distinguished Professor and
Program Director of Counseling,
Missouri State University
Springfield, Missouri, USA

데이비드 히로메(Rev. Hirome, David)
Doctoral Student at ACTS/Ashin
University, Anglican Minister in Uganda,
Yangpyeong-gun, Gyeonggido, Korea

허경(Rev. Hur, Kyung)
Senior Pastor, New Malden Korean
Church,
New Malden, Surrey, UK

황성수(Rev. Hwang, Sungsu)
Lead Pastor, Hansarang Church, Seoul
Executive Director of International
BAM Alliance,
Seoul, Korea

키스 재거(Dr. Jagger, Keith)
(in absentia)
University Chaplain, Dean of
Christian Formation,
Assistant Professor of Biblical Studies,
John Brown University

넬슨 제닝스(Rev. Dr. Jennings, J. Nelson)
President, Global Mission Leadership
Forum Inc.
Editor, *Global Missiology*—English
Hamden, Connecticut, USA

조대식(Mr. Jo, Daeshik)
Secretary General, KCOC
Seoul, Korea

정순영(Mrs. Jung, Soonyoung)
Administrative Assistant, Global
Mission Leadership Forum Inc.
Shelton, Connecticut, USA

카나모리 야스코(Dr. Kanamori, Yasuko)
Instructor of Counseling, Missouri
State University
Springfield, Missouri, USA

김한성(Dr. Kim, Hansung)
Professor of Missiology, ACTS/
Ashin University, Yangpyeong-gun,
Gyeonggi-do, Korea

김홍주(Rev. Kim, Hong Joo)
Director, Department of Missions,
Onnuri Church, Seoul, Korea

김정환(Rev. Kim, Jeonghwan)
Senior Pastor, Connecticut Central
Global Methodist Church,
Glastonbury, Connecticut, USA

김진봉(Rev. Dr. Kim, Jinbong)
Managing Director, Global Mission
Leadership Forum Inc.
Coordinator, KGMLF
Shelton, Connecticut, USA

김종우(Rev. Kim, Jongwoo [Paul])
Missionary to Uganda (Retired)
Presbyterian Church of Korea (PCK)
Seoul, Korea

샤론 김(Mrs. Kim, Sharon)
Missionary to Malaysia
Global Mission Society (GMS)
Hwaseong, Gyeonggi-do, Korea

김숙희(Mrs. Kim, Sookhi)
Lay Leader, Seungdong Church,
Seoul, Korea

레디나 콜라네시(Ms. Kolaneci, Redina)
Owner and Managing Director,
Christian Fundraising Consultancy in UK
Colchester, Essex, UK

공도근(Mr. Kong, Do-keun)
Missionary, and Serving Arab
Refugees in Korea
WEC International, Korea
Seoul, Korea

이은경(Mrs. Lee, Eun-kyung)
Attorney, Sanji Law Firm
Seoul, Korea

이한영(Prof. Lee, Han Young)
Executive Vice President & Old
Testament Professor, ACTS/
Ashin University Yangpyeong-gun,
Gyeonggi-do, Korea

이재훈(Rev. Lee, Jae Hoon)
Senior Pastor, Onnuri Church
Seoul, Korea

이정숙(Dr. Lee, Jung-Sook)
President, The MAP Global
Yongin, Gyeonggi-do, Korea

이명수(Dr. Lee, Myung-Soo)
Senior Fellow, US-Asia Law Institute
New York University School of Law
Seoul, Korea

이성민(Rev. Dr. Lee, Sungmin)
Senior Pastor, Kangnam Holy Grace
Church Seoul, Korea

임훈(Mr. Lim, Hoon)
Member of Mission Committee,
Onnuri Church
Yongin, Gyeonggi-do, Korea

민성길(Dr. Min, Sung Kil)
Professor Emer., Yonsei University
Seoul, Korea

월터 모벌리
(Dr. Moberly, Walter [R. W. L.])
(in absentia)
Prof. Emer., Department of Theology
and Religion, Durham University

앤 젠가(Rev. Njenga, Ann)
Pastor, House of Praise,
Deliverance Church
Kahawa Sukari, Ruiru, Kiambu, Kenya

오영섭(Rev. Oh, Young Sup)
Representative, Landmarker Ministry
Seoul, Korea

앤드류 데이비드 오모나
(Rev. Prof. Omona, Andrew David)
Assoc. Prof., Ethics and International
Relations Director, Africa Policy Center
Uganda Christian University

에스더 오키로(Rev. Okiror, Esther)
Doctoral Student, ACTS/Ashin
University Yangpyeong-gun,
Gyeonggi-do, Korea

박춘하(Mrs. Park, Chunha)
Missionary to Israel
Counselor at The Paul Mission
Gimje-si, Jeollabuk-do, Korea

다니엘 R. 패터슨(Dr. Patterson, Daniel)
Academic Dean and Lecturer in
Theology, Saint Trivelius Institute
Sofia, Bulgaria

발 크리슈나 샤르마
(Dr. Sharma, Bal Krishna)
Principal, Nepal Theological College
Kathmandu, Nepal

에드 쇼(Mr. Shaw, Ed)
Ministry Director, Living Out
Pastor, Emmanuel City Centre,
Bristol, UK

신동한(Rev. Shin, Dong Han)
Cooperative Pastor, Church of the
Alliance in Korea and 1516 Church
Seongnam-Si, Gyeonggi-Do. Korea

신현승(Mr. Shin, Hunseung)
Elder, Onnuri Church
Seoul, Korea

테드 송(Dr. Song, Ted)
Chief Intercultural Engagement
Officer, Chief Innovation Officer,
John Brown University
Siloam Springs, Arkansas, USA

벤 토레이(Rev. Torrey, Ben)
Executive Director, The Fourth River
Project, The Three Seas Center
Taebaek, Gangwon-do, Korea

리즈 토레이(Mrs. Torrey, Liz)
Director, The Fourth River Project
Taebaek, Gangwon-do, Korea

**스테판 반 데르 바트
(Rev. Dr. van der Watt, Stéphan)**
Full-time Lecturer of Missiology,
Pastoral Theology, and Care,
Kobe Reformed Theological
Seminary, Kobe, Hyogo, Japan

왕윤성(Rev. Wang, Yunsung)
Missionary to Israel
Former Member Care Team
Leader, The Paul Mission Gimje-si,
Jeollabuk-do, Korea

**피터슨 왕곰베
(Rev. Dr. Wangombe, Peterson)**
Lead Pastor, House of Praise, DC
Kahawa Sukari Church,
Ruiru Kiambu, Kenya

**크리스토퍼 라이트
(Rev. Dr. Wright, Christopher J. H.)
(in absentia)**
Global Ambassador, Langham
Partnership International
London, UK

로리 야하우스(Mrs. Yarhouse, Lori)
Supervisor, Graham's Fine Chocolates
Winfield, Illinois, USA

마크 야하우스(Dr. Yarhouse, Mark)
Dr. Arthur P. Rech & Mrs. Jean
May Rech Professor of Psychology,
Wheaton College
Wheaton, Illinois, USA

유하나(Dr. Yoo, Hana)
Assoc. Prof., School of Psychology,
Counseling, and Family Therapy,
Wheaton College
Wheaton, Illinois, USA

윤석원(Rev. Yoon, Seokwon)
Missionary to Thailand
General Secretary of East West Center
Chiang Mai, Thailand

자료 소개

주: 아래에 소개된 자료들의 모든 견해를 GMLF가 공식적으로 지지하는 것은 아니다. 또한 이 목록은 사용 가능한 언어와 지역적 한계에 따라 선별된 것이며, 자료의 종류와 수가 매우 방대하기 때문에 일부만 포함되어 있다.

도서

Ian Payne. *The Message of Humanity* (2025)

Ed Shaw, *The Intimacy Deficit: Fully Enjoying God, Yourself, Others and Creation* (2025)

Robert S. Smith, *The Body God Gives: A Biblical Response to Transgender Theory* (2025)

Mark Yarhouse and Julia Sadusky, *Emerging Sexual Identities: Navigating the Landscape with Today's Youth* (2025)

Christopher B. Hays and Richard B. Hays, *The Widening of God's Mercy: Sexuality within the Biblical Story* (2024)

Young-han Kim et al.(김영한 외 편), eds., 《신학자, 법률가, 의학자 16인이 본 동성애 진단과 대응 전략: 동성애와 성전환에 대한 교계의 비판적 고찰》 (2023)

Rosaria Butterfield, *Five Lies of Our Anti-Christian Age* (2023)

Sung Kil Min, 《동성애 치유 상담 입문》 (2023)

Eun-kyung Lee(이은경), "'평등에 관한 법률안', 지금까지 유지해 온 '사회체제의 근간'이 바뀌는 법이다" (2022)

Carl R. Trueman, *Strange New World: How Thinkers and Activists Redefined Identity and Sparked the Sexual Revolution* (2022)

Adriaan van Klinken and Ezra Chitando, *Reimagining Christianity and Sexual Diversity in Africa* (2021)

Wonsuk Ma and Kathaleen Reid-Martinez, eds., *Human Sexuality & the Holy Spirit: Spirit-Empowered Perspectives* (2019)

James K. Beilby and Paul Rhodes Eddy, eds., *Understanding Transgender Identities: Four Views* (2019)

David Bennett, *A War of Loves: The Unexpected Story of a Gay Activist Discovering Jesus* (2018)

Jackie Hill Perry, *Gay Girl, Good God: The Story of Who I Was, and Who God Has Always Been* (2018)

Christopher Yuan, *Holy Sexuality and the Gospel: Sex, Desire, and Relationships Shaped by God's Grand Story* (2018)

Amy Adamczyk, *Cross-National Public Opinion about Homosexuality: Examining Attitudes across the Globe* (2017)

Wesley Hill, *Washed and Waiting: Reflections on Christian Faithfulness and Homosexuality* (2016)

Preston Sprinkle, ed., *Two Views on Homosexuality, the Bible, and the Church* (2016)

Journal of African Christian Thought 16, no. 2 (December 2013), "Human Sexuality in Global Perspective"

Christopher Yuan and Angela Yuan, *Out of a Far Country: A Gay Son's*

Journey to God; A Broken Mother's Search for Hope (2011)

Robert A. J. Gagnon, *The Bible and Homosexual Practice: Texts and Hermeneutics* (2001)

기독교 자료

"The Associate Reformed Presbyterian Church Position Statement on Human Sexuality" (2019) - https://arpchurch.org/wp-content/uploads/2025/03/Human-Sexuality-Position-Statement-2019.pdf

"Episcopal Church resolutions related to sexual orientation, gender identity and expression" - https://www.episcopalchurch.org/social justiceandadvocacy/episcopal-church-resolutions-related-to-sexual-orientation-gender-identityand-expression/

The Evangelical Covenant Church: "1996 Human Sexuality" - https://covchurch.org/resolutions/1996-human-sexuality/

GAFCON - https://gafcon.org/about/conference-statements/

Orthodox Clergy Association of Houston and Southeast Texas - https://www.goarch.org/society/civil-rights/-/asset_publisher/XptdT1BfyjZK/content/houston-orthodox-clergy-issue-statement-about-city-s-gay-ordinance

Presbyterian Church in America Ad Interim Committee on Human Sexuality Report (2020) - https://pcaga.org/aicreport/

-Adjustment to PCA Book of Church Order (2023-2024) - https://pcaga.org/wpcontent/uploads/2023/04/Overture-23-MS-Valley-BCO-8-2-9-3.pdf

-"The Presbyterian Church in America Moves Forward" (2024) - https://juicyecumenism.com/2024/06/28/the-presbyterian-church-in-america-movesforward/

Syro-Chaldean Church of North America - "On Sex and Sexual Activity" (by Ben Torrey)

연구 및 훈련 프로그램/사역

Affirming Gender - https://affirminggender.com/

Center for Faith, Sexuality & Gender - https://www.centerforfaith.com/

Christian Sexuality - https://christian-sexuality.com/

Credo - https://credoway.org/

Embrace - https://covchurch.org/embrace/

First Light Ministries - https://www.firstlightstlouis.org/

Identity Project - https://identityproject.tv/

Living Out - https://www.livingout.org/

Oriented to Love - https://christiansforsocialaction.org/programs/oriented-to-love/

Posture Shift - https://postureshift.com/

Restored Hope Network - https://www.restoredhopenetwork.org/what-we-believe

Revoice - https://www.revoice.org/

Small Church Big Table - smallchurchbigtable.com

TrueLove.is - https://truelove.is/

ADF International - https://adfinternational.org/

Alliance Defending Freedom - https://adflegal.org/

CitizenGo - https://citizengo.org/

Human Rights Campaign - https://www.hrc.org/

National Organization for Marriage - https://nationformarriage.org/

ㄱ